Verein für Psychoanalytische Sozialarbeit (Hrsg.)
Screenkids – (auf)gefangen im Netz?

Verein für Psychoanalytische Sozialarbeit
Rottenburg und Tübingen (Hrsg.)

Screenkids – (auf)gefangen im Netz?

Risiken und Chancen neuer Medien
bei Kindern und Jugendlichen
mit psychischen Schwierigkeiten

Mit Beiträgen von
Gottfried Maria Barth, Johanna Bohle, Martin Feuling,
Rike Fuchs, Anna Gätjen-Rund, Manfred Gerspach,
Johannes Döser, Olaf Knellessen, Dieter Koller,
Sylvia Künstler, Michael Laube, Philipp Sallwey,
Frank Sitter, Martina Strauß, Birgit Wieland,
Reinhold Wolf

edition diskord im Brandes & Apsel Verlag

Auf Wunsch informieren wir Sie regelmäßig über *Neuerscheinungen* in dem Bereich Psychoanalyse/Psychotherapie.

Bitte senden Sie uns dafür eine E-Mail an *info@brandes-apsel.de* mit Ihrem entsprechenden Interessenschwerpunkt.

Gerne können Sie uns auch Ihre Postadresse übermitteln, wenn Sie die Zusendung des *Psychoanalyse-Katalogs* wünschen.

Außerdem finden Sie unser *Gesamtverzeichnis* mit aktuellen Informationen sowie unsere E-Books und E-Journals im Internet unter: www.brandes-apsel-verlag.de

1. Auflage 2015
© Brandes & Apsel Verlag GmbH, Frankfurt a. M.
Alle Rechte vorbehalten, insbesondere das Recht der Vervielfältigung und Verbreitung sowie der Übersetzung, Mikroverfilmung, Einspeicherung und Verarbeitung in elektronischen oder optischen Systemen, der öffentlichen Wiedergabe durch Hörfunk-, Fernsehsendungen und Multimedia sowie der Bereithaltung in einer Online-Datenbank oder im Internet zur Nutzung durch Dritte.
Umschlag und DTP: Felicitas Müller, Brandes & Apsel Verlag, Frankfurt a. M.
Druck: STEGA TISAK, d.o.o., Printed in Croatia
Gedruckt auf säurefreiem, alterungsbeständigem und chlorfrei gebleichtem Papier.

Bibliografische Information Der Deutschen Nationalbibliothek:
Die Deutsche Nationalbibliothek verzeichnet diese Publikation in der Deutschen Nationalbibliografie; detaillierte bibliografische Daten sind im Internet über http://dnb.ddb.de abrufbar.

ISBN 978-3-95558-155-8

Inhalt

Vorwort ... 7

Dieter Koller
Entgrenzte Verbindung ... 13

Manfred Gerspach
Strukturwandel der Persönlichkeit
durch mediale Trommelfeuer? ... 52

Gottfried Maria Barth
Sehnsucht und Sucht.
Das Doppelgesicht exzessiver Mediennutzung
bei depressiven und autistischen Jugendlichen ... 80

Olaf Knellessen
Leuchtende Bildschirme ... 99

Anna Gätjen-Rund
Die Couch ein Funkloch – oder immer online? ... 120

Johannes Döser
»Ein Fenster für Gespenster«.
Überlegungen zum Gebrauch des iPad
im Sublimierungsvorgang ... 140

Martin Feuling
Symbolisch, imaginär, real.
Ein Blick auf 30 Jahre Entwicklung der Technik
und der sozialen Funktionen des Computers ... 170

Sylvia Künstler
»Ich muss mal an den Computer«.
Medien als verbindendes oder vermeidendes Element
in einer sozialtherapeutischen Begleitung ... 189

Reinhold Wolf
Schwerelos im virtuellen Raum.
Die Schwerkraft des Körpers im therapeutischen Dialog 198

Michael Laube
Spielen, Zocken, Simulieren.
Psychodynamik und Funktion des virtuellen Spielens
anhand einer Falldarstellung
aus der Therapeutisch Ambulanten Familienbetreuung 212

Birgit Wieland
»Die (Internet-)Verbindung ist wieder unterbrochen«.
Über das Schaffen und Halten von Verbindungen
mit ich-strukturell gestörten Jugendlichen
und jungen Erwachsenen im Therapeutischen Heim 226

Martina Strauß und Gottfried Maria Barth
»Der Zauberlehrling«.
Segen und Fluch der elektronischen Medien
bei einer schweren depressiven Symptomatik.
Aus der Behandlung eines 16-jährigen Jugendlichen 249

Philipp Sallwey und Frank Sitter
»Be smart with your phone«.
Erfahrungen und Umgang mit Mobiltelefonen
im Alltag einer Therapeutischen Wohngruppe 256

Rike Fuchs und Johanna Bohle
Milena – »I am the princess of fucking everything« 260

Autorinnen und Autoren 275

Vorwort

Einmal mehr haben wir uns auf der Tagung einer drängenden Frage aus unserer alltäglichen praktischen Arbeit zugewandt: In immer größerer Zahl und immer intensiver nutzen Kinder und Jugendliche, die von uns im stationären wie ambulanten Rahmen betreut werden, die »neuen« Medien – Spielekonsolen, Computer, Internet, TV, Handys, Smartphones. Unter den Intensivnutzern neuer Medien sind viele früh traumatisierte und gravierend entwicklungsbeeinträchtigte Kinder und Jugendliche. Bei diesen jungen Menschen scheint die Bindung an Medien und deren Nutzung oft eine ganz besondere zu sein, die sich von der der großen Masse anderer Jugendlicher qualitativ unterscheidet: Manchmal scheint der Mediengebrauch wie ein Versuch, wie die anderen zu sein, wo sonst oft schmerzhaft eine große Differenz und Andersartigkeit empfunden würde. Meist bleiben die Geräte aber nicht nur Staffage, ihre Nutzung führt tatsächlich zu einer – zumindest oberflächlich – aktiven Teilhabe an sozialen Zusammenhängen, die anders kaum möglich wäre. Dies wiederum verdeckt manchmal den Schmerz des Andersseins und macht den Zugang dazu und die Arbeit daran mühsamer.

Die schwierige Abwägung von Chancen und Risiken des Mediengebrauchs bei frühgestörten jungen Menschen führt dazu, dass wir beispielsweise in unseren Wohngruppen immer wieder über eine adäquate Regelung des Umgangs zwischen starken Einschränkungen und relativ weit ausgedehntem Konsum diskutieren. Wenn der Computer (fast) der einzige Bezug zur Außenwelt ist, bekommen Eingrenzungen/Wegnahmen eine existenzielle Bedeutung.

Vielfach sind die Jugendlichen aber schon ganz woanders als dort, wo wir sie wähnen: Die technischen Möglichkeiten der Medien haben sie quasi mit der Muttermilch (oder: anstelle?) aufgesogen und sind uns deshalb – auch was das Ausloten von Umgehungsmöglichkeiten unserer Regelungsversuche angeht – mindestens einen Schritt voraus.

Den drängenden Fragen der Abwägung zwischen entwicklungsfördernden und pathogenen Einflüssen wollten wir auf der Tagung nachgehen:

- Inwieweit blockiert der Mediengebrauch notwendige psychische Entwicklungsprozesse wie Mentalisierung und Symbolbildung?
- Wie können noch entwicklungsfördernde und haltgebende Grenzen und Trennungen im Umgang mit schwierigen dyadischen und pathologischen Eltern-Kind-Beziehungen eingeführt und durchgehalten werden, wenn Handys, Smartphones und der immer einfacher werdende Zugang zum Internet eine durchgehende gegenseitige Präsenz im Sinne einer nicht durchtrennten psychischen Nabelschnur ermöglichen (»Ich bin nie offline!«)?
- Wo öffnet der Zugang zu neuen Medien, virtuellen Räumen und Netzwerken diesen Kindern und Jugendlichen, die sonst zu extremer Einsamkeit verurteilt blieben, konstruktive Wege, auf weniger angstbesetzte Weise zu kommunizieren und in Kontakt zu kommen?
- Wie ändern sich Kontakte zu anderen Menschen im »virtuellen« Raum? »Was ist daran virtuell, das ist doch genauso echt!« sagt ein Jugendlicher. Schon. Aber es ist für Nichtbeteiligte nicht zugänglich, oft sind auch die daran hängenden Wünsche des Dazugehörens, der Freundschaften nicht mitteilbar, die Erfahrungen von Mobbing, Einschluss und Ausschluss werden eingeschlossen ...
- Wie gewinnt man Einblick in die andere, gut verhüllbare Welt: Von außen sieht man zuerst nur, dass jemand am Computer sitzt, nicht, was er tut. Die Welt im Netz und im Computer ist uns BetreuerInnen nicht unmittelbar zugänglich, oft auch schwer erschließbar, wenn man nicht selbst in den verschiedenen Zusammenhängen/Netzen/Diskursen »Mitglied« ist ...
- Wie arrangieren sich um Medien herum, oft auch in der realen Welt, soziale Konstellationen, in denen ein Jugendlicher dem anderen bei einem technischen Problem hilft oder wo eine Gruppe friedlich und harmonisch gemeinsam Medien konsumiert oder nutzt?
- Ersetzen das in duale therapeutische Settings mitgebrachte Smartphone, das Sprechen über und Spielen von Computerspielen sowie ein gemeinsames Surfen im Internet nicht längst die von uns als traditionelle triangulierende »Vermittlungsmedien« zur Verfügung gestellten traditionellen Brettspiele, Handpuppen und Sandkästen? In dualen therapeutischen Einzelstunden, in denen man die Jugendlichen sonst nicht im Umgang mit anderen erleben kann,

ist am Computer miterlebbar, wie sich jemand zu anderen verhält. Dinge, die sonst »nur« erzählt werden könnten (was manchmal nicht möglich ist …), können gezeigt und mitgeteilt werden.
– Verändert sich durch die Medien die Qualität der Kommunikation und der Beziehungen? Stichworte: Geschwindigkeit, Flüchtigkeit von Beziehungen, Täuschung, Unehrlichkeit.
– Wie äußern sich Suchtaspekte bei präneurotischen Jugendlichen?

Diese Fragestellungen knüpfen insofern an die Überlegungen unserer letzten Fachtagung »Grenzfallkinder« an, da sie erneut die Auswirkungen moderner gesellschaftlicher Sozialisationsbedingungen auf die psychische Verfasstheit von psychisch schwer gestörten Kindern, Jugendlichen und Eltern thematisieren.

Diesseits dieser sehr spezifischen Fragestellung nach dem Stellenwert der Medien bei früh gestörten Jugendlichen gibt es schon eine unüberschaubare Menge an psychologischen, soziologischen philosophischen, kulturwissenschaftlichen und pädagogischen Veröffentlichungen zum Thema.

Was kennzeichnet die neuen Medien? Bilden sie wirklich einen Qualitätssprung zu bisherigen Medien, die seit jeher gesellschaftliche Veränderungsprozesse begleitet und angestoßen haben? Ist es angebracht, von einer völligen *Medialisierung und Virtualisierung* unserer modernen Gesellschaft als deren Hauptmerkmal zu sprechen? Sicher neu ist die grenzenlose Mobilität und umfassende Verbreitung moderner Medien bei Kindern und Jugendlichen. So fungiert das Smartphone überall – im Haus wie außer Haus – als Medienzentrum, das alle Funktionen wie Internetzugang, Spiele, Telefonieren, SMS, Fernsehen ermöglicht, wie eine andere Welt in unserer bisherigen Welt. Kommunikation ist nun ohne direkte körperliche Aktion und Beteiligung möglich, sie ist befreit von Bindungen und Begrenzungen von Zeit und Raum. Alles passiert in Jetzt-Zeit, der Augenblick zählt, und alles kann immer wieder verändert werden. Es gibt einen riesigen Überschuss an Impulsen, Zeichen und Inputs, und eine immer schnellere, primärprozesshaftere Bildschnitttechnik scheint längst die Aufnahmekapazität unserer Wahrnehmungsapparate zu unterlaufen. Und es ist sicher angebracht, darüber nachzudenken, ob der weltweite Gebrauch binärer Betriebssysteme mit den ihnen innewohnenden Wenn-dann-Schleifen nicht längst unser Denken und unsere Sprache grundlegend verändern.

Vorwort

Im Zugang zum Internet taucht man in ein weltumspannendes Netz ein, wo man nie alleine, sondern immer mit allen anderen verbunden sein und alles »teilen« kann. So kann der kollektive, weltweite mediale Raum, als imaginäres Zuhause, wieder eine virtuelle Beheimatung, fundamentale Präsenzerfahrungen einer frühen Mutter-Kind-Beziehung versprechen, während man sich in der realen Welt längst individualisiert und vereinzelt erlebt. Wie das Symbol des Netzes nahelegt, welches auffängt und hält, kann man sich andererseits darin auch gefangen finden, abhängig werden von einer scheinbar immerwährenden Präsenz der anderen, sich selbst und seinen abgegrenzten inneren und privaten Raum dabei verlierend.

Es gibt auch einige psychoanalytische Annäherungen an das Thema: Die Psychoanalyse scheint sich – im Einklang mit den Neurowissenschaften und der Hirnforschung? – in der Frage der Medien tendenziell eher auf der kulturpessimistischen Seite zu positionieren. Mit ihren zentralen Begrifflichkeiten von Trennung, Aushalten von Verlust und Abwesenheit, Symbolisierung und Verinnerlichung liegt sie offenbar quer zum Zeittrend allgegenwärtiger Verfügbarkeiten. Ihre zentralen Medien des (Zu-)Hörens, der Beziehung und der Sprache sowie die Betonung narrativer Selbstkonstruktionen klingen wie veraltete Auslaufmodelle in einer vor allem durch Flexibilität, Beschleunigung und Bebilderung gekennzeichneten Gesellschaft.

Entsprechend dramatisiert der italienische Psychoanalytiker Antonio Ferro diesen gesellschaftlichen Konflikt durch die Alternative zwischen »Reverie- und Abfuhrkultur«. Für Werner Balzer verhindert der massive Gebrauch neuer Medien wichtige Symbolisierungsprozesse, da hier das »Erreichen einer Getrenntheit vom Objekt bei weiterbestehender sinnhafter Bezogenheit verunmöglicht wird«. »Bedeutungen werden durch Erregungen, identitätsstiftende Erfahrungen durch singuläre Erlebnisse und Events ersetzt« (Christoph Türcke). Michael Ermann sieht gerade ich-schwache Persönlichkeiten im Kontext der allgegenwärtigen medialen Kommunikation überfordert und deren Identitätsentwicklung massiv gefährdet. Die Liste der kritischen Stimmen ließe sich noch weiter fortsetzen.

Andererseits lässt sich diese Entwicklung auch nicht aufhalten. Ein Leben ohne Handy, Computer, Videogames und Internet ist nicht nur für Kinder heute nicht mehr vorstellbar, sondern auch für uns Erwachsene.

Wir meinen, dass es auf unserer Tagung gelungen ist, eine große Vielfalt an Zugängen und Positionen zum Thema zusammenzubringen. Die Texte sind vom Allgemeinen zum Besonderen angeordnet (keine Ordnung gibt es nicht), und in den meisten ist eine je spezifische Mischung von allgemeinen Überlegungen und Fallbeispielen enthalten.

Dieter Koller skizziert in seinem facettenreichen, die Tagung eröffnenden Vortrag die historische Entwicklung der Medien in enger Verschränkung von subjektiven Erfahrungen und verallgemeinernden Reflexionen. *Manfred Gerspach* gibt einen weitgespannten Überblick über sozialisatorische Effekte medialer Entwicklungen. Im Text von *Gottfried Maria Barth* sind neben der Interpretation einiger statistischer und epidemiologischer Daten mehrere eindrückliche Fälle skizziert. *Olaf Knellessen* verknüpft Medialität mit dem psychoanalytischen Begriff der Übertragung auf der Ebene von Kunst, untermauert werden die Thesen anhand von Fallvignetten verschiedener Formen seiner Praxis. *Anna Gätjen-Rund* entfaltet die Funktion mediengeprägter Übertragung an zwei Fallbeispielen von Adoleszenten. *Johannes Döser* reflektiert die Problematik der Medien vor dem Hintergrund der Freud'schen Kulturtheorie und erzählt die Fallgeschichte eines 8-jährigen Jungen.

Die folgenden Beiträge entspringen weitgehend den sehr unterschiedlichen – stationären und ambulanten (zugehenden, nachgehenden und empfangenden) – Arbeitsfeldern der Psychoanalytischen Sozialarbeit: *Martin Feuling* stellt anhand von Fallsequenzen einige Veränderungen der Computertechnik in den letzten 30 Jahren dar. *Sylvia Künstler* beschreibt, wie eine Jugendliche, die häufig von zu Hause weglief, über Medien in der Beziehung bleiben konnte. *Reinhold Wolf* stellt dar, wie er in zwei Fällen versucht, Momente der Körperlichkeit in therapeutischen Zweiersituationen im Spiel zu halten. In *Michael Laubes* Bericht einer zugehenden Familienhilfe ist zu sehen, wie die virtuelle Welt als ein Ort relativer Sicherheit verlassen werden kann, wenn in der realen Welt tragende Bezüge entstehen.

Die letzten vier Beiträge wenden sich dem Thema zu, in welcher Form sich Probleme mit den neuen Medien in stationären Settings der Jugendhilfe und der Jugendpsychiatrie ergeben: *Birgit Wieland* skizziert zwei Fallgeschichten mit originellen Formen von Mediennutzung. *Martina Strauß* und *Gottfried Maria Barth* stellen die von einem Jugendlichen selbst gewünschte jugendpsychiatrische Behandlung seiner Computersucht dar. Die Vignette von *Philipp Sallwey* und *Frank Sitter* zeigt, wie die Kommunikationsprobleme eines Jugendlichen auch in der virtuellen Welt persistieren. In dem Fallbericht von *Rike Fuchs* und *Johanna Bohle* (Pseudonyme) stehen Handys und soziale Foren nicht im Mittelpunkt, spielen aber eine sehr wesentliche Rolle.

Kennzeichnend für alle Beiträge und Diskussionen der Tagung war, dass sich in der großen Vielfalt der theoretischen und praktischen Zugänge sowie in der großen Unterschiedlichkeit des Auftauchens der Medienaspekte in den Fallgeschichten eine große Offenheit und Neugier ohne Tendenzen zu schnellen, einsinnigen und polarisierenden Urteilen und Bewertungen durchhalten konnte.

Wir hoffen, dass es dem Leser der Beiträge dieses Buches ebenso ergeht.

Die Herausgeber

Dieter Koller
Entgrenzte Verbindung

»Wir leben in beweglichen Zeiten« – das sagte eine alte Dame zu mir, die in den 1970er Jahren die Vermieterin meines Studentenzimmers in Tübingen war. Ihr war der tiefe Hintersinn dieser sprachlichen Fehlleistung wohl nicht bewusst, aber ich war wie elektrisiert: »Wir leben in beweglichen Zeiten.«

Bewegende, bewegte, bewegliche Zeiten? In meiner Wahrnehmung ist es erst ein paar Jahre her, dass ein Mensch, der in der Öffentlichkeit mit seinem Handy telefonierte, als peinlicher Wichtigtuer galt. Und nun ist das Smartphone wie zu einem Körperteil[1] geworden oder zu einem Gegenüber, auf das der Liebespartner eifersüchtig werden kann (Simon 2013; Huffington Post 2014).

Lassen Sie mich zu Anfang aus meiner Geschichte erzählen, denn ich bin entlang meiner frühen Prägungen gewissermaßen ein »Alien« im heutigen Universum der permanenten weltweiten Verbindungen mit jedem und allem in Echtzeit, dieser »entgrenzten Verbindung«.

In meiner Kindheit in der späteren Nachkriegszeit Anfang der 1950er Jahre gab es die Zeitung und das Radio: Sonntags nachmittags versammelten sich die Geschwister vor dem Radio zum Kinderfunk. Ich erinnere mich auch an einen Gang durch Wiesen zu einem Haus, in dem eine Frau mit einem Schallplattenspieler wohnte: Dort hörten wir *Peter und der Wolf* von Prokofjew. Später gab es bei uns auch einen Plattenspieler, von Braun, die Platten wurden gerade von Schellackplatten mit einer 75iger Geschwindigkeit auf Vinyl-Langspielplatten umgestellt, die man mit sagenhaften 33 U/min abspielen konnte, eine halbe Stunde lang!

Manchmal bekamen wir sonntags 50 Pfennig für eine Cola, um in die einzige Wirtschaft des Dorfes zu gehen; dort stand ein Fernseher, wo wir den damals so genannten »Schulfunk« sehen konnten. Mein Vater machte damals eine Schulfunksendung mit dem Namen »Archibald

---

[1] Simona, *user* in nzz.campus vom 8. Januar 2013.

weiß alles«. In dieser diskutierte er mit Jugendlichen, und wenn das Gespräch in eine Enge kam, wurde »Archibald« gefragt: Ein riesiger »Computer« aus Pappmaschee mit blinkenden Lämpchen wurde mit einem Zettel gefüttert, auf dem die Frage notiert war. Nach einigem Rasseln und Blinken ertönte eine verzerrte Stimme, die eine meist absurd-komische Antwort auf die unlösbare Frage gab. Wir saßen in der Dorfwirtschaft vor unserer Cola und wussten, dass hinter dem Pappmaschee unser Nachbar saß, ein schlagfertiger Gewerkschaftsfunktionär, dessen Stimme wir mit seinem Heidelberger Akzent trotz aller Verzerrungen erkannten. Das war Ende der 1950er Jahre.

Anfang der 1960er Jahre gab es auch einen Fernseher im Haus: schwarz-weiß und nur zwei Programme, ARD und ZDF, in der Nacht wurde ein Testbild gesendet. Vor diesem Fernseher habe ich den Mord an J. F. Kennedy erlebt, eine gewaltige Präsenz der Welt im Wohnzimmer. Ich erinnere mich auch an den legendären Knopfdruck von Willy Brandt, mit dem er die Ära des Farbfernsehens einleitete. Damals stand ein einziges schwarzes Telefon aus Bakelit im Arbeitszimmer meines Vaters und war vorwiegend ein Gerät für Erwachsene. Es war durchaus unüblich, dass Kinder per Telefon miteinander in Verbindung traten. Man verabredete sich, wenn man sich traf, für den nächsten Treff – oder traf sich ebenso, zur üblichen Zeit an den üblichen Orten. In der Pubertät wurde ich stolzer Besitzer eines gebrauchten Tonbandgeräts, mit dem man auch Aufnahmen machen konnte. Und dann, unglaublich modern, mein erstes tragbares Transistorradio, voller Krächzen und Rauschen. Das waren meine frühen Erfahrungen mit den damals neuen Medien.

Inzwischen lebe ich seit vielen Jahren ohne Fernseher (und vermisse ihn nicht), höre viel Radio und bin ein intensiver und auch begeisterter Nutzer des Internets zur Zeitungslektüre und Recherche, ohne allerdings je Mitglied in einem der so genannten sozialen Netzwerke wie *Facebook*, *Linked-In* oder wie sie alle heißen zu werden; deren Notwendigkeit hat sich jedenfalls mir in meiner Lebenssituation bislang nicht erschlossen. (Trotzdem bin ich infiziert: Wenn einmal für einen Tag im Alltag das Internet nicht funktioniert, gerate ich in eine leichte Panik. Und bin über diese Panik erschrocken: Was hat dieses Medium mit mir gemacht?)

Mein biografischer Hintergrund hat den Nachteil, dass ich vielleicht wie ein *digital immigrant* (ein treffender Begriff, den ich bei Holger Salge, 2014, gefunden habe, der aber wohl auch sonst verbreitet ist) in die Welt der *digital natives* blicke, vieles nicht verstehe und noch mehr nicht weiß. Der Vorteil könnte sein, dass der eher weniger identifizierte Blick von quasi außen Wahrnehmungen und Fragen erlaubt bzw. erzeugt, die innerhalb der Selbstverständlichkeiten leicht verlorengehen.

Ich bin also ein »Anthropologe auf dem Mars« (Sacks 1995), zu Besuch auf dem mir unbekannten Kontinent der *digital natives,* die dort gemeinsam um den flackernd-blauen Schein des digitalen Feuers sitzen. Ein Licht, das alle Beteiligten verbindet, ein Feuer, an dem man sich versammelt und das gefüttert wird, nicht mit Holz, sondern anderem *input,* und so das Gefühl der Gemeinschaft derer erzeugt, die um dieses Feuer sitzen. Ich habe recht wenig Ahnung, wie und warum sie dieses Netzwerkfeuer mit *selfies* und *postings* füttern. Aber es muss irgendwie einen wärmenden, sozialen Sinn haben, der sich mir bislang weitgehend entzieht.

Ein Medium ist etwas, das Inhalte transportiert. »Neue Medien« waren immer die hinzukommenden Medien; vor 40.000 Jahren waren es Zeichnungen an Höhlenwänden, viele tausend Jahre später die allmähliche Entwicklung der Schrift. Früher schon, so nehmen Anthropologen an, gab es wohl Mimik, Gestik, Sprache, Gesang und Tanz. Und das, was Sie gerade erleben, ist eines der ältesten Medien: der Vortrag. Einer spricht, erzählt etwas, die anderen hören zu.

Handschriftlich Fixiertes auf Stein, Ton, Papyrus oder Pergament war über Jahrtausende der einzige Informationsträger über die Situation hinaus. Mit der Erfindung des Buchdruckes Mitte des 15. Jahrhunderts nahm eine zunehmend beschleunigte Entwicklung ihren Anfang. Im 17. Jahrhundert gab es erste Zeitungen[2], im 19. Jahrhundert wurden Fotografie, Telefon und der Film erfunden, in der ersten Hälfte des 20. Jahrhunderts die Schallkonservierung (Wachswalze, Schallplatte, Tonband) sowie der Rundfunk und das Fernsehen. Dann der Aufbruch in die digitale Moderne seit Zuses erstem elektronischen Rechner in den 1930er Jahren, Alan Turings wegweisenden Ideen in den 1940er Jahren und den Lochstreifenrechnern von IBM in den 1960er Jahren bis zur allgemeinen Verbreitung des PC, des *personal computer*, von der

---

[2] Ein neues Medium ist damals auch der Wegweiser gewesen, es gibt ihn erst seit dem ausgehenden 17. Jahrhundert. Auch hier Hoffnungen und Befürchtungen: Hoffnung auf bessere Orientierung und Befürchtung der mutwilligen Verdrehung (wie auch geschehen beim Einmarsch der Sowjetarmee in der Tschechoslowakei 1968: von Einwohnern verdrehte Wegweiser schickten die Panzer zunächst in die Irre). Siehe Scharfe 1998.

Entwicklung des Internets mit allen seinen Implikationen zur ubiquitär verbreiteten Mobiltelefonie und bis hin zur weltweit vernetzten Interaktivität in Echtzeit via Smartphone.

Die Entwicklungsgeschwindigkeit ist rasant und wächst exponenziell. Inzwischen ist das private und öffentliche Leben von der digitalen Technik und den weltweiten Verbindungen über das Netz maßgeblich bestimmt. In kürzester Zeit haben Digitalisierung und Vernetzung die Lebenswirklichkeit aller erfasst: Industrie und Wirtschaft, Handel und Verkehr, Verwaltung und Politik, Forschung und Lehre, Kunst und Kultur, alle technischen Infrastrukturen, öffentliche Medien – alles wird von der stürmischen Entwicklung bestimmt und ist ohne diese neue Technologie kaum noch denkbar. Im Vergleich zu der heutigen digitalen Revolution war die industrielle Revolution des 19. Jahrhunderts eine lahme Schnecke.

Derzeitiger Höhepunkt dieser Entwicklung ist das Smartphone, das das Mobiltelefon schon weitgehend abgelöst hat, ein handtellergroßes Gerät zur Kommunikation, Recherche, Speicherung, Bearbeitung von Daten jeder Art, mit Zugriff auf das weltweite Netz, zu jeder Zeit, an jedem Ort. Manche meinen schon, dass ein technologisch bedingter evolutionärer Sprung eine neue Gattung hervorgebracht hat, den *homo smartphoniensis*.[3]

Dieses Smartphone wurde im Jahre 1949 erfunden, von dem Schriftsteller Ernst Jünger.

Adam Soboczynski schrieb in der *ZEIT*:

> Es ist kein Zufall, dass der Schriftsteller des modernen Schocks, der Materialschlachten des Ersten Weltkriegs, der anonymen Kugel, die dem Gegenüber unversehens den Kiefer zerschmettert, dass ausgerechnet Ernst Jünger das Smartphone erdachte. 1949 erscheint sein futuristischer Roman *Heliopolis* – eine seltsam verschrobene Zukunftsvision, in der die Figuren »Phonophors« mit sich herumtragen, kleine Geräte, die man in der linken Brusttasche trägt, »ungemeine Vereinfacher«, mit denen man telefoniert, Volksbefragungen durchführt, zahlt, mit denen man sich im Raum orientiert. Der Phonophor zeigt die Wettervorhersage, er gibt »Einblick in alle Bücher und Manuskripte«. Er kann als »Zeitung, als ideales Auskunftsmittel, als Bibliothek und Lexikon verwandt werden«. An sich, sagt ein Protagonist in *Heliopolis* recht fröhlich, sei das Gerät nichts Besonderes, es vereine nur die Fähigkeiten von herkömmlichen Nachrichtendiensten,

---

[3] Ein Begriff, der inzwischen immer wieder im Netz auftaucht, z. B. bei Jürgen Kroder 2014.

mit dem Unterschied allerdings der »Verdichtung in einen kleinen Apparat« – so dass man meint, es sei der Übergang von der Technik »zur reinen Magie gelungen«. Und von »der Volksherrschaft in reine Despotie«. Dies nicht nur deshalb, weil für Jünger beständige politische Partizipation aller Bürger eh eine totalitäre Vorstellung ist, sondern weil mithilfe des Phonophors der Ort, an dem man sich befindet, »immer feststellbar« ist: »Das ist unschätzbar für die Polizei.« (Soboczynski 2014)

Hoffnungen und Befürchtungen

Alle neuen Medien waren schon immer ambivalent besetzt, lösten Hoffnungen und Befürchtungen aus. »Schon Platon hat gegen die Schrift gewettert, weil sie das Erinnerungsvermögen zerstöre, weil wir nichts mehr auswendig lernen.«[4] In Shakespeares Theater sah man gefährlich überwältigende Gefühle für die Zuschauer, nach der Erfindung des Buchdrucks, bei der Ausbreitung der Lesefähigkeit, stets gab es Bedenken. Im 17. Jahrhundert wetterte man gegen »Zeitungssucht«, im 20. Jahrhundert gegen »Telefonitis«.

Ein ankommender Zug als Filmsequenz der Brüder Lumière (*L'arrivée d'un train en gare de La Ciotat*, 1895) ist vielleicht bereits Teil der kollektiven Erinnerungen unserer Kultur. Es soll der erste öffentlich gezeigte Film gewesen sein (im ältesten Kino der Welt, dem *Eden* in La Ciotat, rund 30 Kilometer von Marseille entfernt). Berichtet wird von dieser denkwürdigen Vorführung, dass das Publikum aus Furcht vor der einfahrenden Lokomotive schreiend den Saal verlassen habe. Die Forschung verweist inzwischen diese Berichte ins Reich der Legende – doch sie ist wirkmächtig und erzählt von dem großen Schrecken, den diese frühe Realität der bewegten Bilder ausgelöst hat (Kurz o. D.).

Das erste Telefonbuch in Deutschland erschien in Berlin 1881 und hatte 94 Einträge, meist Fabrikdirektoren oder Leute des gehobenen Bürgertums. Es wurde zunächst »Buch der 94 Narren« genannt, weil sich niemand den ungeheuren Nutzen vorstellen konnte. Die Fabrikdirektoren allerdings befürchteten, dass nun einfache Arbeiter bei ihnen

---

[4] Winfred Kaminski, Leiter des Instituts für Medienforschung und Medienpädagogik in Köln, in einem Interview mit dem *Schwäbischen Tagblatt*, 13. Mai 2014. Genauer in: Esposito 1998, S. 282.

zu Hause anrufen könnten, dass also die Standesgrenzen verwischt würden.[5] Martin Dornes (2012) fächert dieses historische »Verfallspanorama« angesichts der Einführung von Neuen Medien genauer auf und konstatiert, dass die aus heutiger Sicht absurd anmutenden Befürchtungen allesamt unbegründet waren.

Natürlich war und ist auch die Verbreitung der digitalen Technologien und Neuen Medien von Sorgen und Befürchtungen begleitet. Diese reichen von sehr ernstzunehmenden Hinweisen auf mangelnde Datensicherheit, kriminelle oder gar terroristische Eingriffe in Versorgungssysteme, subtilste Formen der staatlichen Überwachung bzw. profitorientierter Verführung bis hin zu eher überzogenen Ängsten wie zum Begriff der »digitalen Demenz«, den der populäre Hirnforscher Manfred Spitzer in die Welt gesetzt hat (Spitzer 2012). Aber auch die psychoanalytisch geschulte Sherry Turtle, ursprünglich begeisterte Prophetin der Neuen Medien mit ihren Chancen, befürchtet nun eine »seelische Verkümmerung« (Turtle 2011, zit. in Hardt 2012b).

Die Diskussion über ein Nachlassen der Orientierungsfähigkeit durch die Benutzung von Navigationsgeräten ist in vollem Gang[6], das Thema »Plagiat« als einfache Kompilierung von Texten aus dem Netz beschäftigt die Öffentlichkeit mit getürkten Doktortiteln der Politiker und die Universitäten mit der Neigung von Studenten zu *copy-and-paste* statt zur eigenen Denke und Schreibe. (Inzwischen kann man sich über verschiedene Netzanbieter akademische Arbeiten jeder Couleur von einem kompetenten *Ghostwriter* schreiben lassen, garantiert anonym und plagiatsicher, gegen eine entsprechende Gebühr versteht sich ...)

Dies alles sind nur kleine, beispielhafte Aspekte der überall laufenden Debatten. Die Entwicklung ist so rasant, dass Forschung und Diskussion mit den zu beobachtenden Phänomenen nicht mithalten können. Einen wachen, sehr subjektiven Einblick in diese Rasanz der Veränderung gibt ein Häftling, der über seine 13 Jahre im Gefängnis die digitale Revolution verpasst hat: Die Welt erscheint ihm bei seiner Entlassung extrem verändert und er erfährt eine »digitale Umarmung der Gesellschaft« (Genis 2015).

(Gut möglich auch, dass bis zur Veröffentlichung dieses Textes einiges antiquiert oder lückenhaft erscheint. Die jetzt, Anfang 2015, ak-

---

[5] Radio-Feature vom SWR 2 »Matinee« am 1. Juni 2014.
[6] Einen guten Überblick gibt Passig 2014.

tuelle besorgte Diskussion über die Auswirkungen des neuen *hippen* Netzwerkes *younew* z. B., welches Kinder und Jugendliche zu einer unbesorgten Preisgabe von Allerprivatestem ermuntert, war im November 2014 noch nicht wahrzunehmen.)

Es hilft aber alles nichts: Diese Technologien sind inzwischen gesellschaftlicher Standard geworden. Wer z. B. nicht bei Facebook ist, verringert seine Chancen auf einen Arbeitsplatz: Heutzutage werden hochqualifizierte Fachkräfte über die Spuren in den *social-nets* gesucht und angesprochen. Die eigene Website ersetzt inzwischen die veraltete Visitenkarte. Und ohne Recherche im *worldwideweb* hätte ich diesen Vortrag nicht so entwickeln können.

Auch diese aktuellen Befürchtungen gegenüber den Neuen Medien untersucht Dornes (2012) in seiner wenig beachteten Metastudie »Die Modernisierung der Seele« gründlich und genau – und gibt Entwarnung: Kinder und Eltern sind besser als ihr Ruf.

Diese Tagung wird einen kleinen Beitrag zu den Fragen liefern, ob und wie die Neuen Medien schädlich oder nützlich für die uns anvertrauten jungen Menschen sein können. Wie immer sollte man Warnungen ernstnehmen und sich mit ihnen auseinandersetzen, ohne in Panik zu verfallen oder sich in gegenläufige Heilslehren zu retten: »Missionare gehören in den Kochtopf«, wie eine Freundin von mir, ganz ohne jede *political correctness*, zu sagen pflegt.

Zugriff und Kontrolle

Die Vorteile der digitalen Medien und des Netzes sind evident: eine ungeheure Erweiterung aller Optionen, fast jede Information ist in Sekundenschnelle verfügbar, alle bislang nur denkbaren Verbindungen zu Menschen, Institutionen, Situationen sind weltweit im Prinzip möglich: Davon haben die Zauberer früherer Zeiten geträumt.

(Es gibt auch Vorteile der Überwachung: Von Satelliten aus können z. B. Naturkatastrophen kartiert werden; so kann schnell Hilfe koordiniert und geplant werden. Die Aufnahmen sind inzwischen so gut, dass man – bei gutem Wetter – auch einzelne Menschen bzw. deren Schatten sehen kann. Dies wird derzeit genutzt, um z. B. Flüchtlingsströme einzuschätzen und entsprechende Auffanglager zu installieren.)

Gehen Sie davon aus, dass ich diese schöne (und vielleicht auch grandiose) Phantasie im Kopf habe, wenn es jetzt um kritische Betrachtungen geht.

Lassen Sie mich einen Bereich der Gefahren kurz näher beleuchten, der allerdings nicht soziale, seelische oder kognitive Aspekte betrifft, sondern politisch-gesellschaftliche Bedingungen. Seit Edward Snowdon die Überwachungspraktiken und -möglichkeiten des amerikanischen Geheimdiensts NSA öffentlich gemacht hat, ist die allgemeine Wachheit für diese Aspekte des geheimen Zugriffs auf unser Leben (durch Staatsorgane, Kriminelle oder Firmen) gewachsen. Das Bewusstsein über den Zugriff auf unser Persönlichstes, der quasi *undercover* geschieht, ist weit verbreitet. Das seltsame ist nur: Die Empörung hält sich in Grenzen. Die Schriftstellerin Juli Zeh schrieb im Sommer in einem besorgten offenen Brief an die Kanzlerin: »Wir haben es mit Technologien zu tun, die unsere Lebensrealität bis in den tiefsten Kern des humanistischen Menschenbilds verändern.« (Zeh 2014) Die öffentliche Reaktion war minimal. Immerhin werden inzwischen bei der UNO Eingaben gemacht, die ein neues Menschenrecht fordern: das Recht auf Nichtüberwachung (z. B. Schaar 2013).

Möglicherweise werden wegen des alles durchdringenden, die Alltagsrealität bestimmenden Charakters der dauernden weltweiten Verbindung die Chancen für ein kritisches Bewusstsein reduziert. War in den 1970er und 1980er Jahren die Durchführung einer relativ harmlosen Volkszählung wegen der Befürchtung eines Missbrauchs der erhobenen Information nahezu unmöglich, so wird heutzutage die permanente Sammlung heikelster Daten durch große Internetkonzerne und staatliche Geheimdienste ohne breiten Widerstand hingenommen.

[»Einer Studie des Beratungsunternehmens International Data Corporation zufolge kamen im Jahr 2012 [...] die Hälfte der digitalisierten Daten, die weltweit vorhanden waren und einen potenziellen Wert hatten, aus einer anderen Quelle: Überwachungsvideos. In Städten wie Peking oder London, so hieß es kürzlich in einem Artikel der amerikanischen Fachgesellschaft für Informatik (IEEE Computer Society), surren jeweils rund eine Million Videokameras an öffentlichen Plätzen; sie würden binnen einer Stunde mehr Videomaterial liefern als alles, was in den Archiven der BBC oder des chinesischen Senders CCTV an Fernsehaufzeichnungen lagert (von Randow 2014).]

Jaron Lanier, Musiker, Autor, Internetpionier und einer der Initiatoren des Begriffs der »virtuellen Realität« bekam dieses Jahr den Friedenspreis des Deutschen Buchhandels. Von einem utopisch beflügelten IT-Entwickler wandelte er sich inzwischen zu einem ernsthaften und hochkompetenten Mahner. Im Untertitel seines jüngsten Buches *Wem gehört die Zukunft?* (2014) bringt er es auf den Punkt: »Du bist nicht der Kunde der Internet-Konzerne, du bist ihr Produkt.« Und in seiner Rede zum Friedenspreis: »Programmierer haben eine Kultur geschaffen, in der sie den Regulatoren davonlaufen können.«[7] Der im Juni plötzlich verstorbene Journalist Frank Schirrmacher lobte den kritischen Internetintellektuellen Jaron Lanier. In seinem letzten Artikel in der *FAZ* vor seinem Tod hieß der letzte Satz, der letzte Satz also, den er veröffentlicht hat: »Jeder weiß, wie man ein Smartphone bedient; die politische Frage lautet umgekehrt: wie man verhindert, dass man vom Smartphone bedient wird.« (Schirrmacher 2014)

Der amerikanische IT-Experte Dan Geer ist ein anerkannter Fachmann auf seinem Gebiet und äußert die Einschätzung, dass die Angriffe über das Netz schneller wachsen als die Abwehrmöglichkeiten. Er persönlich schütze sich, indem er das Netz weniger nutze (Dan Geer, in: Beuth 2014). Die sicherste Medizin gegen *online* ist also *offline*.

Dem gegenüber steht eine mich persönlich oft erschütternde Arglosigkeit und Unkenntnis der Gefahren bei Kindern, Jugendlichen und Adoleszenten, die möglicherweise durch einen narzisstischen Habitus verstärkt werden, der von Struktur und Gebrauch der Neuen Medien in Gang gesetzt wird (siehe auch Koller 2007; siehe auch Lanier 2014, S. 206ff.). Früher hieß die Befürchtung »big brother is watching you«, heute dagegen befürchtet man »nobody is watching you«.[8]

---

[7] Jaron Lanier in seiner Rede zum Friedenspreis des Deutschen Buchhandels: »Man hat Hegel enthauptet«, deutsche und stark gekürzte Fassung in *FAZ* 2014, S. 13.
[8] Bernhard Pörksen, Medienwissenschaftler in Tübingen, in einem Interview mit dem *Schwäbischen Tagblatt*, 19. April 2014.

Dieter Koller

Kapitalismus

Auch wenn wir uns auf dieser Tagung eher mit dem Seelenleben Einzelner und dessen Entwicklungsbedingungen beschäftigen, erlauben Sie mir einen kleinen politisch-historischen Exkurs, denn »das Sein bestimmt das Bewusstsein«[9] heißt es bei Karl Marx (der Volksmund der Spontibewegung der 1970er Jahre machte daraus: »Das Sein verstimmt das Bewusstsein«).

Die industrielle Revolution im 19. Jahrhundert hat der kapitalistischen Wirtschaftsweise einen enormen Schub gegeben, die dann mit Karl Marx und seinen Vorläufern ein kritisches Theoriegebäude erhalten hat. In der Arbeiterbewegung entstand daraus die sozialistische, utopische Idee eines Gegenentwurfs. Die weltpolitischen Folgen sind bekannt, in fast der Hälfte der Welt geriet diese Idee zur diktatorischen Verzerrung, die Alternative zur kapitalistischen Idee wurde durch die Geschichte desavouiert. Aber sie war hartnäckig, inspirierte die 68er-Bewegung in Europa und den USA, mit der ein tiefgreifender gesellschaftlicher Wandel und Paradigmenwechsel der westlichen Gesellschaften eingeleitet wurde, und ohne die vieles uns heute Selbstverständliches kaum denkbar wäre: Bürgerrechtsbewegungen, Forderungen nach Teilhabe und Transparenz, Entkriminalisierung der Homosexualität, Wohngemeinschaften als anerkannte Lebensform etc.

Als dann aber in Chile 1973 mit Salvador Allende eine sozialistische Regierung auf demokratischem Weg an die Macht kam, wurde dieses Experiment von Putschisten und mithilfe des CIA brutal und äußerst blutig beendet. Damit wurde die utopische sozialistische Idee weiter geschwächt und zerstörte sich in der Folge mit terroristischen Formen wie die der RAF und der Roten Brigaden selbst.

Spätestens mit dem Fall des »Eisernen Vorhangs« und dem Zusammenbruch des so genannten real existierenden Sozialismus in der Sowjetunion 1989 war sie endgültig vom Tisch, vorerst. In den Resten der sozialistisch inspirierten Spontiszene kursierte damals der Spruch: »Im Kampf der Systeme hat der Kapitalismus den Sieg davongetragen. Wohin? In die Schweiz!«

---

[9] Im Original: »Es ist nicht das Bewußtsein der Menschen, das ihr Sein, sondern umgekehrt ihr gesellschaftliches Sein, das ihr Bewußtsein bestimmt.« Im Vorwort der Schrift *Zur Kritik der politischen Ökonomie*, 1859.

Entgrenzte Verbindung

Parallel zu diesen welt- und ideologiegeschichtlichen Verschiebungen entwickelte sich das *worldwideweb,* das exakt zur selben Zeit, nämlich 1989, als Forschungsprojekt am CERN bei Genf von Tim Berners-Lee und Kollegen erdacht und in die Welt gesetzt wurde. Schon zwei bis drei Jahre später war es in frühen Formen auf den ersten erschwinglichen PCs verfügbar und verbreitete und entwickelte sich rasant.[10] In kurzer Zeit entstand der Internethandel mit so genannten *start-ups* (bis Ende der 1990er Jahre als erste neue Wirtschaftskrise die »Dotcom-Blase« platzte[11]) und der Begriff der »Globalisierung« breitete sich aus. Waren Aktienkurse vorher ein Interessengebiet von Spezialisten gewesen, so tauchten sie nun in den Nachrichten oft an erster Stelle auf. Die kapitalistische Wirtschaftsweise hatte durch die neue Technologie einen so gewaltigen Schub bekommen, dass der Begriff des »Turbokapitalismus« oder »Raubtierkapitalismus« die Runde machte.[12] Turbo- oder Raubtier- deswegen, weil die bisherigen nationalen Regulierungsformen nicht mehr griffen: Die weltweit über das Netz agierenden Konzerne konnten ungehemmt die reine Profitmaximierung verfolgen. Eine sozial verantwortliche Umverteilung der riesigen Gewinne fand nicht mehr statt; überall in den westlichen Gesellschaften verringerte sich der breite Mittelstand, und die Schere zwischen wenigen sehr Reichen und vielen zunehmend Armen klaffte immer mehr auseinander.

Der Begriff der »Internationalität« ist inzwischen weitgehend verschwunden. In den 1960er und 1970er Jahren hatte dieser Begriff unbedingt grenzüberschreitenden und emanzipatorischen Charakter: »Hoch die internationale Solidarität!« und: »Die Solidarität ist die Zärtlichkeit der Völker« waren Parolen der aufbegehrenden Jugend. Es ging um die Verbindung mit den Abhängigen, Entrechteten, den schwachen und ausgebeuteten Mehrheiten. Der Satz »Wir sind das Volk« bei den großen, gewaltfreien Demonstrationen in der DDR 1989 war vielleicht ein letzter Glanz dieser Position.

Seit der weltweiten Vernetzung sind der Begriff der Internationalität und seine Konnotationen auf dem Rückzug, stattdessen schreitet die »Globalisierung« fort. Mit der Internationalität hat sie nur die grenzüberschreitende Verbindung gemeinsam, der emanzipatorische Aspekt

---

[10] http://de.wikipedia.org/wiki/World_Wide_Web.
[11] http://de.wikipedia.org/wiki/Dotcom-Blase.
[12] http://de.wikipedia.org/wiki/Turbokapitalismus.

ist verloren gegangen, im Gegenteil: Mit »Globalisierung« wird eher ein weltweiter Wirtschaftsraum charakterisiert, und in der Folge weltweite Normierungen von Bedürfnissen, Produktionsbedingungen und Konsumverhalten. Gleichzeitig werden die »Massen« auf der Straße durch den »Schwarm« im Netz ersetzt, und beide Menschenversammlungen folgen sehr unterschiedlichen Psychologien (Han 2013). (Der viel zitierte und untersuchte neue Begriff des »Schwarms« als spezielle Konfiguration von massenweise koordinierten Netzaktivitäten bezeichnet in der Biologie bei Vögeln und Fischen eine unübersichtliche Anhäufung von sehr vielen Einzeltieren, die durch die Synchronisierung ihrer Bewegungen besseren Schutz gegen Fressfeinde bietet. Im »Schwarm« kann man sich also verbergen, er dient quasi der Anonymität. Wie auch die »Herde« ist dies eine Gruppenkonstellation von möglichen Opfern. Jaron Lanier hingegen bekennt, dass eine seiner größten Ängste die vor dem »Rudel« im Netz sei.[13] Das Rudel ist, wie auch die »Meute«, in der Biologie eine Gruppenkonfiguration, die der gemeinsamen Jagd dient, um effizienter Beute zu machen.)

Bis in die ersten Jahre des neuen Jahrtausends waren im wissenschaftlichen Diskurs marxistisch auch nur angehauchte Denkmodelle absolut obsolet geworden, wurden kaum noch rezipiert. Erst mit der dramatischen Weltwirtschaftskrise 2008, mit der auch die südeuropäischen Staaten durch so genannte »Rating-Agenturen« dem herrschenden globalisierten Kapitalismus unterworfen und in ihrer Autonomie empfindlich gedemütigt wurden, begann eine Wiederbelebung der marxistischen Theorie als antikapitalistischer Reflex. Mit dem Buch *Das Kapital im 21. Jahrhundert* des französischen Wirtschaftswissenschaftlers Thomas Piketty (2014) erschien erstmals wieder ein weltweit diskutierter Denker, der sich in modernisierter Form auf die marxistischen Theorien besann. Der diesjährige Nobelpreis für Wirtschaftswissenschaften ging erstmals seit 15 Jahren nicht in die USA, sondern an den französischen Ökonomen Jean Tirole, der sich mit Marktregulierung beschäftigt (spiegel.de 2014). Auch in der Presse taucht inzwischen häufiger wieder der Begriff Kapitalismus auf, wo früher noch von »sozialer« oder »freier Marktwirtschaft« gesprochen wurde (z. B. Grasegger 2014;

---

[13] Jaron Lanier in seiner Rede zum Friedenspreis des Deutschen Buchhandels: »Man hat Hegel enthauptet«, deutsche und stark gekürzte Fassung in *FAZ* 2014, S. 13.

Erk 2014), und seit der demokratischen Wahl einer linken Regierung in Griechenland Anfang 2015 mit ihrem *smarten*, »medientauglichen« Finanzminister Varoufakis erst recht (z. B. Assheuer 2015).

Auch in der psychoanalytischen Literatur wird dieser dunkle Aspekt der »Neuen Medien« wieder explizit benannt: »Internet und Globalisierung, das WWW und der entfesselte Markt (…) sind Kinder, aus dem gleichen Geist geboren, das sollten wir nicht vergessen«, sagt Jürgen Hardt, Lehranalytiker und Gründungspräsident der Psychotherapeutenkammer Hessen, und spricht von einem »technoliberalen Transhumanismus« (Hardt 2012b).

Aus dem Internet, anfangs eine utopische Vision von Transparenz und demokratischer Teilhabe, zu freiem Zugang zum Wissen der Welt, ist ein Herrschaftsinstrument von Staaten und internationalen Firmen geworden, die – als sozialverträgliche Dienstleister maskiert – ihre private Profitmaximierung betreiben: Google, Apple, Microsoft, Amazon und Konsorten. Sie sind fast unverzichtbare Bestandteile des täglichen Lebens geworden, und weil sie weltweit agieren, suchen sie sich die jeweils besten Geschäftsbedingungen. Die Mühlen der einzelstaatlichen Gesetzgebung mahlen langsam, die internationalen Netzkonzerne zahlen für ihre Gewinne kaum wahrzunehmende Steuern.

Der Publizist Thomas Assheuer bezieht sich auf den französischen Philosophen der Postmoderne Jean Baudrillard mit seiner These vom »Tod des Begehrens« und konstatiert ein Verschieben des Begehrens auf die Dinge; entlang der kapitalistischen Dynamik werden die *Dinge* erotisch besetzt: »Die libidinösen Energien verschwinden nicht einfach, sie fließen nur in eine andere Richtung. Begehrt wird nicht mehr der Andere, begehrt werden die schönen toten Dinge und käuflichen Objekte – das einsame Herz schlägt für jene Sexiness der Ware, die ihm der bildwütige, auf emotionale Effekte versessene Marketing-Kapitalismus vor Augen bringt.« Einige Zeilen weiter heißt es: »Und in der Tat: die Erziehung der Herzen scheint Früchte zu tragen. Warum sonst legen sich zurechnungsfähige Konsumenten nächtelang vor die Läden eines überschätzten amerikanischen Elektrowarenherstellers, nur um endlich ein neues Streicheltelefon in der Hand zu halten?« (Assheuer 2014)

Nachdem die frühe Illusion verflogen ist, das *www* könne eine freie, demokratische Gegenwelt darstellen und inzwischen die unbemerkte Datensammlung wie Cyberkriminalität eine zunehmende Bedrohung werden, wird nun auf Hochtouren an einer Art Quadratur der Kreises gearbeitet, nämlich ein Netz zu konstruieren, das offen, zugänglich und flexibel ist und gleichzeitig sicher, stabil und abgeschlossen. Spätere Generationen werden diese Konstruktionen vielleicht ähnlich belächeln wie wir heutzutage die technologische Hochblüte der Ritterrüstungen im 16. Jahrhundert.

Ich habe trotzdem die Hoffnung, dass wache junge Leute mit Hilfe des Netzes Strukturen jenseits des Staates und des Marktes schaffen können, die im emanzipatorischen Sinne auch wirksam werden.

Wirklichkeiten

Es gibt immer mehrere Wirklichkeiten, und der Versuch, Realität zu definieren, ist eine hochkomplexe erkenntnistheoretische Aufgabe, die in der Geistesgeschichte zu unterschiedlichen Ergebnissen gekommen ist. Neben den Begriffen der »inneren« und »äußeren« Realität tauchen viele andere Fragen auf, die geklärt und verstanden sein wollen. Was ist in der so genannten »äußeren Realität« mit Fiktion, was mit Simulation, was mit Illusion, was mit Täuschung gemeint? Zu diesen Facetten des Wirklichen tritt nun mit den Neuen Medien die virtuelle Realität hinzu, ein neuer Begriff, der in verschiedenen Wissenschaften unterschiedlich konnotiert ist und jeder Aufsatz, den ich dazu gelesen habe, bemühte sich, irgendwie verzweifelt, um eine Vorabdefinition, mit der man weiterarbeiten konnte – und die dann im Widerspruch zu anderen Definitionen stand (Esposito 1998; Vorbach 2011; Löchel 2014).

Etymologisch lässt sich der Begriff auf lat. *virtus* = Kraft, Tugend, aber auch Vermögen zurückführen. Kluges *Etymologisches Wörterbuch der deutschen Sprachen* übersetzt »virtuell« lakonisch mit »möglich«. Jürgen Meyer konstatiert: »Engl. *virtual* beinhaltet laut der alltagssprachlichen Definition eine Verbindung von Schein und Sein, bzw. eine Simultaneität von Latenz und Wirksamkeit, wobei der Akzent auf dem jeweils letztgenannten Pol zu liegen scheint. [...] Mit dem Konzept der *virtual reality*, einer Welt also, die nicht *real* [Hervorhebung D. K.] ist und doch den Involvierten zu realen Aktionen veranlasst, bewegt man sich auf die alte Vorstellung einer Vielzahl der [möglichen; D. K.] Welten zu.« (Meyer o. D.) Aber auch dieser kompetente Versuch einer Definition gerät in Widersprüche, das Onlinelexikon Wikipedia betont ausdrücklich: »*Virtualität* spezifiziert also eine gedachte oder über ihre Eigenschaften konkretisierte Entität, die zwar nicht physisch, aber doch in ihrer Funktionalität oder Wirkung vorhanden ist. Somit ist *virtuell* nicht das Gegenteil von *real* – obwohl es fälschlicherweise oft so verwendet wird – sondern von *physisch*.«[14]

Mit der Suche nach dem Verständnis des Begriffs der Virtuellen Realität geraten wir also in Labyrinthe der Philosophie, von der Antike bis zur Moderne. Vielleicht ist es deswegen kein Zufall, dass einige psychologische Autoren, die auf der Suche nach der Konstituierung des Subjekts in diesen »beweglichen Zeiten« sind, sich auf René Descartes besinnen und auf sein »cogito ergo sum« als völlig körperlosen ersten Existenzbeweis des Subjekts der Moderne (z. B. Feuling 1991; Hardt 2012b).

Möglicherweise entwickelt sich mit der technologischen Option dieser *virtual reality* eine Wirklichkeitsform, die in den gängigen entwicklungspsychologischen Konzepten noch nicht gedacht werden konnte und deswegen für Verwirrung sorgt. Jedenfalls ist die von meinem verehrten Lehrer Reinhart Lempp (2003) erdachte »Überstiegsfähigkeit zwischen Haupt- und Nebenrealitäten« als Zeichen psychischer Gesundheit nicht mehr ganz so einfach auf die heutigen Verhältnisse übertragbar: Das Netz mit seinen virtuellen Möglichkeiten und Realitäten ist mit unserer physischen Realität wechselwirksam verknüpft – ist das Virtuelle nun eine Haupt- oder Nebenrealität, wenn es so sehr die gemeinsame Alltagserfahrung prägt?

(Die Unklarheiten über die verschiedenen Realitätsebenen treiben mitunter seltsame Blüten: Das Netzwerk *stayfriends* hat sich zur Aufgabe gemacht – und profitiert natürlich davon – die Verbindung zwischen ehemaligen Klassenkameraden zu knüpfen. Neuerdings werden virtuelle Klassentreffen zu einem bestimmten Termin angeboten, mit Einladungen, Absagen und Zusagen wie im physischen Leben. Die Betreiber des Netzwerkes sehen sich aber dazu genötigt, den *usern* mitzuteilen, dass »eventuell geplante reale Klassentreffen davon unbeeinflusst bleiben«. Ist die ehemals psychopathologische Kategorie des »unsicheren Realitätsbezuges« schon Standard geworden?)

Zu den virtuellen Wirklichkeiten kommt noch anderes: Der heutige *user* hat Zugriff auf alle nur phantasierbaren Wirklichkeiten, die in

---

[14] http://de.wikipedia.org/wiki/Virtualität.

die (physische) Tat umgesetzt wurden: Träume von Heldentaten und großartigen Abenteuern genauso wie alle nur denkbaren Spielarten der Sexualität, paradiesische Zustände genauso wie jedes noch so blutrünstige Verbrechen: Alles ist mit der Wirkmächtigkeit der Bilder da, nur unzureichend zensiert, es muss nicht mehr imaginiert werden. Ob diese Flut der realen Bilder von allem Phantasierbaren die Imaginationskraft reduziert und damit eventuell die Empathiefähigkeit, müsste genauer untersucht werden.[15]

Und es wird noch komplizierter: Im virtuellen Raum ist es enorm schwierig, das Wahre vom Falschen zu unterscheiden. Die virtuelle Realität im *www* ist ja auch ein Abbild der physischen Realität: Man findet dort Firmen und Institutionen, real-existierende Personen, konkrete Information über Tatsächliches – aber eben auch Fiktionales und Gefälschtes. Nichts ist sicher wahr. (Früher war es aber auch nicht anders: Als Beweis der Wahrheit hieß es an Stammtischen oft: »Das hat ein amerikanischer Professor in der Zeitung geschrieben.« Amerika, Professor, Zeitung, diese Schlagwörter garantierten Wahrheit.)

Was virtuell wirklich ist, muss deswegen nicht wahr sein, nicht umsonst gibt es viele *tools*, um »seriöse« von »unseriösen« *web-sites* zu unterscheiden. Mit digitalen Bildbearbeitungen lässt sich jedes Bild bis zur Kenntlichkeit verzerren: Was sollen wir noch glauben?

Falsche Nachrichten und Täuschungsversuche hat es schon immer gegeben, so genannte »Zeitungsenten« oder politisch motivierte, bewusst lancierte Fehlinformationen. Aber die Zeiten waren langsamer, eben nicht so »beweglich«, und man hatte vielleicht mehr Zeit (und vielleicht mehr Bewusstsein) zu klären, zu sortieren. Trotzdem schaffte es die Grzimek-Parodie von Loriot über die »Steinlaus« 1976 bis in den Pschyrembel, das Standardlexikon medizinischer Fachbegriffe.[16]

---

[15] Die Kulturwissenschaftlerin Lynn Hunt entwickelt die Hypothese, dass mit den kulturellen Veränderungen im Zuge der Aufklärung in den Subjekten erstmals so etwas wie Empathie erzeugt wurde, und zwar durch die Aufforderung zur Imagination, des Sich-hinein-Versetzens in Protagonisten von Romanen und Theaterstücken, in einzelne Bilder, Musikstücke, die erstmals in der Stille rezipiert wurden. Seitdem wurden allmählich die Folter als Teil des juristischen Prozesses und extreme Formen der körperlichen Züchtigung geächtet. Siehe Hunt 2007. Als Beispiel: Klingst 2014.

[16] http://de.wikipedia.org/wiki/Steinlaus.

Heute ist für diese Täuschung in der virtuellen Realität der Begriff *fake* verbreitet: Ist es *gefakt* oder wahr? In der schnellen Flut der Informationen und Bilder und ihrer Verarbeitung bleibt einerseits kaum noch Zeit zur Recherche, andererseits entwickelt die allseits verbreitete virtuelle »Haupt«-Realität einen überzeugenden Anschein von Wahrheit: die Macht der Bilder. Es dauerte z. B. ziemlich lange, bis in Wikipedia folgender Eintrag gelöscht wurde: »Der erste Präsident Amerikas war ein Pinguin.«[17]

Dies war ein harmloser Scherz, irgendwie auch gelungen wie der mit der Steinlaus. Aber wenn sich plötzlich in Berlin, wie neulich geschehen, Anhänger der Terrororganisation IS auf der Straße versammeln, weil sie alle einer *gefakten* Twittermeldung glauben, bekommt dieses Problem, das Wirkliche vom Wahren zu unterscheiden, eine gesellschaftlich bedrohliche Komponente.[18] »Das digitale Medium ist defaktizierend«, konstatiert der Philosoph Byung-Chul Han (2013, S. 43).

Ein Beispiel unter Tausenden: Als am 17. Juli 2014 über der umkämpften Ost-Ukraine ein Passagierflugzeug abgeschossen wurde, brach im Netz ein Propagandakrieg über die Verantwortlichen aus. Trotz aller Überwachungsdaten, all der Bilder und Recherchen sind die Verantwortlichen bis heute nicht sicher identifiziert. Ein Foto ging um die Welt: ein stoppelbärtiger prorussischer Milizionär in Kampfmontur, ein »wilder Geselle«, der an der Absturzstelle das Stofftier eines getöteten Kindes in die Höhe hält – wie eine Trophäe? Erst ein Video, das auf *youtube* zu finden ist, enthüllt den situativen Zusammenhang: Der Mann findet das Stofftier, hebt es in die Höhe, legt es dann wieder hin, nimmt seine Mütze ab und bekreuzigt sich (Gathmann 2014).

Ein derzeitiger Zeitgeisttrend sucht das »Echte«, »Authentische«: Ist das eine Reaktion auf virtuelle Welten mit all ihrer Selbstinszenierung, ihren »Fakes«, Unwahrhaftigkeiten und Betrügereien?

Der PC ist eine Maschine, aber nicht im herkömmlichen Sinne: Er ist eine Rechenmaschine, ein Rechner, wie es die Übersetzung des

---

[17] Kollegen aus der universitären Lehre erzählen mir von jungen Studenten, allesamt *digital natives*, die völlig unkritisch mit Informationen aus dem Internet umgehen – als stünden dort nur belegte Wahrheiten.

[18] Diese Nachricht hatte ich auf ZEIT-online gefunden – und trotz intensiver Recherche nicht mehr finden können, wohl weil mir die passenden Schlüsselwörter für die Suche fehlten. Vielleicht ist das auch ein Symptom für das Problem, um das es geht …

englischen *computer* ins Deutsche zeigt. Auch das Smartphone ist ein Rechner, und diese Maschinen erzeugen inzwischen eine Realität, die trotz ihrer Virtualität unsere physische Realität entscheidend mitgestalten. Der Science-Fiction-Film *Matrix* aus dem Jahr 1999 hat diese Option visionär ins Extrem gestaltet: Der Protagonist, der junge *hacker* Neo, muss erkennen, dass er in einer von intelligenten Maschinen gestalteten virtuellen Realität lebt. (Übrigens ist dieser Film voller kulturgeschichtlicher Hinweise und Zitate zur Frage der Realitätsdefinition – auch dies ein Zeichen dafür, dass wir nicht vor völlig neuen Problemen stehen ...)

Und schon 1975, etwa in der Zeit, als die alte Dame in Tübingen das Wort von den »beweglichen Zeiten« prägte, veröffentlichte die britische Rockband Pink Floyd ihr Album »Wish you were here«, darauf ein Titel, der als präzise Vision der kommenden Entwicklung gesehen werden kann: »Welcome to the machine.«

Es gibt also neue Qualitäten des Wirklichen und neue Aufgaben, das Reale vom Wahren zu unterscheiden, und der »Post-Privacy«, die von den Internetkonzernen fast messianisch propagiert wird, standzuhalten. Der Psychoanalytiker Jürgen Hardt befürchtet hier eine »Aufhebung des Subjekts« und geht bis zur Behauptung: »Das ist das Ende der Aufklärung!« (Hardt 2012a) Hier entstehen neue strukturelle Aufgaben in der seelischen Entwicklung des Subjekts, aber auch eine neu zu definierende Emanzipation vom alles dominierenden Netz und Aufgaben einer neuen gesellschaftlichen Aufklärung, ganz im Sinne Kants mit seiner Definition der Aufklärung als »Ausgang aus der selbst verschuldeten Unmündigkeit«. Oder salopp formuliert: Kant online – welche Denke ist gefordert?

Religiöse Metaphern

Es gibt eine hübsche indische Anekdote von einem aufgeklärten, überzeugt atheistischen Rechtsanwalt, der in seiner Kanzlei den Satz aufgehängt hatte: God is nowhere. Als sein kleiner Sohn in die Schule kam und das Buchstabieren lernte, versuchte er sich an diesem Satz. Er konnte aber erst nur kurze Wörter lesen und legte sich diesen Satz zurecht: God is now here. Diese Denkfigur taucht auch in Hartmut Böhmes lesenswertem Artikel »Zur Theologie der Telepräsenz« auf:

> Gott – so hieß es bei Nikolaus von Kues – ist das Non-Aliud, jener Prozessor oder Operator, der die Dinge als sie selbst, a = a, generiert. In gewisser Hinsicht ist dieser Gedanke die Vorwegnahme eines Modells der Zeichen-Generierung und der Turing-Maschine. Der Konstruktivismus, der dem Cyberspace zugrundeliegt, läßt in seinen Propagandisten die Vorstellung wachsen, als seien sie selbst jenes Non-Aliud, das die Dinge im virtuellen Raum als »nichts anderes« als diese selbst erzeugt. Und das trifft zu. Denn es gibt keine Interferenz mit der Materie, keine Vermischung mit der opaken Welt der Stoffe und Leiber. Im technisch Virtuellen ist alles selbstidentisch kraft des »Non-Aliud« des Archeus Signor, dem Rechner. Gewissermaßen eine schattenlose Welt aus nichts als Licht. Das macht den Cyberspace für immer mehr Menschen heute so attraktiv. (Böhme 1996)

Die elektronische Verbundenheit erzeugt etwas, was man früher nur in religiösen Zusammenhängen erfahren hat. Gott sieht dich, überall: die Allgegenwart einer überwärtigen Instanz, die unsichtbar ist. Inzwischen ist Gott online. Das allwissende, ubiquitär vorhandene und nicht zu ortende Netz, das nichts vergisst: Das ist das alte Bild Gottes (von Randow 2014). Vom Google-Chef Eric Schmidt stammt das Statement: »Wenn es etwas gibt, von dem Sie nicht wollen, dass es irgendjemand erfährt, sollten Sie es vielleicht ohnehin nicht tun.«[19] Auch die transzendentale Idee der Unsterblichkeit taucht in grotesker Weise auf; Jaron Lanier weist darauf hin: »Innerhalb der winzigen Elite der Milliardäre, die die Cloud-Computer betreiben, herrscht der laute, zuversichtliche Glaube, dass die Technologie sie eines Tages unsterblich machen wird. […] Eine weitere populäre Idee ist, unser Gehirn in die virtuelle Realität ›upzuloaden‹, damit wir für immer in einer Software-Form weiterleben könnten.«[20]

Neben diesen zwar extremen, aber kennzeichnenden Haltungen der digitalen Missionare steht der ziemlich verrückte Begriff der *reality-show*. Ist das ganze Leben eine einzige *doku-soap*? Wird alles aufgenommen, gefilmt, verwertet für einen unbekannten, größeren, unsicht-

---

[19] Genauer Wortlaut: »If you have something that you don't want anyone to know, maybe you shouldn't be doing it in the first place, but if you really need that kind of privacy, the right of the people to be secure in their persons, houses, papers, and effects, against unreasonable searches and seizures, shall not be violated …«

[20] Jaron Lanier in seiner Rede zum Friedenspreis des Deutschen Buchhandels: »Man hat Hegel enthauptet«, deutsche und stark gekürzte Fassung in *FAZ* 2014, S. 13.

baren Zuschauer? Eine paranoide Phantasie, die im amerikanischen Spielfilm *Die Truman Show* (1998) genial in Szene gesetzt wurde: das private Leben als Inzenierung eines allmächtigen Regisseurs, der man nicht entkommen kann. (Aber auch dies ist überhaupt nicht neu: Schon um 1630 hat Pedro Calderón de la Barca mit seinem Mysterienspiel *Das große Welttheater* eine fast identische Vorstellung gehabt.)

George Orwell lag mit seiner dystopischen Schreckensgeschichte *1984* zeitlich nur etwa zehn Jahre daneben, ein bisschen zu früh[21]; der »Große Bruder« ist allerdings nicht wie im Roman der Parteivorsitzende einer sozialistischen Diktatur, sondern es sind die Geheimdienste demokratisch gewählter Regierungen und die Algorithmen der global agierenden Internetkonzerne.

Veränderungen der alltäglichen Erfahrung

Wir erleben diese sich so ungeheuer rasch verändernde Welt und suchen in unserem vielleicht veralteten Repertoire nach Begriffen, um die Phänomene zu ordnen – denn diese Ordnung gibt uns ja einen Halt, den wir brauchen.

Online und *offline* sind inzwischen zwei verschiedene Seinsweisen geworden, und ein anderes Zauberwort eröffnet heutzutage Welten der Erfüllung und des Schreckens, für frühere Generationen müsste dieses Wort wie ein Abrakadabra erscheinen: der *click*. (Inzwischen auf den *touch-screens* auch das »Wischen« oder »Tippen«.) Mit einer winzigen Bewegung des Fingers werden Räume naher oder ferner Wirklichkeiten mit allen nur denkbaren Zuständigkeiten und Auswirkungen eröffnet.

Eine Reihe von Beobachtungen, Erlebnissen, Einfällen kamen mir beim Betrachten der Verhältnisse in den Sinn, die das Selbst- und Welterleben des Subjekts heutzutage kennzeichnen. Ich habe versucht, diese in vorläufige Kategorien zu ordnen:

---

[21] Das Datum 1984 war aus dem Erscheinungsjahr des Buches (1948) als Zahlendreher entstanden.

Entgrenzte Verbindung

Bis weit in die 1990er Jahre hinein waren Post und Festnetztelefon die Standards der Verbindung – mit all den Verbindungsabbrüchen und -störungen, die z. B. unterwegs auf Reisen auftraten.

Und nun die permanente Verbindung in die Welt: wenn diese aber abbricht, fehlt, verloren geht? Wenn man da hineingeboren ist – was dann? Was geschieht in einer grundsätzlich weltverbundenen Seele, wenn alle diese Verbindungen abbrechen? Auf welche Art eines unverbundenen »Ich«, auf welche Panik und Einsamkeit stößt dieses Weltverbundene »Ich« (Löchel 2014)? Mag sein, dass bald eine neue Angststörung in den diagnostischen Katalogen erscheint: die Offline-Panik.

Auch umgekehrt entsteht eine neue Dynamik: Konnte man früher jemanden nicht »zeitnah« erreichen, gab es genügend Phantasien, die dem anderen eine getrennte und gut lebendige Existenz zusprechen konnten. Heute entsteht viel schneller eine Sorge, ob dem anderen etwas Bedrohliches zugestoßen sein könnte: wenn er doch nicht erreichbar ist!

In diesen Zeiten gerät das »Funkloch« zur existenziell bedrohenden Katastrophe: Ohne die permanente Verbindung zu sein, kann dann eine tiefe Angst des Verlorengehens oder Verlorenseins erzeugen. Es wird nicht umsonst als »Loch« beschrieben und nicht als Insel im Meer der Funkwellen, z. B. als Insel der Glückseligen ohne Erreichbarkeit, denn die Schattenseite der Vernetzung heißt Verfügbarkeit. (Der Philosoph Rüdiger Safranski wurde Anfang des Jahrtausends einmal gefragt, warum er kein Handy habe und antwortete mit dem bemerkenswerten Satz: »Dauernde Erreichbarkeit ist das Kennzeichen der Bediensteten.«)

Vielleicht wird einmal die Ablösung vom bzw. aktive Verweigerung des *www* einen ähnlichen Stellenwert bekommen, wie in früheren Zeiten ein meditativer Rückzug in den Himalaya, Kennzeichen der Suche nach persönlicher Entwicklung. Erste Bewegungen in diese Richtung zeichnen sich bei der Netzgemeinde schon am Horizont ab.

Junge Menschen erzählen mir von einer schwindenden Verbindlichkeit untereinander: Weil alle immer miteinander verbunden sind, können *dates* schnell vereinbart und genauso schnell auch wieder *gecancelt* werden. Bei Verabredungen gibt es keinen Standard der Verlässlichkeit mehr. Alles wird projektiert, angedeutet, weder zu- noch abgesagt. »Man sieht sich« – heißt es zum Abschied. Eine Vereinbarung kann eigentlich erst dann als erfolgreich gelten, wenn man sich wirklich, d. h.

physisch trifft. Bis zu diesem Treffen sind immer völlig andere Optionen möglich: andere Zeiten, andere Orte, andere Personenzusammensetzung. Damit rechnet jeder, es wird auch nicht als Unzuverlässigkeit wahrgenommen. Eine junge Frau sagte dazu: »Ist doch gut: Man muss sich nicht mehr festlegen, eine eventuell bequemere Option ist durch die Vernetzung immer gegeben.« Trotz aller Verbindungen, trotz des *oversharings* in den sozialen Netzwerken nimmt die Unverbindlichkeit zu. (Ist das vielleicht der typische Blick eines *digital immigrants*? Oder eine altmodisch deutsche Sicht? Ist das nur eine kulturelle Verschiebung? In anderen Gesellschaften, z. B. Indien oder Brasilien, machen deutsche Besucher ähnlich irritierende Erfahrungen hinsichtlich vereinbarter Zeiten ...)

Vieles ist durch die Neuen Medien bzw. das Smartphone permanent verfügbar: Beziehungen, Konsum von Musik, Film und Text, Bestellung von Waren, Orientierung im Raum, Hintergrundinformationen zu jeder Frage. Was macht diese permanente Verfügbarkeit mit uns und unseren Seelen? Wie wirkt sich das aus auf das, was etwas altmodisch »Frustrationstoleranz« genannt wird? Die permanente Verfügbarkeit bedeutet einerseits aktiv eine imaginierte Omnipotenz, andererseits auch passiv, dass über einen verfügt wird: Beides sind eigentlich Erfahrungen aus der Frühzeit der kindlichen Entwicklung. Welche Formen des Mangels helfen hierzulande und heutzutage, dem Subjekt seine Gestalt zu geben?

Ablösungsfiguren

Eine Mutter erzählte mir von ihrem 18-jährigen Sohn, der sich auf einer monatelangen Reise in Australien und Neuseeland befand. Auf meine Frage, ob ihr diese erste große Trennung schwerfiele, antwortete sie: »Nein, wieso? Wir telefonieren doch jede Woche zwei-, dreimal.«

Wenn das Kind ein Handy hat, können Eltern über einen *link* jederzeit überprüfen, wo es sich gerade aufhält. Diese Kinder stehen vor der Wahl, entweder kontrolliert oder nichtverbunden zu sein (Uken 2014).[22]

Eltern wollen mit ihren Kindern per *facebook* »befreundet« sein – die Kids wenden sich entnervt neueren Netzwerktechnologien zu (Gruber 2014).

---

[22] »Know where your kids are«, *software* zum *download* (https://familymap.wireless.att.com/finder-att-family/welcome.htm).

Auf einem Plakat in einer Bücherei stand zu lesen: »Shock your parents – read a book.«[23]

Eine ältere Dame berichtete von ihrer inzwischen erwachsenen Tochter, die sich kaum noch mit Fragen an sie wendet. Der Erfahrungsschatz der Mutter ist auf *websites* wie »frag-mutti.de« abrufbar. Resigniert und amüsiert meinte sie: »Aber in das Internet, da misch ich mich nicht ein ...«

Es ist offensichtlich, dass in der Welt der Neuen Medien bisherige Ablösungsmuster infrage gestellt werden. Z. B. könnte die Beherrschung der jeweils neuesten Medien ein Geheimnisvorteil gegenüber den Elternfiguren sein. Aber genau dieser Aspekt erweist sich auf anderer Ebene als illusionär: Die NSA-Affäre hat gezeigt, dass jede auch noch so winzige Spur im Internet gelesen werden kann und von Privatsphäre oder Geheimnis dort überhaupt keine Rede sein kann, wenn man nicht permanente Anstrengungen auf die jeweils aktuellen Verschlüsselungstechnologien einsetzt. Das Geheimnis als Grundlage der Individuation im Sinne C. G. Jungs ist mit den Neuen Medien gefährdet, die Intimität im Netz ist immer öffentlich und damit nur eine scheinbare.

In einer Welt der »entgrenzten Verbindung« geht es um neue Figuren der Trennung und Ablösung. Wenn permanente Verbindung gesellschaftliche Standards sind, wird eine »äußere Trennung« erschwert, und ich vermute, dass Formen der »inneren Trennung« in Zukunft mehr Gewicht bekommen werden.

Wirklichkeitskonzepte

Ein guter Freund ist nach Amerika gezogen, hat dort geheiratet, ein Kind kam zur Welt. Dieses Mädchen hatte schon sehr früh seine ersten *screen*-Erfahrungen: Die Großeltern, der Onkel, die Freunde in Deutschland sahen das Baby natürlich via *skype* und das Kleinkind lernte schnell, auf diese Gesichter und Ansprache zu reagieren – auf dem Schoß der Eltern. Anfangs hatte es mehrfach versucht, beim Auftauchen vertrauter Gesichter auf dem Bildschirm, diesen zu umarmen. Normalerweise wurde mit dem Kind nicht ferngesehen; einmal aber hielt Präsident Obama eine wichtige Rede, die sich die Eltern mit dem Kind anschauten. Das damals noch nicht anderthalbjährige Mädchen versuchte,

---

[23] Ohne Autorenangabe: »Shock your parents, read a book!«, thekittenreview.wordpress.com, 31. August 2012.

die Aufmerksamkeit des Präsidentengesichts mit allerlei Gehampel und Grimassen auf sich zu ziehen. Als aber Obama in seiner gewohnten Weise bei seiner Rede nach links und nach rechts auf das weltweite Auditorium blickte, sich von dem Gezappel nicht irritieren ließ, begann das Kind enttäuscht und empört zu schreien. Übrigens hat das Mädchen Oma und Opa bei seinem ersten physischen Kontakt sofort erkannt und nahm Kontakt auf, ohne zu fremdeln. Dies alles geschah schon vor dem Spracherwerb.

Inzwischen, mit knapp zwei Jahren, lernt sie zu unterscheiden, wer auf diesem Bildschirm auf sie reagiert, und wer nicht. Auch eine Umstellung vom großen Bildschirm auf ein neu erworbenes Smartphone war kein Problem: Die *skype*-Kontakte zu vertrauten Menschen auf dem kleinen Bildschirm waren so selbstverständlich wie die auf dem großen. Allerdings versucht sie heute noch hin und wieder, den Bildschirm zu umarmen oder auf dem großen *screen* unangenehme Inhalte wegzuwischen.

Was muss das Kind hier alles lernen? Welche (im Gegensatz zu früher) zusätzlichen Wirklichkeitsdifferenzierungen und -konzepte müssen kleine *digital natives* entwickeln? Früher ging es um die Unterscheidung von innerer und äußerer Realität, heute geht es zusätzlich um die Differenzierung verschiedener äußerer Realitäten, z. B. muss man zwei verschiedene *screen*-Wirklichkeiten unterscheiden: die mit einer persönlichen Beziehung und Reaktion (via Videotelefonie) und die ohne (z. B. Filme oder Reportagen). Welche Wirklichkeitskonzepte haben die *digital natives* entwickelt, die mit den neuen modernen Medien großgeworden sind?

Aber schon seit zwei, drei Generationen musste ja ein zweidimensionales Geschehen als nicht physisch wirklich identifiziert werden (Film), und auch seitdem gibt es dort Dokumentation von Realem und Fiktionales, außerdem die Unterscheidung von Vergangenem (Konserve) und *live*-Berichterstattung. Wir alle haben das recht gut geschafft, und ich bin zuversichtlich, dass auch die neuen, komplexeren Herausforderungen bewältigt werden.

Welche Schwierigkeiten aber hat ein Kind, dessen Realitätsbezug aufgrund früher Entwicklungsbeeinträchtigungen eben nicht sicher ist, mit diesen Neuen Medien?

Ich erinnere mich an einen autistischen Jungen, der in der Welt der *comics* versunken war, kaum sprach, und als quasi-autistisches Objekt eine Reihe aus Papier ausgeschnittene »Zuschauer« mit sich herumtrug, die er all seine Aktivitäten beobachten ließ. (Eine interessante Figur, die eine eigene psychoanalytische Untersuchung wert wäre ...) Erst nach einigen Jahren der Behandlung, nachdem er das Sprechen gelernt hatte, wurde klar, dass es für ihn eine völlig unbezweifelbare Vorstellung gab: Die Wiese vor dem Haus war die Landebahn des Flugplatzes von Entenhausen.

Möglicherweise sind die komplexen Wirklichkeitsbedingungen der Neuen Medien besonders für Kinder und Jugendliche mit Frühstörungen und ohne den so genannten »sicheren Realitätsbezug« eine besondere, neue Irritation und Schwierigkeit, die auch neue pädagogische und therapeutische Konzepte erfordern.

(Es wäre auch interessant zu untersuchen, wie die neuen digitalen Technologien in den paranoiden Wahnvorstellungen erwachsener Schizophrener vorkommen. Schon immer bezogen sich diese auf das im Prinzip vorhandene Bedrohliche in der Welt, oft inhaltlich gestaltet von neuen, in ihrer Kontrollierbarkeit noch schwer einzuschätzenden technologischen Entwicklungen. Am Anfang war es der Satan *himself* oder alchimistische Zauberer, dann mit der Entdeckung von Funk und Röntgenstrahlung unsichtbare »Strahlen«, später das Abhören durch unauffindbare »Wanzen« oder die »Fernsteuerung«: Alles Befürchtungen eines brüchigen »Ich«, die wie feine Seismographen auf die dunkle Seite des technologischen Fortschrittes verwiesen. Welche Hinweise auf die Schattenseiten der Neuen Medien könnten uns diese aktuellen paranoiden Wahnbildungen liefern?)

Neukonzeption des »Ich«

»Es ist alles so bunt hier, ich kann mich gar nicht entscheiden!« sang die Rockröhre Nina Hagen in den 1980er Jahren in ihrem Song »Ich glotz TV« (damals hieß es noch TeeFau und nicht Tiiwii. Immerhin ging es damals noch um Entscheidungen eines halbwegs definierten Ich).

»Herein! Herein! Ich atme euch ein!« heißt ein neues Stück des postmodernen Kultregisseurs René Pollesch (Uraufführung am Schauspielhaus Zürich Januar 2014) als Beispiel des kulturellen Mainstreams – die total konfusionelle Position mit verschwimmenden Ich-Grenzen und inhaltlich auf einer Suche nach dem »Kern« im Ich, der sich als Chimäre erweist (Klaeui 2014).

Vom *user* beliebig gestaltbare »Avatare«[24] bevölkern die virtuellen Räume als Vertreter seines physischen »Ich«, in anonymen *chatrooms* entstehen Beziehungen, auch »Liebesbeziehungen« zwischen frei erfundenen Identitäten, die manchmal einen fast absurd-komischen Charakter bekommen. Das »Ich«, klassische Instanz der Identität und der Realitätsprüfung, verliert in den postmodernen Zeiten[25] an Kontur, entwickelt neue Schichten. Der Publizist und Philosoph Richard David Precht (2007) stellt in einem Bestseller die Frage: *Wer bin ich – und wenn ja: wie viele?*

Im kulturellen Raum wird die Definition des »Ich« komplexer, vielschichtiger, diffuser. Und im innerpsychischen Raum? Jürgen Hardt befürchtet: »Durch die Virtualisierung der Welt ist die pathologisch und pathogenetisch bedeutsame Grenze zwischen Realität und Phantasie aufgehoben und der Kern des Subjekts hat sich verflüssigt: es ist eine Kernschmelze des Selbst, das dem manipulierbaren Man Raum gibt.« (Hardt 2012a) Hat es das alles schon gegeben – oder war Arthur Rimbaud vor 150 Jahren entlang seiner eigenwilligen Poetologie wirklich ein »Seher« mit seinem Satz: »Ich ist ein Anderer« (Rimbaud 1871)?

---

[24] An dieser Stelle sei noch einmal darauf hingewiesen, dass der Begriff des »Avatars« aus der hinduistischen Kosmologie stammt und dort einen Vollendeten bezeichnet, der dem Kreislauf der Wiedergeburt nicht mehr unterworfen ist, aber freiwillig erneut inkarniert, um an der Erlösung der Menschen mitzuarbeiten – ähnlich wie die Figur des Bodhisattvas im buddhistischen Kulturkreis oder die des Christus im christlichen. In der Terminologie der virtuellen Welten entsteht eine gegenläufige Bewegung: Das unerlöste Ego schafft sich eine transzendentale, potenziell omnipotente Figur.

[25] Poststrukturalismus und Dekonstruktion sind Teil der so genannten Postmoderne, die aus dem die Moderne seit 1900 generell auszeichnenden Krisenbewusstsein einen positiven Denkansatz entwickelt. Klagte die Moderne noch über Verlusterfahrungen, etwa den Verlust des Ich, des Sinns, der Sprache etc., so erkennt die Postmoderne in der Unmöglichkeit, alte Sinneinheiten aufrechtzuerhalten, die Chance und Freiheit zu einem »anderen« Denken, zu einem Denken, das deshalb anders ist, weil es sich von herkömmlichen Begriffen und Sinneinheiten absetzt, ohne selbst neue, positive Festlegungen treffen zu wollen. Vgl. Petersen/Wagner-Egelhaaf 2006, S. 211.

Entkörperungen und sensible Prothesen

Ein Wolkenbruch im warmen Sommer: Am Ausgang einer Kneipe stehe ich nachts mit einem jungen Mann, der nach Hause will – nur 200 Meter weit –, und zögert. Ich ermutige ihn scherzhaft: »Du bist doch nicht aus Zucker!« Aber er: »Es geht nicht um mich. Mein Smartphone wird nass.«

Im Netz kursiert ein Photo von einer halbgeöffneten Innenhand, auf der Handfläche steht mit Filzstift geschrieben: »If you can read this, someone has stolen my smartphone.«

Heute ist das Smartphone quasi ein Körperteil geworden, eine Exoprothese als Verlängerung des Ich im Sinne des Medientheoretikers McLuhan (1968). Sigmund Freuds Diktum vom Menschen als »Prothesengott« (Freud 1930, S. 222) hat nach knapp 100 Jahren eine konkrete und anschauliche Dimension bekommen. Es wird nicht lange dauern und man wird auch über Formen des Phantomschmerzes bei Verlust des Smartphones reden, wie bei einer Amputation. So dachte ich bei der Konzeption des Vortrags, eine kurze Recherche im Netz belehrte mich eines Besseren: Der Begriff der digitalen Amputation wird schon längst diskutiert.[26]

Bei jugendlichen *gamern*, die viele Stunden in interaktiven Spielen verbringen, gibt es die Abkürzung »afk« für *away from k-board* – wenn z. B. ein körperliches Bedürfnis wie Nahrungsaufnahme oder Ausscheidung eine kurze Abwesenheit vom *screen* erfordert. Müsste man nicht umgekehrt die Zeiten vor der Tastatur mit »afb« bezeichnen – *away from body*?

Ein Analytiker berichtet von einer jungen Klientin, die von ihrer Liebe spricht, den Geliebten anschaulich in seinen Eigenarten schildert. Erst relativ spät wird klar, dass es sich um eine *chatroom*-Liebe handelt: Sie ist ihrem Geliebten physisch noch nie begegnet (Salge 2014, S. 248). Viele Geschichten von der *chatroom*-Liebe erzählen von gewaltigen Desillusionierungen beim ersten Realkontakt in der Welt. (Aber was ist

---

[26] Simona, *user* in nzz.campus schon vor über zwei Jahren am 8. Januar 2013; und früher schon im November 2012 hieß ein Aufsatz im Netz: Technology as Extension and Amputation of the Body: The Effects of Smartphones and Apps in Cognitive Development (306designmcardenas.wordpress.com, ohne Autorenangabe); Deutscher Journalistenverband warnt vor »Online-Amputation« bei ARD und ZDF. dpa-meldung handelsblatt.com, 21. Februar 2012.

denn schon »real«, und was ist heute mit »Welt« gemeint?) Andere Analytiker schildern die Erfahrung, dass junge Klienten erst im gemeinsamen Gebrauch der Kommunikation über das Netz Entscheidendes über sich mitteilen können (Knellessen/van Loh 2012/2013; Hardt 2012a; Löchel 2014).

Insgesamt wird von verschiedenen Autoren ein Verlust der »Zwischenleiblichkeit« empfunden. Jürgen Hardt fasst zusammen: »So ist das Individuum und das denkende Subjekt ein zwischenleibliches Produkt. Es entwickelt sich eben nicht nur im denkenden und sprechenden Miteinander-Umgehen, sondern in einem Medium, das Thomas Fuchs in Anlehnung an Merleau-Ponty Zwischenleiblichkeit genannt hat.« (Hardt 2012b)

Als ich neulich sehr krank war, erreichten mich viele Genesungswünsche mit der Post, Briefe und Kärtchen. Sie haben mich seelisch mehr erreicht als jede *e-mail* oder *sms*. Was heißt das? Hat das mit meinem digitalen »Dinosaurierstatus« zu tun? Wie erleben die *digital natives* eine »analoge« Post? Als »rückständig«, als etwas sehr Besonderes? (»Liebesbriefe kann man küssen«, sagte eine junge Frau neulich, die in Liebesdingen die alte Post bevorzugt.) Der Brief ist wie ein Teil des Körpers, und damit ein Teil der Zwischenleiblichkeit. Diesen Gedanken entwickelt die Kulturwissenschaftlerin Silvia Henke in einem Aufsatz über »Zäsuren zwischen Brief und E-mail« (Henke 2005).

Selbstgestaltete Körper in virtuellen Wirklichkeiten, ein gebeugter, unbeweglicher Körper voller heftiger Emotionen beim *gaming* im Netz, Selbstoptimierung des eigenen Körpers entlang der medial vorgegebenen Ideale mit Hilfe von *apps* auf dem Smartphone, *software*-gesteuerte Programme zum Training von Athleten, die konkrete Zwischenleiblichkeit als Hinderungsgrund für eine psychische Öffnung – all das stellt Fragen zu einer neuen Wahrnehmung und Bedeutung des Körpers.

Verderbliche Speicher oder Archiv:
Geschichtslosigkeiten oder Geschichte

Die digitale Technologie stellt unendlich große Speicher zur Verfügung. Eine ganze Bibliothek passt inzwischen auf einen USB-Stick – und die Kapazitäten wachsen wie alles andere exponenziell. Unendlich viele Bilder, Videos, Audios, Texte werden erzeugt und gespeichert, auf Sticks, Festplatten, in den *clouds*, den immer neu und noch vielversprechender erscheinenden digitalen Speichermöglichkeiten. In den Möglichkeiten des permanenten Festhaltens von Situativem entsteht vielleicht das Phantasma eines »unendlichen Augenblicks« im Sinne Goethes: »Verweile doch, du bist so schön...«[27]

Aber einerseits sind Fest-Platten trotz ihres Namens ganz und gar nicht »fest«, es sind verderbliche Speicher, viel weniger haltbar als Papier (wenn man ihren Inhalt nicht auf spezielle Weise pflegt) und verschiedenen Unwägbarkeiten der Technologie unterworfen: »Abstürzen«, versehentlichen Löschungen, Veränderungen von Datei-Formaten etc.[28]

Andererseits ist ein Speicher noch kein Archiv (Esposito 1998, S. 280ff.), sondern ein unsortiertes Sammelsurium von Augenblicken. Erst die kognitive Arbeit der Strukturierung verwandelt den Speicher in ein Archiv, das einen systematischen Zugriff ermöglicht und zeitliche Einordnungen, d. h. unter anderem den Ablauf der Geschichte garantiert.

Die Unmengen der in den verschiedensten Medien gespeicherten Daten sind für den Einzelnen nur mit einer hochstrukturierten Verwaltung überschaubar und erhaltbar. Vieles wird für den Moment festgehalten, kann aber ohne systematische Archivierung kaum noch in der Reihung eines biografischen Ablaufes zugeordnet werden.

(Hier ein freundlicher Gruß an die Kollegen im Therapeutischen Heim in der Hagenwörthstraße: Alle Kinder dort bekommen zu jedem Jahrestag ihrer Aufnahme im Heim ein Fotoalbum über das vergangene Jahr und zum Abschied einen Gesamtüberblick der Fotos in ihrer Geschichte dort. Das bedeutet viel Arbeit, aber für die Kinder hat dieses Ritual immer eine ganz besondere Bedeutung.)

Diese Veränderungen der Speicherung und Kommunikation spielen auch im kulturellen Raum eine Rolle: Literaturwissenschaftler z. B. konstatieren das Verschwinden der Handschrift von Literaten (im Sinne der Zwischenleiblichkeit), ihre Briefwechsel mit Zeitgenossen und Verlegern: All das war bislang eine wichtige Quelle der Forschung. Wo und wie wird der digitale Austausch gespeichert und geordnet?

Wahrnehmen, speichern und vergessen: Einerseits wird dem Netz gegenüber ein »Recht auf Vergessen« eingeklagt, andererseits wird jede

---

[27] Johann Wolfgang von Goethe: *Faust I*.
[28] Siehe hierzu den »Chanson des Monats« von dem Berliner *singer-songwriter* Thomas Pigor: Fragen an die Cebit.

Wahrnehmung in eine digitale Form überführt, irgendwie und irgendwo relativ unsortiert gespeichert oder *gepostet* – was macht das mit unserer Erinnerung?

Im unendlichen Augenblick wird die Zukunft ohne die Idee einer Entwicklung oder Geschichte entworfen. Der mediale Trend (oder sollte ich sagen: Zwang?) und die vorhandenen Optionen zur weltweiten Selbstinszenierung könnten zu einem Selbstentwurf beitragen, der die Mühen der Entwicklung unterschätzt.

Aber es ist beruhigend zu wissen, dass es diese Tendenzen schon lange vor diesen aktuellen, technologisch bedingten Veränderungen gegeben hat, die uns derzeit das Hirn vernebeln. Schon Goethe, um ihn noch einmal zu zitieren, meinte damals: »Kein Mensch will etwas werden, ein jeder will schon etwas sein.«[29]

Normierung und Theorien in neuen Verhältnissen

Die menschliche Spezies hat in der Evolution gewonnen durch ihre enorme Fähigkeit zur Anpassung an rasch wechselnde Verhältnisse. Dem Menschen überlegen sind nur wenige, angeblich untergeordnete Wesen, z. B. die Küchenschaben, die sogar eine atomare Verseuchung der ganzen Welt überleben würden. Auch den Veränderungen der Welt durch die digitalen Technologien wird sich der Mensch, nach Fehlschlägen und Neuentwürfen, anpassen. Vieles, was wir z. Zt. so heftig diskutieren, sind vielleicht nur Anpassungsphänomene unserer Gattung.

Martin Feuling hat schon vor über 30 Jahren, als all die uns heute bewegenden Fragen noch nicht aufgetaucht waren, auf hellsichtige Weise die Affinität zwischen binär-digitalen und autistischen Strukturen thematisiert (Feuling 1991). Wenn man dem *nerd*, dem *computerfreak* tendenziell einen spezifischen Charakter zuweisen kann, der im weitesten Sinne mit einem autistoiden Welterleben zu tun hat, dann hat das Auswirkungen auf alle. Denn diese *nerds* sind die Programmierer der *software*, deren Logik wir folgen müssen und die unser Leben so prägt (siehe auch Vorbach 2011, S. 10).

Als Beispiel sei Mark Zuckerberg, der Erfinder von *facebook*, erwähnt. Einige seiner Wegbegleiter erwähnen einen auf sozialer Ebene eher inkompetenten jungen Mann, andere wagen sich bis in die Diagnose einer autistoiden Störung vor. Auf jeden Fall ist die Idee, eine »Freund-

---

[29] Johann Wolfgang von Goethe, *Zahme Xenien IV*.

schaft« durch einen gegenseitigen *click* zu konstituieren, ein Einfall, der aller sonst üblichen Lebenserfahrung widerspricht. Wenn vor 20 Jahren ein Jugendlicher gesagt hätte, er habe 300 Freunde, wäre das Grund zur Sorge gewesen, im besten Falle hätte man eine Selbstwertstörung vermutet. Heutzutage ist solch eine Aussage weitgehend unauffällig.

Auch die bei *facebook*, *youtube* und sonst im Netz verbreitete Option, etwas mit gehobenem oder gesenktem Daumen zu bewerten, »gefällt mir« oder »gefällt mir nicht«, folgt einer binären Logik und versperrt eine differenzierte Wahrnehmung und Verarbeitung. Wie können, wie sollen wir mit diesen uns per *software* aufgezwungenen Strukturen umgehen, die einer oft selbstherrlichen Willkür von Programmierern entspringt, Menschen mit einer Psycho-Logik, von der wir keine Ahnung haben?

Es gibt inzwischen eine Fülle von psychologischer und psychoanalytischer Fachliteratur zu den Impulsen bzw. Verwerfungen, die die Umwelt der Neuen Medien für Kinder und Heranwachsende entwicklungspsychologisch bedeuten. Bei der flüchtigen Sichtung einiger dieser Artikel fiel mir dreierlei auf:

— Erstens, wie sehr man bemüht ist, die Phänomene in Begriffen der vorhandenen Theorien unterzubringen, um sie auf diese Weise zu verstehen bzw. zu Handlungskonzepten zu kommen.
— Zweitens, wie rasant die Entwicklung ist: Aufsätze, die nur ein paar Jahre alt sind, beschäftigen sich mit Sujets, die von der Entwicklung schon längst überholt sind.
— Und drittens, dass immer aus der Sicht der *digital immigrants* geschrieben wird.

Diese in der Fachliteratur nachdenkende Generation beschäftigt sich mit einer Lebenswelt, die erst später in ihr Leben getreten ist und der sie gewisserweise fremd gegenübersteht. Elfriede Löchel fragt zu Recht: »Geht der Trend regressiv in Richtung präödipaler Strukturen […] oder brauchen wir neue Begriffe, neue Sichtweisen? Kann es sein, dass weder Ödipus noch Prä-Ödipus online sind, sondern ein neuer Mythos, eine neue Subjektivität am Entstehen ist?« (Löchel 2014)

Ich frage mich, wie wohl die *digital natives* in einigen Jahren sich mit diesen Fragen beschäftigen werden, wenn sie in eine theoriebildende Position geraten sind. Sie gehen mit anderen Grunderfahrungen und anderen Kenntnissen an diese Fragestellungen heran. Und wie heutzutage gerade Ansätze zu einer »Neuro-Psychoanalyse« entstehen (unter dem seltsamen Druck des *mainstreams* der überschätzten Neurowissenschaften, die in meinen Augen auch nur ein *hype* sind bzw. eine »Neuromythologie«, wie es Felix Hasler, 2012, nennt), kann später die psychoanalytische Theorie durch diese Generation neu befruchtet werden – in einer Weise, die wir *digital immigrants* uns noch nicht vorstellen können.

Was tun?

Bob Stein, der amerikanische Erfinder des *social reading*, sagte neulich in einem Interview: »Wir haben noch keine Antworten. Sie sind nicht einfach und sie werden auch nicht sofort auftauchen. Es gibt eine Menge Leute, die wollen einen Abschluss, die wollen Antworten. Aber es ist keine gute Zeit für Antworten. Es ist eine gute Zeit für Fragen.«[30]

Wir befinden uns meines Erachtens mit den digitalen Welten nicht in »Übergangsräumen« im Winnicott'schen Sinne, sondern insgesamt in einer tiefgreifenden kulturellen Umgestaltung, deren Geschwindigkeit und Folgen derzeit kaum abzuschätzen sind. Viele kompetente Autoren beschäftigen sich mit den möglichen Entwicklungen und Entwürfen neuer Welterfahrung, Lebensweisen und Gesellschaftsmodelle – und kommen zu den unterschiedlichsten Ergebnissen, z. B. Christoph Kucklick (2014), Christian Schwägerl (2014) und Yvonne Hofstetter (2014).

Ich bin überzeugt, dass die alten Entwicklungsgesetze trotz aller postmodernen Beschleunigung erhalten bleiben, vielleicht müssen sie theoretisch neu gefasst und formuliert werden. Die Jugend ist in der gesellschaftlichen Entwicklung immer einen Schritt voraus und setzt diese in Gang. Das ist ihre notwendige Aufgabe, wir können dies weder kontrollieren noch verhindern. Und uns Älteren bleibt wie zu allen Zeiten nur die Frage, wie wir – pädagogisch oder therapeutisch – mit diesen Differenzen umgehen.

Wie immer schon geht es weder um eine peinliche Anbiederung, um die für uns schwer erträgliche Trennung aufzuheben, noch um einen

---

[30] In: Müller: Litflow – Neue Medien, neue Literatur? SWR 2 »Wissen«, 2. Mai 2013.

verzweifelten Kontrollversuch, der sowieso scheitern muss. Beide Optionen sind (und waren es immer) für tragende und helfende Beziehungen unproduktiv. Wie schon immer geht es um Formen der Präsenz und Begleitung, um eine fragile Balance zwischen Einmischen und Lassen, zwischen Verantwortung und Freiheit, zwischen den eigenen Wünschen und Ängsten und den Wünschen und Ängsten des Anderen.

Besondere Herausforderungen entstehen heutzutage in milieutherapeutischen Settings: Es gibt immer wieder uns anvertraute, schwer ich-strukturell gestörte Klienten, die ohne Begleitung in der physischen Welt aus unterschiedlichen Gründen in kürzester Zeit in enorme Schwierigkeiten geraten können. Oft surfen diese Klienten aber mit ihren *smartphones* durch die virtuelle Welt, durch diese gleichwertigen Wirklichkeiten, durch *chatrooms* und Einkaufszentren, durch Behörden und Institutionen, und hinterlassen eine Spur der Verwirrung und des Ärgers. Müsste man sie dort, in diesen virtuellen Welten, nicht auch geduldig und konsequent begleiten?

Es wird auch schwieriger, enge und entwicklungseinschränkende Bindungen an die Herkunftsfamilien auf eine angemessene Weise zu begrenzen: Bei einem gesellschaftlichen Standard der dauernden Verbindung mit allen und jederzeit wird eine Regelung bzw. Reduktion von Kontakten als besonders einschränkend, trennend, bedrohlich erlebt – von allen Beteiligten.

Und wie zur Erziehung die Pflege des Körpers durch gesunde Ernährung, ausreichend Bewegung und Aufklärung gehört, brauchen insbesondere strukturschwache Kinder und Jugendliche Anleitungen zum Gebrauch der »entgrenzten Verbindungen« mit dem Ansturm der Bilder und Netze und ihren Verführungen, denen sie auf eine besondere Weise ausgeliefert sind. Rüdiger Safranski hat das schön ausgedrückt: »Nicht nur der Körper, auch unser Geist braucht einen Immunschutz; man darf nicht alles in sich hineinlassen, sondern nur so viel, wie man sich anverwandeln kann.« (Safranski 2003) Oder an anderer Stelle, aus anderem Blickwinkel: »Man muss auch auf intelligente Weise ignorieren können.«[31]

---

[31] Safranski: »Für mich ist Goethe jemand, an dem man beobachten kann, wie ein kulturelles Immunsystem funktioniert. Dazu braucht man Beweglichkeit und einen Willen zur Selbstbewahrung. Man könnte das auch existentielle Urteilskraft nennen. Jedenfalls kommt es nicht darauf an, mit allem und jedem vernetzt zu sein. Man muss auch auf intelligente Weise igno-

Es bleibt die alte Frage: Wie »aufrecht« und kongruent sind wir selbst? Wie offen sind wir für Neues, Ungewohntes, können wir uns für die fremde Welt der Jugendlichen wirklich interessieren? Was können wir von ihnen lernen? Und – notabene – was können sie von uns lernen, die wir schon länger gelebt haben?

Ich bin überzeugt, dass trotz aller virtuellen Neben- und Hauptrealitäten (um die Begrifflichkeit von Reinhart Lempp noch einmal ins Spiel zu bringen) für alle Jugendlichen das personale Gegenüber im physischen Hier und Jetzt entscheidend bei ihrer Entwicklung mitwirkt.

Unterm Strich mache ich mir eigentlich keine grundsätzlichen Sorgen um die psychische Entwicklung der Kinder; neben den skizzierten Gefährdungen bieten die Neuen Medien ja auch neue Chancen und Entwicklungsimpulse. Mehr beschäftigt mich aktuell die politisch und ökologisch zunehmend problematische Gemeinschaft der Menschen auf der Welt.

Aber hier wie dort gilt ein Satz des amerikanischen Schriftstellers Henry Louis Mencken: »Für jedes komplexe Problem gibt es eine Antwort, die klar, einfach und falsch ist.« (Mencken, zit. n. Geer, in: Beuth 2014)

Literatur

Assheuer, Thomas (2014): Der Exzess der Selbstliebe. *DIE ZEIT*, Nr. 35.
Assheuer, Thomas (2015): Helena stürzt. zeit.de, 2. März 2015. http://www.zeit.de/2015/07/yanis-varoufakis-griechische-mythologie [24. Februar 2015].
Beuth, Patrick (2014): Experte rät US-Regierung, alle Sicherheitslücken zu kaufen. zeit.de, 6. August 2014. http://www.zeit.de/digital/datenschutz/2014-08/black-hat-2014-dan-geer-keynote [24. Februar 2015].
Böhme, Hartmut (1996): Zur Theologie der Telepräsenz. In: Hager, Frithjof (Hrsg.): *KörperDenken. Aufgaben der historischen Anthropologie*. Berlin: Reimer, S. 237–249.
Deutsche Presseagentur: Deutscher Journalistenverband warnt vor »Online-Amputation bei ARD und ZDF, handelsblatt.com, 21. Februar 2012. http://www.handelsblatt.com/technologie/it-tk/it-internet/journalistenverband-djv-warnt-vor-online-amputation-bei-ard-und-zdf/6236972.html [24. Februar 2015].

---

rieren können. Goethe konnte das.« Gespräch zwischen Rüdiger Safranski und Daniel Kehlmann in der *FAZ*, 21. September 2013.

Der Spiegel (2014): Auszeichnung: Nobelpreis für Wirtschaft geht an Jean Tirole. spiegel.de, 13. Oktober 2014. http://www.spiegel.de/wirtschaft/soziales/wirtschaftsnobelpreis-2014-fuer-jean-tirole-a-996852.html [24. Februar 2015].

Dornes, Martin (2012): *Die Modernisierung der Seele*. Frankfurt a. M.: Fischer.

Erk, Daniel (2014): Es war einmal ein kleines Land. zeit.de, 28. Oktober 2014. http://www.zeit.de/kultur/2014-10/brd-ende-mauerfall [24. Februar 2015].

Esposito, Elena (1998): Fiktion und Virtualität. In: Krämer, Sybille (Hrsg.): *Medien, Computer, Realität – Wirklichkeitsvorstellungen und Neue Medien*. Frankfurt a. M.: Suhrkamp.

Feuling, Martin (1991): Fort/Da – Psycho-Logik und Computer-Logik. *Fragmente. Schriftenreihe zur Psychoanalyse*, Bd. 35/36, Juni, S. 153–184.

Freud, Sigmund (1997): *Fragen der Gesellschaft, Ursprünge der Religion*. Studienausgabe, Bd. IX. Frankfurt a. M.: Fischer.

Gathmann, Moritz (2014): Die Wahrheit stirbt zuerst. *greenpeace magazin*, 6.14.

Genis, Daniel (2014): In der Zelle den digitalen Wandel verpasst. sueddeutsche.de, 4. Januar 2015. http://www.sueddeutsche.de/kultur/jahre-hinter-gittern-in-der-zelle-den-digitalen-wandel-verpasst-1.2288927 [24. Februar 2015].

Grasegger, Hannes (2014): Jeder hat seinen Preis. zeit.de, 27. Oktober 2014. http://www.zeit.de/wirtschaft/2014-10/absolute-preisdiskriminierung [24. Februar 2015].

Gruber, Angela (2014): Darf ich meine Eltern im Netz ignorieren? zeit.de, 6. Juni 2014. http://www.zeit.de/studium/uni-leben/2014-06/eltern-kind-beziehung-facebook [24. Februar 2015].

Han, Byung-Chul (2013): *Im Schwarm – Ansichten des Digitalen*. Berlin: Matthes & Seitz.

Hardt, Jürgen (2012a): Psychotherapie unter der Herrschaft des Man – Subjekt und Beziehung in der Internettherapie II. Vortragsmanuskript.

Hardt, Jürgen (2012b): Ich und Du im Internet – Psychoanalytische Bemerkungen zu einem aktuellen Thema. Vortragsmanuskript.

Hasler, Felix (2012): *Neuromythologie – Eine Streitschrift gegen die Deutungsmacht der Hirnforschung*. Bielefeld: transcript.

Henke, Silvia (2005): Wehrlos erreichbar aus der Ferne: Zäsuren in/zwischen Brief und E-mail. In: Schade, Sigrid; Sieber, Thomas; Tholen, Christoph (Hrsg.): *Schnittstellen – Zäsuren zwischen Medien, Kunst und Wissenschaft*. Basel: Schwabe.

Hofstetter, Yvonne (2014): *Sie wissen alles – Wie intelligente Maschinen in unser Leben eindringen und warum wir für unsere Freiheit kämpfen müssen*. München: Bertelsmann.

Hunt, Lynn (2007): *Inventing Human Rights: A History*. New York: W. W. Norton & Company.

Kaminski, Winfred, in: Driessen, Christoph (2014): Macht extreme Smartphone-Nutzung einsam? Experten uneins über Langzeitfolgen. tagblatt.de, 13. Mai 2014 [24. Februar 2015]. http://www.tagblatt.de/Home/nachrichten/ueberregional/blick-in-die-welt_artikel,-Macht-extreme-Smartphone-Nutzung-einsam-Experten-uneins-ueber-Langzeitfolgen-_arid,257940.html [24. Februar 2015].

Kaspar, Frank (2014): Das Buch der Narren. Radio-Feature im SWR 2 am 1. Juni.

Klaeui, Andreas (2014): Über den Atlantik im Theaterschiff. nzz.ch, 13. Januar 2014 [24. Februar 2015]. http://www.nzz.ch/aktuell/zuerich/zuercher_kultur/ueber-den-atlantik-im-theaterschiff-1.18219720 [24. Februar 2015].

Klingst, Martin (2014): Gnadenlose Jurastudenten. zeit.de, 27. Oktober 2014. http://www.zeit.de/gesellschaft/zeitgeschehen/2014-10/todesstrafe-juristen-studie-deutschland [24. Februar 2015].

Knellesen, Olaf; Loh, Jan van (2012/13): Mediale Verkehrsformen. Gesammelte E-mail-Korrespondenz zur Veröffentlichung in der Zeitschrift »Journal«, Manuskript.

Kroder, Jürgen: Mehr Zeit für die Familie: Naturpark verbannt Smartphones in die Technik Krippe. basicthinking.de, 14. August 2014. http://www.basicthinking.de/blog/2014/08/04/mehr-zeit-fuer-die-familie-naturpark-verbannt-smartphones-in-die-technik-krippe/ [24. Februar 2015].

Kucklick, Christoph (2014): *Die granulare Gesellschaft – Wie das Digitale unsere Wirklichkeit auflöst*. Berlin: Ullstein.

Kurz, Joachim (o. D.): Das wiedereröffnete Paradies – das älteste Kino der Welt erstrahlt in neuem Glanz. kino-zeit.de, ohne Datum. http://www.kino-zeit.de/blog/b-roll/das-wiedereroeffnete-paradies-das-aelteste-kino-der-welt-erstrahlt-in-neuem-glanz [24. Februar 2015].

Koller, Dieter (2007): Einfälle zu Narziss. In: Verein für psychoanalytische Sozialarbeit Tübingen (Hrsg.): *Narcissus und sein Gegenüber*. Tübingen: edition diskord.

Lanier, Jaron (2014): *Wem gehört die Zukunft?* Hamburg: Hoffmann und Campe.

Lanier, Jaron (2014a): »Man hat Hegel enthauptet«, deutsche und stark gekürzte Fassung seiner Rede zum Friedenspreis des Deutschen Buchhandels. *FAZ*, Nr. 237, 13. Oktober 2014.

Lempp, Reinhart (2003): *Das Kind im Menschen. Über Nebenrealitäten und Regression – oder: Warum wir nie erwachsen werden*. Stuttgart: Klett-Cotta.

Löchel, Elfriede (2014): Ödipus online oder: Was Psychoanalytiker zur Bedeutung digitaler Medien zu sagen haben. Vortragsmanuskipt.

McLuhan, Marshall (1964): *Understanding Media. The Extensions of Man.* New York: McGraw-Hill.

Mencken, Henry Louis, zit. n. Geer, in: Beuth, Patrick (2014): Experte rät US-Regierung, alle Sicherheitslücken zu kaufen. zeit.de, 6. August 2014. http://www.zeit.de/digital/datenschutz/2014-08/black-hat-2014-dan-geer-keynote [24. Februar 2015].

Meyer; Jürgen (o. D.): Schöpfungen aus dem Nichts – Virtuelles in Physik und Literatur. diss.sense.de, (Online-) Zeitschrift für Literatur und Philosophie. http://www.dissense.de/vi/meyer.html [24. Februar 2015].

Müller, Alexandra (2013): Litflow – Neue Medien, neue Literatur? SWR 2 »Wissen«, 2. Mai 2013.

Passig, Kathrin (2014): Navi essen Seele auf. zeit.de, 6. Mai 2014. http://www.zeit.de/digital/internet/2014-05/kathrin-passig-gps-navigationssystem [24. Februar 2015].

Petersen, Jürgen H.; Wagner-Egelhaaf, Martina (2006): *Einführung in die neuere deutsche Literaturwissenschaft. Ein Arbeitsbuch.* 7. vollst. überarb. Aufl. Berlin: Erich Schmidt.

Pigor, Thomas (2014): Fragen an die Cebit. Chanson in der Reihe »Chanson des Monats«, gesendet vom SWR2 im März 2014.

Piketty, Thomas (2014): *Das Kapital im 21. Jahrhundert.* München: C. H. Beck.

Pörksen, Bernhard (2014): Interview mit dem *Schwäbischen Tagblatt*, 19. April 2014.

Precht, Richard David (2007): *Wer bin ich – und wenn ja, wie viele? Eine philosophische Reise.* München: Goldmann.

Randow, Gero von (2014): Wir führen digitale Doppelt- und Dreifachleben. zeit.de, 24. Februar 2014. http://www.zeit.de/wissen/2014-02/technikkolumne-big-data-digitalisierung [24. Februar 2015].

Randow, Gero von (2014): Gott ist online. zeit.de, 12. September 2014. http://www.zeit.de/wissen/2014-09/internet-daten-sicherheit-cloud [24. Februar 2015].

Rimbaud, Arthur (1871): *Lettres du voyant.* Dt.: (2010): *Die Zukunft der Dichtung. Die Seher-Briefe.* Berlin: Matthes & Seitz.

Sacks, Oliver (1995): *Eine Anthropologin auf dem Mars.* Hamburg: Rowohlt.

Safranski, Rüdiger (2013): Gespräch zwischen Rüdiger Safranski und Daniel Kehlmann in der *FAZ*, 21. September 2013.

Safranski, Rüdiger (2003): Wieviel Globalisierung verträgt der Mensch? München: Fischer. Zit. n.: Christian Geyer (2003): Zu viel mailen, faxen und jetten verdirbt den Charakter daheim und unterwegs. Rezension in faz.net, 10. Februar 2003. http://www.faz.net/aktuell/feuilleton/buecher/rezensionen/sachbuch/zu-viel-mailen-faxen-und-jetten-verdirbt-den-charakter-daheim-und-unterwegs-193697.html [24. Februar 2015].

Salge, Holger (2014): Ich bin online, also bin ich. *Kinderanalyse*, 3. Juli 2014.

Schaar, Peter (2013): Datenschutz ist Menschenrecht. heise.de, 21. Dezember 2013. http://www.heise.de/tp/news/Datenschutz-ist-Menschenrecht-2102696.html [24. Februar 2015].

Scharfe, Martin (1998): *Wegzeiger – zur Kulturgeschichte des Verirrens und Wegfindens*. Marburg: Jonas.

Schirrmacher, Frank (2014): Seine Waffe ist die Aufklärung. faz.net, 5. Juni 2014. http://www.faz.net/aktuell/feuilleton/debatten/zum-friedenspreis-fuer-jaron-lanier-12974969.html.

Schmitt, Eric, zit. n.: http://gawker.com/5419271/google-ceo-secrets-are-for-filthy-people [24. Februar 2015].

Schwägerl, Christian (2014): *Die analoge Revolution – Wenn Technik lebendig wird und die Natur mit dem Internet verschmilzt*. München: Riemann.

Simon, Violetta (2013): Was hat das Ding, was ich nicht habe? sueddeutsche.de, 6. November 2013. http://www.sueddeutsche.de/leben/eifersucht-aufs-handy-was-hat-das-ding-was-ich-nicht-habe-1.1811801 [24. Februar 2015].

Simona, *user* in nzz.campus vom 8. Januar 2013. http://campus.nzz.ch/alltagskulturen/digitale-amputation [24. Februar 2015].

Soboczynski, Adam (2014): Rechtlos? Aber sicher! *DIE ZEIT*, Nr. 20, 8. Mai 2014.

Spitzer, Manfred (2012): *Digitale Demenz. Wie wir uns und unsere Kinder um den Verstand bringen*. München: Droemer.

The Huffington Post (2014): Führen Sie eine Beziehung mit Ihrem Smartphone? huffingtonpost.de, 15. Januar 2014. http://www.huffingtonpost.de/2014/01/15/beziehung-smartphone_n_4601142.html [24. Februar 2015].

The Kitten Review (2012): Shock your parents, read a book! thekittenreview.wordpress.com, 31. August 2012. https://thekittenreview.wordpress.com/2012/08/31/shock-your-parents-read-a-book/ [24. Februar 2015].

Turkle, Sherry (2011): *Alone Together*. New York: Basic Books. Zit. n.: Jürgen Hardt (2012): Ich und Du im Internet – psychoanalytische Bemerkungen zu einem aktuellen Thema. Vortragsmanuskript.

Vorbach, Peter (2011): Nicht da, nicht fort – Bemerkungen zur virtuellen Realität. Unveröffentl. Vortragsmanuskript.

Uken, Marlies (2014): Das getrackte Kind. zeit.de, 23. Juli 2014 [24. Februar 2015]. http://www.zeit.de/wirtschaft/unternehmen/2014-07/gps-tracker-kinder-kinderortung [24. Februar 2015].

Wikipedia-Artikel zu den Suchbegriffen: World-Wide-Web, Dotcom-Blase, Turbokapitalismus, Virtualität, Steinlaus.

Zeh, Juli (2014): Der Brief an die Kanzlerin. zeit.de, 17. Mai 2014. http://www.zeit.de/2014/21/juli-zeh-offener-brief-an-merkel [24. Februar 2015].

306designmcardenas: Technology as Extension and Amputation of the Body: The Effects of Smartphones and Apps in Cognitive Development. 306design mcardena.wordpress.com, 5. November 2012. http://306designmcardenas.wordpress.com/2012/11/05/technology-as-extension-and-amputation-of-the-body-the-effects-of-smartphones-and-apps-in-cognitive-development [24. Februar 2015].

Manfred Gerspach
Strukturwandel der Persönlichkeit durch mediale Trommelfeuer?

Zeitdiagnose

Vieles spricht dafür, dass die rasante gesellschaftliche Neugestaltung mitsamt ihren medialen Errungenschaften zu einer nachhaltigen strukturellen Veränderung der Persönlichkeit führt. Vor allem für jene Menschen mit schweren frühen Traumen und massiven psychischen Beeinträchtigungen droht dies alles zur Verschärfung ihrer ohnedies prekären Lebenslage beizutragen. Die Wachstumsdynamik gegenwärtiger Gesellschaften und ihrer Ökonomien bedarf im fortdauernden Wettbewerb der Märkte einer ständigen Optimierung. Bereits das kleine Kind vermag sich dieser modernen Logik gar nicht mehr zu entziehen, schließlich muss das Bestehenkönnen im Wettlauf um soziale Positionen früh genug eingeübt werden. Die gymnasiale Schulzeit wird ebenso verkürzt wie die Regelstudienzeit, und bereits die Kindertagesstätten werden mit erhöhten Bildungsansprüchen überzogen (vgl. King 2013, S. 33ff.). Wie aktuellen Studien zu entnehmen ist, büffeln in der Volksrepublik China schon Erstklässler bis zum Umfallen. Jahrelang verschwinden sie von früh bis spät hinter Schreibtischen, weil ihre Eltern Angst vor einem späteren Scheitern haben (vgl. Hartwich 2014, S. 40).

Beschleunigung und Digitalisierung sind die zwei hervorstechenden Merkmale dieses Umbruchs, wobei beides ja unabdingbar zusammengehört: Die beschleunigte Ökonomie benutzt die digitalen Errungenschaften und pocht auf immer schnellere Datenübermittlung, umgekehrt bedient der schwungvolle technische Fortschritt die weiter steigenden Ansprüche des Turbokapitalismus.

Die verschiedenen FachvertreterInnen gehen von einer Zunahme psychischer Auffälligkeiten aus, ohne dass es aber einen allgemeinen Konsens über Genese, Verlauf und Stellenwert dieses realen oder vermeintlichen Phänomens gäbe und stattdessen wird umstandslos auf eine

Biologisierung menschlichen Verhaltens zurückgegriffen (vgl. Gerspach 2014, S. 36ff.).

Das Dilemma spitzt sich zudem darauf zu, dass Abweichungen von sozialverträglichen Verhaltenserwartungen vorschnell mit Organpathologien erklärt werden, was dann eben pharmakologisch nachzuregulieren sei. Durch die geradezu epidemisch zu nennende Medikation einer ganzen Generation junger Menschen sinken die Vorbehalte gegenüber der Einnahme solch schwerer Medikamente. Zunehmend entdecken verunsicherte Eltern deren scheinbaren Nutzen für die verbesserte Leistungsfähigkeit ihrer Kinder, auch wenn gar keine Diagnose vorliegt. Nur mehr 87% der Kindern und Jugendlichen verordneten Arzneimittelpackungen werden zulassungskonform angewandt (vgl. Mühlbauer et al. 2009, S. 25; Gerspach 2014, S. 51ff.). War einmal von der kompensatorischen Erziehung für Kinder aus sozial deprivierten Schichten die Rede, könnte man heute getrost von einer kompensatorischen Medikation sprechen.

Unter dem wachsenden Druck wird zunehmend auf *Neuroenhancement* zurückgegriffen. Ritalin®-KonsumentInnen bekennen sich derweil offen zum Hirndoping. Augenscheinlich ist es besser, die eigene Persönlichkeit zu bewahren und gelegentlich zur Schachtel zu greifen, als sie den äußeren Anforderungen anzupassen (vgl. Helbig 2012). Durch den Einsatz von stimulierenden Medikamenten zur Leistungssteigerung besteht aber die Gefahr, dass die Balance der Botenstoffe im Gehirn auf unvorhersehbare Weise gestört wird. Süchte und Entzugssymptome sowie eine starke Leistungsunwilligkeit, wenn die Mittel abgesetzt werden, können die Folge sein (vgl. Gever 2013, S. 21).

Unter dem Stichwort der modernisierten Kindheit werden inzwischen sozialpsychologische und psychoanalytische Gedanken entwickelt, mittels derer die vermeintliche Verbindung der äußeren gesellschaftlichen mit der inneren psychischen Erosion nachgezeichnet werden soll. So ist es wohl generell nicht mehr so leicht, sich Spielräume für das Innehalten und das Reflektieren zu erobern. Nicht zuletzt über die völlige Umgestaltung der Kommunikationstechnologien sehen sich Denk- und Handlungsmuster einer permanenten Verflüssigung ausgesetzt, verknüpft mit dem Zwang zur totalen Flexibilisierung, was eine wachsende innere Unruhe und das Anfluten chronischer Überforderungsgefühle nach sich zieht (vgl. Dammasch 2013, S. 11ff.; Eisenberg 2001, S. 65). Ehrenberg spricht diesbezüglich vom *erschöpften Selbst* (vgl. Ehrenberg 2004, 2011), Eisenberg von *Gerätsesozialisation*, mit deren Hilfe, mehr und mehr losgelöst von menschlicher Einflussnahme und Reibungsfläche, innere Selbstzwänge durch technische Fremdzwänge ersetzt werden (vgl. Eisenberg 2001, S. 63ff.). Der soziale und technologische Wandel wirkt sich offenbar direkt auf die Genese des Subjekts aus, wenngleich oftmals eher indirekt, kumulativ und zeitlich verzögert (vgl. King 2013, S. 33).

Aber ist es tatsächlich.gerechtfertigt, kulturkritische Niedergangsthesen und Katastrophensemantiken zu entwickeln? Risikomodelle bergen stets die Gefahr in sich, mit linearen und monokausalen Ursachentheorien aufzuwarten, mit deren Hilfe ein komplexes System in vereinfachter Form dargestellt wird. Weder lässt sich empirisch belegen, dass es um die familiäre Harmonie und die seelische Gesundheit des Nachwuchses früher besser bestellt war, noch dass sich ein Trend zur Zunahme von psychischen Auffälligkeiten evident ausmachen ließe. Allerdings hat eine Polarisierung stattgefunden. Kann die Mehrzahl der heute lebenden Kinder und Jugendlichen durchaus von den positiv zu nennenden Wandlungen profitieren, so verdichten sich bei einer kleineren Gruppe aus überforderten, desorientierten oder desolaten Elternhäusern die modernen Risikofaktoren in besonderer Weise. Hier kann es in erhöhtem Maße zum Zusammenbruch pädagogischer Felder mit entsprechender Entgleisung der kindlichen Entwicklungsprozesse kommen. Diesbezüglich ist der Einfluss der elektronischen Medien auf den Habitus der jüngeren Generationen nicht zu unterschätzen – die Angaben über den durchschnittlichen täglichen Medien- und insbesondere Internetkonsum von Jugendlichen reichen von 134 Minuten bis zu 7,5 Stunden. Er ist aber als zu isolierende externe Einflussgröße nicht aussagefähig (vgl. Göppel 2013, S. 52ff.; Balzer 2012, S. 734).

Methodologisch stehen wir hier vor völlig ungelösten Fragen. Das Unverständnis gegenüber sozialisatorischen und vor allem technischen Neuerungen in deren Skandalisierung umzudeuten, hat eine lange Tradition. Eltern als per se zu nachgiebig und libertär zu brandmarken, verweist mehr auf die unreflektierten Ängste vor gesellschaftlichen Veränderungen jener an reaktionären Vorstellungen festhaltenden AutorInnen, als dass dies empirisch gesicherte Erkenntnisse darstellte (vgl. Göppel 2013, S. 65ff.). Frühe Eisenbahn- und Autoreisende wähnten sich bei 20 km/h an der Grenze dessen, was ihrem Gehirn und Körper an Geschwindigkeit zuzumuten sei, und Ärzte warnten damals vor gravierenden Folgen für deren leibseelische Gesundheit (vgl. Rosa 2011, S. 1047).

Übrigens hat die Suche nach dem Einfluss der *großen* gesellschaftlichen Stellgrößen auf das Individuum eine lange Tradition. Die Frage, ob es einen gesellschaftlich hervorgebrachten Sozialcharakter gibt, lässt sich mindestens bis zu Karl Marx zurückverfolgen. Mit der 6. Feuerbach-These »Das menschliche Wesen ist kein dem einzelnen Individuum innewohnendes Abstraktum. In seiner Wirklichkeit ist es das Ensemble der gesellschaftlichen Verhältnisse« (vgl. Marx 1973a) wandte er sich gegen die idealistische Vorstellung eines autonomen Subjekts. Stattdessen gehen die Menschen in der gesellschaftlichen Produktion ihres Lebens von ihrem Willen unabhängige Produktionsverhältnisse ein, die einer bestimmten Entwicklungsstufe ihrer materiellen Produktivkräfte entsprechen. Seine Kernaussage lautet: »Die Produktionsweise des materiellen Lebens bedingt den sozialen, politischen und geistigen Lebensprozeß überhaupt. Es ist nicht das Bewußtsein der Menschen, das ihr Sein, sondern umgekehrt ihr gesellschaftliches Sein, das ihr Bewußtsein bestimmt« (vgl. Marx 1973b, S. 9ff.).

Diese materialistische Überzeugung hat Generationen von kritischen SozialwissenschaftlerInnen beeinflusst. Auf ihrer Grundlage und ergänzt um psychoanalytische Elemente hat einer der herausragenden Vertreter der Kritischen Theorie, Erich Fromm, als Erster eine sozialpsychologische Charakterologie entworfen. Fromm verband die »Summe der für die Menschen dieser Gesellschaft typischen Charakterzüge« mit dem »›Geist‹ des Kapitalismus« – der als *gesund* geltende Mensch passt sich dieser Gesellschaft an. Die Beziehungen der Menschen unterwerfen sich demnach der Rationalität und Rechenhaftigkeit der bürgerlichen Ökonomie (vgl. Fromm 1932, S. 267ff.). Über die *Pathologie der Normalität* hat Fromm böse formuliert: »Die Kranken, das sind die Gesunden. Und die Gesunden, das sind in Wirklichkeit die Kranken. Die Kranken spüren, dass etwas mit ihnen und in der Gesellschaft nicht stimmt« (vgl. Fromm 2009).

Fromm folgt Marx dahingehend, dass die jeweiligen wirtschaftlichen und gesellschaftlichen Produktionsmethoden dem Menschen ganz spezifische Anpassungsleistungen abverlangen. Gleichwohl bemängelt er, dass dieser viele menschliche Faktoren außerhalb des Wirtschaftslebens außer Acht gelassen habe.

Sehr viel später hat Jürgen Habermas sowohl die Bedeutung des Marx'schen Ansatzes für eine kritische Gesellschaftstheorie betont als auch dort vorfindliche Auslassungen bemängelt. So habe Marx keine Kriterien besessen, um die Zerstörung traditioneller Lebensformen von der Verdinglichung posttraditionaler Lebenswelten zu unterscheiden. Entfremdung werde bei ihm vornehmlich auf die Sphäre begrenzt, in der sie entsteht, nämlich die Arbeitswelt des Lohnarbeiters. Sie könne sich aber ebenso in öffentlichen wie privaten Lebensbereichen niederschlagen. Spätestens mit der Pazifizierung des Klassenkonflikts greife daher dieser Ansatz nicht mehr weit genug (vgl. Habermas 1988b, S. 501ff.).

Thilo Naumann (2003) hat die Gedanken beider noch einmal aufgegriffen und unter Bezugnahme auf Herbert Marcuse, Theodor W. Adorno und Alfred Lorenzer die Umrisse eines Sozialcharakters zwischen Spätkapitalismus und Postfordismus skizziert. Zunächst richtet sich seine fundamentale Kritik gegen Marx' überaus deterministische Vorstellungen von der Herrschaft der ökonomischen Gesetzmäßigkeiten über die Subjekte. Dieser Logik der in die Subjekte vollständig und klaglos einmassierten Entfremdung folgend, kann es keine potenziell befreienden menschlichen Wesenskräfte geben. Da Marx noch keine angemessene Psychologie zur Verfügung gestanden habe, sei ihm die Dialektik von Gesellschaft und Individuum entgangen. Es habe ihm daher an einem Begriff der psychischen Beschädigungen des Einzelnen gemangelt, wonach wir uns im Sinne Fromms selbst Fremde geworden sind.

Mit Ausführungen zum autoritären und später zum narzisstischen Charakter wurde diese Lücke vorübergehend geschlossen. In den *Studies in Prejudice* legte die Gruppe um Max Horkheimer am Frankfurter Institut für Sozialforschung um 1950 erste empirische Daten zur autoritären Persönlichkeit vor. Hierbei ging es um die Messung antidemokratischer Züge in der Charakterstruktur. Insbesondere interessierte sie das Phänomen einer autoritären Unterwürfigkeit, welche durch gesellschaftlich präformierte rigide Denkmuster entsteht (vgl. Wiggershaus 1993, S. 454ff.; Adorno 1995, S. 37ff.). In den 1970er Jahren wurde schließlich das Konzept des autoritären Charakters von jenem des so genannten narzisstischen Sozialisationstyps abgelöst. Bedingt durch den Ausfall des Vaters als Identifikationsfigur bleibe das Kind in seiner präödipalen Interaktion mit der Mutter befangen, was ein unkonturiertes Ich mit dem beständigen Wunsch nach narzisstischem Wohlbefinden hinterlasse. Thomas Ziehe gewann diesem neuen Sozialisationstyp im Gegensatz zum klassischen autoritären Charakter viel Positives ab, weil sich darin eine mehr oder weniger offene Tendenz zur Anpassungsverweigerung offenbare. Andere Autoren wie Klaus Horn oder Hans-Georg Trescher warnten dagegen vor einem glorifizierenden psychologistischen Reduktionismus des Übergangs vom *autoritären Scheißer* zum *oralen Flipper*, weil die aktuelle Gesamtsituation bzw. das Ausmaß der darin verborgenen basalen Beschädigung nicht genügend Berücksichtigung fänden (vgl. Horn 1990, S. 165; Trescher 1979, S. 194ff.; Häsing et al. 1979; Ziehe 1985; Gerspach 2014, S. 36ff.).

Zuletzt ist die Frage aufgetaucht, ob es angesichts der Flut von gestellten Diagnosen bei Kindern und Jugendlichen gerechtfertigt sei, von einem *ADHS-Charakter* zu sprechen – sofern man sich nicht auf eine biologistische Sichtweise zurückzieht (vgl. Gerspach 2014, S. 40ff.). Rein deduktiv könnte man angesichts der rasanten Steigerungsraten mutmaßen, dass sich die Zahl der verhaltensgestörten Kinder und Jugendlichen, die überwiegend diesem Formenkreis zuzurechnen wären, in den letzten 20 Jahren verfünfzigfacht hat (vgl. Göppel 2013, S. 66). Stimmt diese These also? Mit Blick auf die erkenntnistheoretischen, konzeptionellen, methodologischen sowie diagnostischen und therapeutischen Unklarheiten und Divergenzen, die mit dem Phänomen ADHS verbunden sind, wäre ich hier aber ebenfalls vorsichtig, von einer verbrieften, allgemeinen und für alle gleichermaßen gültigen Entwicklung auszugehen.

Angesichts einer zunehmend pluralisierten und fragmentierten Gesellschaft mit wachsenden Ungleichzeitigkeiten und kulturellen Differenzen wird es heutzutage immer schwieriger, überhaupt noch einen einheitlichen Sozialcharakter zu identifizieren. Vor dem Hintergrund von Vielfalt, Brüchigkeit und relativer Offenheit der Subjektgenese sind der Variantenreichtum und die Widersprüchlichkeit psychischer Verarbeitungsweisen kaum mehr schlüssig in ein allgemeines Konzept zu pressen. Auffällig werden eine Tendenz zur Unterwerfung unter das Diktat der Unlustvermeidung bei gleichzeitigem Auftauchen einer eigentümlichen narzisstischen Gefühllosigkeit und Leere. Dabei ist der neue autoritäre Charakter nur begrenzt wirksamer psychischer Kontrolle zugänglich (vgl. Naumann 2003, S. 267ff.).

Nach wie vor geht es erkenntnistheoretisch darum, die dynamische Wechselwirkung von äußerer gesellschaftlicher Umwelt und innerer subjektiver Entwicklung nachzuzeichnen. Dabei kann sich die Entfremdung in Form unbewusst verfälschter Selbstmitteilungen äußern, ohne dass dem Betroffenen deren Sinnhaftigkeit verstehbar würde. Solche *Störungen* entstehen in der Regel zuallererst in übermäßig begrenzten wie begrenzenden familialen Beziehungskontexten. Dieses Wissen zeigt weit über eine bloße Abbildung äußerer in innere Realität hinaus, will man menschliches Sein nicht auf eine allein automatisierte Reaktion auf äußere Umstände verkürzen. Horn hat vor einem solchen »naiven Abbildrealismus« gewarnt (vgl. Horn 1981, S. 82) und darauf hingewiesen, dass der Mensch nicht in den Regeln der gesellschaftlichen Verhältnisse aufgeht (vgl. Horn 1974, S. 162). Die gegeneinander stattfindende Verschiebung von objektiver und subjektiver Ebene, die auf dem Weg der Sozialisation stattfindet, gilt es also verstehend zu begreifen. Ob sich daraus eine allgemeine Charakterologie ableiten lässt, bleibt aber dahingestellt. Insofern gebietet sich eine gewisse Skepsis gegenüber solchen *Weltformeln* von selbst.

Die subjektive Persönlichkeitsstruktur erscheint als das Gegenstück zur objektiven gesellschaftlichen Struktur, ist aber niemals mit ihr identisch. Wirklichkeit ist stets eine über die Verinnerlichung von erlebten Interaktionsformen mit den Bezugspersonen erwirkte »innere Wirklichkeit« (vgl. Lorenzer 1977, S. 39). Diese Lesart einer Wissenschaft der menschlichen Natur unterscheidet sich deutlich von jener, die über Beobachtung und Experiment »objektive« Daten zu gewinnen sucht. Das Gewordensein eines Menschen einschließlich seiner möglichen Beschädigung ist immer als Ergebnis internalisierter Bedeutungen zu lesen, die dieser seinen gemachten Erfahrungen entnimmt und jetzt den neuen Erfahrungen zuweist. Kann er Vertrauen in seine Umwelt setzen, weil ihm früh Vertrauen entgegengebracht wurde? Kann er eigenaktive Lösungen finden, weil er in einer wohlwollenden Umgebung die Erfahrung von Selbstwirksamkeit machen durfte? Kann er überhaupt eine sprachlich-symbolische Mitteilungsweise für das, was ihn ausmacht, entwickeln oder bleibt er einem sprachlos-vorsymbolischen Verhaltensmodus verhaftet, der für andere viel schwerer zu entschlüsseln ist?

Digital Immigrants versus Digital Natives

Ohne den einzelnen Menschen kennenzulernen, können wir weder seine Kompetenzen noch mögliche Verfälschungen der von ihm wahrgenommenen Realität beurteilen oder gar angemessen darauf reagieren. Da sich die erworbenen Ausdrucksformen in je konkreten lebensgeschichtlichen Interaktionsbezügen vermittelt haben, vermögen wir sie auch nur aus diesem Zusammenhang heraus zu verstehen. Über Beobachtung und Datengewinnung allein erhalten wir zu dieser »symbolisch vorstrukturierten Wirklichkeit« keinen Zutritt (vgl. Habermas 1988a, S. 160).

Dabei stoßen wir auf eine weitere Schwierigkeit. Wir, die wir oftmals weit in der zweiten Lebenshälfte stehen, sind »Digital Immigrants«, die nicht zuletzt auf Grund fehlender oder zumindest später Erfahrung den Neuen Medien oft skeptisch und unsicher gegenüberstehen, während die nachfolgende Generation eine ganz anders erlebte Praxis ihr eigen nennen darf. Während wir uns als Kinder noch um einen Goldhamster oder Hund gekümmert haben, versorgten die Jüngeren womöglich einen Tamagotchi. Dieses virtuelle Küken »verstarb«, wenn sich sein Besitzer nicht regelmäßig um seine Bedürfnisse kümmerte. Durch das Drücken der Reset-Taste war jedoch eine Wiederbelebung möglich (vgl. Salge 2014, S. 237f.).

Bereits in der frühen Kindheit, besonders aber in der Phase der Adoleszenz kommt den digitalen Einflüssen auf die intrapsychische und interpersonelle Entwicklung eine große Bedeutung zu. So mag ein traumatisch wirkender frühkindlicher Aufmerksamkeitsentzug auf unspektakuläre Weise wirken, und er ist mit empirischer Forschung kaum zu belegen. Was Mütter, die beim Stillen telefonieren oder SMS verschicken, oder Eltern, die beim Spielen ständig ihre E-Mails checken, ihren Kindern wirklich damit antun, muss offen bleiben. Sie misshandeln sie nicht, sie fügen ihnen keine manifesten Verletzungen zu. Sie offenbaren keine unterlassene Fürsorge und empfinden sich selbst wohl nicht einmal als lieblos. Und dennoch: »Irgendeine Art vitalen Entzugs muss stattfinden, sonst gäbe es nicht die motorische Dauerunruhe, die unablässige Suche nach etwas, was die Gestalt eines verlorenen Objekts noch gar nicht angenommen hat« (Türcke 2012, S. 12). Ähnlich heikel erscheint es, wenn sich professionelle BetreuerInnen schwieriger Kinder oder Jugendlicher während eines ernsthaften Gesprächs von ihrem eigenen Handy ablenken lassen, ohne dies überhaupt noch als Problem zu erachten.

Gerald Hüther hat auf die Bedeutung der Erfahrung von *shared attention*, in der das Kind ein Moment von Zugewandtsein erlebt, hingewiesen. Seine eigene Fähigkeit zu geteilter Aufmerksamkeit entsteht, wenn es mit jemand anderem die intensive Erfahrung macht, sich auf etwas zu freuen oder etwas gemeinsam zu gestalten. Dies geschieht etwa beim gemeinsamen Anschauen eines Kinderbuchs oder wenn es die Mutter auf dem Arm hält und beide beobachten, wie die Katze im Hof spielt. »Shared Attention heißt, sich gemeinsam in etwas Drittem zu finden, dort gleichzeitig frei und verbunden zu sein« (vgl. Hüther 2010, S. 8). Kleinkinder besitzen eben überaus feine Antennen für »Aufmerksamkeitsverhältnisse« (vgl. Türcke 2012, S. 12).

Meist geht man bei der wissenschaftlichen Annäherung an Kinder viel platter zu Werke. So wurde vor Kurzem untersucht, ob moderne Bildschirmmedien bei Vorschulkindern einen Risikofaktor für die Ausbildung von ADHS darstellen (vgl. Maaß et al. 2010). Die Fragestellung ignorierte, dass ein signifikant erhöhter Bildschirmmedienkonsum dieser Altersgruppe einen wichtigen Indikator für problematische innerfamiliäre Verkehrsformen in risikobehafteten sozialen Umwelten darstellen kann und somit nicht die Ursache, sondern nur einen Teil der Misere markiert. Hier wäre doch eher nach den *Aufmerksamkeitsverhältnissen* zu fragen und auf welchem Wege sich daran etwas ändern ließe. Am Rande: Welches Grundverständnis menschlicher Entwicklung wird hier sichtbar, wenn man Kindern von durchschnittlich 3,9 Jahren ein verstärktes oppositionelles Trotzverhalten anheftet, wo doch diese Altersspanne landläufig als Trotzphase bekannt ist?

Vor allem der Einfluss der Neuen Medien, Computerspiele und sozialen Netzwerke und der Grenzenlosigkeit des *world wide web* ist mit Blick auf die Instabilität der (Spät-)Adoleszenz genauer auszuloten, auch wenn er keine für sich zu betrachtende Entwicklungsproblematik mit sich bringt. Selbstredend ist hier anzuerkennen, dass gerade dem Sich-Bewegen in den digitalen sozialen Netzwerken ein interaktiver Charakter zu eigen ist, sodass von einer generellen medialen Passivierung beileibe nicht ausgegangen werden darf. In einer Phase der schwierigen Integration drängender Bedürfnisse, verknüpft mit quälenden Selbstzweifeln und Versagensängsten, gewinnt die virtuelle Welt einen enorm hohen Reiz. Sie erlaubt es, mit anderen in Kontakt zu treten und sich auszuprobieren. Gleichzeitig bringt sie die Gefahr mit sich, dass es nicht mehr zu realen Kontakten kommt. Die Illusion wird genährt, dem Fremden und Neuen zu begegnen, und gleichzeitig lässt sich dieser illusionäre Charakter leicht leugnen. Die mangelnde Erfahrung im Umgang mit der Realität, das vertraute Gefühl, in den elektronischen Mikrowelten zu Hause zu sein, kann durchaus dazu führen, die tatsächliche Begegnung mit anderen Menschen, ihrer Physis und ihrer mangelnden Berechenbarkeit bedrohlich zu finden. Bleibt ein unmittelbarer Kontakt aus, gibt es auch keine korrigierende Einflussnahme der Realität.

Die virtuelle Welt wird jetzt zu einem Rückzugsort ausgebaut, der vor allem einer sich ständig wiederholenden »narzisstischen Selbsterschaffung« dient. In dieser Welt haben Handeln und Nichthandeln keine nachhaltigen Konsequenzen, sie scheint frei von Enttäuschungen zu sein und dagegen zu immunisieren, und sie erhält die adoleszenten Größenphantasien aufrecht. Zudem ersparen die Stereotypie der Spiele und Bilder sowie die physische Isolation die Auseinandersetzung mit Trennungsängsten und Bindungswünschen. In dieser Grenzenlosigkeit entsteht leicht ein Erleben von Zeitlosigkeit, verschwinden zudem Geschlecht, Alter und Eigenarten der KommunikationspartnerInnen hinter Pseudonymen und Fakes. Inwieweit die Schaffung einer bilderdominierten Umgebung Einfluss auf die Entwicklung des Denkens nimmt und eine reflektierte Emotionalität verändern wird, müsste noch eingehender untersucht werden. Zumindest kann als gesichert gelten, dass die spätadoleszente Identitätsbildung dergestalt eine große Unbekannte ist, da hier eine Weiche zwischen psychischer Gesundheit und Pathologie gestellt wird (vgl. Salge 2014, S. 247ff.; Leuzinger-Bohleber 2001).

Mit gutem Grund ist davon auszugehen, dass bestimmte elektronische Spiele nicht das prosoziale Verhalten stärken, sondern im Gegenteil aggressive Impulse befördern, vor allem, wenn sie mit ihren industriell vorgefertigten Denk- und Affektschablonen als Surrogate für ein lebendiges Konflikt- und Beziehungsgeschehen dienen. Gegen das angsterfüllte Wiederaufleben früher tiefer Enttäuschungen, Demütigungen und extremer Hilflosigkeit bieten diese Pseudoaktivitäten im Netz einen scheinbaren Schutz. Dies betrifft insbesondere die narzisstische Identifikation mit der Großartigkeit von magisch-omnipotenten und gewalttätig agierenden Heldenfiguren (vgl. Günter 2013, S. 85ff.).

Zweifellos ist die gesamte Thematik in einen größeren Zusammenhang eingebunden. Demnach wachsen in einer »dauererregten Gesellschaft«, in der ständig um Reize konkurriert wird, auch die störenden Reize (vgl. Gekeler 2012, S. 5). In einer »Gesellschaft des Spektakels« (Türcke 2002, S. 10) wird nur noch die Sensation beachtet. Da aber gleichzeitig die Reize nicht mehr genügend Faszination versprechen, sind immer mehr *mediale Trommelfeuer* vonnöten. Parallel dazu schwindet der Wert der Aneignung von Wissen und Bildung (vgl. Hopf 2012, S. 39). Je heftiger also die Gesellschaft erregt ist, umso weniger verträgt sie aufgeregte Kinder und steigert dennoch beständig die Ursachen ihrer Aufregung (vgl. Golse 2012, S. 58).

Gerade Sexualität stürmt über die elektronischen Medien permanent auf uns ein. Diese erlauben es den heutigen Jugendlichen, sich in sexuell befriedigende illusionäre Welten zu begeben und darin ein mehr oder weniger erfolgreiches Probehandeln zu entwickeln. Zugleich erzeugt diese sexuelle Omnipräsenz seltsame Formen von Distanz und Gleichgültigkeit. Wo früher Sexualität über Tabuisierungen in Schach gehalten wurde, führt ihre mediale Allgegenwärtigkeit zur bedrohlichen Schwächung einer funktionierenden Abwehr. An die Stelle der Ermöglichung zärtlicher Objektbeziehungen treten narzisstische Inszenierungen des sexuellen Körpers. Ein wirkliches Sich-Einlassen auf Objektbeziehungen und emotionale Erschütterungen im Rahmen einer realen sexuellen Begegnung werden vermieden. Die Sexualisierung dient also im Letzten der Abwehr von Sexualität, Intimität und Nähe (vgl. Günter 2014, S. 259ff.).

Die Wahrnehmung von Wirklichkeit und ihre Verarbeitung unterliegen einem dramatischen Wandel, von dem sich noch gar nicht sagen lässt, mit welchen Konsequenzen für die kindliche Entwicklung er langfristig aufwarten wird. Interessant ist, dass die hyperaktiven Kinder und Jugendlichen, die in der realen Welt wie verloren wirken, überaus gekonnt mit ihren Computern zurechtkommen und sich in den Spielen und Onlinekontakten mit einer Sicherheit bewegen, über die sie in der so genannten »ersten Realität« ihres Alltagslebens nicht verfügen (vgl. Bergmann 2007, S. 54).

Auf den ersten Blick mögen diese Veränderungen harmlos erscheinen, ob sie es tatsächlich sind, bleibt dahingestellt. Rund um die Uhr läuft eine technisch perfektionierte audiovisuelle Maschinerie und wiederholt ohne Unterbrechung die Ausstrahlung ihrer aufmerksamkeitsfordernden Impulse. Allerdings wiederholt sie nicht die Art von Bewegungsabläufen, die als Rituale und Gewohnheiten verinnerlicht werden.

Im Gegenteil: Die technisch erzeugten Bilder erwecken den Anschein, echt und sinnlich zu sein. Damit wird eine der größten Errungenschaften der menschlichen Einbildungskraft zurückgenommen: »die Differenz von Halluzination und Vorstellung« (vgl. Türcke 2012, S. 14f.).

In der Regel werden solche komplexen Zusammenhänge nicht mehr in den Blick genommen, geschweige denn verstanden. Während die einströmenden Reize immer vielfältiger werden, verharrt die evidenzbasierte, empiristische Wissenschaft in schlichten Vorstellungen von Welt und Subjekt, die aus den Anfängen der Mechanik herrühren. Alles scheint so einfach und widerspruchslos zu sein. Häufig werden hier Komplexitätsreduktionen vorgenommen, die von einem nicht unerheblichen Mut zur Vergröberung zeugen. Auf der Ergebnisebene gibt sich diese Art von Forschung mit spärlichen Gewissheiten zufrieden, die allenfalls durch »Effektivität« imponieren (vgl. Ahrbeck 2007, S. 39).

In jedem Fall bewegen wir uns, wenn wir nach der möglichen Einflussnahme der postmodernen und insbesondere digitalisierten Lebensbedingungen auf die innere Entwicklung des Einzelnen schauen, mit unseren aus ganz eigenen Erfahrungen gespeisten »lebenspraktischen Vorannahmen« (vgl. Lorenzer 1977, S. 115f.) auf sehr schwankendem Boden. In diesem Sinne stellen Beschleunigung, Simultaneität und die Zurichtung des Menschen auf einen *Standby-Modus* eine »Gewalt neuen Typs« dar, die wir nicht zu erfassen vermögen, solange wir auf die Zumutungen und Verbote der alten Disziplingesellschaft fixiert sind (vgl. Balzer 2012, S. 735). Gleichwohl enthebt uns diese vorsichtige Mahnung nicht der Aufgabe, die sich tendenziell verschärfenden Bedingungen des Aufwachsens auszuloten und für ihre Entstehung, ihre subjektive Bedeutung und daraus abzuleitende Interventionsmöglichkeiten plausible Konzepte zu entwerfen.

Selbstredend ist jede Generation anderen Schwierigkeiten und Herausforderungen im Übergang zum Erwachsenwerden ausgesetzt, die sich im Rückblick der älteren Generation nur bedingt erschließen lassen. Festzuhalten bleibt aber auch, dass die psychische Verfasstheit der menschlichen Spezies seit Jahrtausenden durchaus schlichte, weil veränderungsresistente Anpassungsmerkmale aufweist, die die Vulnerabilität des Einzelnen unter schlechten Ausgangsbedingungen erhöhen. Diese Dialektik gilt es behutsam auszuloten. Wenngleich es also ratsam wäre, aufgrund der unübersichtlichen empirischen wie theoretischen Datenlage nicht per se von einem modernen pathologischen

Sozialcharakter zu sprechen, so stellt sich dennoch die Frage nach einer Systematisierung jener modernen Risikofaktoren, die ein gedeihliches Aufwachsen erschweren bzw. im Fall bereits vorliegender Traumen ein weiteres Anfluten von bedrohlichen Affekten bewirken können. Zum einen werden diese gesellschaftlichen Umgestaltungen nicht ganz zu Unrecht mit der Zunahme psychischer Störungen in Verbindung gebracht, zum anderen wäre aber zu prüfen, wie tiefgehend dieser Strukturwandel tatsächlich in die psychische Verfasstheit des Subjekts eingreift. Zur weiteren Beantwortung dieser Frage möchte ich auf einige Aspekte hinweisen, die mögliche Zusammenhänge zwischen gewandelten Erziehungsvorstellungen und -praktiken und dem Auftreten kindlicher Störungspotenziale betreffen. Kommt es also über die Modernisierung der Gesellschaft zu einer Modernisierung der Erziehung mit Konsequenzen für die Modernisierung der Seele (vgl. Göppel et al. 2013)?

Von verschiedenen Spielarten veränderter Zeitdiagnosen und -strukturen, die auf die Persönlichkeit Einfluss nehmen, ist inzwischen die Rede, wobei hier die Einschätzungen oft weit auseinanderliegen (vgl. Dornes 2010, S. 999ff.; Rosa 2011, S. 1041ff.; Reiche 2011, S. 1089ff.; P. Kastner 2013, S. 142; H. Kastner 2013, S. 176ff.). Einig ist man sich über die Tatsache, dass die Bedingungen des Aufwachsens für die heutigen Kinder in der westlichen Hemisphäre einem enormen Wandel unterliegen. Uneinig ist man sich darin, wie dieser Wandel zu fassen ist und welche Bedeutung er für die seelische Entwicklung dieser Kinder hat.

Begründet in demographischen, ökonomischen, soziokulturellen und juristischen Umbrüchen konstatiert Dornes (2010) einen Wechsel des Erziehungsstils von der *Er-* zur *Be*ziehung bzw. vom Befehls- zum Verhandlungshaushalt. Wenngleich dies für Familien der unteren sozialen Schichten wohl nur bedingt zutrifft, so neigen doch insgesamt zwei Drittel der Mütter und drei Viertel der Väter neun- bis elfjähriger Kinder zu einer eher milden Haltung und nur ein Drittel bzw. ein Viertel befürwortet eine strenge Kontrolle. Seit Mitte der 1990er Jahre ist allerdings eine leichte Trendumkehr zu beobachten. Die Frage ist, ob Kinder dadurch heute gesünder (oder, wie so mancher Kritiker moderner Erziehung mutmaßt, kränker) sind und ob sich ihre psychische Struktur verändert hat. Beides hängt insofern zusammen, als veränderte psychische Strukturen mit Veränderungen von Krankheitsbildern und -häufigkeiten einhergehen bzw. umgekehrt veränderte Krankheitsbilder veränderte psychische Strukturen aufweisen können. Allerdings bemängelt Dornes das Fehlen einer expliziten Sozialisationstheorie und -empirie, um zu belegen, dass der postulierte Wandel der psychischen Struktur auf kindlich-familiale Ursprünge zurückzuführen ist.

Gemeinhin wird etwa die Zunahme von Depressionen als zeitgenössische Epochenerscheinung erachtet (vgl. Rosa 2011). Von 2000 bis 2011 erhöhten sich in Deutschland die durchschnittlichen Tagesdosen von Antidepressiva pro Versichertem und Jahr von 8,0 auf 31,7, d. h. um 296% (vgl. Blech 2013, S. 113ff.). Man muss natürlich einrechnen, dass ein solcher drastischer Aufwuchs durch eine erstarkte, vor allem über die Medien verbreitete Hypersensibilisierung für die eigenen Seelenzustände mitbedingt ist. Dennoch darf der Einfluss arbeitsmarktspezifischer Faktoren in einem verschärften neoliberalen gesellschaftlichen Klima nicht kleingeredet werden. Paradoxerweise hat die Befreiung von früheren rigiden Verboten zu einer bedrückenden Verpflichtung auf die neuen Freiheitsversprechen geführt, was am Ende in eine depressive Verstimmung einmünden mag.

Aus neurobiologischer, soziologischer, kultureller und pädagogischer Perspektive ist viel über den Zusammenhang mit den Phänomenen der Beschleunigung und Digitalisierung nachgedacht worden, aus der Sicht der PsychotherapeutInnen und insbesondere PsychoanalytikerInnen kam da bislang eher wenig. Über die Einflussnahme der postmodernen Lebensbedingungen auf die Entwicklung der inneren Instanzen und auf die Dimensionen des Unbewussten, über die Folgen der umspannenden Digitalisierung für das »Seelenleben in seiner Gesamtheit« wissen wir erstaunlich wenig. Geblieben ist ein Streit um die Bewertung der offensichtlichen Veränderungen. Die einen singen ein Loblied auf die Postmoderne und ihre Identitätslosigkeit, die andern entwickeln eine besorgte Skepsis gegenüber Werteverfall und Überindividualisierung (vgl. Salge 2014, S. 238ff.).

Auch wenn sich die Bedingungen des Aufwachsens deutlich verändert haben, so ging es Kindern und Jugendlichen im Schnitt in Deutschland noch nie so gut. Wohlgemerkt fokussieren diese Mittelwerte die Angehörigen der sozial besser gestellten Familien. Die soziodemographischen Hintergrundvariablen müssen also unbedingt mitgelesen werden. Das Modernisierungsparadoxon zeigt sich in der großen Aufmerksamkeit, die den Bedürfnissen, Interessen und Sichtweisen von Kindern zuteil wird und sich in entsprechender Ratgeberliteratur oder Servicestellen für Eltern mit Erziehungsproblemen und Kindern und Jugendlichen in seelischen Notlagen niederschlägt auf der einen Seite und den Klagen sowie Krisen- und Katastrophenmeldungen in der öffentlichen Debatte über Kindheit, Jugend und Erziehung auf der anderen Seite. Insbesondere die vielen Schutzfaktoren, die sich in Selbstachtung, Selbstwirksamkeit und Zutrauen in die eigenen Fähigkeiten äußern, dürfen nicht aus dem Auge verloren werden (vgl. Göppel 2013, S. 57ff.).

Eine umspannende Sozialisationstheorie steht als Grundlage plausibler Erklärungen für all diese Phänomene nicht zur Verfügung. Dennoch sind unverkennbar deutliche Veränderungen auf der Seite der in die Gesellschaft von heute hineinsozialisierten Subjekte zu verzeichnen. Zur Einordnung dieser Umformungen bedient sich Dornes konsequenterweise keiner allgemein-theoretischen Subsumptionslogik, sondern verfährt eher phänomenologisch. Er differenziert in vier Möglichkeiten, die als Ergebnis einer mehr wertschätzend-anerkennenden Erziehung zu Tage treten könnten:

- Unter ihrem Einfluss kommt es zu einer regressiven Schwächung der Persönlichkeit – sie wird schlapp, verwöhnt und konsumfixiert.
- Die Persönlichkeit entwickelt sich progressiv. Der Mensch wird freier, weniger zwanghaft, flexibler und kreativer.
- Der Einfluss liberalisierter Erziehungspraktiken ist gering und erreicht nur die Oberfläche der Psyche, nicht aber ihre Tiefenstrukturen.
- Es kommt zu einem Wandel in den seelischen Grundstrukturen, der sowohl progressive als auch regressive Elemente enthält. Das einstmals von großen inneren Spannungen begleitete antagonistische Verhältnis von Es und Über-Ich wird dialogischer. Allerdings kann diese Entkrampfung mit einer höheren Wahrscheinlichkeit zusammenfallen, bei äußeren Belastungen schneller zu dekompensieren. Mit der Charakterstarre geht ein Stück Charakterstärke verloren (vgl. Dornes 2010, S. 1003ff.).

Schließen wir uns der letzten These vom ambivalenten Strukturwandel an, so wird plausibel, dass im psychosexuellen wie gesellschaftlichen Leben archaisch-triebhafte Regungen stärker in Erscheinung treten, weil sie weniger rigide abgewehrt werden müssen. In der Folge geht die Ausbildung konfliktgesteuerter Neurosen zurück und es kommt dagegen zur Ausbildung weniger konturierter seelischer Störungen.

Dornes' Thesen blieben nicht unkommentiert. In seiner direkten Entgegnung hat Udo Hock (2010) bemängelt, dass der von Dornes angeführten Konfliktebene von Erziehung so nicht beizukommen sei, da der intentionale Akt der Erziehung durch drängende unbewusste Regungen durchkreuzt werde. Hannes Kastner (2013) vermisst bei Dornes eine geschichtlich-theoretische Einbettung seiner Darlegungen, mit der sich erst ein Erziehungswandel erklären ließe. Demgegenüber schlägt er den Rückgriff auf eine ausformulierte pädagogische Anthropologie vor, die kritisch gegenüber dem Zeitgeist und sich selbst wäre.

Vera King (2010) wiederum unterstreicht die grundsätzlich unterschiedlichen Eigenlogiken von Sozialem und Psychischem. Um zu einer Vermittlung der Dialektik von Gesellschaft und Individuum zu gelangen, müssten beide Perspektiven – also die sozio- und die psychoanalytische – zu Ende gedacht werden, ohne den jeweils anderen Pol aus dem Auge zu verlieren. Notabene liege die zentrale Vermittlungsebene in der familialen Sozialisation. Damit die Auswirkungen des hier statthabenden Einflusses – auch und vor allem jenseits der Anbindung an rein bewusste Vorstellungen – auf die psychische Strukturbildung richtig eingeschätzt werden könnten, bedürfe es daher immer einer auf den Einzelfall bezogenen Herangehensweise. Gleichwohl konstatiert King den nicht zu übersehenden allgemeinen Einfluss der gesellschaftlichen Beschleunigung auf die Bedingungen des Aufwachsens, auf die Gestaltung der Beziehungsdynamik in der Familie und damit auf das Werden der Kinder.

Hartmut Rosa (2011) geht in seiner Analyse von grundlegenden Veränderungen der Zeitstrukturen in Richtung einer progressiven Steigerung von Geschwindigkeiten, folglich einer Beschädigung des Zeitsinns und einem daraus resultierenden dramatischen Anstieg von Problemfällen aus. Als entgegengesetzten Trend zur sozialen Beschleunigung verweist Rosa indessen auch auf verschiedene Momente der Beharrung wie Geschwindigkeitsgrenzen (u. a. Tempolimits und Verkehrsstaus), Entschleunigung durch Rezession oder kulturelle Erstarrung (die Wiederkehr des immer Gleichen).

Nach Peter Kastner gibt der Staat sukzessive sein Gewaltmonopol an die Märkte, insbesondere die Finanzmärkte, ab, die ihrerseits kein

Gewissen haben. Da der Staat sie nicht zu regulieren wisse, gerate stattdessen das Fehlverhalten des Einzelnen ins Visier. Im Finanzbereich hat seiner Analyse nach die Beschleunigung als Epochenbegriff, Zeitdiagnose und als Strukturgesetz des Kapitals eine Größenordnung erreicht, die ihres Charakters als wahrnehmbarer Realität verlustig ging. Im Dokumentarfilm *Speed* von Florian Opitz aus dem Jahre 2012 ist die Rede davon, dass am computergesteuerten Börsenhandel inzwischen profitgenerierende Entscheidungen binnen einer Millisekunde zu treffen seien. Da der Mensch so schnell gar nicht reagieren könne, gehe man dazu über, ihn durch geeignetere Softwareprogramme zu ersetzen (vgl. Gerspach 2014, S. 185). Insofern weist die Beschleunigungsthese doch eine gewisse Plausibilität auf.

Nichtsdestotrotz bleibt die Frage bestehen, ob diese Entwicklung zu einer generellen Veränderung der Wahrnehmung führt. Kann also das Ich seiner Hauptaufgabe noch Genüge tun, die Anforderungen der Realität und die entsprechenden Antworten darauf zu prüfen? Zwar lässt sich diese Realität im Außen verorten, erlebt aber wird sie im Innern. Sie ist demnach nicht per se gegeben, sondern wird im Erleben erschaffen. Vor allem über das Festhalten an der zentralen Kategorie eines psychodynamisch wirkenden Unbewussten kann der Übermächtigkeit der »objektiven« Realität etwas entgegengesetzt werden. Im Sinne der Sorge um die Anerkennung von Subjektivität lässt sich dergestalt das – mehr oder minder – diffuse Unbehagen an dieser unserer Kultur verstehen. Dieses Unbehagen steht für eine emotionale Reaktion auf die »Behauptung, dass unsere gesellschaftliche Verfasstheit rational gestaltet sei und ›man‹ alles im Griff habe« (vgl. P. Kastner 2013).

Reiche (2011) kritisiert generell die Suggestivität solcher Zeitdiagnosen. Ihnen liege der implizite Wunsch zugrunde, dass es früher besser war. Zeitdiagnosen dienten einzig dem Zweck einer Selbstvergewisserung. Mit seinem Verweis auf die Theorie von Lévi-Strauss und in der Folge Erdheims über die idealtypische Gegenüberstellung kalter und warmer Gesellschaften zeigt er einen Ausweg aus dem theoretischen Dilemma auf. Beschleunigung gebe es anthropologisch universell gesehen schon immer. In primitiven, archaischen, kalten Gesellschaften mit ihrem traditionellen Widerstand gegen jedwede Neuerung werde sie nur aufgehalten. Auch wenn sich Reiche gegen die abstrakte Subsumptionslogik wehrt, die Wirkung der Beschleunigung auf das Subjekt aus der marxistischen Weltformel des Warentauschs »Geld – Ware – mehr

Geld« abzuleiten, so gibt er doch zu bedenken, dass sich das Marx'sche Primat der Ökonomie als ein unausweichliches Wirken der Beziehung von Dingen in der Beziehung von Menschen niederschlägt und zu ihrer Verdinglichung beiträgt. Insofern folgt er der Habermas'schen These von der Kolonialisierung der Lebenswelt. Denn der Prozess der Verdinglichung kann sich »ebenso gut im öffentlichen wie im privaten Lebensbereich manifestieren« (vgl. Habermas 1988b, S. 503). Mit diesem Paradigma, so Reiche, ließen sich alle Phänomene der Beschleunigung erklären, ohne eine explizite Beschleunigungstheorie entwerfen zu müssen.

An dieser Stelle tut sich bei Reiche eine Parallele zur Argumentation von King auf: Eine in sich schlüssige soziologische Theorie müsse ohne die Dimension des Unbewussten auskommen wie ein in sich schlüssiges psychoanalytisches Konzept ohne Rückgriff auf gesellschaftliche Kategorien konstruiert zu sein habe. Insofern greife die Auffassung von der Zunahme der Depression als Antwort auf die Phänomene der Beschleunigung zu kurz.

Die Bedeutung der Mentalisierung

Zwischen der Bilderflut der elektronischen Unterhaltungsmedien und den neueren Forschungsmethoden der Neurowissenschaften gibt es eine erstaunliche Parallele. Über die bildgebenden Verfahren werden unsere inneren Vorstellungen vom Anderen ersetzt durch konkretistische ikonografische Abbildungen, die den Schein von Realität angenommen haben, obwohl sie es faktisch nicht sind. Vergleicht man die gemessenen Signale im Ruhezustand mit jenen im aktivierten Zustand, erhält man ein statistisches Verhältnis, aber keine tatsächliche Gehirntätigkeit. Wer also nach besonders großer Aktivität sucht, erhält erfahrungsgemäß besonders ausgeprägte Korrelationen. Das Problem ist unter Statistikern als das Dilemma des texanischen Scharfschützen bekannt: Ballert man blind auf ein Scheunentor und zeichnet dann eine Zielscheibe um die Treffer, erhält man eben ein beeindruckendes Ergebnis (vgl. Schnabel 2009, S. 36).

Balzer berichtet, wie ihm eine gebildete Patientin, die wegen Depressionen mit Schlafstörungen zu ihm gekommen war, ihr iPad auf den Tisch legte, um ihm Fotos von ihrer Familie zu zeigen – damit er sich »das mal vorstellen« könne. Augenscheinlich verlieren wir die Fähigkeit, uns das Nichtsichtbare und in diesem Sinne Nichtvorhandene als existent vorstellen, es »re-präsentieren« zu können. Die Gefahr, zu »*Datensklaven*« zu mutieren, ist nicht von der Hand zu weisen. Dies gilt für Laien wie Fachleute gleichermaßen.

Die mentalisierende Kraft des symbolisch Verfüg- und Verwendbaren schwindet, der Rekurs auf Laborwerte und Daten, zumal wenn digital über eine ungeheure Impulsdichte aufbereitet, führt zu einer »Regression des Denkens«. Balzer folgert: »Die psychische Immunitätslage der zeitgenössischen Subjekte, die dazu verdammt sind, reizoffen, immer ansteuerbar, erreichbar zu sein, ist offenporig geworden.« Die andauernde Verwendung elektronischer Medien erfülle die Funktion, nicht alleine sein zu müssen, denn sie garantiere die permanente Gegenwart eines anderen. Die Invasion mikroelektronisch vermittelter »*Anwesenheiten*« (etwa qua E-Mails) stehe für einen Präsentismus von Bildern und Texten, der den Absenzverlust der Gegenwartskultur charakterisiere (vgl. Balzer 2012, S. 728ff.). Hinter dieser zwanghaften Suche nach virtueller Zweisamkeit verbirgt sich vielleicht eine Reaktion der Seele auf ihre Vereinsamung in einer Welt des Überdrusses, »sich ständig selbst sein zu müssen« (vgl. Hasler 2014, S. 22f.).

Die Fähigkeit zum Alleinsein in Gegenwart eines anderen ist seit Winnicott aber synonym mit emotionaler Reife zu lesen (vgl. Winnicott 1990, S. 36ff.). Insofern ist der Verwendung elektronischer Medien ein regressives Moment inne (vgl. Günter 2013, S. 100f.). Transformationsprozesse bis hin zum Symbolischen sind von der Fähigkeit, Getrenntheit zu erkennen wie anzuerkennen, abhängig. Zwischen Reiz und Reaktion muss ein Bremsmoment greifen, damit Mentalisierung gelingen kann. Mentalisierung heißt dabei die aufsteigende Übersetzung von Affekten. Nur, was Spuren im Gedächtnis hinterlassen hat, kann innerlich neu erschaffen werden, weil es äußerlich verschwindet – »sofern der Enttäuschungshass ausgehalten wird« (vgl. Balzer 2012, S. 731).

Diesen Gedächtnisspuren eignet zudem etwas ursprünglich Körperlich-Sinnliches. Daher gibt es auch kein vom Körper losgelöstes Denken. »Alle seelischen und geistigen Prozesse sind ›embodied‹, d. h. an Informationsaufnahme und -verarbeitung des gesamten Körpers gebunden« (vgl. Leuzinger-Bohleber 2009, S. 165ff.). Diese Vorgänge sind zudem immer in einen Beziehungskontext eingewoben. Wie sich mit Hilfe des Konzepts vom Episodengedächtnis zeigen lässt, beruhen Erfahrungen immer auf Wechselseitigkeit. Bereits der Fötus steuert seinen Anteil am Zusammenspiel und damit an Chancen wie Risiken für seine weitere Entwicklung bei (vgl. von Lüpke 1983, S. 56; 2003, S. 3; 2007, S. 133ff.).

Überdies sind es keine einzelnen Objekte wie die Mutter, sondern ganze Episoden *mit* der Mutter, die in der Erinnerung haften bleiben und in der Folge generalisiert werden. Stern spricht davon, dass etwa beim Stillen die gesamte Szene mit ihren Gerüchen, Farben, Tönen und Gefühlen in die Erinnerung eingeht (vgl. Stern 1992, S. 138ff.). Entscheidend ist deren Einfärbung durch die jeweilige Beziehungserfahrung, in welcher Mutter und Kind zusammenwirken (vgl. von Lüpke 2000, S. 70). Das *implizite Beziehungswissen* entwickelt sich durch Interaktionsprozesse und ist nichtsymbolisch repräsentiert. In diesem Kontext internalisiert der Säugling nicht das Objekt selbst, sondern den »Prozess der wechselseitigen Regulation« (vgl. Stern et al. 2002, S. 977ff.).

An dieser Stelle möchte ich kurz auf die Unterscheidung von explizitem und implizitem Gedächtnis anspielen. Das *explizite* Gedächtnis speichert Ereignisse und Tatsachen und beinhaltet die bewussten Erinnerungen unserer Autobiographie. Einschränkend sei angemerkt, dass wir damit keine genaue Wiedergabe der ursprünglichen Ereignisse erhalten, sondern es zu nachträglichen Bearbeitungen kommt. Ein großer Teil der Erlebnisse aus unserer Kindheit bleibt der bewussten Erinnerung verschlossen, ohne allerdings zu verblassen. Diese Erfahrungen sind im *impliziten* Gedächtnis niedergelegt. Das implizite Gedächtnis umfasst Vorgänge, die einmal gelernt oder erfahren wurden, von denen man aber nicht mehr weiß oder wissen muss, wie es geht (vgl. Deneke 1999, S. 77). Die Muster, die hier generiert werden, laufen außerhalb unseres Bewusstseins ab, weil die ihnen zugrundeliegenden Ereignisse der Erinnerung nicht mehr zugänglich sind. Hier ist das untergebracht, was man das »Selbstschweigende« nennen könnte – im Gegensatz zum *Selbstredenden* wirkt es stumm und kommt in der Art, wie man ist und handelt, unverändert zum Ausdruck (vgl. Ladan 2003, S. 18ff.).

Art und Ausmaß der emotionalen Konflikte, die ein Mensch zeit seines Lebens erlebt, nehmen einen entscheidenden Einfluss auf seine Art der Informationsaufnahme und -verarbeitung (vgl. Leuschner et al. 1998). Das emotionale Gedächtnis, in dem von frühester Zeit an die Beziehungserfahrungen aufbewahrt sind, ist der Kern unseres Erkennens. »Was der Kopf weiß, hat eine enorme Wirkung auf das, was der Kopf lernt und woran er sich erinnert« (vgl. Orange 2004, S. 150f.). Die Integration der vorsprachlichen Formen von Intersubjektivität führt im Grunde zu einer Umformulierung von Descartes' *Ich denke, also bin* ich hin zu *Ich fühle, also bin ich.*

Nun kommt es im Sinne einer meta-kognitiven Fähigkeit vor allem darauf an, zu erlernen, Gedanken und Handlungen zu interpretieren, kurzum: zu mentalisieren. Dies unterscheidet den Menschen von der unbeseelten Welt (vgl. Schultz-Venrath 2013, S. 66f.). Mentalisierung beinhaltet das Vermögen, den Anderen und die eigene Person als Wesen mit geistig-seelischen Zuständen zu verstehen und die eigene mentale Verfassung in einen ursächlichen Zusammenhang mit der mentalen Verfassung anderer Personen zu bringen (vgl. Fonagy/Target 2002, S. 840). Im Anschluss an die kognitionspsychologische *theory of mind* richtet sich dieses Konzept auf die Frage, wie und wann Kinder bei sich und anderen diese Eigenschaften entdecken (vgl. Dornes 2005, S. 72; Gerspach 2009, S. 93ff.).

Der Erwerb dieser Kompetenz ist in hohem Maße von der Qualität der primären Beziehung und vor allem davon abhängig, inwieweit die Eltern ihrem ganz jungen Kind bereits eine solche Fähigkeit zuerkennen können. Sind sie dazu in der Lage, gibt die Mentalisierung ihrem Kind die Möglichkeit, die Gedanken und Gefühle anderer zu *lesen* (vgl. Fonagy/Target 2001, S. 233). Können sie also die mentale Verfassung ihres Kindes korrekt erfassen und mithin modifizieren, wird die Symbolisierung seiner inneren Verfassung bestärkt, und das führt wiederum zu einer besseren Affektregulierung (vgl. Fonagy 2003, S. 176).

Die Mutter hat eine zunächst unrealistische Theorie von Geist und Seele ihres Kindes. Sie denkt ihr Kind als denkendes Wesen. Aus der Sicht des Kindes heißt dies: »Sie denkt mich, also bin ich.« Der Erwerb der Mentalisierungsfähigkeit eines Kindes hängt von der Fähigkeit seiner Mutter ab, dessen psychische Zustände und insbesondere (aggressive) Affekte mittels projektiver Identifikation in sich wie in einen Container aufzunehmen, zu halten, in eine erträgliche Form zu bringen und ihm dann als solche zurückzugeben (vgl. von Klitzing 2002, S. 883). Unbewusst schreibt die Mutter dem Kind durch ihr Verhalten einen mentalen Zustand zu und behandelt es als mentalen Akteur. Dies nimmt das Kind schließlich wahr und beginnt, mentale Kausalitätsmodelle auszuarbeiten. So kann sich allmählich ein »Kerngewahrsein eines mentalistisch organisierten Selbstgefühls« entfalten (vgl. Fonagy/ Target 2006, S. 368). Die Mentalisierung erlaubt es, das Verhalten dieser anderen verlässlich vorherzusagen. Erwirbt ein Kind im Rahmen seiner Entwicklung die Fähigkeit zum Mentalisieren, kann es nicht nur auf das Verhalten anderer Personen reagieren, sondern auch auf sein »eigenes *Bild* anderer« (vgl. Fonagy/Target 2002, S. 840).

Mentalisieren ist vom Aufbau innerer Selbst- und Objektrepräsentanzen abhängig. Es speist sich aber nicht nur aus sprachlichen Quellen, sondern auch aus komplementären nonverbalen wie Gesten und Gesichtsausdrücken, die mit semantischen und autobiographischen Erinnerungen assoziiert werden. Da die biographische Entwicklung des Selbst als körper- bzw. leibgebundene, intersubjektive Kommunikation beginnt, können diese Repräsentanzen primär als Niederschläge von leiblichen Interaktionsformen verstanden werden (vgl. Schultz-Venrath 2013, S. 67ff.). Genau hier liegt das Problem im Kontext meiner Fragestellung. Innere Repräsentanzen im Sinne innerer Bilder von erlebten Objektbeziehungen bedeuten etwas fundamental völlig anderes als das, was die mediale Bilderwelt bewirkt. Zum einen mangelt es ihr an der körperlich-sinnlichen Dimension. Zum anderen folgt das Symbolische einem Abstandsgebot vom Objekt, während elektronische, audiovisuelle Bilderzauber aber einen »*Mentalisierungsstopp*« auf der Ebene affektiver Piktogramme begünstigen, die zwar ikonisch repräsentiert, aber dennoch unsymbolisiert bleiben (vgl. Balzer 2012, S. 730ff.). Insofern trägt das Eintauchen in die digitale Erfahrungswelt nur bedingt zum Mentalisieren bei, fördert unter ungünstigen realen Beziehungskonstellationen womöglich allein den prämentalistischen Modus des *Als-ob*, ohne dass diese Unterscheidung noch realisiert werden könnte (vgl. Schultz-Venrath 2013, S. 90).

Jungen Menschen, deren traumatische Lebensszenarien sich konflikthaft ins Unbewusste eingegraben haben, mangelt es aus Angst vor der Wiederbelebung dieser schmerzlichen Erinnerungsspuren an einer basalen Fähigkeit, sich diesem frühen Schrecken affektiv zu nähern und (sprach-)symbolisch über ihn verfügen zu können. Die Nutzung der virtuellen Gestalten einer elektronischen Welt bietet die Chance, im Als-ob-Modus auf eine Scheinrealität auszuweichen, die Nähe suggeriert, aber kalte Distanz prolongiert. Die verlorene oder nie erworbene Fähigkeit zum Mentalisieren, die vor allem auch eine Befreiung von der anhaltenden phantasmatischen Herrschaft der bösen Objekte mit sich bringen könnte, wird so leider nicht erworben. Bilderwelten ergreifen uns emotional stärker als Sprachwelten, auch wenn sie nicht frei von begrifflichen Vorstellungen und denkfähigen Inhalten sind. Diese erscheinen allerdings unbestimmter, und das Denken in Bildern ist anders strukturiert und vor allem stärker affektiv eingefärbt. Dies erleichtert den Zugang zu den Affekten, erschwert aber deren denkende Verarbeitung (vgl. Günter 2013, S. 101f.).

Zu bemerken ist eine allgemein wachsende Unfähigkeit, Frustrationen zu ertragen. In der Sprache der beschleunigten Gesellschaft ist »lebendig sein« identisch mit *schnell sein*. Die »*Affirmation des Beschleunigungsdenkens*« steht aber z. B. im krassen Widerspruch zur psychoanalytischen Vorstellung von notwendig langen Therapiezeiten mit einem je »eigenen, nicht zu beschleunigenden Entwicklungstempo« (vgl. Schneider 2012, S. 691).

Versagung und Mangel werden von klein auf erfahren und können durch das Spiel und darauf aufbauend die Symbolisierung bewältigt werden. In einer Zeit aber, die – vor allem unter verkaufsstrategischen Gesichtspunkten – den unmittelbaren Lustgewinn an oberste Stelle setzt, werden solche Vorgaben als repressiv denunziert. Es zählt nur die eigene »*Jetzt-Befriedigung*« (vgl. Türcke 2012, S. 47). Der Gedanke an Triebaufschub und Abwartenkönnen, dem der Aufbau stabiler innerer Repräsentanzen erwächst, die das Gegenteil von Lust – den *Ver*lust nämlich – in sich tragen, erscheint als heillos antiquiert (vgl. Kobylinski-Dehe 2012, S. 721). Liegen bereits fragile Strukturen der Persönlichkeit vor, besteht somit das Risiko einer weiteren Labilisierung. Eine gelingende Subjektgenese hängt davon ab, dass der Mensch Versagungen zu ertragen lernt und er zu einer »Zeitdehnung« in der Lage ist. Jede ungehinderte Beschleunigung steht dem im Wege (vgl. Balzer 2012, S. 731). Darin liegen die aktuellen Gefahren einer digitalisierten Welt.

Literatur

Adorno, T. W. (1995): *Studien zum autoritären Charakter*. Frankfurt a. M.: Suhrkamp, 1950.
Ahrbeck, B. (2007a): Hyperaktivität, innere Welt und kultureller Wandel. In: Ahrbeck, B. (Hrsg.) (2007b): *Hyperaktivität. Kulturtheorie, Pädagogik, Therapie*. Stuttgart: Kohlhammer, S. 13–48.

Ahrbeck, B. (Hrsg.) (2007b): *Hyperaktivität. Kulturtheorie, Pädagogik, Therapie*. Stuttgart: Kohlhammer.

Ahrbeck, B.; Dörr, M.; Göppel, R.; Gstach, J. (Hrsg.) (2013): Strukturwandel der Seele. Modernisierungsprozesse und pädagogische Antworten. *Jahrbuch für Psychoanalytische Pädagogik*, 21. Gießen: Psychosozial.

Balzer, W. (2012): Subjekt und Synapse. Streifzüge durch die Umwelten von Menschen und Maschinen. *Psyche – Z Psychoanal*, 66 (8), S. 728–751.

Bergmann, W. (2007): Ich bin nicht in mir und nicht außer mir. Bindungsstörungen, Symbolisierungsschwäche und die depressive Nervosität moderner Kinder. In: Ahrbeck, B. (2007b): *Hyperaktivität. Kulturtheorie, Pädagogik, Therapie*. Stuttgart: Kohlhammer, S. 107–122.

Blech, J. (2013): Wahnsinn wird normal. *Der Spiegel*, 4, S. 111–119.

Dammasch, F. (2013): Das Kind in der Moderne. In: Dammasch, F.; M. Teising (Hrsg.) (2013): *Das modernisierte Kind*. Frankfurt a. M.: Brandes & Apsel, S. 11–30.

Dammasch, F.; Teising, M. (Hrsg.) (2013): *Das modernisierte Kind*. Frankfurt a. M.: Brandes & Apsel.

Deneke, F.-W. (1999): *Psychische Struktur und Gehirn. Die Gestaltung subjektiver Wirklichkeiten*. Stuttgart; New York: Schattauer.

Dornes, M. (2005): Theorien der Symbolbildung. *Psyche – Z Psychoanal*, 59 (1), S. 73–82.

Dornes, M. (2010): Die Modernisierung der Seele. *Psyche – Z Psychoanal*, 64 (11), S. 995–1033.

Ehrenberg, A. (2004): *Das erschöpfte Selbst. Depression und Gesellschaft in der Gegenwart*. Frankfurt a. M.: Campus.

Ehrenberg, A. (2011): *Das Unbehagen in der Gesellschaft*. Frankfurt a. M.: Suhrkamp.

Eisenberg, G. (2001): Amok, Allergie, Idiosynkrasie oder: Von der »Neurose« zur »Soziose«. *Psychosozial*, 24 (85), S. 61–71.

Fonagy, P. (2003): *Bindungstheorie und Psychoanalyse*. Stuttgart: Klett-Cotta.

Fonagy, P.; Target, M. (2001): Mentalisation und die sich ändernden Ziele der Psychoanalyse des Kindes. *Kinderanalyse*, 9 (2), S. 229–244.

Fonagy, P.; Target, M. (2002): Neubewertung der Entwicklung der Affektregulation vor dem Hintergrund von Winnicotts Konzept des »falschen Selbst«. *Psyche – Z Psychoanal*, 56 (9/10), S. 839–862.

Fonagy, P.; Target, M. (2006): *Psychoanalyse und die Psychopathologie der Entwicklung*. Stuttgart: Klett-Cotta.

Fromm, E. (2009): *Die Pathologie der Normalität. Zur Wissenschaft vom Menschen*. Berlin: Ullstein, 1952.

Gekeler, W. (2012): Vorwort. *Analytische Kinder- und Jugendlichen-Psychotherapie*, 153, S. 4–6.

Gerspach, M. (2009): *Psychoanalytische Heilpädagogik. Ein systematischer Überblick.* Stuttgart: Kohlhammer.

Gerspach, M. (2014): *Generation ADHS – den »Zappelphilipp« verstehen.* Stuttgart: Kohlhammer.

Gever, S. (2013): »Sei vernünftig, sagt das Frontalhirn«. Der Neurologe Christof Kessler untersucht, wie Erkrankungen des Gehirns die Persönlichkeit verändern können. Ein Gespräch über Halluzinationen, die Gefahr von Aufputschmitteln und den Sitz der Seele. *Frankfurter Rundschau*, Nr. 234, 9. Oktober 2013, S. 20f.

Göppel, R. (2013): Haben Kinder und Jugendliche heute größere emotionale Defizite und psychosoziale Störungen als früher? In: Dammasch, F.; Teising, M. (Hrsg.) (2013): *Das modernisierte Kind.* Frankfurt a. M.: Brandes & Apsel, S. 52–83.

Göppel, R.; Ahrbeck, B.; Dörr, M.; Gstach, J. (2013): Themenschwerpunkt: Strukturwandel der Seele. Modernisierungsprozesse und pädagogische Antworten. In: Ahrbeck, B. (Hrsg.) (2007b): *Hyperaktivität. Kulturtheorie, Pädagogik, Therapie.* Stuttgart: Kohlhammer, S. 10–22.

Golse, B. (2012): Bewusste Aufmerksamkeit, unbewusste Aufmerksamkeit und psychoanalytische Psychopathologie der Hyperaktivität. *Analytische Kinder- und Jugendlichen-Psychotherapie*, 153, S. 57–73.

Günter, M. (2013): Das Spiel in der virtuellen Welt. In: Dammasch, F.; Teising, M. (Hrsg.) (2013): *Das modernisierte Kind.* Frankfurt a. M.: Brandes & Apsel, S. 84–104.

Günter, M. (2014): Die Sexualisierung des Lebens in der virtuellen Welt. Erregung, Abwehr der bedrohlichen »sinnlichen Strömung« und Selbstvergewisserung in fantastischen Welten. *Kinderanalyse*, 22 (3), S. 258–280.

Habermas, J. (1988a und b): *Theorie des kommunikativen Handelns.* 1. und 2. Band. Frankfurt a. M.: Suhrkamp, 1981.

Häsing, H.; Stubenrauch, H.; Ziehe, T. (Hrsg.) (1979): *Narziss – ein neuer Sozialisationstyp.* Bensheim: päd extra.

Hartwich, I. (2014): Das Ende der Kindheit. *Frankfurter Rundschau*, 2. September 2014, S. 40.

Hasler, L. (2014): Die Seele im Alltagsmodus. *Du*, 848, S. 21–27.

Helbig, F. (2012): Superhelden schlucken keine Pillen. *Frankfurter Rundschau*, 29. Oktober 2012, S. 23.

Hock, U. (2010): Die infantile Sexualität und die moderne Seele. *Psyche – Z Psychoanal*, 64 (11), S. 1034–1039.

Hopf, H. (2012): Psychoanalyse und Aufmerksamkeit. Unaufmerksame Wahrnehmung eines bedeutsamen Phänomens. *Analytische Kinder- und Jugendlichen-Psychotherapie*, 153, S. 37–56.

Horn, K. (1974): Das psychoanalytische als Teil eines sozialwissenschaftlichen Krankheitskonzepts. In: Muck, M.; Schröter, K.; Klüwer, R.; Eberenz, U.; Kennel, K.; Horn, K.: *Information über Psychoanalyse*. Frankfurt a. M.: Suhrkamp, S. 137–175.

Horn, K. (1981): Prometheus als Menschenmaterial? Zur gesellschaftlichen Funktion politischer Psychologie. In: Schülein, J. A.; Rammstedt, O.; Horn, K.; Leithäuser, T.; Wacker, A.; Bosse, H. (1981): *Politische Psychologie. Entwürfe zu einer historisch-materialistischen Theorie des Subjekts*. Frankfurt a. M.: Syndicat, S. 77–105.

Horn, K. (1990): *Subjektivität, Demokratie und Gesellschaft*. Frankfurt a. M.: Nexus.

Hüther, G. (2010): Erfahrung gemeinsamen Erlebens ist entscheidend. »ADHS ist keine Krankheit!« Interview. *Pädiatrie*, 2, S. 7–10.

Kastner, H. (2013): Die Geschichtlichkeit von Erziehung. Ein Problem für die Theorie der Pädagogik!? In: Ahrbeck, B.; Dörr, M.; Göppel, R.; Gstach, J. (Hrsg.) (2013): Strukturwandel der Seele. Modernisierungsprozesse und pädagogische Antworten. *Jahrbuch für Psychoanalytische Pädagogik*, 21. Gießen: Psychosozial, S. 172–188.

Kastner, P. (2013): Reflexion über den Wandel – mehr Zeit bleibt nicht. In: Ahrbeck, B.; Dörr, M.; Göppel, R.; Gstach, J. (Hrsg.) (2013): Strukturwandel der Seele. Modernisierungsprozesse und pädagogische Antworten. *Jahrbuch für Psychoanalytische Pädagogik*, 21. Gießen: Psychosozial, S. 141–153.

King, V. (2010): Psyche und Gesellschaft. Anmerkungen zur Analyse gegenwärtiger Wandlungen. *Psyche – Z Psychoanal*, 64 (11), S. 1040–1053.

King, V. (2013): Optimierte Kindheiten. In: Dammasch, F.; Teising, M. (Hrsg.) (2013): *Das modernisierte Kind*. Frankfurt a. M.: Brandes & Apsel, S. 31–52.

Kobylinska-Dehe, E. (2012): Freud und die flüchtige Moderne. *Psyche – Z Psychoanal*, 66 (8), S. 702–727.

Klitzing, K. von (2002): Frühe Entwicklung im Längsschnitt: Von der Beziehungswelt der Eltern zur Vorstellungswelt des Kindes. *Psyche – Z Psychoanal*, 56 (9/10), S. 863–887.

Ladan, A. (2003): *Kopfwandler. Die geheime Fantasie, eine Ausnahme zu sein*. Frankfurt a. M.: Brandes & Apsel.

Leuzinger-Bohleber, M. (2001): Spätadoleszenz – ein biografischer Kristallationspunkt? In: Holm-Hadulla, R. (Hrsg.): *Psychische Schwierigkeiten von Studierenden*. Göttingen: Vandenhoeck & Ruprecht, S. 14–39.

Leuzinger-Bohleber, M. (2009): *Frühe Kindheit als Schicksal? Trauma, Embodiment, Soziale Desintegration. Psychoanalytische Perspektiven*. Stuttgart: Kohlhammer.

Lorenzer, A. (1977): *Sprachspiel und Interaktionsformen*. Frankfurt a. M.: Suhrkamp.

Lüpke, H. von (1983): Der Zappelphilipp. Bemerkungen zum hyperkinetischen Kind. In: Voß, R. (Hrsg.): *Pillen für den Störenfried? – Absage an eine medikamentöse Behandlung abweichender Verhaltensweisen bei Kindern und Jugendlichen.* München; Basel; Hamm: Reinhardt und Hoheneck, 1990, S. 53–72.

Lüpke, H. von (2000): Neue Nachbarschaften – Neurobiologie im psychosozialen Kontext. *Behinderte in Familie, Schule und Gesellschaft*, 4/5, S. 69–76.

Lüpke, H. von (2003): Vorgeburtliche Bindungserfahrungen – Konsequenzen für die Interpretation und Begleitung von Kindern mit Verhaltensauffälligkeiten. In: Finger-Trescher, U.; Krebs, H. (Hrsg.): *Bindungsstörungen und Entwicklungschancen.* Gießen: Psychosozial, S. 133–144.

Lüpke, H. von (2007): Vorformen einer ADHS-Problematik. In: Eggert-Schmid Noerr, A.; Finger-Trescher, U.; Pforr, U. (Hrsg.): *Frühe Beziehungsstörungen.* Gießen: Psychosozial, S. 118–130.

Maaß, E. E.; Hahlweg, K.; Naumann, S.; Bertram, H., Heinrichs, N.; Kuschel, A. (2010): Sind moderne Bildschirmmedien ein Risikofaktor für ADHS? – Eine Längsschnittuntersuchung an deutschen Kindergartenkindern. *Vierteljahresschrift für Heilpädagogik und ihre Nachbardisziplinen*, 1 (79), S. 50–65.

Marx, K. (1973a): Thesen über Feuerbach. In: Marx, K.; Engels, F.: *Marx Engels Werke,* 3. Band. Berlin: Dietz, 1845/46.

Marx, K. (1973b): Zur Kritik der Politischen Ökonomie. In: Marx, K.; Engels, F.: *Marx Engels Werke,* 13. Band. Berlin: Dietz, 1859.

Mühlbauer, B.; Janhsen, K.; Pichler, J.; Schoettler, P. (2009): Off-label-Gebrauch von Arzneimitteln im Kindes- und Jugendalter. *Deutsches Ärzteblatt*, 3 (106), S. 25–31.

Naumann, T. (2003): Sozialcharakter zwischen Spätkapitalismus und Postfordismus. In: Demirovic, A. (Hrsg.): *Modelle kritischer Gesellschaftstheorie. Traditionen und Perspektiven der Kritischen Theorie.* Stuttgart: J. B. Metzlersche Verlagsbuchhandlung und Carl Ernst Poeschel Verlag, S. 266–289.

Orange, D. M. (2004): *Emotionales Verständnis und Intersubjektivität.* Frankfurt a. M.: Brandes & Apsel.

Reiche, R. (2011): Beschleunigung – als Epochenbegriff, als Zeitdiagnose und als Strukturgesetz des Kapitals. *Psyche – Z Psychoanal*, 65 (11), S. 1089–1112.

Rosa, H. (2011): Beschleunigung und Depression – Überlegungen zum Zeitverhältnis der Moderne. *Psyche – Z Psychoanal*, 65 (11), S. 1041–1060.

Salge, H. (2014): »Ich bin online, also bin ich!«. Die Folgen der Digitalisierung auf die Entwicklung der inneren Objektwelt. *Kinderanalyse*, 22 (3), S. 237–257.

Schnabel, U. (2009): Das Dilemma des texanischen Scharfschützen. *DIE ZEIT*, 5, 22. Januar 2009, S. 36.

Schneider, G. (2012): Die Psychoanalyse ist ein Humanismus. *Psyche – Z Psychoanal*, 66 (8), S. 675–701.

Schultz-Venrath, U. (2013): *Lehrbuch Mentalisieren. Psychotherapien wirksam gestalten.* Stuttgart: Klett-Cotta.

Stern, D. (1992): *Die Lebenserfahrung des Säuglings.* Stuttgart: Klett-Cotta.

Stern, D.; Sander, L. W.; Nahum, J. P.; Harrison, A. M.; Lyons-Ruth, K.; Morgan, A. C.; Bruschweiler-Stern, N.; Tronick, E. Z. (2002): Nicht-deutende Mechanismen in der psychoanalytischen Therapie. Das »Etwas-Mehr« als Deutung. *Psyche – Z Psychoanal*, 56 (9/10), S. 946–973.

Trescher, H.-G. (1979): *Sozialisation und beschädigte Subjektivität.* Frankfurt a. M.: Fachbuchhandlung für Psychologie.

Türcke, C. (2002): *Erregte Gesellschaft. Philosophie der Sensation.* München: Beck.

Türcke, C. (2012): *Hyperaktiv! Kritik der Aufmerksamkeits-Defizit-Kultur.* München: Beck.

Wiggershaus, R. (1988): *Die Frankfurter Schule. Geschichte, theoretische Entwicklung, politische Bedeutung.* München: dtv.

Winnicott, D. W. (1990): *Reifungsprozesse und fördernde Umwelt.* Frankfurt a. M.: Fischer, 1965.

Ziehe, T. (1975): *Pubertät und Narzissmus.* Frankfurt a. M.; Köln: EVA.

Gottfried Maria Barth

Sehnsucht und Sucht

Das Doppelgesicht exzessiver Mediennutzung bei depressiven und autistischen Jugendlichen

Die umfangreiche Mediennutzung ist seit langer Zeit ein Kennzeichen der Jugend, sie hat sich jedoch in den letzten Jahren rasant gewandelt und ist zu einem zentralen Bestandteil des Alltags aller Jugendlichen geworden. Es spiegelt sich darin die Sehnsucht der Jugendlichen nach einer eigenen Welt abseits der Anforderungen der Erwachsenen und scheint gleichzeitig für viele Jugendliche eine Gefahr zu sein, sich in dieser Welt zu verlieren. Dabei stellen die Medien gerade für Jugendliche, denen die Kontaktaufnahme zu anderen schwerer fällt, eine große Chance dar. Allerdings scheint es eben auch für diese Jugendlichen eine große Verlockung darzustellen, sich darauf zu beschränken. Keiner wird diese Entwicklung der medialen Vernetzung unserer Jugend aufhalten können. Aber sind die Warnungen davor berechtigte Kassandrarufe oder lediglich angstvolle Panikmache einer älteren Generation, die dabei nicht mehr mithalten kann? Gewiss ist das Thema Neue Medien stark emotional aufgeladen und die Grenze zwischen Spekulation und fundiertem Wissen unscharf. Umso wichtiger ist ein vorbehaltloser und differenzierter Blick, der unsere Jugend ernst nimmt und ihre Risiken nicht verleugnet. Ein allgemeines Urteil über diese neuen Entwicklungen ist derzeit sicher nicht möglich. Der Preisträger des Friedenspreises des Deutschen Buchhandels, Jaron Lanier, formulierte in seiner Preisträgerrede die offene Frage: »Können wir zurücktreten und Bilanz ziehen? Gibt es derzeit mehr digitales Licht oder mehr Dunkelheit?« Und er appelliert an die neuen Technologien, die Wunder menschlicher Beziehungen zu achten (Lanier 2014).

Sehnsucht und Sucht:
Wo sind Jugendliche zu Hause?

Die Beschäftigung mit diesem Thema erfordert einen Spagat zwischen den in Zahlen ausgedrückten Fakten und dem Versuch des Verstehens der Zusammenhänge sowie der inneren Welt der Jugendlichen. Es erfordert ein Zusammenführen von zunehmend auseinanderdriftenden Entwicklungen. Hat der Schwabe Albertus Magnus die Dominanz der Naturwissenschaften im Abendland begründet, so ist ihr die Medizin in den letzten beiden Jahrhunderten auf diesem Weg gefolgt, zuletzt die Psychiatrie in der zweiten Hälfte des 20. Jahrhunderts. Obwohl auch Freud sich als naturwissenschaftlicher Forscher verstand, hat er ein Fundament für den geisteswissenschaftlich-psychologischen Blick auf den Menschen errichtet, von dem sich die medizinische Psychiatrie immer weiter entfernte. In der Beschäftigung mit Formen extremen Verhaltens wie der exzessiven Mediennutzung, bei der eine biologische Ursache in der Regel nicht im Vordergrund steht, ist es unabdingbar, beide Perspektiven wieder zusammenzuführen, wenn man den betroffenen Menschen gerecht werden will. Gleichzeitig müssen gesellschaftliche Normen auch in ihrer Relativität erkannt werden, will man die Jugendlichen nicht von vorneherein ins Abseits stellen. Schließlich ist es alte Tradition, dass Jugendliche sich der externen Lebensplanung durch die Eltern widersetzen und ihren eigenen Weg gehen. Die christlichen Heiligengeschichten sind voll von solchen Beispielen, bei denen sich immer die Frage stellt, ob heute nicht psychiatrische Intervention den zur Heiligsprechung führenden Lebensweg zu verhindern wüsste. Gerade wenn ein neuer Lebensbereich wie die Mediennutzung ins Visier psychiatrischer Beurteilung gerät, ist letztere mit allergrößter Vorsicht anzuwenden. Allzu mächtig ist die psychiatrische Definitionsgewalt und nicht immer beruft sie sich auf solide Grundlagen. Oder wie der Tübinger Gert Postel, bekannt geworden als erfolgreicher Hochstapler im Bereich Psychiatrie und psychiatrische Begutachtung, formuliert: »Wer die psychiatrische Sprache beherrscht, der kann grenzenlos jeden Schwachsinn formulieren und ihn in das Gewand des Akademischen stecken« (Postel 2015). Gerade über die Mediennutzung von Kindern und Jugendlichen werden viele noch nicht begründete Behauptungen aufgestellt, im besten Fall liegen immerhin Korrelationen vor, die dann ohne Nachweis als Kausalitäten formuliert werden. Solche Behauptungen betreffen sowohl die Bedeutung der Medien für die Jugendlichen als auch deren Auswirkungen, beides oft in bedrohlich düsteren Farben dargestellt.

Unsere heutige Jugend ist nicht schlechter als in früheren Zeiten, auch wenn ihre »Vergehen« leichter in die Schlagzeilen und damit ins öffentliche Bewusstsein geraten. Nikotin-, Drogen- und Alkoholkonsum sind bei Jugendlichen in den letzten zehn Jahren zurückgegangen, lediglich Krankenhausaufnahmen wegen Alkoholkonsum sind gestiegen und auf hohem Niveau geblieben (Drogenbeauftragte 2012). Demgegenüber bewältigen die meisten Jugendlichen die an sie gestellten, inzwischen oft sehr hohen, Anforderungen (beispielsweise durch das verkürzte Gymnasium G8) erstaunlich gut und widerstandslos. Wir müssen uns jedoch fragen, ob diese gute *Compliance* nicht mit einem Verlust an Geborgenheit und an bedingungslosem Angenommensein erkauft wurde. Eindeutig gestiegen ist in den letzten zehn Jahren der Bedarf an stationärer kinder- und jugendpsychiatrischer Therapie, was sich in der Neugründung zahlreicher Kliniken für Kinder- und Jugendpsychiatrie in den letzten Jahren in Baden-Württemberg zeigt. Wenn wir in die Welt der Jugendlichen hinein hören, erfahren wir genau dieses. In der Musik, die sie hören und in der sie sich wiederfinden, heißt es: »Glaub mir, irgendwann wird die Liebe regieren, wir haben nichts mehr zu verlieren. Die Zeit lässt die Wunden heilen. Du bist genau wie ich und nicht allein. Ich bin nah bei dir, gemeinsam schaffen wir Großes hier. Das Spiel der Spiele steht bereit. Schalt alles in dir ein, es ist soweit. Ruthless, they want my heart tonight. I'm a run these lines 'til my insides shine. And I find some peace of mind. Komm, wir bring' die Welt zum Leuchten, egal woher du kommst. Zu Hause ist da, wo deine Freunde sind. Hier ist die Liebe umsonst« (Tawil 2014).

In diesem mit »Zuhause« überschriebenen zeitgenössischen Song wird die Frage aufgeworfen, ob unsere Kinder und Jugendlichen noch die Erfahrung einer bedingungslosen Liebe machen können. Wir müssen uns die Frage stellen, wo sie wirklich zu Hause sind. Tatsächlich im Elternhaus oder doch mehr bei den Freunden oder gar im Internet mit seinen unbegrenzten Kommunikationsmöglichkeiten? Und ist die sinnvolle und hilfreiche Antwort darauf wirklich die Implementierung von mehr Regeln oder nicht eher ein verstärktes Beziehungsangebot? Wer geleitet heute unsere Kinder durch Kindheit und Adoleszenz, führt sie in die Bewältigung unserer heutigen realen Welt ein, ist ihr leitender und schützender Pate? Ist die Wahl exzessiver Mediennutzung nicht schon eine gute Wahl im Vergleich zu den Gefahren stoffgebundener Süchte? Macht die Jugend nicht eine vernünftige Abstimmung mit den Füßen, wenn sie sich nicht den Geschäftsbedingungen von Facebook unterwirft und so dessen Aktienkurs einbrechen lässt (*FAS*, 2013)? Wenn man neuen Studien Glauben schenkt, sind wir weit von einer Digitalisierung der Jugend entfernt. Persönliche Treffen und Bücherlesen rangieren nach wie vor hoch und haben im letzten Jahrzehnt eher zu- als abgenommen (Medienverbund Südwest 2012). Auch bedeutet Mediennutzung immer weniger Vereinzelung vor dem PC zu Hause. 2014 haben die Jugendlichen im Süden Deutschlands erstmals mehr über Smartphone das Internet genutzt als mit dem PC, d. h. auch im Zusammensein mit anderen (Medienverbund Südwest 2014). Wenn dabei das Bei-einander-Sein zu einem Für-sich-Sein entartet, steuern Jugendliche auch oft dagegen, machen sich gegenseitig darauf aufmerksam oder gönnen sich in der Gruppe handyfreie Stunden. Schließlich kann ihnen auch nicht mehr vorgeworfen werden, auf den Bildschirm fixiert zu sein, da ihre Kommunikation zunehmend über Sprachnachrichten geschieht. Gerade depressiven und sozial schwachen, also insbesondere auch autistischen Kindern und Jugendlichen geben diese neuen Kommunikationsformen ganz neue Möglichkeiten. Obwohl viele Autisten häufig große Probleme haben zu telefonieren, fühlen sie sich in der neuen digitalen Welt ganz zu Hause. Obwohl dies ein Abgleiten in eine exzessive Nutzung begünstigt, birgt es auch neue Chancen für ihre Integration. Scheitern sie bis heute oft an den sozialen Anforderungen der heutigen Arbeitswelt, in der zuallererst *soft skills* wie Kommunikations- und Teamfähigkeit gefordert sind, erwarten inzwischen viele Arbeitgeber noch mehr eine Kompetenz in der digitalen Welt, was gerade unseren Patienten mit Asperger-Syndrom neue Chancen bietet (Südwest Presse 2014).

Exzessive Mediennutzung und Sucht

Dennoch gibt es die negativen Seiten der Neuen Medien insbesondere bei den Jugendlichen und jungen Erwachsenen. Seit 2012 stellt der jährliche Bericht der Drogenbeauftragten die Computer- und Internetsucht als zentrales Suchtproblem bei Jugendlichen heraus (Drogenbeauftragte 2012, 2013). Allerdings ist die lange geführte Diskussion, ob es sich hierbei tatsächlich um eine Sucht handelt, eher ein akademisches Problem. Auch wenn die DSM-5 mit Einführung der Online Gaming Disorder einen vorläufigen Schlusspunkt unter diese Diskussion gesetzt hat, ist doch entscheidend, dass die exzessive Mediennutzung heute zu einer großen Belastung für viele Familien geworden ist. Sie führt zu vielen Konflikten mit einer massiven Störung der Kommunikation und nicht selten heftigen Aggressionen oder einer Totalverweigerung durch die Jugendlichen. Dem wird der Drogen- und Suchtbericht der Drogenbeauftragten der Bundesregierung (Deutschland) gerecht, indem er 2014 nicht mehr die Suchtfrage, sondern die erheblichen persönlichen und zwischenmenschlichen Probleme als Folge der exzessiven Internetnutzung in den Mittelpunkt stellt (Drogenbeauftragte 2014). Sie kann sich dabei auf die Daten der PINTA-DIARI-Studie berufen, in der die Korrelation von süchtiger Internetnutzung und Belastungen im Haushalt, in den persönlichen Beziehungen, bei der Arbeit und im Sozialleben nachgewiesen wird. Dies reicht bis zu signifikant erhöhter Einschränkung der Arbeitsfähigkeit und internetbedingter Arbeitsunfähigkeit. Die Analyse der Daten legt dabei den kausalen Zusammenhang zwischen Internetsucht und negativen Folgen nahe. Dabei ist es unerheblich, ob vorwiegend Computerspiele, soziale Netzwerke oder andere Angebote im Internet genutzt werden (Bischof 2013). Zu den negativen Folgen gehören auch die massivsten familiären Auseinandersetzungen, in denen manche sonst friedliche und kooperative Jugendliche zu wahren Monstern mutieren können und erhebliche Sachschäden anrichten, manchmal auch Familienangehörige ernsthaft bedrohen. Diese Auseinandersetzungen entstehen in der Regel aus erzwungenen Unterbrechungen der Beschäftigung mit Medien, also in Situationen, in denen die gesamte Gehirntätigkeit noch durch die Konzentration auf die Mediennutzung absorbiert ist. Dies könnte mit einer Untererregung in verhaltenssteuernden präfrontalen Arealen verbunden sein, wie sie für andere Verhaltenssüchte nachgewiesen ist und mit der die verminderte Kontrollfähigkeit sowohl der Mediennutzung als auch des Verhaltens in der Familie erklärt werden kann.

Das erste kinder- und jugendpsychiatrische Lehrbuch war der *Struwwelpeter* (Hoffmann 1845, 5. Aufl. 1948). Alle dort beschriebenen »Geschichten« sind noch heute in dieser Form zu beobachten und gehören zu den bedeutendsten kinder- und jugendpsychiatrischen Störungsbildern: Störung des Sozialverhaltens, ADHS, Anorexie. Heute wäre mit Sicherheit noch die exzessive Mediennutzung beschrieben, Hans Guckindieluft hätte heute ein Handy in der Hand und fiele in den Abgrund oder ins Wasser, weil er ganz auf dieses konzentriert ist. Allerdings ist unsere heutige Welt so geartet, dass diese Darstellungen gar nicht abschreckend oder warnend, sondern nur belustigend und damit werbend wirken – in der Werbung für Smartphones finden sich Filme mit Darstellungen solcher »Handyunfälle«. Auch wenn darin Situationen dargestellt sind, in denen Menschen vernachlässigt, vielleicht sogar gedemütigt werden, weil andere nur auf ihr Handy fixiert sind und jeder wahrnimmt, dass dies nicht abwegig ist, wird es als nette Skurrilität angesehen, der man sich spielerisch aussetzt. Die vielseitige Verwendung des Smartphones ist zum Alltag geworden. Dass Jugendliche beieinander sind und doch jeder in sein Smartphone schaut, ist heute Normalität und sagt aber nichts darüber aus, dass es keine direkte verbale Kommunikation gebe. Nur denjenigen, die im übertragenen Sinn abstürzen, die also ihre Entwicklungsaufgaben nicht erfüllen, kann ein Störungscharakter zugeschrieben werden. Aufgrund der Intensität der Mediennutzung sind dafür Jugendliche und junge Erwachsene besonders gefährdet. Lediglich in der Gruppe der über 60-Jährigen ist der Anteil der Internetnutzer noch nicht überwiegend, hält sich diese Form der Gefährdung also noch in Grenzen (Statista.com 2014). Das Jugendalter ist jedoch besonders vulnerabel, da es entwicklungspsychologisch und biologisch nur eingeschränkte Ressourcen zur Affektregulierung aufweist. Die präfrontal lokalisierte Verhaltenskontrolle muss im Jugendalter erst schrittweise aufgebaut und differenziert werden und benötigt dafür die im Jugendalter stattfindende biologische Ausreifung der präfrontalen Nervenbahnen. Aus diesem Grund verwenden Jugendliche chemische Suchtstoffe zur Affektregulation. In gleicher Weise dienen dazu aber auch Verhaltenssüchte, bei Jugendlichen allem voran die Mediennutzung. Bei exzessiver Durchführung werden mentale Pfade gebahnt, die die Reaktionsfähigkeit des Gehirns auf diese Art von Affektregulierung steigern, jedoch zugleich andere Strategien zur Affektregulierung verlernen lassen. So bleiben dann die Medien als einzige wirkungsvolle Affektregulierungsstrategie übrig. Es kann angenommen werden, dass an diesen Bahnungen wie bei anderen Süchten das dopaminerge Belohnungssystem beteiligt ist und die Mediennutzung schließlich das Monopol für die Dopaminausschüttung erwirbt (Bilke-Hentsch et al. 2014). Solcherart Suchtgedächtnis ist dann stabil, aber auch gefährdet durch Abstumpfung, was eine permanente Dosiserhöhung notwendig macht. Wenn diese Mechanismen ablaufen, muss von süchtiger Mediennutzung gesprochen werden. Zum klinischen Nachweis einer Mediensucht können die DSM-5-Forschungskriterien herangezogen werden, die 2013 zum ersten Male die Internet Gaming Disorder offiziell als ein Störungsbild definierten. Wiewohl die Beschränkung auf Onlinespiele bereits aus heutiger Sicht zu kurz gegriffen ist, sind die aufgeführten neun Kriterien, von denen zur Suchtdiagnose fünf über 12 Monate erfüllt sein müssen, hilfreich, um süchtige Mediennutzung insgesamt zu identifizieren. Sie beinhalten die klassischen Suchtkriterien:

- andauernde Beschäftigung mit Internet- bzw. Onlinespielen,
- Entzugssymptome, wenn das Onlinespielen nicht zur Verfügung steht,
- Toleranzentwicklung mit dem Bedürfnis, zunehmend Zeit für Onlinespiele aufzubringen,
- erfolglose Versuche, die Teilnahme am Onlinespielen zu beenden,
- Verlust des Interesses an früheren Hobbys oder Aktivitäten als Folge des Onlinespielens,
- andauerndes exzessives Onlinespielen trotz des Wissens um die psychosozialen Probleme.

Drei neue Ergänzungen der DSM-5 stellen ganz typische und spezifische Symptome der exzessiven Mediennutzung dar:

- Täuschen von Familienmitgliedern, Therapeuten oder anderen Personen in Bezug auf das wirkliche Ausmaß des Onlinespielens,
- Gebrauch der Onlinespiele, um aus negativen Emotionen (wie z. B. Gefühle von Hilflosigkeit, Schuld oder Ängstlichkeit) herauszukommen oder um diese zu lindern,
- Gefährdung oder Verlust von wichtigen Bekanntschaften, Beruf, Ausbildung oder Karrieremöglichkeiten wegen des Onlinespielens (Falkai/Wittchen 2014).

Diese Forschungskriterien werden damit der bereits erwähnten Perspektivenänderung gerecht, nicht mehr nur auf das Suchtverhalten selbst zu fokussieren, sondern dessen psychosoziale Folgen, aber auch die intrinsischen und extrinsischen Verstärker zu beachten. Diese Verstärkermodelle spielen in der Erklärung der Mediensucht eine große Rolle. Zum einen sind die Strukturen der Medienanwendungen ein wichtiger Faktor der Verstärkung: Kurzfristige Verstärker führen zu einer ersten Spielbindung. »Fading« fixiert die Belohnung auf die Anwendung direkt und verstärkt die Bindung an die Anwendung. Schließlich führen intermittierende Verstärkung und »Fast«-Gewinne zu einer dauerhaften Bindung an die Anwendung. Diese systematische Verstärkung ist in den bedeutenden Onlinerollenspielen unter psychologischen Gesichtspunkten besonders gut und differenziert ausgearbeitet. Zahlreiche weitere Verstärker begleiten diese primäre Wirkung der Mediennutzung: Die Achtung in der *peer group*, die Macht des eigenen Avatars, soziale Anerkennung bis hin zu Phantasien beruflicher Umsetzung der Medienkompetenz belohnen die Mediennutzung weiter. Diese Lernmodelle in ihrer Kombination von klassischer Konditionierung, operanter Konditionierung, Modelllernen und kognitiven Modellen können erklären, wie schließlich die Mediennutzung so stark verankert wird, dass sie zur Sucht werden kann. Neurobiologische Forschungsergebnisse bieten zusätzliche Erklärungen für diese Entwicklungen, indem sie unter anderem auf eine modulierte Dopamin-Transmitterfunktion verweisen. Eine dauerhafte Überstimulierung dieses Systems könnte die Empfindlichkeit für andere Arten von Belohnungsreizen herabsetzen und zugleich eine Unterempfindlichkeit für übliche Dosen bewirken. Damit wäre die Fixierung an diese Sucht mit dem Bestreben erklärbar, die Mediennutzung immer weiter auszudehnen und nicht durch andere Erfahrungen zu unterbrechen.

Psychodynamik und Komorbidität

Neben der Erklärung durch Lernmodelle kann das süchtige Verhalten auch als Form von Affektregulierung und als Hinweis auf eine tiefliegende psychische Dynamik angesehen werden, die mit narzisstischen Störungen, tiefen depressiven Ängsten, phobischen Strukturen oder einer regressiven Rebellion gegen diverse Leistungsansprüche in Zusammenhang zu bringen ist. All diesen Modellen ist gemeinsam, die Mediennutzung als Versuch einer Selbsttherapie zu betrachten. Im Narzissmusmodell kann leicht dargelegt werden, dass aufgrund der Mediennutzung Größenphantasien entwickelt werden, zum einen aufgrund der erreichten Erfolge in einem engen und hermetisch abgeschirmten Ausschnitt der Wirklichkeit. Zum anderen wird die Mediennutzung als wirkungsvoll erlebt, indem sie andere Menschen permanent erreichbar macht, was Omnipotenzphantasien fördert. Begegnet man diesen mit verstärkter Realitätskonfrontation, erreicht man häufig keine Lockerung dieser Fixierung, sondern vielmehr einen verstärkten Rückzug in die Medienwelt, die zu einem machtvoll geschlossenen System wächst, welches von außen nicht mehr aufgebrochen werden kann. Während die normale Reaktion angesichts negativer Auswirkungen einer zu ausgedehnten Mediennutzung eine Anpassung des Verhaltens an die Realitätsanforderungen ist, neigen Jugendliche dazu, negative Auswirkungen zunächst zu verleugnen, wenn dies nicht mehr gelingt, die Ursachen zu externalisieren (z. B. die Lehrer oder die Eltern sind schuld, die Klassenarbeit war besonders schwer etc.) und schließlich den Negativerfahrungen durch vermehrte Mediennutzung zu begegnen. Dieses Verhalten wird schließlich beibehalten, auch wenn die Negativfolgen in vollem Ausmaß realisiert werden – dann ist die Bindung an die Sucht voll ausgeprägt. Eine ähnliche Dynamik kann in Gang gesetzt werden, wenn vor allem eine Rebellion gegen die Erwachsenenanforderungen die Mediennutzung antreibt. Verstärkte Forderungen der verhassten Erwachsenenwelt rufen dann eine verstärkte Abgrenzung durch intensivierte Mediennutzung hervor. Diese narzisstischen oder Abgrenzungsmotive machen Interventionen schwierig und erfordern überlegte Strategien. Dazu ist es notwendig, hinter die oberflächlichen Motive zu schauen und zu verstehen, warum solche Suche nach narzisstischer Befriedigung oder radikale Abgrenzung notwendig ist. Diese Sichtweise fordert zu einer sorgfältigen Klärung psychiatrischer komorbider Störungen bei exzessiver Mediennutzung auf. Diese führen zur Vulnerabilität, an der die Verlockungen der Mediennutzung angreifen können. Die Medien selbst sind oft derart gestaltet, dass ein Abschalten nicht gut möglich ist. Umso schwieriger ist dies, wenn eine belastete seelische Verfassung oder sogar eine psychiatrische Grunderkrankung vorliegt. Es gibt inzwischen zahlreiche Untersuchungen, die eine hohe Komorbiditätsrate bei exzessiver Mediennutzung belegen. Die bereits erwähnte, von der Bundesregierung unterstützte Untersuchung PINTA-DIARI von 2013 führt affektive Störungen (vor allem depressive Störungen), Persönlichkeitsstörungen und ADHS als häufigste Komorbidität an (Bischof 2013). Im eigenen Patientengut waren, neben depressiver Symptomatik und ADHS, Störung des Sozialverhaltens (primär im häuslichen Rahmen) und Asperger-Syndrom besonders häufig zu finden.

Depressive Jugendliche in der Mediensucht: Ursache und Folge?

Die weltweite Studienlage stellt die Bedeutung der depressiven Verfassung bei exzessiver Mediennutzung sehr ausführlich dar. Auch eine breite Onlinebefragung unter Tübinger Studenten ergab eine sehr hohe Rate an depressiver Symptomatik bei den Studenten, die eine süchtige PC- und Internetnutzung betreiben. Diese war bei männlichen Studenten noch deutlicher ausgeprägt als bei weiblichen und betraf fast ein Viertel der mediensüchtigen Studenten (Peukert et al. 2014). Die Depression war zusätzlich mit einer deutlich erniedrigten Lebenszufriedenheit und vermehrten Schwierigkeiten im Studium verbunden. Im eigenen Patientengut zeigten die Patienten mit längerdauernder exzessiver Mediennutzung ein Defizit in der emotionalen Symbolisierung sowie bei den adaptiven Affektverarbeitungsstrategien (Veröffentlichung in Vorbereitung). Es zeigten sich dabei auch höhere Werte in aggressiver Affektäußerung gegenüber den weniger exzessiven Nutzern. Da die Depression im Sinne Freuds als Wendung aggressiver Impulse weg vom gefährdeten Objekt auf sich selbst hin angesehen werden kann, wäre in diesem Zusammenhang die Mediennutzung ein Weg, doch Aktivität nach außen hin zu entfalten. Daraus könnte auch die Vorliebe für aggressive Spiele verstanden werden, die in dieser Sichtweise die Aggression noch abwenden können vom Subjekt hin auf virtuelle Objekte, deren Beschädigung keine Gefahr darstellt. Insgesamt kann die Depression als ein Zustand erniedrigter Symbolisierungsfähigkeit betrachtet werden. Es gibt allerdings keine gesicherten Ergebnisse darüber, dass exzessive Mediennutzung die Symbolisierungsfähigkeit einschränkt. Es liegt nahe, dass eine eingeschränkte Symbolisierungsfähigkeit sich in den medial vermittelten Kontakten weniger negativ niederschlägt als in der unmittelbaren Begegnung. Ebenso darf man annehmen, dass eine Reduzierung der körperlichen Bewegung sich depressiogen auswirken kann. Auf der anderen Seite können die Medien ein Fenster zur Welt bieten, wenn die Depression die anderen Zugänge verschlossen hat. Es gibt inzwischen erste Nachweise, dass Mediennutzung und die Verfügbarkeit von Serotonin als Neurotransmitter zusammenhängen und erstere so eine Selbstmedikation ist (Lee 2008). Im Einzelfall ist deshalb abzuwägen, nach welcher Seite sich die Waage von Nutzen und

Schaden neigt und daraus zu folgern, ob die Mediennutzung unterstützt oder beschränkt werden muss. Auch wenn die Mediennutzung Gewinn bringen kann, ist die totale Einschränkung des Lebens auf diese ein Problem, da sie zur Aufgabe aller anderen sozialen Funktionen führen und gerade bei Jugendlichen dadurch die psychosoziale Entwicklung blockieren kann.

Ein Beispiel dafür ist der 15-jährige Peter, der von den Eltern aufgrund exzessiver Mediennutzung vorgestellt wurde. Er nehme nicht mehr am Familienleben teil, nur ganz gelegentlich gehe er mit Freunden raus. Schließlich habe er den Schulbesuch eingestellt, nachdem auch ein Schulwechsel keine Änderung erbracht habe. Er habe sich zunächst geweigert, in die Schule zu gehen, da es ihm unerträglich sei, mit dem Schulbus zu fahren. In der zweiten Schule sei dann auch kein zuverlässiger Schulbesuch in Gang gekommen. Zu Hause habe sich Peter weitgehend in sein Zimmer zurückgezogen, sein Essen hole er nachts aus dem Kühlschrank. In der weiteren Anamnese berichten die Eltern, dass Peter seit frühester Kindheit auffällig gewesen sei und sich mit Kontakten schwer getan habe. Den Eltern sei immer geraten worden, ihr Kind konsequenter zu erziehen, damit es besser funktioniere, sie hätten jedoch immer gespürt, dass mit dem Kind etwas anders sei und eine strengere Erziehung es noch mehr in die Isolation treiben würde. Peter zeigte in den Terminen der Sprechstunde ein deutlich depressives Bild und sprach kaum ein Wort. Es traten lange Antwortlatenzen auf. Dabei blieb immer unklar, ob Peter nicht antworten wollte oder nicht antworten konnte. Er saß mit verschränkten Armen stoisch im Sessel, blieb in seinen Antworten vage und benutzte am liebsten das Wort »viel«. Er weigerte sich zunächst, sein Smartphone zu zeigen. Wenn er über die Medien gefragt wurde, konnte er erstaunlich differenziert berichten, inhaltlich auf sehr hohem Sprachniveau, jedoch schwer zu verstehen, da er den Mund kaum öffnete. Die Kommunikation mit den Eltern erschien noch deutlich schwieriger, es war meistens nicht möglich, eine Einigung über Details zu erreichen. Die Darstellung des Schulerfolgs war ebenso widersprüchlich wie die der Mediennutzung. Dennoch konnte Peter zunächst zur Mitarbeit bewogen werden. Im Verlauf stellte sich jedoch heraus, dass die gemeinsam vereinbarten Regelungen zu Hause nicht umgesetzt werden konnten und sich der depressive Rückzug in die Computernutzung nicht änderte. Daraufhin wurde versucht, Peter im stationären Rahmen eine ausreichende Unterstützung zu geben, seine

Mediennutzung einzuschränken und seine Sozialkontakte wieder aufzubauen und zu intensivieren. Obwohl sich Peter nach Überzeugungsarbeit und unter sanftem Druck zu dieser Krankenhausbehandlung bereit erklärte, verweigerte er auf Station weitgehend die Mitarbeit. Der Medienentzug öffnete ihm keinen neuen Raum zu intensiveren Kontakten zu seinen Mitpatienten. Er blieb zurückgezogen, passiv und antriebslos. Eine antidepressive medikamentöse Behandlung konnte ihn zwar etwas auflockern, er akzeptierte diese Behandlung aber nie wirklich und setzte bald das Absetzen des Medikaments durch. Erfolglos musste die stationäre Therapie beendet werden, zu Hause setzte sich der Rückzug weiter fort und alle Angebote an Therapie, schulischer Integration, Praktika oder bezahlter Arbeit griff er jeweils nur kurzzeitig auf, um sich bald danach wieder in sein Zimmer zurückzuziehen. Nachdem die Eltern sich nicht durchringen konnten, im Jugendalter noch eine zweite stationäre Behandlung zu erzwingen, wurde beim inzwischen erwachsen gewordenen Peter versucht, ihn zu einem Umzug in eine eigene Wohnung zu bewegen. Auf diesen ließ er sich ein, nachdem man tags zuvor seinen Computer umziehen ließ, nach dem Motto,»wo mein Computer ist, bin ich zu Hause«. Aber auch dort hielt sich die Aktivierung und Verantwortungsübernahme in engsten Grenzen und ging nur soweit, sein körperliches Überleben zu sichern. Letztendlich verharrte er in einer Art Latenzzeit. Eine Überwindung des Stillstands würde es nur dann geben, wenn er selbst dazu bereit wäre und ggf. Unterstützung oder Therapie annehmen könnte. Bei ihm neigte sich subjektiv die Waage zwischen Sicherheit und Vertrautheit der Mediennutzung und dem Unbekannten und Bedrohlichen in den realen Kontakten auf der einen Seite und den neuen Lebensmöglichkeiten und einer aussichtsreichen Zukunft in der realen Welt auf der anderen Seite klar zu Ersterem. Alle Unterstützung wurde auf die Seite der Bedrohung verbucht, es blieb ihm nur die Abschottung dagegen ohne Aussicht auf Veränderung. Die Mediennutzung erlaubte ihm eine ausreichende Aktivität trotz einer umfassenden Antriebslosigkeit. Sie nahm ihm den Leidensdruck und damit jede Veränderungsmöglichkeit. Auf der anderen Seite ist zu befürchten, dass der Medienentzug ihn in ein tiefes Nichts fallen lassen würde mit nicht abschätzbaren Konsequenzen, möglicherweise nur durch die Antriebslosigkeit vor einem Suizid geschützt.

Dass solche Zustände trotzdem nicht lebenslang persistieren müssen, zeigt das Bespiel des gleichaltrigen Frieders, der im Alter von

23 Jahren, nach ebenfalls als gescheitert anzusehender stationärer Therapie in der Jugend und langer Zeit des Verharrens vor dem Computer, auch zu allen Mahlzeiten und selbst für die Notdurft, sich aus der Fesselung und Zurschaustellung in der Medienwelt löste, Schulabschluss und Studium nachholte und sich schließlich vorbildlich sozial und politisch engagierte.

Einfacher und erfreulicher sind Verläufe wie beim 16-jährigen Markus, der zunächst bei der Mutter lebte, ohne guten Kontakt zum Vater, dort in einen abweisenden Rückzug in eine Computerspielwelt auswich. Seine Affekte, in denen er eine tiefe Trauer durch massive Attacken gegen die Mutter abwehrte, ließen ihn lediglich väterliche Institutionen von außen akzeptieren. So konnte er sich schließlich auf ein betreutes Wohnen mit streng kontrollierter Mediennutzung einlassen, was ihm wieder einen erfolgreichen Schulbesuch ermöglichte. In der Folge konnte er sich zu einer gut integrierten selbstverantwortlichen Persönlichkeit entwickeln.

Autismus-Spektrum-Störung als fruchtbarer Boden

Bei allen Querschnittsuntersuchungen besteht das Problem, dass lediglich Korrelationen festgestellt werden können und wenig über kausale Zusammenhänge ausgesagt werden kann. Bei den Jugendlichen mit Autismus-Spektrum-Störung ist dies anders, da die autistische Störung seit der frühesten Kindheit besteht und nicht nur als Folge einer Mediennutzung auftritt. Zwar zeigt sich die exzessive Mediennutzung häufig in einem Gewand autistisch wirkenden Verhaltens, doch dieser sekundäre Rückzug verhält sich sehr verschieden zu den Einschränkungen primären autistischen Wahrnehmens und Verhaltens. Häufig zeigt sich jedoch hinter dem Mantel der offenkundigen Depression wie im ersten geschilderten Fall auch ein autistisches Erleben der Welt und der Beziehungen zu anderen Menschen. In den breit angelegten Prävalenzstudien wird dies jedoch häufig nicht erkannt, da die Autismusdiagnose nur nach sorgfältiger, bis in die frühe Kindheit reichender Fremdanamnese gestellt werden kann. Hinter zahlreichen anderen Symptomatiken, verdächtig vor allem, wenn zahlreiche verschiedene oder wechselnde Diagnosen gestellt wurden, kann immer wieder ein typisches autistisches Bild gefunden werden. Im eigenen Patientengut waren dies bis zu

20% der wegen exzessiver Mediennutzung vorgestellten Jugendlichen, darunter auch Mädchen. Diese wurden erkannt, da die Spezialsprechstunde für exzessive Mediennutzung und die für Autismus-Spektrum-Störungen in Personaleinheit geführt wird. Gerade bei den autistischen Jugendlichen wird die Erfüllung einer Sehnsucht nach angstfreier Kommunikation durch die neuen Medien offensichtlich. Dabei geraten sie durchaus in die Gefahr einer sehr exzessiven Mediennutzung, allerdings mit geringerem Risiko, die Kriterien der Mediensucht zu erfüllen (Chen 2015). Die häufig intensive Kontaktaufnahme unserer autistischen Jugendlichen über Mail, Skype und andere Formen der *social media* beweist, dass Autisten nicht grundsätzlich Kontakte ablehnen, sondern sie lediglich die realen Begegnungen als sehr angstvoll erleben und sie deshalb lieber den Rückzug vorziehen. Die medial vermittelten Kontakte können offensichtlich weitgehend angstfrei erlebt werden. Dazu trägt bei, dass ihre Dosierung unter eigener Kontrolle steht, aber auch dass die Reaktionen der anderen auf die Möglichkeiten der Medien beschränkt sind, also im schlimmsten Fall ein Kontaktabbruch droht, der durch andere Kontakte ausgeglichen werden kann.

Allerdings muss man sich auch auf Besonderheiten einer autistischen Kommunikationsgestaltung einlassen, wie bei dem fast 18-jährigen Mathias, der in seinen Skypekontakten permanent die Videofunktion vermied. Dennoch war es möglich, ihn über Skype auch im therapeutischen Kontakt zu halten und ihn schließlich für eine stationäre Therapie zu gewinnen. Innerhalb dieser war es ihm möglich, seine Ängste zu überwinden und schulische Perspektiven zu entwickeln. Er war vorgestellt worden wegen exzessiver Mediensucht, die die Behandlung einer chronischen ernsthaften Erkrankung massiv behinderte. Im direkten Kontakt war er offen, antwortete intelligent und mit viel Witz, konnte aber berichten, wie hilflos er sich in sozialen Situationen fühlte. Seine Mutter berichtete wiederum über Skurriles seit der frühesten Kindheit, das ihr als Erziehungsdefizit vorgeworfen wurde. Der Kontakt zum Vater war nach der Trennung der Eltern in der frühen Kindheit weitgehend abgebrochen und bestand vorrangig aus Unterhaltsstreitigkeiten der Eltern. Erst später wurden auch deutliche autistische Züge des Vaters bekannt. Mathias gelang es, den Therapeuten als eine Art guten Vater zu akzeptieren, dessen Anleitung zur Verhaltensänderung konnte er aber trotzdem nur in ganz kleinen Dosen annehmen und umsetzen. Als eine zusätzliche Belastung in Form einer bedrohlichen und langfristig infausten Erkrankung der Mutter auftrat, drohten die ganzen erreichten Fortschritte zusammenzubrechen und Mathias griff auf seine bewährten Bewältigungsmuster in Form exzessiver Mediennutzung zurück. Nur mühsam konnte er mit vereinten Anstrengungen von Therapie und Jugendhilfe wieder in eine schulisch-berufliche Perspektive geholt werden.

Gerade bei Jugendlichen aus dem Autismusspektrum wird deutlich, dass die Mediennutzung nicht in einem Schwarz-weiß-Muster gesehen werden darf. Der Zugang zu ihnen gelingt nicht gegen die Mediennutzung, sondern mit ihrer Hilfe, entlang der Mediennutzung, um so die Bedrohlichkeit externer Objekte zu reduzieren und eine Assimilation in einer stützenden inneren Objektwelt zu ermöglichen. Dies ist umso wichtiger, da durch die autistische Wahrnehmungsveränderung und nachfolgende Abkapselung die Entwicklung einer stabilen lebendigen inneren Objektwelt behindert wird. Sie dient als Ersatz für eine rigide innere Ordnung, die möglichst auf die Außenwelt übertragen werden soll. Die Medien geben diesen Jugendlichen, aber auch der Therapie eine Chance, sich der Tyrannei der rigiden Ersatzobjekte zu entziehen und sich lebensdienlichen Entwicklungen zu öffnen.

Sinnvolle Interventionsstrategien

Therapeutische Interventionen müssen unbedingt vermeiden, von Anfang an zu bestrafenden und verfolgenden Objekten zu werden und damit notwendige Veränderungen zu behindern. Diese Gefahr besteht, da die Eltern in der Regel mit der Erwartung an die Therapeuten herantreten, dass diese ihre Position in einem oft bereits lange andauernden Konflikt teilen und ihr Kind zur Vernunft bringen. Eine solche frühzeitige Parteinahme würde jedoch die Jugendlichen, die durchaus auf der Suche nach einer verlässlichen väterlichen Instanz sind, düpieren und sie in ihrem selbst gewählten Ausweg gegen die Welt der Erwachsenenforderungen bestätigen. Die Ausgangslage dieser Jugendlichen ist in der Regel noch nicht von Einsicht in ihre problematische Situation geleitet, und sie ist noch weniger durch eine Veränderungsmotivation geprägt. Dazu trägt die biologische Reifungsentwicklung des Gehirns bei, die das Präfrontalhirn mit seinen Aufgaben der differenzierten Gefühlswahrnehmung und der Handlungskontrolle als letztes in der Jugend- und frühen Erwachsenenzeit ausreifen lässt. Aus diesem Grund sind Jugendliche in der Regel noch gar nicht zu der Verhaltenskontrolle in der Lage, die Erwachsene gerne von ihnen fordern. Dies wirkt sich sowohl auf die Kontrolle der Mediennutzung als auch auf die Affektkontrolle bei beschränkenden Interventionen aus, erklärt also die Sozialverhaltensstörung, wenn Eltern sinnvolle Beschränkungen installieren wollen. Demgegenüber steht eine vorsichtige Annäherung an die Jugendlichen unter Achtung ihrer Autonomiebestrebungen. Dazu gehört, zuallererst Interesse an ihrem jetzigen Verhalten zu zeigen, das aus ihrer Sicht kein abweichendes, sondern ein absolut sinnvolles Verhalten ist. Der Nutzen und Sinn in der umfangreichen Mediennutzung sollte gemeinsam herausgearbeitet werden. Erst dann kann ebenfalls gemeinsam erwogen werden, ob dafür nicht ein erheblicher Preis bezahlt wird und ob es nicht sinnvollere Alternativen gibt. Die Jugendlichen sind auf dem Gebiet der Mediennutzung absolute Fachleute, und dies sollte auch so geachtet werden. Dazu sollten Eltern und Therapeuten eigene Ängste vor der Mediennutzung nicht verabsolutieren und die Mediennutzung nicht nur negativ darstellen. Nur mit einer offenen Haltung können sie erwarten, von den Jugendlichen auch ernstgenommen zu werden. Nur dann ist es ihnen möglich, den Jugendlichen auch soweit eine Anleitung zu geben, dass das natürliche präfrontale Kontroll- und Planungsdefizit ausgeglichen werden kann.

Daneben ist es wichtig, die zugrundeliegenden psychodynamischen Faktoren und Komorbiditäten zu berücksichtigen und zu behandeln. Die Mediennutzung kann dabei helfen, ein narzisstisches Defizit auszugleichen, das ansonsten eine narzisstische Symptomatik hervorrufen kann. Die Größen- und Omnipotenzphantasien aus den Internetspielen oder der unendlichen Vernetzungserfahrung dürfen also nicht einfach bekämpft werden, sondern müssen durch andere tragfähige Erfahrungen abgelöst werden.

All dies erreicht man nicht in einer einfachen Elternberatung, welche anleitet, wie diese Verbote und Beschränkungen durchzusetzen sind. Viele der Jugendlichen würden sich dem mit aller Macht widersetzen, und sei es auf Kosten einer Totalverweigerung, also durch Beendigung jeglicher sozialen Integration. Der nächste Schritt nach dem Vertrauensaufbau mit den Jugendlichen ist der Aufbau einer intakten innerfamiliären Kommunikation. Nur darüber sind verbindliche Absprachen möglich, an die Jugendliche sich wenigstens zu halten versuchen.

In einer solchen Kommunikation ist dann auch wieder eine Erfahrung von Wertschätzung möglich, die beide Seiten aus dem frustrierenden Machtkampf herausführt. Diese Wertschätzung kann die Jugendlichen dann ihren tieferen Bedürfnissen näherbringen. Sie werden bereit, ihre Sehnsucht nach Beziehung auch auf die nichtmedialen wirklichen Beziehungen zu richten und sich von süchtig machendem Medienkonsum zu distanzieren. Gelingt eine solche Einbindung der Jugendlichen und erhalten sie eine wirksame Therapie gegen etwaige komorbide Störungen, ist in der Regel eine Herauslösung aus der Suchtbindung möglich.

Aspekte der Prävention – notwendige Reflexion

Es gibt also keinen Grund, vor diesen exzessiv mediennutzenden Jugendlichen Angst zu haben. Denn selbst wenn auch die Diagnose einer Sucht gestellt werden kann und die Neuen Medien eine starke, süchtig machende Komponente besitzen, können sich Jugendliche nach Etablierung von Alternativen leicht daraus lösen. In solchen Fällen erledigt sich die Mediensucht oft von selbst. Manchmal kann als erster Schritt eine Zwangsmaßnahme notwendig sein. Bei Verweigerung des Schulbesuchs sind fast alle Richter bereit, eine freiheitsentziehende Maßnahme zu genehmigen. Doch das Interesse am Jugendlichen muss viel früher beginnen. Sie müssen spüren, dass es nicht nur auf ihre Ergebnisse ankommt, sie nicht nur in einer Ergebnisgesellschaft (Bausinger 2014) leben. Auf der anderen Seite leisten die Jugendlichen mit ihrer Einübung der schnellen medialen Vernetzung eine gute Anpassung an die Anforderungen unserer heutigen Gesellschaft. Doch diese Anpassung alleine hinterlässt entwurzelte junge Menschen, wenn sie daneben nicht die Erfahrung persönlicher Begegnung machen. Papst Franziskus fordert gegenüber der Jugend Aufmerksamkeit, Annahmebereitschaft und Verfügbarkeit sowie ein Einlassen auf ihre Sprache, in der sie sich verstanden fühlen (Franziskus I. 2013). Dann erleben sie nicht nur eine Erziehung in einer Pseudowelt mit Auslieferung an die Leistungsnormen und an die ethikfreien Medien, sondern echte Beziehungen, die zu authentischen Gefühlen verhelfen. Diese sind der beste Schutz vor einem Verlieren in exzessiver Mediennutzung und Sucht. Diese Angebote müssen die Jugendlichen erhalten, auch wenn sie zunächst bzw. vorübergehend nicht darauf eingehen können. Die Haltung des Ich-Du gegenüber unseren Jugendlichen fördert sie in ihrer Entwicklung mehr als die reine Kontrolle oder leistungsorientierte Erziehung (Buber 1923). Auch wenn unsere Jugend, wie die Jugend schon immer, vieles ganz anders macht, bietet sie uns gerade dadurch die Möglichkeit zu einem wirklichen Kontakt, zur Achtung des ganz Anderen im Sinne von Emmanuel Levinas. Wenn wir uns durch sie ansprechen und herausfordern lassen, trägt dies auch dazu bei, dass wir selbst zu einem wirklichen Leben gelangen. Insofern ist die exzessive Mediennutzung von Jugendlichen gerade eine Chance für uns Erwachsene, uns selbst weiterzuentwickeln und unsere Haltung zu unseren Jugendlichen kritisch zu überprüfen.

Literatur

Bausinger, H. (2014): *Ergebnisgesellschaft*. Tübingen: Tübinger Vereinigung für Volkskunde e.V.

Bilke-Hentsch, O.; Wölfling, K.; Batra, A. (2014): *Verhaltenssucht*. Stuttgart: Thieme.

Bischof, G.; Bischof, A.; Meyer, C.; John, U.; Rumpf, H. J. (2013): *Prävalenz der Internetabhängigkeit – Diagnostik und Risikoprofile (PINTA-DIARI). Bericht an das Bundesministerium für Gesundheit*. Lübeck: Universität Lübeck, Klinik für Psychiatrie und Psychotherapie.

Buber, M. (1923): Ich und Du. In: Buber, M.: *Das dialogische Prinzip*. Heidelberg: Lambert Schneider, 1984.

Chen, Y. L.; Chen, S. H.; Gau, S. S. (2015): ADHD and autistic traits, family function, parenting style, and social adjustment for internet addiction among children and adolescents in Taiwan: A longitudinal study. *Res Dev Disabil*, 39C, S. 20–31.

Die Drogenbeauftragte der Bundesregierung (2012): *Drogen- und Suchtbericht 2012*. http://www.Drogenbeauftragte.de.

Die Drogenbeauftragte der Bundesregierung (2013): *Drogen- und Suchtbericht 2013*. http://www.Drogenbeauftragte.de.

Die Drogenbeauftragte der Bundesregierung (2014): *Drogen- und Suchtbericht 2014*. http://www.Drogenbeauftragte.de.

Falkai, P.; Wittchen, H.-U. (2014): *Diagnostisches und statistisches Manual psychischer Störungen DSM-5*. Göttingen: Hogrefe.

Frankfurter Allgemeine Sonntagszeitung, 3. November 2013.

Hoffmann, H. (1845, 5. Aufl. 1948): *Der Struwwelpeter oder lustige Geschichten und drollige Bilder für Kinder von 3–6 Jahren von Dr. Heinrich Hoffmann*. 6. Auflage (der fünften vermehrten Auflage unveränderter Abdruck). Frankfurt a. M.: Literarische Anstalt (Rütten & Loening).

Lee, Y. S.; Han, D. H.; Yang, K. C.; Daniels, M. A.; Na, C.; Kee, B. S.; Renshaw, P. F. (2008): Depression like characteristics of 5HTTLPR polymorphism and temperament in excessive internet users. *J Affect Disord.*, 109 (1–2), S. 165–169.

Medienpädagogischer Forschungsverbund Südwest (2012): *JIMStudie 2012. Jugend, Information, (Multi-) Media*. Stuttgart: Medienpädagogischer Forschungsverbund Südwest.

Medienpädagogischer Forschungsverbund Südwest (2014): *JIMStudie 2014. Jugend, Information, (Multi-) Media*. Stuttgart: Medienpädagogischer Forschungsverbund Südwest.

Lanier, J. (2014): Der »High-Tech-Frieden« braucht eine neue Art von Humanismus. In: *Friedenspreis des Deutschen Buchhandels 2014 – Jaron Lanier*. Frankfurt a. M.: Börsenverein des Deutschen Buchhandels.

Papst Franziskus (2013): Predigt am 31.5.2013 zur Beendigung des Marienmonats Mai auf dem Petersplatz in Rom. http://de.radiovaticana.va/storico/2013/06/01/papst_beendet_marienmonat_mai/ted-697465.

Peukert, P.; Steffen, S.; Meyer, V. O.; Barth, G. M.; Schlipf, S.; ElKasmi, J.; Meerkerk, G. J.; Batra, A. (2014): Internet Use and its Correlation with Psychiatric Symptoms – Results of an Online Survey Based on Psychometric Risk Profiles of the German Version of the »Compulsive Internet Use Scale«. *Journal of Addiction Research & Therapy*, 5 (4), S. 199.

Postel, G. (2015): Titelseite der Homepage der Gert Postel Gesellschaft. http://www.gert-postel.de [29. Mai 2015].

http://de.statista.com/statistik/daten/studie/216710/umfrage/internetnutzer-nach-altersgruppen-in-deutschland/ [24. Juni 2014].

Südwest Presse, 15. November 2014.

Tawil, A. (2014): Zuhause. Album »Lieder«. Berlin: Vertigo, 27. Juni 2014.

Olaf Knellessen
Leuchtende Bildschirme

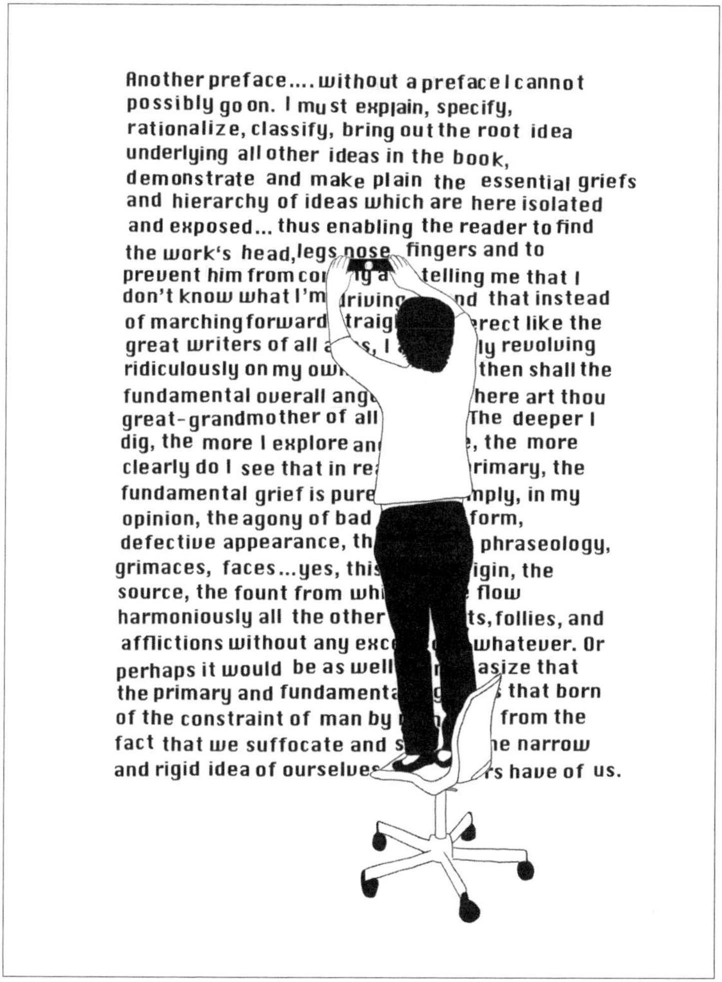

> Another preface.... without a preface I cannot possibly go on. I must explain, specify, rationalize, classify, bring out the root idea underlying all other ideas in the book, demonstrate and make plain the essential griefs and hierarchy of ideas which are here isolated and exposed... thus enabling the reader to find the work's head, legs, nose, fingers and to prevent him from co͏͏͏͏͏͏ͅ͏ ͏ ͏ ͏ ͏telling me that I don't know what I'm driving͏ ͏ ͏nd that instead of marching forward ͏traig͏ ͏ ͏ ͏ ͏rect like the great writers of all a͏ ͏s, I ͏ ͏ ͏ly revolving ridiculously on my ow͏ ͏ ͏ ͏ ͏then shall the fundamental overall ang͏ ͏ ͏here art thou great-grandmother of all ͏ ͏The deeper I dig, the more I explore an͏ ͏, the more clearly do I see that in re͏ ͏ ͏rimary, the fundamental grief is pure ͏ ͏ ͏ply, in my opinion, the agony of bad ͏ ͏ ͏form, defective appearance, th͏ ͏ ͏phraseology, grimaces, faces...yes, this ͏ ͏igin, the source, the fount from wh͏ ͏ ͏flow harmoniously all the other ͏ ͏ts, follies, and afflictions without any exc͏ ͏ ͏whatever. Or perhaps it would be as well ͏ ͏ ͏asize that the primary and fundamenta͏ ͏ ͏that born of the constraint of man by ͏ ͏ ͏from the fact that we suffocate and s͏ ͏ ͏e narrow and rigid idea of ourselves͏ ͏ ͏s have of us.

Abb. 1: Frances Stark,
I must explain, specify, rationalize, classify, etc., *2007*

»Eine Frau steht auf einem Bürostuhl und streckt sich, als wollte sie etwas von einem hohen Regal holen. Das ist nicht ungefährlich: Der Stuhl hat Rollen. Es muss schwer sein, stillzustehen, ohne umzukippen und sich das Genick zu brechen. Umso mehr, als die Frau eine Wasserwaage gegen die Wand hält« (Kitinick 2013, S. 72). So könnte man mit Alex Kitinick die Situation auf dem Bild *I MUST EXPLAIN, SPECIFIY, RATIONALIZE, CLASSIFY, ETC* (2007) der Künstlerin Frances Stark beschreiben. Das Hantieren mit der Wasserwaage zeigt schon an, dass es sich um einen prekären Zustand handelt mit den Worten und mit den Büchern, mit der Sprache überhaupt. Sprache ist ja durchaus eine Ordnung – so wie ein Bücherregal auch –, aber ebenso ist sie Flüchtigkeit, Offenheit für den Verlust, der sie selbst auch ausmacht.

So ist man in der Situation, immer wieder anzufangen. *Another preface, without a preface I cannot possibly go on.* Dies die erste Zeile ihres Bildes und man kann sich glücklich nennen, mit einem solchen Vorwort beginnen zu können.

Und sie macht weiter, Frances Stark. Zeigt sie hier auf diesem Bild – »die Figur und die Wörter sind auf einen Bogen Papier geklebt« (ebd., S. 72) –, wie sehr sie im Feld des Textes und der Schrift steht,[1] so ging sie weiter – und über – zur Computertechnologie. Für die Whitney Biennale bewirbt sie sich mit einem Brief an die Kuratoren, der als Powerpointpräsentation auf einem Notebook in einem Regal gestaltet ist, auf dessen Screen dann zu lesen war: *Ich möchte besser verstehen lernen, welche Art von Befreiung ich – als Frau und Ex-Frau, als Künstlerin und Lehrerin – wirklich suche.*

Und damit ist sie übergegangen vom Text zur Screen, von einer Virtualität zu einer anderen, so wie die Befreiung ja nur in der Form einer Virtualität existieren kann. Zwischen Text und Screen, das scheint sie damit nicht nur zu sagen, sondern auch zu zeigen, gibt es nicht nur Unterschiede, sondern auch manche Gemeinsamkeiten und damit Verbindungen.

---

[1] Frances Stark hat in den Anfängen ihrer Arbeiten Auszüge aus bekannten Texten in eigener Handschrift abgeschrieben, wodurch deren Zerbrechlichkeit und Fragilität noch mehr in den Vordergrund gerückt und auch deutlich wurde, wie sehr sie Eingriffen und Umwandlungen ausgesetzt sind. So entstanden Dokumente, die manchmal auf Pergament geschrieben waren und mit einem Band eingefasst wurden.

Eine erste Übertragung schon im Vorwort sozusagen. Und natürlich geht es weiter. 2011 präsentiert Stark an der Biennale in Venedig – deren Thema im Übrigen *Illuminatione* war – das Video *My Best Thing*. Stark überträgt einen Sex-Chatroom-Austausch mit zwei Italienern in eine Animationssoftware, die aus den Chatprotokollen computeranimierte gesprochene Sprache machte und zu den Personen Comicbilder generierte – natürlich auch eine Übertragung.

Abb. 2: Frances Stark,
My best thing, *2011, video with sound, 1h 39m*

Stark und ihre Partner sind nun als Comics in einen grünen Raum gestellt, der natürlich einerseits die Distanz – I *can't see you* – und auch die Künstlichkeit von Figur und Sprache, nichtsdestotrotz aber auch die Intimität zum Ausdruck bringt, welche nicht nur die künstlichen, sondern auch die wirklichen Körper in Erregung versetzt. Und wenn Marshall McLuhan sagte, die »Medien sind Erweiterungen bestimmter menschlicher Anlagen«, dann könnte man diese Aussage mit Frances Stark noch um eins erweitern: »Der ›Mensch‹ ist eine Erweiterung der Medien. Der Text bewegt den Körper« (ebd., S. 76). Deleuze und Guattari haben in ihrer Konzeption der nomadischen Wissenschaften dies ganz ähnlich beschrieben: Die Körper, wie die Dinge selbst, sind Produkte aus Bewegungen, aus Vektoren, aus Virtualitäten. Sie entstehen an Knotenpunkten und Kreuzungen solcher Virtualitäten und sind Produkte von Überschneidungen und Übertragungen (s. dazu: Knellessen/Reiche 2007). Ist es nicht das, was Lacan mit seinem Satz meinte: »Il n'y a pas de rapport sexuel« – »Es gibt keinen Geschlechtsverkehr?« Nur dass Lacan dies auf die Sprache und auf die symbolische Kastration bezog. Der Computer scheint dies noch deutlicher zu machen.

Die Übertragung – das lässt sich mit Frances Stark sagen – ist, wie uns der Bürostuhl zeigt, eine heikle und prekäre Angelegenheit, aber auch eine, welche die Sache auf den Punkt bringen kann. Dies ein erstes Fallbeispiel – natürlich im übertragenen Sinne.

In einem ebenso prekären Zustand, im Übergang zwischen Wachen und Schlafen, hat Herbert Silberer eine wichtige Beobachtung gemacht, über die er im *Jahrbuch über psychoanalytische und psychopathologische Forschungen* berichtet hat: Als Beispiel führt er an, wie er in schlaftrunkenem Zustand »über das Wesen der transsubjektiv (für alle Menschen) gültigen Urteile« nachdenkt und sich in dem dabei eintretenden Dämmerzustand ein anschaulich plastisches Bild darstellt: Er sah »einen mächtigen Kreis (oder eine durchsichtige Sphäre) in der Luft schweben, in welchen alle Menschen mit ihren Köpfen hineinragen. In diesem Symbol liegt so ziemlich alles ausgedrückt, was ich mir dachte. Die Gültigkeit des transsubjektiven Urteiles betrifft alle Menschen ohne Ausnahme: der Kreis geht durch alle Köpfe.« (Silberer 1909, S. 516)

> Meine Vermutung, dass sich ähnliche Phänomene wie das beobachtete öfters ereignen würden, wenn ich für die entsprechenden Bedingungen Sorge trüge, bestätigte sich. Dieser Bedingungen sind, wie die Praxis lehrte, zwei, wovon die erste ein passives Element darstellt welches der Willkür entzogen, die zweite ein aktives Element darstellt welches dem Willen unterworfen ist:
> 1. Schlaftrunkenheit
> 2. Anstrengung zum Denken.
> Der Kampf dieser beiden antagonistischen Elemente erzeugt das charakteristische »autosymbolische« Phänomen, wie ich es zu benennen pflegte; eine halluzinatorische Erscheinung, dadurch ausgezeichnet, dass sie gewissermassen »automatisch« ein gewisses Symbol für das in dem betreffenden Augenblick Gedachte (oder Gefühlte) hervorbringt. (ebd., S. 514)

Dieses Symbol, das dabei hervorgebracht wird, ist eine Form, die das Manifeste dessen, was die Beschäftigung des Einschlafenden ausmacht, auf eine sehr treffende Art und Weise zum Ausdruck bringt. In einer Art und Weise, bei welcher der Inhalt der Gedanken in einer anderen Form dargestellt wird.

Das heißt, der Wechsel bei diesem autosymbolischen, funktionalen Phänomen, das – wie es der Name ja schon sagt – automatisch, ohne Willensanstrengung und ohne Bewusstsein, also – so könnte man sagen – unbewusst abläuft, worum es ja Silberer im Kontext zu Freuds *Traumdeutung* auch ging, dieser Wechsel transportiert – oder besser gesagt: überträgt – den Inhalt der einen Ebene in die Form der anderen Ebene. Er beschreibt damit schon für die *Traumdeutung* – und ist in dem von Freud nicht widersprochen, sondern bestätigt – eine mediale Übertragung von der einen Ebene auf die andere. Freud schrieb dazu in *Zur Einführung des Narzißmus*:

> Silberer hat bekanntlich gezeigt, daß man in Zuständen zwischen Schlafen und Wachen die Umsetzung von Gedanken in visuelle Bilder direkt beobachten kann, daß aber unter solchen Verhältnissen häufig nicht eine Darstellung des Gedankeninhalts auftritt, sondern des Zustandes (von Bereitwilligkeit, Ermüdung usw.), in welchem sich die mit dem Schlaf kämpfende Person befindet. (Freud 1914c, S. 63)

Wenn die *Traumdeutung* das erste große Werk der Psychoanalyse war, dann ist sie damit als eine Methode zum Verständnis von Übertragung, als eine Theorie der Übertragung ausgewiesen.

Die psychoanalytische Sozialarbeit ist nun das Gebiet, das dieses Moment der Übertragung ernst nimmt und sie nicht nur als eine im klassischen Setting der analytischen Praxis versteht, sondern als eine, die gar nicht anders kann, als sich in den verschiedensten gesellschaftlichen und kulturellen Zusammenhängen zu artikulieren. Schon Freud hat sich nicht nur auf die Träume, nicht nur auf Literatur und Kunst bei der Entwicklung seines Verständnisses des Unbewussten bezogen, sondern auch auf die Fehlleistungen, in denen sich unbewusste Konflikte ebenso sozial konstellieren wie z. B. in kulturellen Einrichtungen wie *Totem und Tabu* und anderen.

Die psychoanalytische Sozialarbeit ließ deutlich werden, dass Handeln nicht einfach als Ausagieren zu verstehen und zu diskriminieren ist, sondern dass es eine andere Form von Übertragung ist. Achim Perner meinte mit August Aichhorn, dem Begründer psychoanalytischer Sozialarbeit, zur Bedeutung der Übertragung sagen zu können: »Der Dissoziale spricht nicht, sondern agiert, und der Erzieher muß ihm darum auch handelnd begegnen, wenn er ihn überhaupt erreichen will« (Perner 2005, S. 51). Bei diesem Handeln kommt nun – und das ist wichtig – nicht einfach ein anderes Verständnis ins Spiel, vielmehr bedient sich das psychoanalytische Verständnis eines anderen Mediums. Der Wechsel vom Deuten zum Handeln ist demnach ein medialer, ist wiederum eine Übertragung. Nicht zuletzt eine, die deutlich macht, dass auch Deuten nicht frei von Handeln ist, dass Deuten auch eine Handlung ist, dass Deuten, was Freud durchaus wusste, auch Suggestion, Einflussnahme ist.[2]

Der Mutter eines jungen Patienten ging es schon seit vielen Jahren – eigentlich seit ihr Mann, der Vater des Patienten, sich von ihr getrennt hatte und mit ihrem anderen Sohn, dem Bruder des Patienten, ausgezogen war – sehr schlecht, und sie hatte schon verschiedene Selbstmordversuche unternommen. Nun war er, der junge Patient, von der Polizei angerufen worden, dass es einen Personenunfall gegeben habe, im Bahnhof des Wohnortes seiner Mutter, und es war eigentlich klar, auch wenn die Person bislang noch nicht identifiziert, nicht einmal gesagt werden konnte, ob sie weiblich oder männlich wäre, dass es sich um seine Mutter handelte. Es war für ihn, der auch sehr an ihr hing, ein furchtbarer Schlag, zu diesem Zeitpunkt mehr oder weniger aus heiterem Himmel. Es war passiert, und es gab keine Möglichkeit mehr für ihn, Abschied zu nehmen. Er überlegte sich sogar, ob er die Leiche – den Rest des versehrten und zerstörten Körpers – noch anschauen sollte. Er fühlte sich unfähig, irgendetwas zu entscheiden oder zu tun. Er war ganz offen, ganz dünnhäutig, fast ohne Haut, ganz in Verbindung mit dem, was nicht mehr ist, ganz in Verbindung mit der Toten und dem Tod, von einer Offenheit, von der man sich nicht vorstellen kann, sie je wieder aufgeben zu können.

In diesem Zustand fanden er und sein Bruder das Handy der Mutter. Zuerst hatten sie das Gefühl, kein Netzkabel zu haben, erst wieder eins kaufen zu müssen, bis sie dann feststellten, dass das Kabel, das da war, doch das richtige war, nur anders hätte eingesteckt werden müssen. Das Kabel war also da, aber er verlor es dann immer wieder, für Stunden sogar, und suchte es. Eine verrückte Geschichte. Natürlich ist es der Verlust, der sich im ständigen Verlieren wiederholt. Aber es ist auch die Verbindung zur Mutter, zum Jenseits, die da immer wieder nicht mehr hergestellt werden zu können drohte.

Es ist das Handy – noch mehr als das Telefon, weil man es ja ständig bei sich hat, weil es an allen Orten Verbindung ermöglicht –, das

---

[2] Das Fallbeispiel von J. Döser, in diesem Band, hat das sehr schön gezeigt.

von dieser Verbindung eigentlich ständig erzählt, das so wichtig ist als Garant für diese Verbindung, ganz so wie das Gefühl, nie mehr weitermachen zu können, ganz so wie diese aufgerissene Offenheit zu allem, was ist und was nicht ist.

Vor ein paar Jahren hatte ich während der Weihnachtsferien in den Bergen eine eindrückliche Begegnung – man könnte schon fast sagen: Erscheinung. Im langen Gang der stimmungsvoll und weihnachtlich beleuchteten Lobby eines Hotels kam mir eher langsam ein hübsches junges Mädchen in einem langen, blauen, fast kaftanähnlichen Mantel entgegen, die Kapuze des Mantels über den Kopf gezogen. Sie hielt ein Handy, ein Smartphone, vor sich in den Händen und schien in ihm versunken. Im spärlich beleuchteten Gang leuchtete ihr Gesicht vom Widerschein, vom Glanz des Bildschirms und strahlte eine Schönheit aus, die an Madonnenbilder der Renaissance erinnerte und von einer bezaubernden und auch erotischen Anziehung war. Er war atemberaubend und eindrücklich, dieser vorübergehende Anblick.

In einem Artikel »Epiphanie für jedermann« geht Hannelore Schlaffer der Frage nach, *warum uns Computerbildschirme süchtig machen*. Auch sie beobachtet, wie man auf Straßen »Mädchen laufen [sieht], mit dem Blick auf den Bildschirm gerichtet, an Ampelübergängen warten sie, ohne um sich zu blicken. Traumwandler sind sie alle, sobald sie nach dem kleinen Ding, einem Handschmeichler, gegriffen haben« (Schlaffer 2014, S. 63). Der Grund für diesen süchtigen Umgang mit dem Smartphone – dies ihre These – »liegt, unabhängig vom Inhalt dessen, was das Gerät sendet, in ihm, in seiner Technik selbst: Fernseher, PC und iphone sind Flächen, die durch Licht von hinten beleuchtet werden. [...] Anders als das blendende Licht aus dem Hintergrund modelliert das diffuse Licht des Alltags die Körper, macht sie plastisch und verschafft ihnen Gewicht: Sie stehen im Raum und sind selbst räumlich. Der Nutzer der Bildschirmgeräte hingegen hält sich in einer schwerelosen Welt der Unkörperlichkeit auf. Mit dem Blick auf den Bildschirm versetzt er sich in eine Welt der Körper ohne Gewicht, denen Bewegungen möglich sind, die keine Kraft verbrauchen. Im Unterschied zur Phantasie aber, mit deren Hilfe ähnlich schwerelose Zustände erträumt werden können, sind diese Erscheinungen wirklich – sie stehen in vollem Licht und werfen doch keine Schatten« (ebd., S. 63).

Dieses Licht von hinten und seine Faszination hat eine lange Tradition. Wurde es auf der Bühne, im Film oder im Spiegel und in den

Spiegelsälen erst auf die Fläche projiziert, um von dort dann wieder zurückzustrahlen mit dem Anschein, von dieser Fläche, aus ihrem Inneren zu kommen, so vermittelte es als Licht Gottes im Gold der Heiligenscheine auf den Ikonen des Mittelalters den Geist und den Glanz Gottes, den Glanz des Jenseitigen im Diesseits, ebenso wie auf den Madonnenbildern der Renaissance. In diesem durchaus auch blendenden Glanz, der alles andere ausblendet, stellen sich Nähe und unmittelbare Beziehung zum Unfassbaren her. Wie sich dieses Phänomen in der modernen und zeitgenössischen Kunst vom Göttlichen und Numinosen ablöste, möchte ich Ihnen an zwei Beispielen zeigen.

Abb. 3: Threehouse, Quadrat, Kubus, Betriebsausflug, *Gemälde und Installation, 2012,*
http://www.threehouse.de/2012/quadrat-kubus-betriebsausflug/

Auf diesem Bild sehen Sie eine Installation des Künstlerkollektivs Threehouse, das auf eine Wand im Hamburger Gängeviertel das *Schwarze Quadrat* von Kasimir Malewitsch mit einem Vergrößerungsfaktor von 19,9 übertragen hat. Das *Schwarze Quadrat* war das Initialwerk des Suprematismus, bei dem es um eine konsequente Abstraktion von allem Gegenständlichen ging. Bei der Fertigstellung des Gemäldes 1914 entschloss sich Malewitsch, das Bild homogen schwarz zu übermalen, allerdings so, dass im Laufe der Zeit Risse in diesem Schwarz entstehen werden, durch die der hellere Untergrund durchscheint – man nennt das Krakelüre. Man könnte fast sagen, dass in diesem Akt das Ziel des Suprematismus zum Ausdruck kam: alles Gegenständliche durchzustreichen, Schwarz zu übermalen, um so das Licht das von woanders kommt, durchscheinen und sichtbar werden zu lassen. Hier in dieser Installation wird nun die Projektion an der Wand zu der weißen Fläche in Verbindung gebracht, die natürlich an das *Weiße Quadrat* von Malewitsch erinnert, das für ihn die reine Wirkung erfassen sollte. Die reine Wirkung von etwas, das jenseits des Gegenständlichen liegen sollte. Hier nun – und damit sind wir bei unserem Thema – ist dieses *Weiße Quadrat* als Bildschirm, als Screen, dargestellt. Als ein leuchtender Bildschirm, so könnte man sagen, bei dem es um die reine Wirkung nach dem Durchstreichen aller Inhalte und Gegenstände geht. Um die Wirkung der Übertragung, um Medialität.

Und natürlich, das klingt ja in allem – und ganz sicher in der Beschreibung von Hannelore Schlaffers Verständnis der Sucht nach den Bildschirmen – durch, natürlich spiegeln sich in deren Leuchten und in deren Glanz auch der Glanz im Auge der Mutter, wie es Kohut formulierte. Und man weiß ja, auch wenn es bei Kohut in erster Linie um den narzisstischen Aspekt ging, nicht erst seit Laplanche, dass dieser Glanz, dieser Blick durchaus rätselhafte – triebhafte – Signifikanten transportiert und überträgt. Es ist der Glanz eines Rätsels, das von innen kommt, sich von einem ungewussten, unbewussten Ort auf uns durchaus auch irrlichternd überträgt.[3]

Die leuchtenden Bildschirme sind also nicht einfach nur Screens, auf denen Inhalte wie Bilder, Filme, Spiele und anderes angezeigt werden, sie sind weit mehr: Durchaus im Sinne von Malewitsch ist ihr Leuchten, dieses Licht von hinten und von innen auch reine Wirkung und verweist auf das Moment der Übertragung, auf das Moment einer Übertragung von einem Jenseits ins Diesseitige, auf die ständige Präsenz von etwas Abwesendem, auf die ständige Präsenz von Abwesenheit.

---

[3] Das kann man sehr schön bei den Neoninstallationen von Bruce Nauman sehen, wenn sich z. B. in *Mean Clown Welcome* der Penis der beiden Figuren im Rhythmus des Farb- und Lichtwechsels erigiert und nach vorne streckt.

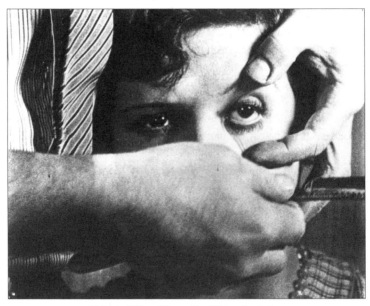

Abb. 4. Filmstill aus Le Chien Andalou, *Film von Louis Bunuel und Salvadore Dali, 1929.*

Und hier noch der Schnitt ins Auge aus Louis Bunuels Film *Le Chien-Andalou*. Ganz sicher verweist er auch auf die Wichtigkeit des Durchstreichens aller üblichen Gegenstände, nicht zuletzt in einer Kunstrichtung, des Surrealismus, die von der Psychoanalyse inspiriert ist.

Am 17. Juli 2010 hat Jenna Wintham in einem Artikel der *New York Times* »As Facebook Users Die. When Ghosts Reach Out« von einem Phänomen berichtet, das *Facebook*-Usern widerfahren ist. So bekam eine Benutzerin einen Schock, als sie bei ihrem gelegentlichen Besuch in dem sozialen Netzwerk in Kontakt mit einem alten Freund kam, der an ihrer Hochzeit Klavier gespielt hatte, aber zwei Monate vor ihrem Besuch auf *Facebook* gestorben war. Eine solche Kontaktaufnahme kann mit einer Anfrage geschehen, wie wir sie schon unzählige Male auch dann bekommen haben, wenn wir nicht Benutzer von *Facebook* sind: »Klaus-Dieter möchte Dein Freund werden.«

Es geht auch in dieser Geschichte um das Phänomen, um das es bei unserem jungen Patienten in seiner nicht nur buchstäblichen Verwirrung mit dem Kabel des Handys seiner Mutter auch gegangen ist: um diese Verbindung zu den Abwesenden, zu den Toten.

Dazu nun eine weitere Fallgeschichte, diesmal eine aus der Praxis. Wir treiben so ein wenig von den einen Fällen zu den anderen, was ja der Haltung entspricht, die uns von Freud als gleichschwebende Aufmerksamkeit anempfohlen ist. Inwieweit diese wiederum eine Ähnlichkeit zum Surfen im Netz hat, könnte sich als Frage durchaus stellen.

Ein Patient kommt mit psychosomatischen Beschwerden, die schon seit längerer Zeit medizinisch ohne größeren Erfolg behandelt werden. Er leidet unter Obstipation, auch sonst empfindet er Enge und Einschränkung, was sich auch darin ausdrückt, dass er kaum öffentliche WCs benutzen kann und sehr viel Zeit zu Hause verbringt, wobei er sich dabei durchaus eingesperrt fühlen kann. Dass er dabei über die elektronischen Medien mit Freunden und Bekannten und mit vielem Anderen in der Welt verbunden ist, erstaunt nicht. Er ist versiert in diesen Möglichkeiten und hat großen Spaß daran, sich auf dem Laufenden zu halten. In einer der ersten Stunden schildert er die Enge sehr eindrücklich am Beispiel des Elternhauses, in dem er aufgewachsen ist. Es war ein Reihenhaus, und die Meinung der Nachbarn war immer sehr wichtig. Die Wände des Hauses waren dünn und hellhörig. Beinahe jede Bewegung war zu hören, und wenn er nachts nach Hause kam, stand die Mutter schon in der Türe.

Die Stunden verliefen über lange Zeit so, dass die Begrüßung freudig, lachend und mit Schwung war, es gab immer wieder ein paar Bemerkungen und Fragen zu neuen technischen Entwicklungen und den neuesten elektronischen Geräten und Gadgets, dann aber wurde es still, und er schien geradezu zu versinken. Was übrig blieb, waren Anstrengung und Denken – Verstopfung notabene.

Eines Abends bekommt der Analytiker ein MMS aus den Bergen auf sein Handy geschickt. Der Patient liegt/sitzt in der Sonne, ziemlich entspannt und cool, mit Sonnenbrille. Der Analytiker schreibt ohne groß nachzudenken zurück und fragt, wer denn neben ihm liege, ohne dass es dafür einen Hinweis auf dem Bild gegeben hätte. Eine Bemerkung, ein Scherz *out of the Blue* – von irgendwo und irgendwohin. Worauf keine Antwort mehr kommt.

In der nächsten Stunde erzählt der Patient vom Streich eines kleinen Mädchens aus der Verwandtschaft, das bei einem ziemlich verkrampften (verstopften) Familientreffen einen ganz kunstfertigen Mikadostabaufbau mit einer Handbewegung vom Tisch gefegt hatte. Er bricht bei der Erzählung in schallendes Gelächter aus, so unbeschwert und herzlich wie nie zuvor. Ein wirkliches Ereignis.

Wieder kurz darauf macht er ganz beiläufig die Bemerkung, dass er schon wisse, wie es sei, wenn man einen Bruder verloren habe. Auf das Staunen des Analytikers fragt er zurück, ob er das denn nicht erzählt hätte – was nicht der Fall war. Diese Bemerkung fällt im Zusammenhang mit der Schilderung des ersten Auftretens seiner Darmprobleme. Die kamen nämlich erstmalig, als er mit seiner Mutter, deren Freundin und anderen Kindern auf einem Gletscher war – und Durchfall bekam. Sie waren auf einer längeren Wanderung, bei der seine Mutter immer größere Angst bekam, sodass sie schließlich einen Helikopter rief, der sie dann alle holte und ins Tal flog. Er selbst hatte die Situation nicht sehr schlimm gefunden. Seine Mutter aber war in Panik geraten. Und hier kam die Erwähnung vom Tod seines Bruders, der im Alter von einem Jahr bei einem Autounfall ums Leben gekommen war, bei dem die Mutter am Steuer gesessen war. Die Gletscherszene war offensichtlich zu einer Neuauflage des Unfalls geworden. Und die Angst zum Durchfall.

Die MMS und die Frage, wer denn da neben ihm liegen würde, hatten wohl von Obstipation zurück zu Diarrhoe, damit zu der Geschichte mit dem Gletscher und diese wiederum zum Bruder geführt, sodass klar schien, wer da neben ihm liegen dürfte: der Bruder, der nicht mehr da war. Medialität pur könnte man sagen, Übertragung als Übertragung – so wie bei Malewitsch, so wie beim Handy und beim Kabel des jungen Patienten: Abwesenheit, die sich als Übertragung konstelliert.

So geht es weiter. Kurz darauf kommt der Patient zur vereinbarten Zeit zur Praxis, läutet, aber der Analytiker hört es nicht. Die Anwesenheit des Patienten bleibt unbemerkt – woraufhin dieser von seinem Handy aus auf das des Analytikers anruft, was dieser nur zufällig sieht: Normalerweise hat er sein Handy zu Praxiszeiten auf lautlos gestellt. Er sagt dies dann dem Patienten, woraufhin dieser antwortet, dass er das schon gewusst habe. Und trotzdem nicht auf dem Festnetz angerufen hat. Ähnlich verhält es sich an einem anderen Tag, als der Patient einige Stunden zu früh in die Praxis kommt. Er klingelt, diesmal wird geöffnet, aber als der Analytiker etwas später ins Wartezimmer kommt, um zu schauen, wer denn gekommen sei, ist niemand da. Später, in seiner regulären Stunde, erzählte der Patient, dass er da gewesen und wieder gegangen sei. Er ist also gekommen, als niemand

Leuchtende Bildschirme

unmittelbar für ihn da war, ganz so, wie er aufs Handy anrief, obwohl – wahrscheinlich eher weil – er wusste, dass man es nicht abnehmen würde.

So wurde es immer deutlicher, dass der Patient das Objekt als Abwesendes suchte und herstellte. So wichtig das Handy für ihn war, Beziehungen herzustellen, so sehr diente es ihm dabei dazu, die Bedeutung der Abwesenheit zu inszenieren. Der »Anruf« diente ihm dann nicht allein zum Abruf einer »Allverfügbarkeit«, sondern ebenso zur Herstellung einer Abwesenheit. Es ging also zunächst vor allem darum, dass das Objekt in der Übertragung zu einem abwesenden gemacht werden musste – und nicht einfach nur darum, dass ein abwesendes Objekt vermisst und als anwesendes ersehnt wurde (zu dessen »Anrufung« z. B. das Handy ja durchaus dienen kann).

Die Beziehung zu seiner neuen Freundin, in die er sich sehr verliebt hatte, kreiste schon von Anfang an, aber je länger auch je mehr, um diese Abwesenheit. Er warf ihr beständig – innerlich und äußerlich – vor, dass es ihr an Verbindlichkeit fehlte, zog sich seinerseits immer mehr zurück. So konnte er mit der Zeit fast nur noch in ihrer Abwesenheit mit ihr kommunizieren: am Handy, per Skype oder gelegentlich auch mit E-Mails. Gleichzeitig kontrollierte er ihren E-Mail-Account, zu dem er Zugang hatte, womit er sozusagen wiederum in Abwesenheit mit ihr »sprach«, so sehr er ihre Anwesenheit auch vermisste und verzweifelt suchte. Diese Dramatisierung der Abwesenheit kulminierte dann während eines Auslandsaufenthalts seiner Freundin, als er so in Verzweiflung und Sehnsucht geriet, dass er durch gewisse Manipulationen auf seinem Forumsfenster den Eindruck erweckte, er sei ebenfalls im Ausland mit einer anderen Frau.

Der Patient hatte sich in dieser Phase der Behandlung immer mehr zurückgezogen. Er ging nur noch selten aus der Wohnung, verlegte sein tägliches Leben immer mehr in die Stunden der Nacht, wobei er dann zumeist vor dem Computer oder dem TV saß. Die Abwesenheit seiner Freundin, in die er sie auch getrieben hatte, führte dazu, dass auch er sich immer mehr entzog. In den Stunden, zu denen der Patient freilich regelmäßig kam, äußerte er Phantasien zum Haus, in dem die Praxis sich befindet, in denen ihn der Tod sehr zu beschäftigen schien. Der Analytiker begann, sich Sorgen um ihn zu machen, und bemerkte, dass er mit der Frage beschäftigt war, ob er ihn nicht etwas vernachlässigt hätte; nicht unähnlich, wie es damals der Mutter des Patienten gegangen war, als sie einen Helikopter bestellte, weil die Angst sie überfiel, dass es auch mit ihm wie mit seinem Bruder enden könnte.

So wurde immer deutlicher, wie sehr der Patient die Beziehung zu seinem toten Bruder in Szene setzte, wenn er die anderen und auch sich selbst immer wieder in Abwesenheit versetzte. Dieser Bruder war ja derjenige, der auf dem per MMS geschickten Foto neben ihm lag – und eben gerade nicht lag. Freundin wie Analytiker fanden sich an dieser Position wieder, die er wiederkehrend herstellen musste, als Bedingung für seine Zuwendung, als Sehnsucht nach dem Nichterreichbaren, Abwesenden. Ist das Objekt des Begehrens, wie wir wissen, immer schon ein verlorenes, so traf dies in diesem Fall sozusagen »doppelt« bzw. konkret zu, insofern das verlorene Objekt hier auch der verstorbene Bruder war. Das Objekt, das in diesem medialen Austausch – als der Nicht-zu-Sehende auf der MMS, als der auf das lautlos gestellte Handy Anrufende – sich in der Übertragung konstellierte, war dieser Bruder, der in seinem Nicht-gesehen-und-nicht-gehört-werden-Können immer wieder sagte: »Ich bin tot.«

Es ist diese Situation, die bei Facebook passiert, *when the ghosts reach out*, es ist die Verzweiflung, wenn unser junger Patient das Netzkabel des Handys seiner Mutter immer wieder verliert.

In der Zeit, in der es ihm immer schlechter mit seiner Freundin ging, schrieb der Patient einmal folgende SMS an seinen Analytiker: »Extrem niedergeschlagen. Liebeskummer. Professioneller Rat was zu tun, damit das aufhört?« Der Analytiker ruft später an und hinterlässt auf dem Anrufbeantworter und auch noch per SMS, dass er die Nachricht erhalten habe, sich erkundigen wolle und telefonisch erreichbar sei. Eine Stunde später kommt die Antwort des Patienten: »... Vorgefallen ist nichts. Oder eben gerade kaum ein Lebenszeichen. Es ist die Angst, dass das, was war, vorbei ist.« Und dann kurz darauf nochmals, nachdem er offensichtlich die Nachricht auf dem Anrufbeantworter gehört hat: »Oh Sie haben angerufen. Mit reden bin ich schlecht. Gerade eben noch mehr. Aber das wissen Sie ja.«

Der Bemerkung »mit Reden bin ich schlecht« folgte dann die Frage: »Können wir uns nicht im Chat treffen?« Der Analytiker wollte dies zuerst in der Praxis besprechen. Danach kam es für die Stunde darauf zur Verabredung im Chat.

Das Treffen dort war nicht nur deshalb besonders, weil diese Form des Hin-und-Her-Schreibens zwischen beiden gewöhnungsbedürftig war, sondern auch deshalb, weil sehr schnell eine überraschende Dynamik in Gang kam. Der Patient begann nämlich in der Tat davon zu berichten, worüber er in Anwesenheit des Analytikers offenbar nicht sprechen konnte. Der Patient legte dar, wie unerträglich es für ihn sei, dass er so stark an seiner Freundin hänge, wenn sie nicht da sei. Während er so der (unbelebten) Maschine immer mehr von sich erzählte und der rhythmische Transfer – der im Chat mehr hin und her ging als beim Zuhören – anscheinend immer näher wurde, registrierte der Analytiker bei sich in der Tat ein Vermissen der »physischen Anwesenheit« des Patienten. Die Stunde endete dann, wie auch sonst, nach 50 Minuten.

Nun ließe sich dieses Geschehen, diese Gratwanderung, als übliche Übertragungsdynamik verstehen, in welcher der Analytiker über sein Vermissen der physischen Anwesenheit des Patienten eine nicht vollzogene Trauer bei diesem aufgenommen und deren Verarbeitung vorbereitet hat. Weiter könnte man sich die Frage stellen, ob dazu der Umweg oder Weg über den Chat überhaupt nötig gewesen wäre. Das kann man natürlich so sehen und auch so handhaben, wenn es sich so handhaben lässt.

Möglicherweise würde man dabei freilich etwas verpassen, das für ein psychoanalytisches Verständnis dessen, was bei und mit den Medien vor sich geht, entscheidend ist. Die Aussage des Patienten »Im Reden bin ich schlecht. Gerade eben noch mehr« drängt in dieser »Angst, dass das, was war, vorbei ist« ganz so, wie es Silberer beschrieben hat, zu einer Medialisierung, zu einer anderen Form, die diese Situation in besonderer Form zum Ausdruck bringt und fasst. Gerade dieser Wechsel auf die MMS, auf den Chat, auf die Neuen Medien, spitzt doch dieses Moment der Übertragung von einem anderen Ort her, von einem Jenseits her, erst recht zu, das Freud in *Ratschläge für den Arzt bei der psychoanalytischen Behandlung* als die Haltung des Analytikers folgendermaßen beschrieben hat: »er soll dem gebenden Unbewußten des Kranken sein eigenes Unbewußtes als empfangendes Organ zuwenden, sich auf den Analysierten einstellen wie der Receiver des Telephons zum Teller eingestellt ist« (Freud 1912e, S. 175). Damit hat er die Analyse nicht nur als mediales Ereignis beschrieben, sondern lässt auch die Frage anklingen, die beim Telefon immer in der Schwebe ist, woher die Stimme kommt, dass die Stimme von wo ganz anders her, aus einem Jenseits kommt. *The Ghosts Reach Out.*

So haben wir es hier nicht allein mit der üblichen Situation zu tun, in der sich eine Übertragung im analytischen Setting konstelliert, sondern durch die Einbeziehung des Chats wurde ein weiterer Schritt vollzogen, der quasi medial die Struktur darstellte und schuf, um die es in der Übertragung ging. Erst in dieser, wenn man so will, inhaltlich-formalen »Verdopplung« wurde nämlich klar, dass es bei der Verzweiflung, in die der Patient bei Abwesenheit seiner Freundin kam, nicht einfach um Eifersucht ging – wie er meinte und auch der Analytiker zunächst vermutete –, sondern darum, dass er sie in dieser Abwesenheit, die er selbst suchte und auch herstellte, vermissen und lieben konnte. Ganz so, wie er durch den Chat eine Distanz im Verhältnis zu seinem Analytiker körperlich herstellte, um sich ihm zuwenden und das erzählen zu können, was ihn so sehr umtrieb.

Der Chat stellt also in diesem Fall eine Übertragungssituation par excellence dar. Der Patient benutzte die technischen Möglichkeiten, um genau das in Szene zu setzen, worum es symptomatisch ging.

Die Psychoanalyse tut sich schwer mit den Neuen Medien. Es ist noch nicht lange her, dass auf einer Tagung, deren Thema die *Nouvelle-Clinique* war, zu der ja solche Phänomene wie Internet- oder Computersucht an vorderster Stelle gehören, in einem Vortrag beklagt wurde, dass die jungen Leute heutzutage nicht mehr reden, sondern nur noch am Computer sitzen. Das zeugt zum einen von einer erschreckenden Unkenntnis der Situation, zum anderen ist es eigentlich erstaunlich, solches von einem Vertreter Lacan'scher Psychoanalyse zu hören. Gerade dort weiß man doch eigentlich sehr genau, wie sehr auch die Sprache und Schrift Medien sind, in denen wir uns nicht nur bewegen, sondern in denen wir existieren. Lacans Bemerkung »Il n'y a pas de rapport sexuel« – »Es gibt keinen Geschlechtsverkehr« weist doch genau auf dieses Moment der Medialisierung hin, in der wir existieren.

Ein anderes Beispiel für diesen Abwehrreflex der Psychoanalyse gegenüber den infrage stehenden zeitgenössischen Phänomenen ist Rotraut De Clercks Text »Die Macht der Bilder«, in dem das Internet, die Pornographie, die Internetpornographie natürlich ohnehin, so pathologisiert werden, dass es nur noch um die Frage geht, ob es sich um Perversionen oder um neurotische Entwicklungen handelt. Die Antwort darauf ist weiter nicht erstaunlich: »Für mich liegt hier der entscheidende Bezugspunkt zu einer Neubestimmung der Perversion: Nachdem generell eine gesellschaftlich größere Akzeptanz ehemals sogenannter perverser Modalitäten, die sich aus dem Spektrum der polymorph-perversen Welt des Kindes rekrutierten, stattgefunden hat, ist, mit dem

Vorgang der Sexualisierung des Schmerzes, welcher auch den seelischen Schmerz einschließt, die Perversion als Verkehrung von Liebe und Hass auf ihren eigentlichen Begriff gebracht [vgl. De Masi 2010; Stein 2000]«(De Clerck 2013, S. 115). Dass der Schmerz und die Lust angesichts des Objekts und der Erschütterung, die es bedeutet, immer auch amalgamiert sind, dass der Sadismus die Form ist, die aus dem Versinken in sich selbst hinaus zur Sexualität führt, diese Grunderfahrung der Psychoanalyse scheint es da nicht zu geben. Wenn Sexualität nicht unproblematisch ist, dann ist sie therapiebedürftig – so scheint es.

Das gipfelt schließlich in der Bemerkung: »Das Funktionieren der neuen Medien nach der binären Logik bewirkt ein Zusammenfallen des tertiären Raums [vgl. Guignard 2011]« (ebd., S. 119). Da wird die Sache mit dem Dritten ein bisschen sehr konkretistisch und vor allem übersehen, dass die Medialisierung eben gerade neue Räume und neue Formen schafft und ausgestaltet.

Bedauerlich daran ist vor allem, dass sich die Psychoanalyse eine ihrer wesentlichen Kompetenzen vergibt, nämlich spezialisiert zu sein auf Übertragungen und ihr Verständnis. Es ist ja eben nicht von ungefähr, dass Freud den unbewussten Konflikt in allen seinen Manifestationen und Medialisierungen untersuchte: Nicht nur als neurotisches, perverses oder psychotisches Symptom, sondern auch als Fehlleistung, in den Träumen und in kulturellen Institutionen wie *Totem und Tabu*, und dabei beständig auf Literatur und Kunst Bezug nahm, den Konflikt, den er als den zentralsten erachtete, dem Mythos entnahm und der Technik gegenüber ebenso offen war wie den Prothesen als Hilfsmittel zur Ausweitung der Möglichkeiten des Subjekts. Psychoanalyse hat es also immer schon – das wäre gerade heute zu betonen – mit Medialisierung zu tun, Psychoanalytiker sind also nicht nur Spezialisten für die Übertragung, sondern auch für Medialisierung.

Davon ist leider nicht sehr viel zu merken, denn vor allem wird geklagt und geschimpft über die moderne Welt – ein Kulturpessimismus der besonderen Art. Das ist mehr als bedauerlich und kein *Untrügliches Zeichen von Veränderung*, als welches Paul Parin die Psychoanalyse noch verstand, sondern vielleicht eher Anzeichen dafür, dass sie und die Analytiker alt zu werden drohen.[4]

---

[4] Was dies mit einer Ausbildung zu tun hat, bei der man alt wird, bis man
 – zumindest offiziell – Psychoanalytiker wird, ist sicher eine Frage, die

Die Gefahr einer solchen Entwicklung möchte ich Ihnen mit einem letzten Fall, dem einer Familienbegleitung, schildern.

Zu dieser Familienbegleitung kam es, weil der Sohn Frank der Mutter gegenüber aggressiv geworden ist. Die Eltern sind getrennt, lebten bislang aber im gleichen Dorf, sodass die Kinder den Vater locker und spontan besuchen konnten. Seit Kurzem, einem halben Jahr, ist der Vater weggezogen. Frank hat zwei Geschwister, eine ältere Schwester, von der es noch zu erzählen geben wird, und einen älteren Bruder, der schon eine Lehre macht.

Die Eltern sind seit ca. zehn Jahren getrennt und bei der Trennung damals gab es schon genau die gleiche Situation, dass nämlich der Sohn bei der zuständigen Jugendberatung angemeldet wurde, weil er aggressiv der Mutter gegenüber gewesen sei und Schwierigkeiten mache. Die Analytikerin damals war zufällig dieselbe wie die von der Familienbegleitung heute. Damals – zur Zeit der Trennung – war der Vater depressiv und in einer Klinik. Er hatte lange damit gewartet, sich behandeln zu lassen. Im Zuge der vor allem medikamentösen Behandlung kam es dann zur Trennung. Nach Angaben der Mutter deshalb, weil sie seine Depression nicht mehr ausgehalten hat. Ob das allerdings der einzige Grund gewesen ist, dürfte fraglich sein.

Damals waren alle in einer freien Kirche, in einer zumindest sektenähnlichen Gemeinschaft. Der Vater hat sich inzwischen davon gelöst – die damalige Trennung war der erste Schritt dazu. Der Sohn will es auch, weil er innerlich nichts mit der Glaubensgemeinschaft zu tun haben möchte. Er ist sympathisch, treibt Sport, fühlt sich im Körper und mit seinem Körper sehr gut, er hat natürlich Handy und Computer und benutzt diese zwar nicht exzessiv, aber doch gerne und mit Spaß – so wie es eben bei Jugendlichen der Fall ist.

Nur schon die Wiederholung und Doppelung des Weggehens und des Rufs nach Behandlung der Aggressivität des Sohnes legt natürlich eine Verbindung zwischen beiden Ereignissen nahe. Es sah so aus, dass Frank zum Vater ziehen und nicht bei der Mutter bleiben wollte. So stand es auch auf dem Fragebogen, den der Junge vor dem Erstgespräch ausfüllen musste.

---

nicht ohne Verbindung zum gegebenen Thema der Neuen Medien steht, die an dieser Stelle aber nicht diskutiert werden kann.

Auffallend war, dass es nicht nur das abgrenzende, aggressive Verhalten der Mutter gegenüber gab, wenn er sie beschimpfte oder auch bedrohte, sondern auch ganz Gegenteiliges, wenn er sie nachts manchmal nicht schlafen ließ. Er öffnete dann die Tür ihres Schlafzimmers und leuchtete sie mit der Taschenlampe an, sodass sie nicht mehr schlafen konnte. Sie blieb demgegenüber auffallend gelassen, stand dann zum Beispiel auf, ging draußen spazieren, kam wieder und legte sich hin – es schien sie gar nicht zu beunruhigen, fast im Gegenteil. Nichtsdestotrotz tauchte die Frage auf, ob er nicht nur von ihr wegwollte, sondern von ihr auch nicht loslassen konnte und sehr mit ihr verflochten war. Da könnte sich – möglicherweise – eine abhängige Seite von ihm zeigen.

Der Analytikerin war die Mutter schon bei der ersten Begegnung auf eine ausgeprägte Art und Weise unsympathisch, ja, sie konnte sie beinahe nicht ertragen. Die Mutter schaute immer in die Ferne am Sohn und an ihr vorbei und war alles andere als präsent und zugänglich.

Mit der Zeit schälte sich die Bedeutung der religiösen Gemeinschaft für die ganze Familie und ihre Geschichte immer mehr heraus. Beim Gespräch mit dem Vater wurde nämlich deutlich, wie ausgeprägt einengend die Mechanismen in dieser Gemeinschaft waren und sind, so einengend, dass er es nicht mehr ausgehalten und sich nach der Trennung von seiner Frau auch aus dieser Gemeinschaft gelöst hatte. Es war zu vermuten, dass es bei der Depression wie auch bei der Trennung nicht allein um die Mutter, sondern nicht zuletzt um diese Gemeinschaft gegangen ist, in welche die Mutter aber mit Haut und Haar eingebunden ist. Bei der Identifikation des Sohnes mit seinem Vater ging es demnach nicht nur um seinen Wunsch, die Mutter zu verlassen, sondern auch die Gemeinschaft, mit der die Mutter eins war.

Dagegen kämpfte die Mutter an und zwar ganz besonders in ihrer Ablehnung und ihrem Verbot der elektronischen Geräte. Sie waren ihr natürlich des Teufels, nicht zuletzt deswegen, weil sie Angst hatte und befürchtete – nicht zu Unrecht natürlich –, dass diese ihn der Gemeinschaft entfremden würden. So riss sie ihm sofort das Handy aus der Hand, und es kam zu einem ständigen Krieg um den Computer.

Wie hart diese Kämpfe waren und wie zentral für die ganze Familie lässt sich daran sehen, dass seine ältere Schwester, die ziemlich depressiv geworden war, kaum mehr aus dem Haus ging, in der Schule versagte und die Klasse wiederholen musste. Ihren Bruder machte sie in der Schule schlecht und sie erzählte allen, wie ungezogen und böse er seiner Mutter gegenüber sei und versuchte, ihn zu isolieren. Sie ist offensichtlich – nicht zu ihrem Vorteil – ganz mit dieser Sekte und der Kontrolle identifiziert, die diese ausübt.

So wurde immer deutlicher, dass die nächtlichen Störungen der Mutter durch Frank vor allem eines waren: Identifikationen seinerseits mit der Kontrolle bzw. ein Vorführen und Demonstrieren der Mutter gegenüber, wie sie und diese Gemeinschaft mit ihm und mit sich umgehen, wie sehr sie alles und jedes kontrollieren und niemanden in Ruhe lassen. Das Verhalten von Frank wurde allmählich als Teil eines sehr normalen und gesunden Protests verständlicher und ebenso klar, dass ihm seine Kraft und diese Art, sich zu wehren, nicht weggenommen werden dürfen, damit er nicht auch Depressionen entwickle wie die Schwester – und früher der Vater.

Der Anspruch der Mutter an die Behörde, den Jungen wieder botmäßig zu machen und zu bestrafen – da ja der Dritte, der Vater, fehlen würde –, dieser Anspruch war seinerseits genau das Symptom, um das es einerseits für den Jungen selbst andererseits aber auch für die ganze Familie – einschließlich des Vaters – gegangen ist und geht.

Für unseren Kontext ist natürlich die Bedeutung interessant, die die elektronischen Geräte, die Neuen Medien bekommen haben. Über ihre Verteufelung hinaus stellen sie ganz offensichtlich eine Bedrohung dar, als sie die Möglichkeit eröffnen, sich zu entfernen, sich zu lösen, sich anderem und anderen zuzuwenden, diese einengenden Bindungen und Einschränkungen zu sprengen, sich aus dem sadomasochistischen Gefühlsnetz zu lösen, das er eben in diesen nächtlichen Störungen, in diesem ambivalenten Verhältnis der Mutter gegenüber auch seinerseits in Szene setzte. Die Bedrohung bestand genau in diesem Raum, den diese Medialisierungen öffnen und ausmachen können, so wie es im vorigen Fall anhand von MMS und Chat beschrieben wurde. Dieses Dritte, von dem als Fehlendes auch hier wieder die Rede war, bestand nicht zuletzt gerade in diesem Raum, den Computer und Handy ihm öffneten.

Die Bedrohung bestand darin, dass Frank als Screenkid nicht mehr nur Kind der Mutter und ihrer Sekte wäre, sondern in andere Räume ausweichen, sich dem Leuchten anderer Bildschirme und Übertragungen zuwenden könnte.

Es ist der Psychoanalyse zu wünschen – und diese Tagung und dieses Buch bemühen sich ja gerade darum –, dass sie sich von den Entwicklungen der Zeit und der Technik nicht so abschottet und sich gegen diese nicht so verschanzt, wie es bei dieser Sekte der Fall ist. Sie sollte ihre Kompetenz in Sachen Übertragung und Medialisierung nicht vergessen und sich der Unsicherheit der prekären Übergänge aussetzen – wie es Frances Stark so schön dargestellt hat und wie es Bildschirme durchaus darstellen können. Die Neuen Medien sind Chance und Herausforderung, die psychoanalytische Erfahrung aufs Neue zu beweisen und zu erweitern – *Another preface, without a preface I cannot possibly go on.* Durchaus mit Lust, weil darum geht es ja – was Frances Stark mit *My Best Thing* ja meinte.

Literatur

De Clerck, Rotraut (2013): Die Macht der Bilder? Zur Bedeutung von Internet-Pornographie: Sucht, Perversion oder (männliche) Hysterie? In: Merk, A. (Hrsg.): *Cybersex: Psychoanalytische Perspektiven.* Gießen: Psychosozial, S. 111–137.

Freud, Sigmund (1914): *Zur Einführung des Narzißmus.* StA III. Frankfurt a. M.: S. Fischer, 1975, S. 37–68.

Kitinick, Alex (2013): Text nach Text. *Parkett,* 93, S. 72–77.

Härtel, I.; Knellessen, O. (2013): Die Beziehung auf optional stellen. Von und mit medialen Objekten. *Zeitschrift für psychoanalytische Theorie und Praxis,* Jg. 28, H. 3/4, S. 7–25.

Knellessen, O.; Reiche, R. (2007): Kreuzungen. Eine Analyse von *21 grams* anhand formaler Elemente. *Psyche – Z Psychoanal,* Jg. 67, H. 12, S. 1211–1225.

Parin, Paul (1980): *Untrügliche Zeiten von Veränderung.* München: Kindler.

Perner, Achim (2005): Der Beitrag August Aichhorns zur Technik der Psychoanalyse. Zur Entwicklung aktiver Techniken seit 1918. *Luzifer-Amor,* Jg. 18, S. 42–64.

Schlaffer, Hannelore (2014): Epiphanie für jedermann. Das Licht von hinten ist Licht von innen – warum uns Computerbildschirme süchtig machen. *NZZ,* 15. Februar 2014, S. 63.

Silberer, Herbert (1909): Bericht über eine Methode, gewisse symbolische Halluzinations-Erscheinungen hervorzurufen und zu beobachten. In: Bleuler, E.; Freud, S. (Hrsg.): *Jahrbuch für psychoanalytische und psychopathologische Forschungen.* Leipzig; Wien: Franz Deuticke, S. 513–525.

Wortham, Jenna (2010): As Facebook Users Die, Ghosts Reach Out. *New York Times,* 17. Juli 2010, S. A1.

Anna Gätjen-Rund
Die Couch ein Funkloch – oder immer online?

Das Smartphone im Behandlungszimmer – was nun?

»Hallo, haben Sie ein Ladekabel?« oder »Ach, ich muss noch schnell die WhatsApp-Nachricht beantworten!« Kennen Sie das? Ich nehme an, dass es kaum noch Jugendliche oder junge erwachsene Patienten gibt, die kein Smartphone mitbringen, oder mit diesem auf verschiedene Weise beschäftigt sind. Überwiegend sind es meine jugendlichen Patienten, die mich mit dem Umgang neuer Techniken vertraut machen und im therapeutischen Raum eine Positionierung dazu einfordern. Sie sind es, die im Wartezimmer eingestöpselt warten, die kommen und ganz selbstverständlich nach einer Steckdose zum Aufladen fragen, die ihr Handy auch mal auf der Couch oder im Sessel liegen lassen und gar nicht auf die Idee kommen, es auszuschalten. Sie kommen zu spät, noch telefonierend herein, und ach, ich finde den Knopf zum Leiserstellen nicht, oder, ach, ich lege es mal neben mich, dann weiß ich Bescheid, falls da was kommt.

Eine 22-jährige Patientin, die mit einer schweren Panikstörung und hypochondrischen Befürchtungen in die erste Stunde kommt, erklärt mir entschuldigend, sie müsse ihr iPhone die ganze Zeit anlassen, da ihre Mutter ihr iPhone in ihrem Geschäft neben der Kasse liegen habe, um mit ihr in Kontakt sein zu können. Sie müsse sie hören oder im Chat ein Notsignal abgeben können, falls sie ihre Angst nicht aushalte.

Eine Patientin spricht ihre Träume auf die Sprachmemobox und bringt sie stolz in die Stunde mit.

Ein neunjähriger schwer traumatisierter Patient überbrückt den fünfminütigen Heimweg mit dem Handy telefonierend und guckt alle zehn Minuten auf sein Handy. Ein Jugendlicher, der jede Stunde mit den Kopfhörern im Ohr, seine letzten Mails checkend in die Stunde kommt, löste bei mir schon mehrfach die Fantasie aus, dass er die Stunde mitschneiden könnte.

Ein jugendlicher unbegleiteter Flüchtling aus Mali möchte trotz der katastrophalen Bedingungen nach Afrika zurück, »hier in Deutschland ist man immer allein, in Afrika bist du nie allein, wenn ich das Internet nicht hätte, würde ich es hier nicht aushalten«.

Fragen

Mich treibt die Frage um, was ich als Analytikerin aus meiner klinischen Erfahrung heraus zu einem wachsenden Verständnis der vielfältigen Bedeutungen, die die allgegenwärtigen Objekte der modernen Kommunikationstechnologie für die Entwicklung der menschlichen Subjektivität haben, beitragen kann. Substituieren die digitalen Prothesen (»Prothesengott«, Freud 1930a) die individuelle Beziehungsfähigkeit im intersubjektiven Raum?

Welche unbewussten Wünsche, Ängste und Konflikte knüpfen sich an ein Smartphone und welche Bedeutung entfalten sie in den psychoanalytischen Behandlungszimmern, in denen sie zunehmend konkret anwesend sind?

Kann etwas über die zu regulierenden Konfliktmodi (ödipal/präödipal/narzisstisch) ausgesagt werden?

Ich werde diese Fragen anhand von zwei Fallgeschichten später genauer untersuchen.

Ein kurzer Blick auf mögliche Veränderungen

Die wohl offensichtlichste Veränderung zur Zeit ist, dass wir alle in den verschiedensten Lebenssituationen unterschiedliche Varianten von Computern mit uns führen, dies meist hautnah, und zwar, um in ständiger Kommunikation und Verbindung mit aller Welt zu stehen, um Informationen einzuholen oder uns zu entertainen.

Dies trifft vor allem auf die jüngere Generation zu, die so genannten »Digital Natives«.

Für sie ist das Internet und im Besonderen das »Social Web 2.0« mit seinen Netzwerkplattformen wie Facebook, Tumblr u. v. a. in den letzten Jahren wohl zu einem der wichtigsten Kommunikationsmedien der Zukunft geworden. 500 Millionen User in 207 Ländern sind bei Facebook angemeldet (Fincher 2010). Insbesondere Jugendliche gehören zu den Nutzern. Laut JIM Studie 2009 steigt die regelmäßige Nutzungsfrequenz des Internets von Jahr zu Jahr. Nach der KIM-JIM 2011 haben die Mädchen durch das Chatten, der so genannten virtuellen Kontaktpflege, deutlich zu den bisher eher männlich dominierten PC-Spielern aufgeholt.

Allein aus den Verhaltensweisen der jungen Generation schon darauf zu schließen, was die Neuen Medien im sozialen Gefüge der Gesellschaft und der Subjekte verändern, wäre verfrüht.

Als Psychoanalytikerin mit Schwerpunkt in der Arbeit mit Kindern und Jugendlichen möchte ich dennoch mit einer eher fragenden Haltung diesen Phänomenen nachgehen, denen ich täglich in meiner Praxis begegne.

Aus der Perspektive einer Kinder-und Jugendlichen-Analytikerin wirft die Mobilität dieser Technik, ihre Omnipräsenz, eben auch im Warte- und Behandlungszimmer, Fragen nach Veränderung und Bedeutung dieser nun anwesenden Medien im psychoanalytischen Prozess auf. Die bisher auf die Dyade hin konzeptualisierte Beziehung zwischen Patient und Analytikerin erfährt eine Erweiterung. Bisher brachten Kinder sicher auch »Drittes« mit, wie z. B. Kuscheltiere. Diese verwiesen aber im symbolischen Spiel auf etwas anderes Abwesendes. Wann verweist das Smartphone auf etwas Abwesendes und lässt sich in Symbolisierungsprozesse einbinden, wann ist das Klingeln oder die Beantwortung einer WhatsApp-Nachricht nicht mehr ein symbolischer Dritter, der seine Bedeutung entfaltet, sondern wird zum »realen Dritten«, dem nochmal schnell geantwortet werden muss oder kann? Wie reguliert der Jugendliche die Beziehung zum Therapeuten mit Hilfe des Smartphones?

Da es sich bei meinen Beobachtungen um überwiegend Jugendliche und junge Erwachsene handelt, möchte ich ein paar Gedanken zur Adoleszenz voranstellen.

Adoleszenz im World Wide Web:
Ein Versuchsuniversum? Ein intermediärer Spielplatz?

Wie oben beschrieben, nutzen die heutigen Jugendlichen das Internet mit größter Selbstverständlichkeit. Die globale Vernetzung ist ein nicht mehr wegzudenkender sozio-kultureller Tatbestand ihrer heutigen Umgebungsrealität.

Aus psychoanalytischer Perspektive ließe sich fragen: Ist es ein Raum zum Ausagieren oder Durcharbeiten?

Welche adoleszenten Entwicklungsanforderungen werden durch die totale Vernetzung begünstigt, auf welche wirkt sich das »immer online« Sein ungünstig aus?

Werden adoleszente Aufgaben von Aufschub und Hoffnung auf Realisierung in der Zukunft durch die ständige Verfügbarkeit der »Wunschmaschine« (Turkle 1986) konterkariert?

Oder bietet das World Wide Web gar eine »Identitätswerkstatt« (Turkle 2012, S. 514), die ein adoleszentes Probehandeln möglich werden lässt? Eine Werkstatt, die dem Bedürfnis nach sozialer Anerkennung Rechnung trägt und die Möglichkeit bietet, sich ohne Angst zu präsentieren? Macht das Netz ein Ausprobieren von Begegnung und Rückzug möglich, per Knopfdruck »off- und online«, und bietet somit Schutz und Abschirmung? Oder schafft es Orte der Isolation und des seelischen Rückzugs (Steiner 1989)? Trägt das Netz, in dem sich das Selbst täglich virtuell neu kreieren kann, eher zur Identitätsdiffusion als zur Identitätsbildung bei?

Damit stehen zwei wesentliche adoleszente Entwicklungsanforderungen im Zentrum meiner Exploration:

1. *die Fähigkeit, Trennung auszuhalten und allein zu sein, statt »immer online«,*
2. *die regressiv-pathologischen oder progressiv-entwicklungsfördernden Auswirkungen auf Identitätsbildung oder Identitätsdiffusion.*

»An der Neu-Interpretation der krisenhaften Themen der Alten schärft sich die Adoleszenzkrise – und wird sie gelöst« – so Reiche in der Zeitschrift *Psyche* (2011, S. 1109).

In der adoleszenten Ablösung von den Eltern sind ja mindestens zwei Generationen beteiligt. Sind es nicht oft die Mütter, die sagen: »Nimm dein Handy mit!« und sich dann in den Elterngesprächen darüber beschweren, dass bis spät in die Nacht mit den Freunden geschwatzt wird?

Ich möchte mich aber im Folgenden auf die Perspektive der Jugendlichen selbst konzentrieren, wohlwissend, dass ich die Wechselwirkungen generativer Beziehungen nun analytisch in Einzelteile zerlege.

Dies möchte ich aus der Position der Zuhörerin, im Sinne des psychoanalytischen Junktims von Forschen und Heilen, tun, und möchte vorausschicken, dass ich über die neuen Techniken in ihrem wechselseitigen – verstörenden wie befruchtenden, regressiv-pathologischen wie potenziell progressiv-schöpferischen – Beitrag zur adoleszenten Entwicklung nachdenke.

Theoretischer Exkurs

Ich möchte im Folgenden einen kursorischen Einblick geben in einige bisherige theoretische Entwürfe zur Frage der »Neuen Medien«.

Die amerikanische Forscherin Sherry Turkle (2012) spricht in ihrem letzten Buch, *Verloren unter 100 Freunden*, davon, dass sich das Internet im letzten Jahrzehnt in seinen Konturen dramatisch verändert hat, insbesondere fokussiert sie in kritischer Analyse die Folgen der totalen Vernetzung auf die Entwicklung der zwischenmenschlichen Beziehungen. Sie beschreibt anhand vieler Szenen und Gespräche, wie sehr Menschen sich verändern, wenn neue Technologien ihnen einen Ersatz für die reale Kontaktaufnahme mit anderen Menschen bieten. »Wir erwarten mehr von der Technologie und weniger voneinander« (Turkle 2012, S. 14).

In Teil 2 »Vernetzt«, »Neue Einsamkeit unter Freunden«, geht sie ihrer These nach, dass ein Leben in virtuellen Welten ein verzerrtes Verhältnis zwischen dem, was wahr ist, und dem, was »hier« wahr ist, zur Folge hat. Dies in Bezug auf die Raum- und Zeiterfahrung sowie auf die Identitäts- und Autonomieentwicklung.

Sie stellt die These auf: »Dass alle Fragen nach Autonomie anders aussehen müssten, wenn wir täglich selbst dann mit anderen zusammen sind, wenn wir allein sind« (ebd., S. 291).

Ebenso geht sie davon aus, dass das Onlineleben viele Möglichkeiten zum Experimentieren eben für Identitätsspiele bietet, sich aber auch ein Zwang zum »immer online« Sein entwickelt. »Teenager geben an, sich ohne Handy unwohl zu fühlen« (ebd., S. 301).

Auch die französische Kinder- und Jugendlichen-Analytikerin Florence Guignard (2011) nimmt in einem sehr interessanten Artikel die Bedeutung struktureller Veränderungen in der westlichen Gesellschaft durch die Entwicklungen in der Kommunikationstechnologie und durch die fragiler werdenden familiären Beziehungen in den Blick. Sie befürchtet weitreichende Folgen von zunehmender Auflösung sozialer Bezüge sowie Auflösung der Intimität zwischenmenschlicher Beziehungen, die das Individuum mit neuen Anforderungen an ihre Triebökonomie konfrontieren und zu neuen Ängsten führen werden.

Sie stellt die Triebentwicklung in den Vordergrund und befürchtet insbesondere, dass Triebaufschub oder Triebverzicht als notwendige Faktoren zur Strukturbildung durch die medial vermittelte sofortige Wunscherfüllung überflüssig werden.

Balzer (2005) zeigt mit psychoanalytischem Blick und Theorie die Indizien auf, wie in unserer Medienwirklichkeit die Lust am Nichtdenken, der puren Sensation als Sinneserregung immer mehr Überhand gewinnt. Er konstatiert mehr »Erregung statt Bedeutung«, alles »live« statt Vergegenwärtigung über Trauerprozesse.

Er spricht von dem drohenden Verlust der Symbolisierungsfähigkeit der Subjekte und spricht von einem neuen Typus, dem des *immersiven Menschen.*

In ihrem Aufsatz »Zur psychischen Bedeutung virtueller Welten« (Löchel 2002) schlägt Elfriede Löchel vor, die Erforschung der symbolischen Dimensionen von Technik, hier konkret des Internets, um die Einbeziehung der psychologischen Bedeutung zu erweitern und nutzt dafür einen psychodynamischen Untersuchungsansatz, der die Beziehung zum technischen Medium als Objektbeziehung analysiert.

Anhand einer psychoanalytisch-tiefenhermeneutischen Interviewstudie untersucht sie typische Beziehungsmuster jugendlicher Chatter. Wie und wofür nutzen die Jugendlichen die textbasierten Mitteilungen über den Chat? Es stellt sich in der Untersuchung heraus, dass diese Form der Kommunikation sowohl zur Entlastung von narzisstischen Ängsten verwandt als auch für ein typisch jugendliches Probehandeln als Experimentierfeld genutzt wird.

Altmeyers Konzept (2013) der »exzentrisch« gewordenen Psyche, mit dem er die Lust am Inszenieren, dem Zeigen von Selbstanteilen, dem sich Präsentieren in den Vordergrund stellt, nimmt auch die progressiven Seiten in den Blick.

Anna Gätjen-Rund

Kasuistik

Ich möchte nun anhand zweier klinischer Kasuistiken den bisher aufgetauchten Fragen nachgehen.

Herr S.

Die Arbeit mit Herrn S. ist exemplarisch für eine Behandlung, in der das Smartphone von Beginn an eine Dynamik entfaltet. Im Verlauf der Analyse gab es keine Stunde, in der er sein iPhone nicht dabei hatte. Mal ist es in seiner Jackentasche, meist liegt es auf dem Tisch, im Dreieck zwischen uns. Manchmal piepte es, manchmal blinkte es. Es war immer präsent, aber in der Form der Präsenz hat es im Verlauf eine deutliche Veränderung gegeben. Wenn ich ihn aus dem Wartezimmer abhole, sitzt er immer über sein iPhone gebeugt und macht etwas damit.

Anlass zur Therapie

Herr S. kommt auf Empfehlung einer Tagesklinik, in der er sechs Wochen aufgrund depressiver Verstimmungen, Ängsten und einem »Burnout«-Zustand war. Er berichtet über schwere Schlafstörungen und Zukunftsängste. Er wurde mit einer Medikation entlassen und es wurde ihm zu einer analytischen Psychotherapie geraten.

Auftakt der psychoanalytischen Situation

Das szenische Erstinterview

Ein 24-jähriger, braun gebrannter, gutaussehender junger Mann steht vor mir, begrüßt mich und folgt mir in mein Zimmer.

Er hat ein rotes Käppi auf dem Kopf, welches er nicht absetzt, stellt sein hippes Getränk auf den Tisch neben sich und hält sein iPhone die ganze Zeit in der Hand. Er setzt sich, die Beine breit und das iPhone vor seinen Penis haltend, daran spielend.

Ich muss innerlich schmunzeln bei dieser auf mich wie ein Werbeslogan wirkenden Inszenierung. Will er für sich werben? Nach dem Motto, nehmen Sie mich, ich habe alles, was heute angesagt ist? Ich erlebe etwas Unechtes, Manipulierendes, aber auch eine Verwirrung darüber, wo er für sich wirbt und wo er um mich wirbt und was an ihm echt ist.

Ich frage ihn, was ihn zu mir führt.

Er beginnt, leicht verschämt auf sein iPhone blickend, zu erzählen.

Er sei noch in der Tagesklinik, suche jetzt eine anschließende Therapie, ihm sei zu einer Psychoanalyse geraten worden. Er habe ein Burnout-Syndrom gehabt. Pause.

(Ich bemerke in mir leise Zweifel, so jung und schon ein Burn-out? Wieder registriere ich ein Schmunzeln und denke, auch das passt in den Werbeslogan.)

Er fährt fort, er sei bald sechs Wochen in der Klinik. Er habe nicht mehr aufstehen können, habe nur noch schlafend und heulend im Bett gelegen, sei nicht mehr zur Arbeit gegangen und habe immer mehr suizidale Phantasien entwickelt, einfach einschlafen, wegschlafen. Er habe phasenweise nur noch Kontakt über sein iPhone gehabt.

Meine Feststellung, dann sei das iPhone ja ein wichtiger Helfer gewesen, beantwortet er mit einem lebendigen Ja! Er wird nun anwesender und beginnt mir die Details von WhatsApp zu erzählen, man könne da ja etc. ... Hinzugekommen sei nämlich auch die Trennung von seiner Freundin, einer narzisstischen Person, die ihn verlassen habe, und sie hätten dann die Trennung über WhatsApp-Nachrichten geklärt.

Nun registriere ich wachen Ärger und sein Engagement, mir etwas zu erklären.

Ich frage nach den näheren Umständen der Trennung und ob sie mit der Verschlechterung seines Zustands zu tun habe.

Er meint, ja, die sei wohl auslösend, neben Konflikten am Arbeitsplatz, aber er habe sich so allein gefühlt und es nicht ertragen, dass sie ihn verlasse. (Nun wird ein kurzer Moment von Niedergeschlagenheit deutlich.) Er habe ihr immer wieder Botschaften geschickt und Audiohilferufe, aber sie habe nur kalt reagiert. Er spielt und wischt die ganze Zeit dabei über die Oberfläche des iPhones, offensichtlich ist es aber ausgeschaltet, was ich irritiert mit Blicken zu überprüfen versuche. Ich gewöhne mich an sein »zärtliches Streicheln« und frage ihn, ob er Ideen habe, wie er seine jetzige Krise in seinem Leben verstehe.

Er beginnt nun, ausführlich von seiner Situation zu sprechen, dass er eigentlich sein Leben verändern wolle, seine Arbeitssituation ihn nicht befriedige. Er wolle etwas allein machen, da er mit manchen Kollegen nicht zurechtkomme. Er habe ja auch Ideen, aber der jetzige Job sei gut bezahlt. Im weiteren Verlauf kommt er auf seine Familie zu sprechen. Er sei überwiegend mit seiner Mutter allein aufgewachsen, die Eltern hatten viel Streit ab seinem fünften, sechsten Lebensjahr. Der Vater trennte sich, und er habe ihn nur in den Ferien gesehen. Er habe immer bei ihm bleiben wollen. Seine Mutter sei eine »Kindsfrau«, sie habe nach der Trennung Depressionen bekommen und einen Suizidversuch unternommen. Sie sei nicht in der Lage, sich einzufühlen, und er sei heute noch wütend auf die wenige Förderung, die ihm zuteil geworden sei. Sie habe sein Kindergeld ausgegeben. Er kommt nun von Detail zu Detail, die Zeit neigt sich dem Ende zu.

Wir verabreden dann eine weitere Sitzung. Er sammelt seine Jacke und seine Flasche ein und geht sichtlich entlastet.

Diskussion

Herr S. nutzt den Raum für die Darstellung seiner inneren Problematik auf ganz spezifische Art und Weise. Wie könnte man versuchen, die schöpferisch gestaltete Szene zu beschreiben, die sich situativ aus der Begegnung erfassen lässt?

Welche zentrale Hypothese lässt sich aus der Szene über die unbewusste Konfliktlage des Patienten entwickeln? Und welche Rolle und Bedeutung kommt dem iPhone zu? Lässt sich etwas Spezifisches in der Verwendung bestimmen?

Die Präsentation des Patienten wirkt auf die Analytikerin wie ein »Werbeslogan«. Er hat alle Insignien cooler Lebenspraxis dabei. Neben dem Getränk und dem Käppi bekommt das iPhone durch seine hervorstechende Platzierung eine besondere Note. In gewisser Weise wirkt es wie ein verlängerter Phallus, aber auch wie ein Objekt, das auf den Phallus nicht reagiert, wie die ihn verlassende Freundin.

Trotz all dieser Dinge, die ihn aufwerten sollen, hat er ein Burnout. All diese coolen Erweiterungen verhindern anscheinend nicht, sich doch leer und allein zu fühlen.

Nun wirft die Gegenübertragung der Analytikerin ihren Schatten. Ein zweites Mal taucht ein Schmunzeln auf, welches eine gewisse Unernstheit ausdrückt, die mit dem Gefühl von Werbung und Unechtem einhergeht. Wer nimmt hier wen nicht ernst? Seine coolen Attribute sollen mich über seine wahren Nöte hinwegsehen lassen?

Im weiteren Verlauf beginnt der Patient, etwas mehr über die Gründe zu erzählen. Affektiv deutet sich da eher Ärger als Trauer an, und die Bedeutung des iPhones bekommt sprachlich einen besonderen Platz. Ja!

Es gibt etwas Drittes, das geholfen hat, etwas Drittes, das die Affekte von Alleinsein und Ärger reguliert hat, über das sich Patient und Analytikerin einig sind: das iPhone!

Dem Platz des »helfenden Dritten« weicht aber bald eine gewisse Angespanntheit der Analytikerin. Gab es zunächst die Einigung zwischen Analytikerin und Patient, verschiebt sich nun die Einheit auf das iPhone und den Patienten, der nicht mehr aufhört, sein iPhone zu »streicheln«.

Die Vermutung liegt nahe, dass sich nun die Analytikerin ausgeschlossen fühlt und sich dies in Phantasien ausdrückt, sein iPhone könnte nicht ausgestellt sein.

In den folgenden inhaltlichen Äußerungen positioniert sich der Konflikt: »Ich will allein, aber die Versorgung ist gut, bzw. ich habe nicht genug bekommen und musste auf etwas Drittes (den Vater) verzichten und die unerträglichen Gefühle der Mutter aushalten.« (Depression und Suizid)

In der Bearbeitung und Diskussion des dargestellten Materials entwickelten sich folgende Hypothesen:

Versucht der Patient, seine innere Leere mit äußeren Dingen zu kaschieren, und wirkt damit für sich und für andere unecht? Ist in seiner nach außen fokussierten Darstellung ein Mangel an Innerlichkeit und Ernsthaftigkeit ableitbar oder eher die Abwehr innerer Leere und Einsamkeit erkennbar?

Sucht er die Übereinstimmung mit einem Anderen, um sich dann aber schnell einem Anderen zuzuwenden, da die mütterlich-weiblichen Aspekte mit unerträglichen Affekten verbunden sind und der Dritte, der Vater, als sehnsuchtsvolles, aber ihn wegschickendes Objekt erlebt wurde?

Szenisch würde dem iPhone in diesem Interview die Rolle des narzisstisch aufwertenden Objekts zukommen, wie es gleichzeitig die Beziehung zu den Frauen reguliert.

Damit ließen sich unterschiedliche Hypothesen zu der Art des Objekts, vom Partialobjekt oder einem Selbstobjekt und als trianguläres Objekt aufstellen.

In meiner Intervisionsgruppe standen mein positiver Umgang und meine positive Konnotation (wichtiger Helfer) des Smartphones im Zentrum. Die Ansichten, wie störend das Smartphone erlebt wurde, gingen sehr auseinander, ebenso der Umgang damit. Wollten einige es lieber aus dem Zimmer verbannen, sahen andere es wie einen Traum oder ein wichtiges Thema, das seinen Platz finden sollte.

Wir verstanden, dass sich in diesen unterschiedlichen Reaktionen auf das Material vielleicht auch eine Frage des Patienten ausdrücken könnte – die Frage der Zugehörigkeit. »Darf alles von ihm hier drin sein, dabei sein oder muss etwas raus?« So entwickelte sich in dieser Diskussion die These heraus, dass das Smartphone den Charakter eines Selbstobjekts habe, wobei der Anteil, der projektiv in dem Smartphone untergebracht ist, und was es repräsentiert, etwas mit der Frage von Zugehörigkeit zu tun habe, so die Hypothese.

Ein 2. Fallbeispiel
Ungetrennt sein wollen und nicht zusammen sein können

Ich möchte nun aus einer Stunde mit einer 14-jährigen Patientin genauer erzählen. Sie kam wegen depressiver Einbrüche, Leistungsabfall und Mobbingkonflikten in der Schule, bzw. Cyberbullying.

Cyberbullying wird als wiederholtes intentional aggressives Verhalten einer oder mehrerer Personen verstanden, das sich gezielt gegen eine Person richtet. Dieses Verhalten wird mittels moderner Kommunikationsmedien ausgeübt, um anderen zu schaden (Schulte-Krumholz/ Scheithauer 2010, S. 80).

Marei hatte zwei Schulwechsel hinter sich, weil sie schnell in die Position des Opfers geriet. Mit SMS unvorstellbar gemeinster Art wurde sie von den anderen Mädchen traktiert, im sozialen Netzwerk SchülerVZ beschimpften ihre Mitschülerinnen sie so heftig mit entwürdigenden sexualisierten Schimpfworten, dass sie sich nicht mehr in die Schule traute. (Dies erfuhr ich von den Eltern, da sie zunächst kaum sprach.)

Marei ist ein ausgesprochen hübsches Mädchen, welches in mir Bilder von Claudia Schiffer wachrief, altersgemäß entwickelt und wie von einer seltsam anmutenden Lethargie befallen. Sie wirkt langsam – entwicklungsverzögert – bei durchschnittlichen gymnasialen Leistungen. Jeder zweite Satz lautet: »Ich weiß nicht.« Sie schweigt überwiegend in den Stunden. Wenn sie mal ein Thema eingebracht hat und wir etwas mehr verstehen, scheint sie sehr zufrieden, um dann wieder in eine Art Schweigen, ihr eigenes »Funkloch«, zu fallen.

Ihr zu Beginn andauerndes Schweigen (in der Kindheit gab es mit der Einschulung eine kurze Phase selektiven Mutismus) erfasste mich in Form von Müdigkeit, depressiven Gefühlen und Zweifeln über den

Sinn dieser Behandlung. Sie kam, gab mir freundlich die Hand, setzte sich, beugte sich nestelnd über ihr iPhone und verschwand quasi hinter ihren blonden Haaren.

Ob sie auf meine Fragen wartete? Gefüttert werden wollte wie ein Kleinkind? Ob sie sich in Abwehr gegen die intrusive Mutter abschirmte?

Oder war mein Gegenübertragungseinfall »Claudia Schiffer« ein Hinweis auf ihr Erleben ihrer Weiblichkeit und ihre durch die adoleszente Entwicklung ausgelösten Urszenenphantasien? Brachten diese sie zum Verstummen? Ich erlebte ihren Wunsch, ihren Ärger und vor allem eine Hilflosigkeit. Es schien mir, ob ich schwieg, deutete oder fragte, sie war kaum erreichbar.

Zu ihrer Geschichte

Die Mutter, eine gutaussehende, jugendlich auftretende Akademikerin, beschreibt, während der Schwangerschaft mit Marei eigentlich in einen anderen Mann als den Vater verliebt gewesen zu sein, diesen dann aufgrund der Schwangerschaft aber aufgegeben zu haben. Marei sei ihr »Ein und Alles« gewesen. Dabei schwanken ihre Beschreibungen zwischen idealisierten Schilderungen und Entwertungen Mareis, die schon immer ein Opfer gewesen sei: beispielsweise »Opfer« der älteren Schwester, die sich viel besser durchsetzen könne. Marei habe sich schon früh Freundschaften mit Bonbons »erkauft«. Manchmal wisse sie nicht, ob Marei lüge oder selbst ihre Ausreden glaube, z. B. bei nichtgemachten Hausaufgaben.

Der Vater, deutlich älter als die Mutter, wirkt hilflos und depressiv, hat finanzielle Probleme in seinem selbstständig geführten Büro, berichtet aber einfühlsamer von dem Leid seiner Tochter. Beide Eltern sind besorgt um die schulischen Probleme aufgrund der massiven Ängste von Marei vor den anderen Schülern.

Im Einzelgespräch mit den Eltern werden gegenseitige Unterstellungen und Schuldzuschreibungen von Opfer und Täter in Bezug auf die Trennung der Eltern deutlich, sodass ich nicht mehr unterscheiden kann, wer lügt und wer nun Opfer oder Täter zu sein meint.

Beide hielten bis zum zwölften Lebensjahr der Patientin den familiären Rahmen aufrecht, trotz anderer Beziehungen.

Marei hat vom ersten Kontakt an ihr iPhone immer dabei, manchmal packt sie es in die Tasche, aus der es dann piept und anzeigt, dass eine neue Nachricht im Chat eingetroffen ist. Manchmal umklammert sie es fast die ganze Stunde. Mit ihrem umklammernden Griff erschien es mir oft wie der Griff eines Kleinkinds am Nuckeltuch.

Die anfängliche Assoziation eines Übergangsobjekts führte in mir zu einem zunächst sehr gewährenden Stil im Umgang mit dem Gebrauch ihres iPhones (so kann der Missbrauch eines theoretischen Konzepts doch konstruktive Wirkung entfalten). Manchmal war ich fast dankbar, weil »es« Themen einbrachte und ihr endloses Schweigen unterbrach. So sorgte das Piepen dafür, dass ich das Eintreffen einer neuen Chatnachricht konstatierte, ohne invasiv nachzufragen. Damit schien mir eine Balance zwischen Interesse, aber Zurückhaltung möglich. Im späteren Verlauf las sie dann die Nachrichten vor, und so konnte z. B. ein Konflikt mit einer Freundin zum Thema werden.

Eine Weile schien es etwas Drittes zu repräsentieren, ein Spielzeug auf unserem Spielplatz, welches auch unsere Nähe und Distanz, Interesse und Übergriff regulierte. Ich schien aber mehr und mehr das Einbrechen von realer Außenwelt mit freien Einfällen zu verwechseln. So schien es mir zumindest und ich versuchte nun, mehr der Frage des Getrennt- und Zusammenseins nachzugehen. Kam ich zu Beginn der Behandlung gar nicht auf die Idee, an ein Ausschalten oder zumindest Stummschalten zu denken, kam mir dieser Gedanke im weiteren Verlauf öfter. Das Einbrechen der realen Anderen schien mir mehr und mehr das Nachdenken über Inneres zu ersetzen.

Das klinische Material

Ich erzähle nun aus einer Stunde, aus der heraus vielleicht weiterführende Fragen zu der Art der Objektbeziehung, die Marei mit ihrem iPhone unterhält, entwickelt werden können.

Bin ich mit meiner Analytikerin allein im Behandlungsraum, oder mit dem iPhone zu dritt, oder wie viele meiner »Freunde« sind zeitgleich auch noch hier?

44. Stunde
Marei kommt wie meist müde und lethargisch in die Stunde, nimmt langsam Platz und guckt mich inzwischen stumm und leer an, fast abwesend.

A: *Hallo, Marei*
M: *Hallo*
(*Schweigen. Sie hält ihr iPhone in beiden Händen, schaut immer mal wieder drauf und dann wieder zu mir, ohne Fragen oder Intention.*)
A: *Du schaust mich an oder dein iPhone, fast als seien wir heute zu dritt?*
M: (*zögerlich*) *Weiß nicht, naja will ich ja auch nicht, ach, alles ist so schwer.*
A: *Was ist denn so schwer ...*
(*Schweigen, wieder sehr abwesend.*)
A: *Du weißt noch nicht, ob du hier oder woanders sein magst?*
M: *Wenn ich es ausschalte. Dann ach ... was soll es ...*
A: *Ich habe nicht ganz verstanden, vielleicht können wir gemeinsam nachdenken, was passieren könnte, wenn du es ausschaltest?*
M: *Aaron könnte eine Message schicken.*
(*Schweigen.*)
A: *Ja und dann könnte er dir etwas Wichtiges sagen wollen?*
M: *Weiß nicht, er wäre sauer, wenn das Handy aus ist, ich wüsste auch nicht ... ich möchte ja auch, dass er immer online ist, immer erreichbar.*
A: *Ihr wollt beide immer füreinander da sein.*
M: *Ja, wir haben uns versprochen, immer füreinander da zu sein.*
A: *Dann musst du jetzt bei mir aushalten, nicht mit ihm zusammen zu sein, aber ein bisschen bist du es dann doch, wenn du online bleibst?*
M: *Ja, er hat mir heute schon zehn SMS geschickt, und obwohl er weiß, dass ich hier bin, soll ich online bleiben.* (*Nun ist etwas Ärger spürbar.*) *Er hat zuhause so viel Ärger.*
A: *Ja?*
M: *Er hat immer Ärger mit seiner Mutter, die kommt ja aus X und dort ist alles anders.*
(*Schweigen.*)
A: *Jetzt machen wir uns Gedanken über Aaron ...*
P: (*Es piept, sie liest, vorsichtig zu mir*) *Er schreibt, was wir später machen wollen, er weiß ja, dass ich hier bin, ob wir schwimmen oder Eis essen gehen.*
A: (*schmunzelnd*) *Da habt ihr was Schönes vor. Irgendwie bist du nicht mit ihm aber auch nicht mit mir hier, nicht getrennt und nicht zusammen ... eigentlich schon mit Aaron unterwegs.*

M: (schmunzelt und meint) Ich mache jetzt mal lautlos.
(Sie knistert in der Tasche ... holt das iPhone wieder heraus, packt es in die Jackentasche, packt es in die Handtasche, rutscht nervös auf dem Stuhl hin und her, Schweigen, Warten.
Ich bin beschäftigt damit, zu verfolgen, wo das iPhone nun landet.)
M: Nächste Woche habe ich ein Schulpraktikum, hoffentlich kann ich da mein iPhone anlassen, was soll ich sonst da tun ... (Sie wirkt wirklich ratlos.)
A: Wir könnten ja mal genauer nachdenken, was du tun könntest, und was so schlimm ist, wenn du es da oder hier ausschaltest. Du sagtest, Aaron wäre sauer, wenn Du es ausschaltest; ja, warum eigentlich?
M: Wenn ich mit Aaron zusammen bin, dann habe ich das iPhone immer an, er auch, wir machen sie nie aus ...
A: Ja, wenn es aus ist, seid ihr dann nicht mehr füreinander da?
M: Ja eben. Aber er wird auch sauer, wenn ich es anlasse, wenn wir zusammen sind, weil er denkt, ich chatte mit einem anderen ...
A: Dann wäre es besser ihr würdet es ausschalten, wenn ihr zu zweit seid, ohne Störung?
M: Dann könnten doch die anderen denken, wir sind gegen sie, weil wir nicht mehr online sind und dann schreiben sie wieder gemeine Sachen!
A: Also verstehe ich das richtig, wenn du es jetzt ausschalten würdest, machst du dir Sorgen, Aaron wäre nicht mehr für dich da und du nicht für ihn? Und auch alle anderen Freunde würden denken, du willst nichts mehr von Ihnen und sie würden dich dann vielleicht wieder mobben?
Das scheint mir echt ein Dilemma – offline heißt die anderen zu verärgern, online heißt Aaron zu verärgern, aber gleichzeitig wollt ihr auch real und online immer zusammen sein.
M: (Schweigen, sie nestelt) Ja, irgendwie schon ...
(Stundenende.)

Diskussion

Das Dilemma meiner Patientin ist, sie könnte die Wut ihrer Freundinnen riskieren, wenn sie offline geht, sprich, die Mädchen werden schlimme Sachen über sie schreiben. Dies ist *nicht nur* eine Phantasie, weil sie die Verfolgung im SchülerVZ real erlebt hat. Sie kommt aber auch in Konflikt mit ihrem Freund, der immer online ist und von ihr eine ständige Verfügbarkeit einfordert: Wir sind immer füreinander da! Gleichzeitig aber heißt das, die ständige Anwesenheit anderer Rivalen zu fürchten, da sie im »immer online« auch immer für alle anderen da ist!

Die Wechselwirkung von Phantasien über Getrennt- oder Verbundensein wird mit dem iPhone in Szene gesetzt. Die neue Technologie macht diese omnipräsente und omnipotente Anwesenheit möglich, d. h. nicht, dass sie sie verursacht. Letzteres ist subjektiver Bedeutungszuschreibung unterworfen.

Der Weg zum Therapeuten ist nun – dank iPhone – ohne Trennung von anderen möglich. In der Stunde von Marei wird deutlich, wie es zu einer unlösbaren, *konflikthaften Verschränkung von immer in Verbindung sein zu können, zu immer in Verbindung sein zu müssen*, gekommen ist. Die grenzenlose Verbundenheit einer »immer online«-Phantasie dürfte mit einer unbewussten *fusionären Objektbeziehung* in Zusammenhang stehen. Gleichzeitig erscheint das iPhone phasenweise wie ein »Pseudo-Drittes«, wie eine Art Beziehungsersatz, welches die Übertragungsbeziehung reguliert.

Zugleich wird deutlich, wie die grenzenlose Anwesenheit einer fusionären Objektbeziehung ebenso ihre andere Seite aufscheinen lässt: verfolgende und vernichtende Teilobjektphantasien, eine Ablösung und Individuation verhindernde Seite der unbewussten fusionären Objektbeziehung. Sie phantasiert die Ausstoßung und Verfolgung durch die Freunde im Netz, wenn sie sich traut, sich aus der »immer online«-Beziehung zu lösen. Aus diesen Überlegungen ergibt sich aus einem klinischen Blickwinkel, dass der »immer online«-Modus bei dieser Patientin eine Gefahr unterstützt, fusionäre, ungetrennte Beziehungsmodi zu erhalten.

Marei sieht sich als Opfer dieser Dynamik, der Täter ist die »Netzgemeinschaft« oder Aaron oder die Analytikerin. Mit dieser Täter-Opfer-Dynamik kann sie einen ungetrennten Zustand aufrechterhalten und bleibt in der idealisierten Dyade mit Aaron, »immer füreinander da«. Die Spuren zur frühen Mutter-Kind-Dyade in der Genese Mareis werden dabei im Laufe des analytischen Prozesses immer deutlicher.

Aus dieser unlösbaren Verbindung heraus ist eine Auszeit im Sinne eines Moratoriums, einer notwendigen Etappe des adoleszenten Entwicklungsprozesses, kaum noch möglich. Marei kann keine Erfahrung von Einsamkeit, Stille und Getrenntheit machen, oder besser, sie kann

Einsamkeit nicht durcharbeiten, sondern bleibt in ständiger Pseudoverbundenheit (s. Guignard und Turkle).

Zunächst schien mir das iPhone tatsächlich einen dünnen Faden zu einem Kontakt zu ihr zu spinnen. Mit der Zeit wird aber immer deutlicher werden, dass es sich beim iPhone um einen Beziehungsersatz handelt, um ein Spinnennetz, das meine Patientin wie ein Kokon umgibt. Ein Beziehungsersatz, der auf der Introjektion einer Nichtbeziehung beruht. Ich vermute, dass sich durch die Umstände der Schwangerschaft von Marei die elterliche Beziehung entfremdete und von ihr als eine Nichtbeziehung erlebt wurde.

Man könnte fragen, ob das Spinnennetz die fehlende Verbindung der elterlichen Dyade repräsentiert?

Winnicott gibt Aufschluss über die enge Verwobenheit von Identitäts- und sexuellen Konflikten.

Er schreibt in *Die Fähigkeit zum Alleinsein*:

> Man könnte sagen, die Fähigkeit eines Menschen zum Alleinsein hänge von seiner Fähigkeit ab, mit den durch die Urszene geweckten Gefühlen fertig zu werden […]
> Unter diesen Umständen allein sein zu können, setzt die Reife der erotischen Entwicklung, eine genitale Potenz oder die entsprechende weibliche Annahmebereitschaft voraus, es setzt eine Verschmelzung der aggressiven und erotischen Impulse voraus; gleichzeitig mit all diesem besteht natürlich die Fähigkeit des Individuums, sich mit beiden Eltern zu identifizieren. (Winnicott 1974, S. 36–46)

Wie sich später deutlicher herauskristallisieren sollte, fühlte Marei sich mit den körperlichen Veränderungen sehr unwohl. Sie wollte klein bleiben und wurde gleichzeitig zu einer »Claudia Schiffer«.

Zunächst stand ihr Wunsch, klein zu bleiben, im Zentrum. Dies fand vielleicht eine Entsprechung zu dem Auftauchen der Idee eines Übergangsobjekts.

Dies ist es aber eben nicht, so wie das Netz auch kein intermediärer Raum oder intermediärer Spielplatz ist. Ich glaube, dass Winnicott etwas anderes mit seinem Konzept des Übergangsraums oder Übergangsobjekts im Auge hatte. In seinem Sinne wäre das iPhone meiner Patientin vielleicht ein »Tröster« (Winnicott 1997, S. 17), der Trennung verleugnet, und nicht als Vorläufer einer Symbolisierung fungiert.

Das Übergangsobjekt, wie auch der »intermediäre Raum«, wird durch die Kreativität des Subjekts konstituiert, während der »virtuelle Raum« anderen Eigenlogiken folgt. Der intermediäre Raum ist ein Möglichkeitsraum, abhängig von der Symbolisierungsfähigkeit lebendiger Subjekte. Der virtuelle Raum ist abhängig von den technischen Gegebenheiten, und ist nicht auf lebendige Subjekte angewiesen. Löchel schreibt: »[...] man könnte das Internet als partielle Technisierung der psychischen Funktion des intermediären Raumes bezeichnen« (2002, S. 10).

Auf die schwierige Geschichte und inzwischen flächendeckende Handhabung des Begriffs »virtuelle Welt, virtuelle Realität, virtueller Raum« etc. möchte ich nicht näher eingehen, ich verweise auf den Artikel von Elfriede Löchel »Zur psychischen Bedeutung virtueller Welten«. Festhalten möchte ich nur, dass »virtuell« eine Sammelbezeichnung für eine Realitätserfahrung geworden ist, die dem Imaginären eben auch eine materielle Welt beistellt.

Für Marei ist das Netz oder der »virtuelle Raum« sicher kein Übergangsraum, in dem sie mit ihrer Fähigkeit, zwischen Traum und Realität zu oszillieren, spielen kann. Für sie steht die Not-Wendigkeit im Vordergrund, durch Spaltungsvorgänge die Phantasie von der Wirklichkeit abzukoppeln.

Mit diesem Blick wäre die Frage nach Rahmen und Setting wiederum anders zu betrachten. Zum Anfang der Behandlung schien das iPhone, im Sinne eines Dritten, welches überhaupt einen Kontakt möglich werden ließ, förderlich zu sein, da die Patientin an ihrem inneren seelischen Rückzugsort (Steiner 1989) wie in einer abgeschlossenen Kapsel verharrte. Zunehmend zeigte sich aber die Funktion als Tröster, der einen Raum zum Phantasieren und Assoziieren zu zerstören schien und einer Beziehung mit sich selbst entgegenstand. Oft wurde in den Sitzungen deutlich, dass Marei den Spannungsbogen, sich mit mir auf ein Assoziieren und Phantasieren einzulassen, nicht halten konnte. Wir mussten erst Schritt für Schritt Regulationsmöglichkeiten und Affektdifferenzierungen erarbeiten. Sie musste dem iPhone sofort antworten und konnte so keinen analytischen Raum zum Nachdenken und In-sich-hinein-Hören entstehen lassen.

Sie schien über diesen Spannungsbogen schlicht nicht zu verfügen. Ihr kamen stattdessen die sofortige Wunscherfüllungsmöglichkeit der »Wunscherfüllungsmaschine« und die Spannungsabfuhr in Form von sofortiger Antwort via SMS sehr entgegen. Erst mit der Zeit war es ihr möglich, die Spannung mehr und mehr auszuhalten, die in ihr entstand, wenn es piepte. Sie begann, die verfolgenden Phantasien, die anderen würden sie nicht mehr mögen, wenn sie nicht sofort antwortete, mehr zu verstehen. In dieser Stunde tauchte ja sogar ein leichter Affekt des Ärgers auf. Gerade ihre Handlungsbereitschaft, immer sofort zu reagieren, gab aber den anderen die reale Möglichkeit, sie immer mehr zu kontrollieren oder mit Cyberbullying zu traktieren.

Wir arbeiteten in diesem Behandlungsabschnitt an dem illusionären Charakter des »immer online«, und ich versuchte ihre Phantasien der Verfolgung mit ihr als Phantasien zu identifizieren.

Zum jetzigen Zeitpunkt der Behandlung (Marei ist inzwischen ganz gut in ihrer neuen Klasse integriert) halte ich ein Ausschalten des iPhones für den nächsten möglichen Schritt. Es scheint mir wichtig, ihr deutlich zu machen, dass sie dieses Wagnis eingehen kann. Aber auch, dass sie es entscheiden muss. Allerdings wird sie, solange sie nicht wirklich zwischen ihren verfolgenden Phantasien und der Realität unterscheiden kann, diesen Schritt in der Behandlung auch noch nicht gehen.

An dieser Stelle stehen wir in der Behandlung, und so werden neue Fragen auftauchen, in welche Richtung auch immer sie sich entscheiden wird.

Mit diesen beiden Kasuistiken wollte ich veranschaulichen, welche Ängste, Wünsche und Konflikte sich mit einem Smartphone im Behandlungszimmer entwickeln und welche Bedeutung sie entfalten können.

Literatur

Altmeyer, M. (2013): Die exzentrische Psyche. *Forum Psychoanal*, 29, S. 1–26.
Balzer, W. (2005): Lust am Nichtdenken? *Psychoanalyse im Widerspruch*, 33.
Baumann, Z. (2003): *Flüchtige Moderne*. Frankfurt a. M.: Suhrkamp.
Blanchot, M. (1969): *L'Entretien Infini*. Gallimard NRF.
Erikson, E. (1980): *Jugend und Krise*. 3. Aufl. Stuttgart: Klett-Cotta.
Fincher, D. (2010): *The social network*. DVD.
Freud, S. (1930a): *Das Unbehagen in der Kultur*. GW XIV, S. 419–506.
Guignard, F. (2011): Virtuelle Realität und psychische Prozesse. *Jahrbuch der Psychoanalyse*, 63.

Günter, M. (2010): Durch die virtuelle Realität zum Lustprinzip und wieder zurück. *Psychosozial*, 33, Nr. 122 (4), S. 91–100.

King, V. (2002): *Die Entstehung des Neuen in der Adoleszenz. Individuation, Generativität und Geschlecht in modernisierten Gesellschaften*. 2. Aufl. Wiesbaden: Springer, 2004.

Löchel, E. (2002): Zur psychischen Bedeutung »virtueller Welten«. *Wege zum Menschen*, 54, S. 2–20.

Medienpädagogischer Forschungsverbund Südwest (mpfs) (2009): *JIM-Studie 2009. Jugend, Information, (Multi-) Media. Basisstudie zum Medienumgang 12- bis 19-Jähriger in Deutschland*. http://www.mpfs.de/fileadmin/JIM-pdf09/JIM-Studie 2009.pdf [26. Oktober 2012].

Prensky, M. (2001). Digital Natives, Digital Immigrants. *On the Horizon*, 9 (5), S. 1–6. http://www.marcprensky.com/writing/Prensky%20-%20Digital%20Natives,Part1.pdf [20. Oktober 2012].

Reiche, R. (2011): Beschleunigung – als Epochenbegriff, als Zeitdiagnose und als Strukturgesetz des Kapitals. *Psyche – Z Psychoanal*, 65 (11), S. 1089–1112.

Steiner, J. (1989): *Orte seelischen Rückzugs*. 2. Aufl. Stuttgart: Klett-Cotta, 1999.

Schultze-Krumbholz, A.; Scheithauer, H. (2010): Cyberbullying unter Kindern und Jugendlichen in Deutschland. *Psychosozial*, 33, Nr. 122 (4), S. 79–90.

Turkle, S. (1986): *Die Wunschmaschine. Der Computer als zweites Ich*. Reinbek bei Hamburg: Rowohlt.

Turkle, S. (1998): *Leben im Netz. Identität im Zeitalter des Internet*. Reinbek bei Hamburg: Rowohlt.

Turkle, S. (2012): *Verloren unter 100 Freunden*. München: Riemann.

Winnicott, D. W. (1974): *Vom Spiel zur Realität*. 9. Aufl. Stuttgart: Klett-Cotta, 1997.

Winnicott, D. W. (1974): *Reifungsprozesse und fördernde Umwelt*. München: Kindler.

Johannes Döser
»Ein Fenster für Gespenster«
Überlegungen zum Gebrauch des iPad
im Sublimierungsvorgang

Gemeinsame Lernerfahrungen aus der hochfrequenten
Analyse eines 8-jährigen früh traumatisierten Jungen

Für den Vortrag am 14. November 2014 auf der Tagung des Vereins für Psychoanalytische Sozialarbeit Rottenburg habe ich von den audiovisuellen Möglichkeiten heutiger Computertechnik umfangreich Gebrauch gemacht: Grafiken, Bilder und Text sind in wechselseitiger Bezogenheit entstanden und haben sich gegenseitig erläutert. Aus drucktechnischen Gründen verzichte ich hier weitgehend auf diese Abbildungen, sodass der Text nun für sich steht, hoffentlich anschaulich genug, um meine Überlegungen zu vermitteln.

Im Gedenken an Achim Perner und seine Verdienste um die psychoanalytische Sozialarbeit knüpfte ich an eine Arbeit von ihm aus dem Jahre 1985 an, welche den Titel trägt: *Wer hat Angst vor Sigmund Freud?*

Denn es ist – immer noch! – die Kulturtheorie Freuds, die mir für meine Überlegungen zur Bedeutung der neuen Medien in der kindlichen Entwicklung und in der therapeutischen Arbeit einen geeigneten Ausgangspunkt bereitstellt, vorausgesetzt sie wird – genauso wie die klinischen Themen – immer wieder neu zu den sich verändernden Verhältnissen der Gegenwart in eine Relation gebracht.

Wer hat Angst vor Cyberspace?

In diesem Sinne könnte meine Ausgangsfrage auch heißen: »Wer hat Angst vor einem kritischen Bewusstsein?« Oder sogar: »Wer hat Angst vor dem Leben?« Oder in Bezug auf unser Thema: »Wer hat Angst vor dem Netz?« Ist das Internet ein Netz, das auffängt, also Halt und Orientierung gibt? Oder ist es ein unheimlicher und bodenloser Cyberspace? Den einen mag es helfen, die menschliche Kommunikation immer dichter zu weben, vielleicht um »unsere eigene Einsamkeit und unseren Tod, auch den Tod derer, die wir lieben, vergessen [zu können]« (Flusser 2000, S. 10). Anderen mag die Welt nur komplizierter und heimtückischer geworden sein – wodurch das Netz als ein Spinnennetz parasitärer Absichten aus Werbung, Hackerangriffen und heimlicher Kontrolle empfunden wird. Wie immer wir dazu stehen: Dieses Netz ist aus dem Leben nicht mehr wegzudenken, und wer hier nicht »up-to-date« ist, befindet sich mindestens im »Mittelalter«. »In der digitalen Welt vergeht die Zeit schneller. Für die meisten hier sind die 80er Jahre digitaler Urschleim. So weit weg wie für andere die Steinzeit« (Steeger 2014).

Wie können wir mit den Ängsten vor einem so rasch und offenkundig vergänglichen Dasein umgehen? Und was kann ein Psychoanalytiker dazu beitragen, der immer erst nachträglich am Schauplatz ist? Wieweit reicht seine »gleichschwebende Aufmerksamkeit«, um herauszufinden, was an den Rändern unseres Bewusstseins in der Innen- und Außenwelt geschieht, wenn wir unsere Gegenwart »in 4D« erforschen, als »Zukunft von gestern« (Groebner 2014), also da, wo die Angst am größten ist? Es ist ungewohnt, beim Thema Computer in die Tiefe zu gehen. Denn die Tiefe liegt hier nicht hinter, sondern auf der Oberfläche und muss also auch dort erforscht werden. Kann sich die Psychoanalyse zu diesem Zweck exzentrisch genug platzieren?

Mit bemühtem Suchen kommen wir hier am wenigsten weiter. Wir müssen bereit sein, zu finden. Was finden wir aber, sobald wir es aushalten, nicht (mehr) zu suchen?

Um dem, was Angst macht, standzuhalten, benötigen wir eine Theorie, vielleicht eine Philosophie, gewiss eine Metapsychologie und ein sittliches Verständnis als Sehhilfen, die uns Freiheiten lassen. Immer habe ich da Achim Perners Worte im Ohr, die er – ohne Großbuchstaben im Satz, aber mit Ödipus und der Sphinx auf dem Einband – in das erwähnte Büchlein schrieb: »Psychoanalyse war einmal eine subversive bewegung, die sich auf den marsch durch die institutionen machte, in denen sie heute eingerichtet ist.«

Ohne Zweifel hat unser Thema neben der klinischen also auch eine politische Dimension, sodass wir um einige kulturtheoretische Überlegungen nicht herumkommen, wenn wir die klinischen Implikationen nicht aus dem gesellschaftlichen Umfeld herausreißen wollen. Was

Johannes Döser

macht der Computer mit den Kids? Und was macht er mit uns Erwachsenen? Löst er alte Utopien ein? Oder liefert er uns dem Unheimlichen aus, der Dystopie, auf die wir früher oder später allergisch reagieren, also mit einer Atopie? Hilft uns der Rechner oder verfolgt er uns? Wir kriegen heutzutage »Zustände«, seelische und körperliche, wenn der Drucker streikt oder der Computer »abstürzt« oder gar die Festplatte kaputtgeht (Groebner 2014, S. 27).

Um die Frage möglichst eindringlich zu präsentieren, habe ich, wie der Kundige erkennt, »Photoshop« benutzt, um ein Kinderbuch von Escoffier und Maudet für meine Zwecke abzuändern, oder in der Sprache fitter »screenkids«: umzu-»morphen«. Die so entstandenen Cartoons zeigen, dass uns die Angst im Zeitalter des Internet mit »unerwünschter Treue« (Freud 1920g, S. 16) erhalten bleibt.

So gibt es neben dem Netz auch das »Darknet«, ein »dunkles Netz«, in dem illegale Nutzer ihre Spuren verwischen können und mit Drogen, Phishing, Datenklau, Trojanern, Viren, Geldwäsche, Ausweisfälschungen, Waffenhandel, Gewaltpornos und anderem ihre Geschäfte organisieren.

Diese Tagung ist in der Tat eine Herausforderung! Denn sie möchte das »Neue« befragen, das uns der digitale Umbruch unserer Kultur und

Gesellschaft samt den vielfältigen Möglichkeiten des World Wide Web und seiner Smartphones in unserem Alltag, unserem Umgang und unserer Befindlichkeit beschert.

Wie alle Veränderungen sind auch diese von der bangen Frage begleitet, was die Technik mit uns Menschen macht. Notwendiger aber ist die Frage: Was machen wir Menschen mit der Technik, welche Bedeutungen geben wir ihr? Hier bin ich ganz einig mit Elfriede Löchel (2002, S. 3), dass wir vor allem diese Frage im Auge behalten müssen, »wenn wir über die Bedeutung der Internetnutzung für menschliche Beziehungen und Selbstkonzepte« nachdenken möchten. 1917 schrieb Freud (1917a, S. 11): »Aber die beiden Aufklärungen, daß das Triebleben der Sexualität in uns nicht voll zu bändigen ist, und daß die seelischen Vorgänge an sich unbewußt sind […], kommen der Behauptung gleich, daß das Ich nicht Herr sei in seinem eigenen Haus.« Das verspricht das iPhone zu bessern: »Das Haus sicher im Griff haben! Intelligentes Wohnen durch moderne Technologie, die eine Vernetzung unterschiedlicher Geräte und Apparate im Haus ermöglicht. Die Vision von einem schlauen Zuhause wird langsam Wirklichkeit.« (Aus einer Anzeige des Süddeutschen Verlages.) Selbstverständlich gilt dies auch für den Körper und seit Neuestem sogar für die Seele: »App überwacht Seele… Die Sensoren von Smartphones erlauben es, den psychischen Zustand ihrer Nutzer zu beobachten« (*SZ*).

So sehr auch Apparate wie das iPhone, iPad, iPod etc. – so könnte man mit Freud (1930, S. 453) argumentieren – jenem Bedarf an »Schönheit, Reinlichkeit und Ordnung« entgegenkommen, der »unter den Kulturanforderungen« eine »besondere Stellung« einnimmt, so offen erscheint doch auch die Frage, in welchem Maß sie dabei behilflich sein können, »der Störung des Zusammenlebens durch den menschlichen Aggressions- und Selbstvernichtungstrieb Herr zu werden« (ebd., S. 506). »Die Gewalt entsteht im Kopf«, erklärte Michael Günter (2011) kürzlich in seiner anschaulichen Monographie, und man kann nicht sagen, dass die Welt seit der Etablierung des Internets gewaltfreier geworden ist.

Johannes Döser

Kain oder: die zerstörten Träume

Destruktive Gewalt entsteht und gedeiht, wo Anerkennung und Aufmerksamkeit versagt bleiben. Es ist interessant, hier an das vierte Kapitel der Genesis (Bibel) zu erinnern: Der Herr »schaute« nicht »auf Kain und sein Opfer«, heißt es da.

Kains Bemühen um eine erfolgreiche Ernte fand keine Anerkennung beim Herrn, und die Früchte seiner Arbeit interessierten nicht. »Da überlief es Kain ganz heiß.« Der Herr ist besorgt, weil Kain seinen Blick senkt, und fragt ihn: »Warum überläuft es dich heiß, und warum senkt sich dein Blick?« Dann appelliert er an Kains Gewissen und stellt ihn vor die Wahl: »Nicht wahr, wenn du recht tust, darfst du aufblicken; wenn du nicht recht tust, lauert an der Tür die Sünde als Dämon. Auf dich hat er es abgesehen, doch du werde Herr über ihn.« Wie die Geschichte ausging, ist bekannt. Kain lässt sich vom Dämon verführen und erschlägt seinen Bruder. Danach wird er zur Rechenschaft gezogen: »Was hast du getan?« Mit seiner Tat hat sich Kain aber seine Zukunft verbaut, denn der Herr sagt: »Wenn du den Ackerboden bestellst, wird er dir keinen Ertrag mehr bringen. Rastlos und ruhelos wirst du auf der Erde sein.« Und Kain antwortete: »Zu groß ist meine Schuld, als dass ich sie tragen könnte. Du hast mich heute vom Ackerland verjagt, und ich muss mich vor deinem Angesicht verbergen; rastlos und ruhelos werde ich auf der Erde sein und wer mich findet, wird mich erschlagen.« Von nun an ist Kain »gezeichnet«. Mit diesem Zeichen hat ihn der Herr unter seinen besonderen Schutz gestellt, damit ihn keiner erschlage. Und er fand eine Frau, zeugte einen Sohn und gründete eine Stadt.

So also konnte Kain seine Unruhe und Rastlosigkeit sublimieren und schließlich in eine kreative und kunstfertige Tätigkeit verwandeln, um sich auf diesem Wege seinem Ideal durch Wissenschaft, Kunst und Technik wieder anzunähern, erhobenen Blickes.

Tat Freud anderes, als er seiner Traumdeutung ein Motto Vergils voranstellte, das übersetzt ungefähr bedeutet: »Wenn ich die Götter nicht beugen kann, werde ich die Unterwelt bewegen«? Man könnte meinen, Freud hätte sich hier in einer Situation gewähnt, die der Lage Kains sehr nahe kommt. Denn in seinen Erfindungen kann sich Kain nun bewähren. Den Mord kann er nicht ungeschehen machen, aber seine verbliebenen Kräfte kann er dem Kulturaufbau widmen. In seinen Fortschritten kann er sich zum »Prothesengott« aufschwingen: »recht großartig, wenn er alle seine Hilfsorgane anlegt« (Freud 1930a, S. 451). Und weiter Freud: »Aber sie sind nicht mit ihm verwachsen und machen ihm gelegentlich noch viel zu schaffen.« Kain muss eben – am Ideal gemessen – bei all seinen Leistungen ein Behinderter bleiben, dem Freud immerhin das Recht zubilligt, sich damit zu trösten, dass der Zivilisationsprozess weitergeht: »Ferne Zeiten werden neue, wahrscheinlich unvorstellbar große Fortschritte auf diesem Gebiete der Kultur mit sich bringen, die Gottähnlichkeit noch weiter steigern.«

Prothesengötter

Wir befinden uns durch die digitale Revolution unserer Technologie in einem Zeitalter, das sich Freud vielleicht so nicht hätte vorstellen können. Aber immer noch können wir uns mit Freuds Haltung identifizieren: »Wir anerkennen also die Kulturhöhe eines Landes, wenn wir finden, daß alles in ihm gepflegt und zweckmäßig besorgt wird, was der Ausnützung der Erde durch den Menschen und dem Schutz desselben vor den Naturkräften dienlich, also kurz zusammengefaßt: ihm nützlich ist.« (ebd., S. 451)

Um die Veränderungen zu ermessen, die der technologische Fortschritt zustande gebracht hat, bräuchte man nur ein Smartphone neben den schlichten »Wunderblock« (Freud 1925a; in heutiger Bezeichnung: »Zaubertafel«) zu halten, mit dem Freud den »seelischen Apparat« zu veranschaulichen suchte.

Wer wäre da nicht erstaunt! Wer könnte da den »hochgespannten Erwartungen und euphorisierenden Diskursen« (Löchel 2002, S. 2) ganz entgehen, die die rasanten Entwicklungen des Internet, der Apps und ihrer vielfältigen technischen Verwendungen im Alltag eines durchschnittlichen Haushalts mit sich gebracht haben, von der Industrie, der Forschung, dem Handel, der Verwaltung, dem Verkehr und vielen anderen Lebensbereichen ganz zu schweigen.

Es ist kaum zehn Jahre her, seitdem sich die diversen medialen Kanäle »gebündelt und in einem einzigen Gerät verschmolzen« (Van Loh 2012) haben und die Smartphones und Tablets auf dem allgemeinen Markt ihren Siegeszug begannen.

Sie taugen unter anderem als

- Spiel-, Unterhaltungs- und Televisionsinstrument,
- als Aufnahme-, Gestaltungs- und Ausdrucksinstrument,
- als Informations-, Kommunikations- und Navigationsinstrument,
- als Such-, Verabredungs- und Abstimmungsinstrument,
- als Speicher-, Kontroll- und Verwaltungsinstrument,
- man kann schreiben, chatten, mailen, messen, überweisen, datieren, filmen, fotografieren, Tonaufnahmen machen und vieles mehr im unüberschaubaren Universum ihrer Programme.

Zwar hat Freud – seinem Zeitgeist gemäß – gerne auf Geräte- und Maschinenanalogien zurückgegriffen, um die Funktionsweise des »seelischen Apparates« in einer Formel zu erklären, so wie z. B. den Primärvorgang unbewusster Kommunikation mit Hilfe des Telefons: Der Arzt »soll dem gebenden Unbewußten des Kranken sein eigenes Unbewußtes als empfangendes Organ zuwenden, sich auf den Analysierten einstellen wie der Receiver des Telephons zum Teller eingestellt ist« (Freud 1912e, S. 381). Aber er hat auch immer wieder darauf hingewiesen, wo die Theorie in ihrer Abstraktion die Metaphorik des Apparats hinter sich lassen muss: »Irgendwo muß ja die Analogie eines solchen Hilfsapparats mit dem vorbildlichen Organ ein Ende finden« (Freud 1925a, S. 7). Das lebendige Organ ist und bleibt aber das Vorbild für die Prothese, für das künstliche Ding, für die leblose Maschine, und nicht umgekehrt. Oder – wie es McLuhan (1968, S. 9) später formulieren wird: die Technik ist die »Ausweitung des Menschen«, nicht der Mensch die Ausweitung der Maschine. »Denn die Maschine hat ja – für sich allein – auch kein Bewusstsein« (van Loh 2012, S. 755). Dem Computer fehle jenseits seines Programmcodes nicht nur jedes »Realitätszeichen«, sondern darüber hinaus das Korrelat eines Primärvorgangs und seiner oszillierenden Übergänge zum Sekundärvorgang. Somit bildet es kein Wechselspiel zwischen dem Unbewussten, dem Vorbewussten und dem Bewussten (ebd.).

Keine Maschine, kein Medium hat jedoch das individuelle und kollektive Gedächtnis (Halbwachs 1966) so ausgeweitet und sich der Funktionsweise des menschlichen Gedächtnisses so angenähert wie der digitale Rechner. Er ähnelt dem Freud'schen »seelischen Apparat« insofern, als dessen energetische Einschreibungen analog zum Prinzip der binären Zahlen funktionieren, indem sich seine besonderen Eigenschaften »einzig aus der Differenz zwischen zwei möglichen Wegen ergeben, also daraus, daß bei einer ersten Gabelung der Weg a und nicht b gewählt wird, da der eine ›gebahnt‹ ist, während der andere von einer ›Schranke‹ versperrt wird« (Laplanche 1985, S. 86). So gibt es Analogien zwischen der »Mikrologik« (Feuling 1991) der Rechner und der Mikrofunktionen des »psychischen Apparats« im Entwurf Sigmund Freuds(1895), auf die Martin Feuling 1991 hingewiesen hat. Stanley Kubrick (Walker 1999; Beier/Kilb 1999) hat in seiner *Odyssee im Weltraum 2001* mit der fiktionalen Figur eines eigenwillig gewordenen, neurotischen, mitfühlenden, mörderischen, regredierenden, am Ende panischen und sterbenden Computers mit dem Namen HAL (= *H*euristisch-*Al*gorithmisch; bzw. = *IBM*; jeweils Folgebuchstaben zu HAL) seine Menschenähnlichkeit bis zu einem Punkt imaginiert, wo der Unterschied zwischen der logisch-rationalen Rechnerkompetenz der Maschine und der emotionalen Eigenwilligkeit der Menschennatur aufgehoben ist, und die Maschine wie ein Mensch selbstständig zu denken beginnt und alle Menschen im Raumschiff nunmehr nach eigenem Plan zu töten versucht.

Wen kann es noch wundern, wenn die kleinen Wunderwerke in unseren Jackentaschen mit ihrer immensen Rechenleistung und Speicherkapazität geradezu mythisch aufgeladen und in großartiger Weise dafür prädestiniert sind, über ihre Zweckdienlichkeit hinaus als Fetisch zu fungieren, bis sie als vielversprechende »Alleskönner« den Kain'schen »Dämon« einholen?

Aber werden sie unsere »Sehnsucht nach Glück« befriedigen können?

Glücksmomente

Erneut ist die Enttäuschung vorprogrammiert. Freuds heutige Antwort auf diese Frage wäre vermutlich so knapp und schmucklos wie jene zwischen den Weltkriegen: »Im Interesse unserer Untersuchung wollen wir aber auch nicht vergessen, daß der heutige Mensch sich in seiner Gottähnlichkeit nicht glücklich fühlt« (Freud, 1930a, S. 451). Geblieben ist, dass es die Menschen mit ihren Waffen »leicht haben, einander bis auf den letzten Mann auszurotten« (ebd., S. 506). Hinzugekommen ist unterdessen die Klimakatastrophe, mit deren Beherrschung oder Eindämmung wir bislang kaum rechnen können.

Man könnte sagen, dass sich in Kain der Wunsch nach Leben und Erfolg und der Wunsch nach Ruhe und Rast gegenseitig im Weg stehen. Beide Wünsche bleiben unerfüllt – im Unterschied zu Abel, in dessen Beseeltheit sich beide Wünsche erfüllen. Die erlittene Schmach hat Kain nicht nur aus seinen Tagträumen und Heldenphantasien gerissen, sondern auch aus seinen Nachtträumen, die dazu da sind, den Schlaf zu hüten. Es ist, als ob ihm die Traumleinwand, der »dream-screen« (Lewin 1984, S. 79) abhanden gekommen oder zerrissen wäre, den man zur Bildung der Träume braucht. Nun ist der Zugang zu einem Traumleben, das für die Entbehrungen der Realität entschädigen könnte, in solcher Verfassung verlegt oder verschüttet. Jetzt liegen die Triebimpulse blank und werden unkontrollierbar. Kain kann nicht anders, als Amok zu laufen. Seine Geschichte zeigt, was passiert, wenn uns die Möglichkeit fehlt, eine verlässliche und glaubwürdige Autorität verinnerlichen zu können, die in Zeiten der Entbehrung unser Selbstwertempfinden stützt, eben weil sie uns Aufmerksamkeit zollt und Anerkennung verleiht. Was wiederum nur dann möglich ist, wenn wir selbst in der Lage sind, dieser Autorität Achtung erweisen und Glauben schenken zu können – ein zirkulärer Austausch also zwischen dem Menschenkind und seinem Großen Anderen (»der Herr«) mit Hilfe des Objekts a der Lacan'schen Lehre, wobei a bedeuten könnte: all-dieses-Zeugs-mit-dem-man-rummacht.

In gewisser Weise könnte man den unruhigen und rastlosen Kain als das erste »Screenkid« in der Morgendämmerung menschlicher Namensgebungen betrachten: Er fühlt sich in seinen Bemühungen behindert und wertlos, während es sein begnadeter und gottgefälliger Bruder sofort, umstands- und mühelos zu Ruhm und Ehren bringt. So sieht es von außen zumindest aus. Bei Abel geht alles wie von selbst, während Kains Versuche, von einer göttlichen Autorität gesehen und in seinen Selbstzweifeln aufgefangen zu werden, vergeblich bleiben und ins Leere laufen. Abel darf zufrieden sein. Bei Kain bohren hingegen die Schmach und die Schande.

Diesen Sommer saß ich vor dem Turm von Pisa auf einer Treppe und schaute den Leuten zu, wie sie in merkwürdigen Verrenkungen Selfies mit dem Turm von Pisa machten. Nach einiger Zeit kamen ein Vater und sein etwa zehnjähriger Sohn des Wegs und setzten sich neben mir nieder. Bald holten sie Blöcke aus ihren Rucksäcken und begannen, jeder für sich, den Turm von Pisa zu malen. Ich war berührt von dem liebevollen Kontakt zwischen Vater und Sohn. In einer Zeit, in der viel von ADHS-Kindern die Rede ist, wunderte mich die gesammelte Ruhe des Jungen. Der italienische Abend war warm und wohltuend, und so blieb ich über eine Stunde neben den beiden sitzen. Ich beobachtete den Jungen dabei, wie er erst den Turm in seinen Umrissen malte, und dann die Details auszufüllen begann. Gelegentlich drehte er das Blatt hin und her, um mit der Schiefheit klarzukommen. Ich beobachtete die langsame Veränderung der Schatten des schiefen Turmes beim Untergang der Sonne und die langsame und sorgfältige Gestaltwerdung und Vollendung der Zeichnung des Jungen. Weil er ein genaues Zeitgefühl und Raumgefühl hatte, wurde die Zeichnung fertig, bevor die Sonne unterging. Der Vater hingegen, der ohne Vorskizze des Gesamtumrisses, detailverhaftet und von unten her Stockwerk an Stockwerk reihte, kam über das erste Drittel nicht hinaus. Aber das war ihm wohl auch gar nicht so wichtig. Mir schien, dass es ihm wichtiger war, seinen Sohn beim Malen zu begleiten und zu warten, bis dieser fertig war. Er war immer darauf bedacht, nicht zu seinem Sohn hinzuschauen oder ihn anzusprechen und abzulenken. Jeder durfte seine Sache machen. In Anwesenheit des anderen. So ungefähr stelle ich mir auch die Situation zwischen dem Herrn und Abel vor.

Im Unterschied zu seinem gelassenen Bruder bleibt Kain mit seiner Unruhe, seinem Neid, seiner Empörung, seiner Sehnsucht, seinem unerträglichen Bewusstsein, seinen mörderischen Impulsen allein. Stattdessen wird er vor eine Wahl gestellt, für die er noch nicht reif ist und mit einer Entscheidungsfreiheit konfrontiert, der er noch nicht gewachsen ist. Für diese Last der Verantwortung ist er noch zu schwach. Das ist die Stunde des Dämons, der Schritt ins Desaster. Kain muss nun Farbe bekennen: Soll er seine Benachteiligung und Zurücksetzung akzeptieren oder seinen Impulsen freien Lauf lassen? Soll er auf die Befriedigung seiner Mordgelüste verzichten oder lieber den Verheißungen des Dämons folgen?

Die Fragezeichen des Unbehagens

Wenn man Christoph Türckes (2009) Zivilisationsdiagnostik liest, sehen wir über die Generationen hinweg in Kains Tat die Wiederholung wüten und finden Kains Unruhe im Gedankenflimmern der ADHS-Kinder wieder, audiovisuell unterstützt vom nervösen Aufmerksamkeitsregime und dem Simultanhype des digitalen Bilderstroms: »Selbstverständlich ist das Aufmerksamkeitsdefizit dieser Kinder zunächst einmal dasjenige, das sie selbst *erlebt* haben. Die Aufmerksamkeit, die sie nicht zu geben vermögen, ist ihnen zuvor selbst vorenthalten worden.« (Türcke 2009, S. 88) »Das ist das Aufmerksamkeitsdefizitgesetz, dessen Dynamik die ganze Kultur durchdringt. Gegen seine Wirkung kann man sich nicht wehren; verhindern lässt sie sich auf absehbare Zeit nicht.« (ebd., S. 89)« Sicherlich könnten wir ohne eine kulturtheoretische Perspektive das ADHS-Phänomen kaum verstehen, aber im Vergleich mit der biblischen Kain-Parabel ist Türckes resignative Zeitdiagnose eigentümlich flach und fällt in ihrer kulturpsychologischen Aussage weit hinter die archaisch-komplexe, differenzierende und robuste Entwicklungsgeschichte Kains zurück.

Kain steht exemplarisch für den Menschen und für die ganze Menschheit. Für Freud entscheidet sich die »Schicksalsfrage der Menschenart« nicht in der Technik und in der Technologie, sondern im Bemühen, »der Störung des Zusammenlebens durch den menschlichen Aggressions- und Selbstvernichtungstrieb Herr zu werden«. Hier liegen die Ursprünge des eigentlichen »Unbehagens«, der »gegenwärtigen Unruhe« und »Angststimmung« gegenüber den technischen Errungenschaften der menschlichen Kultur, die sich zu einer digital-vernetzten Gesellschaft entwickelt haben. Wie Kain müssen wir – in den Zeiten der Gottesferne – abwägen, ob wir unsere Karte auf den kürzesten Weg setzen, auf den »slippery slope« gewissenloser Entlastung, manischer Verleugnung und schmerzlosem Tod oder auf den längsten, für den wir auf »die andere der beiden, himmlischen Mächte«, den »ewigen Eros« angewiesen sind und auf seine »Anstrengung«, »sich im Kampf mit seinem ebenso unsterblichen Gegner zu behaupten« (Freud 1930, S. 506).

In die gleiche Richtung geht die Frage, ob das Internet die globale Demokratisierung fördert (vgl. wikipedia.org/wiki/E-Demokratie) oder von Diktaturen in Dienst genommen wird. Diese Frage ist unentscheidbarer denn je. Barlows Unabhängigkeitserklärung des Cyberspace ist längst verhallt, und die Cloud ist keine Wolke, sondern eine riesige Fabrik auf dem Erdboden mit einem immensen Energiebedarf, die ihren Mitarbeitern, wenn sie weiblich und kompetent sind, sogar kostenlos die Eier einfriert, damit sie die Kinder *nach* der Karriere bekommen. Es ist erst einige Wochen her, seit Kai Strittmacher (*SZ*, 25./26.Oktober 2014) auf beklemmende Weise die neoautoritäre Inbesitznahme des Netzes durch die chinesische Regierung beschrieben hat.

Wenn wir uns mittels Computer mit jemandem unterhalten, wessen Unbewusstem sind wir dann eigentlich ausgesetzt? Dem Unbewussten unseres Gesprächspartners, dem Unbewussten des Programmierers oder dem Unbewussten der Gesellschaft, die das Netz kontrolliert? Womit unterhalten wir uns mehr? Sprechen wir »*mittels*« des Computers oder »*mit*« dem Computer (vgl. Löchel 2002, S. 13)? Ist eine computer- und netzvermittelte Interaktion zwischen Menschen noch intim oder schon publik? Je nachdem ist die »Position des Subjekts« aber eine »völlig andere« (ebd., S. 13). Nicht nur als Psychoanalytiker, sondern als Bürger können wir uns heute die Fixierung an das Sichtbare weniger leisten als je zuvor. Wir werden mit den Fetischen (vgl. Lipowatz 1986, S. 112) und der nur scheinbar weichen digitalen Gewalt leben und umgehen müssen. Verehren jedoch müssen wir sie nicht. Das ist unsere Freiheit.

80 Jahre nach Freuds Kulturkritik stellen wir somit dieselben Fragen auf einer neuen zivilisatorischen Ebene: Können die digitalen Technologien zur Kultivierung beitragen oder folgen ihre Verheißungen dem Todestrieb und läuten ein Zeitalter ein, welches so grausam und so barbarisch ist wie seine Vorgänger, nur eben digital barbarisch (vgl. Döser 2006/7)? Auch wenn viele Aktivitäten im Gebrauch der neuen Medien gefühllos, grausam und unmenschlich erscheinen und manche Euphorie der Nüchternheit weicht, wäre jede Prophezeiung übermütig. Denn »wer kann den Erfolg und Ausgang voraussehen« (Freud 1930, S. 506)?

Zu welchen Ufern lockt der neue Tag?

Gerne folge ich Ingrid Biermanns Appell (2012, S. 106) aus ihrer Arbeit über den Cyberspace, die sinnvollen Möglichkeiten der elektronischen Kommunikation erforschen und benutzen zu lernen: »Sie sind auch Ausdruck einer kreativen Geistestätigkeit.« Mit dieser »kreativen Geistestätigkeit« – sofern sie eine unbewusste ist – möchte ich mich nun den klinischen Fragen zuwenden, wie wir in der Behandlung schwer entwicklungsgestörter Kinder und Jugendlicher mit den Neuen Medien umgehen können, wenn sie beginnen, in der Behandlung eine Rolle zu spielen. Legen wir also auch hier unser Ohr an den »Nerv der Zeit«.

Es ist eine interessante Frage, warum die elektronischen Medien – Smartphone, Tablet, Cyberspace – vor allem bei Latenzkindern und Frühadoleszenten zum Prestigeobjekt werden. Eine Hypothese ist, dass sie den »Screenkids« eine artifizielle, philobatische, orts- und zeitferne, körperlose, kontextfreie, entsinnlichte und ungebundene virtuelle Welt zur Verfügung stellen, wo das lebensweltliche Subjekt, das vor dem Bildschirm sitzt, sich und die morgige Schule so lange vergessen kann, bis Hunger und Durst, Rückenschmerzen, Eltern oder zufallende Augen eine Unterbrechung erzwingen. Erst in der Erschöpfung oder unter dem Druck körperlicher Bedürfnisse wird dann die Differenz zwischen der leiblichen Lebenswelt des Subjekts und der virtuellen Welt der medialen Möglichkeiten und Begehrlichkeiten wieder bewusst (Löchel 2002, S. 18). Eine andere Hypothese ist, dass der Computer nicht nur zur Weltflucht, sondern auch – wie im Tagungsflyer so schön formuliert – als Hilfsmittel bei der Suche nach »konstruktiven Wegen« dienen kann, um »auf weniger angstbesetzte Weise zu kommunizieren«. Wie Elfriede Löchel in ihrer Untersuchung der Beziehungsmuster zweier jugendlicher Chatter (2002, S. 17) festgestellt hat, gehört zu den »spannendsten Eigenschaften des Internet, dass man es in Richtung Real Life überschreiten kann« – freilich mit unterschiedlichen Arten und Weisen des Zögerns und der Ambivalenz.

Es gibt eine wichtige Daumenregel von Winnicott (1985/1956, S. 164; 1975/1956, S. 305) zur Bewältigung der inneren und äußeren Trieb- und Realitätsspannungen: Er nennt sie im Originaltext »watershed« (dt. Wasserscheide, Grenzscheide):

Ego maturity – instinctual experiences strengthen ego.
Ego immaturity – instinctual experiences disrupt ego.

Dt. Übersetzung:
Reife des Ichs – Trieberfahrungen stärken das Ich.
Unreife des Ichs – Trieberfahrungen zerbrechen das Ich.

Ich denke, diese Daumenregel hilft uns auch, die medialen Auswirkungen zu sortieren:

Reife des Ichs – die elektronischen Medien helfen beim Bewältigen der Realität.

Unreife des Ichs – die elektronischen Medien helfen bei der Flucht aus der Realität.

Es hätte nämlich so wenig Wert, von den Einflüssen der digitalen Gesellschaft auf die Entwicklung der Kinder und Jugendlichen zu sprechen, ohne die Ich-Entwicklung miteinzubeziehen, wie es einen Wert hätte, von Trieben zu sprechen, ohne die Reifungsgesichtspunkte zu berücksichtigen. Das Ich, von dem hier die Rede ist, basiert auf einer »Summierung von Erfahrung« (ebd.), aus der sich ein individuelles Selbst herausbilden kann. Es sind die Erfahrungen, über die Abel schon verfügt, zu denen Kain aber noch nicht in der Lage ist, weil ihm die Anerkennung des Herrn – als beiläufig unterstützendes Großes Ich – versagt bleibt, sodass er die Sorge und Mahnung des Herrn, eben weil dessen Anerkennung zu spät kommt, in den Wind schlagen und Abel erschlagen muss: Denn Abel = das individuelle Selbst »beginnt als eine Summierung der Erfahrungen von Ruhe, spontaner Motilität, Empfindung, Rückkehr von Aktivität zur Ruhe und der allmählichen Festigung einer Fähigkeit, auf die Erholung von der Vernichtung zu warten; eine Vernichtung, die sich aus der Reaktion auf Gegenwirkungen aus der Umwelt ergibt« (ebd.). Es ist wohl viel Wahres an dem Satz, vor allem im Umgang mit der digitalen Kultur: »Hilf dir selbst, dann hilft dir Gott.«

Robuste, intelligente, gesunde, vitale Kinder werden das Internet als paraten Weg in die Wirklichkeit nutzen. Ängstliche, entwicklungsgestörte, depressive Kinder werden dabei Hilfe brauchen.

(Hier folgte im Vortrag ein eindrucksvoller, sehr witziger und kreativer Animationsfilm aus dem UNART-Projekt, den der Düsseldorfer Medien-Künstler Dieter Lennartz in einem viertägigen Projekt zusammen mit Kindern aus der Essener Universitäts-Kinder- und Jugendpsychiatrie konzipiert und hergestellt hat. Zunächst wurden aus Ton Fische und andere Meerestiere geformt, die dann mit Hilfe eines 4D-Programms (Maxxon) in einen Animationsfilm übertragen und transformiert wurden. Hier, in diesem künstlerischen Bemühen, wird das Computermedium also unter hoher Konzentrationsanforderung auf seine Arbeits- und Werkzeugfunktion zurückgeführt. Sein Missbrauch als zerstreuendes Ablenkungsinstrument wird hingegen unterbunden. Psychoanalytisch kann man sagen: In gewisser Weise findet eine Fetischzerstörung zugunsten einer Teilhabe an der gemeinsamen Tätigkeit einer kreativen Gruppe statt. Hier macht die schöpferische Arbeit von beiderlei Medien bzw. Szenarien Gebrauch: erst von der lehmig-analogen Welt, in der die Hände gefordert sind; sodann von der elektronisch-digitalen Welt, in der die Fingerspitzen ihr Werk tun. Herausgekommen ist als Ernte ein Ergebnis voller Charme, das an die tiefsten ozeanischen und oralen Empfindungen rührt und volle Anerkennung verdient. So zeigen der

Film und sein Entstehungsvorgang, wie wir das Wahre immer wieder da suchen müssen, wo es sublimiert und auf subtile Weise konzeptualisiert wird. Die Filmhandlung bzw. -erzählung ist eigentlich sehr einfach: Die Tonfische schwimmen vom Fensterbord des Ateliers im beigemischten Soundtrack ozeanischer Geräusche in die Tiefsee und knabbern an Meerespflanzen, um ihren Hunger zu stillen. Was den Charme dieses kleinen Filmes ausmacht, ist die ästhetische Darstellung einer progressiven Regression mit Hilfe der virtuellen Möglichkeiten des Computerprogramms, d. h. das Eintauchen in die ozeanische Philobathie, das Hinabschwimmen in die Tiefe, d. h. hinein in die Welt der inneren Realität, der Bedürfnisse, in der auch der Hunger und der Wunsch nach Einverleibung, nach Nahrung und Befriedigung erfüllt und befriedigt werden können. Es war nicht leicht, erzählte mir Herr Lennartz, die Kinder mit ihrer geringen Konzentrationsspanne und großen Frustrationsintoleranz im Arbeitsprozess zu halten. Und er selbst hätte auch noch einiges alleine nachbearbeiten müssen, damit dieser Film zustande kam. Aber immerhin: Am Ende waren alle stolz.)

Sehnsüchte im Übergang

Freilich, dies ist ein Animationsprojekt im Rahmen einer stationären kinderpsychiatrischen Behandlung, und die Zuwendung zur realen Welt der Bedürfnisse wird in die künstlerische Darstellung transponiert, also sublimiert. Aber im normalen Alltag geht es um dieselben Bedürfnisse und Sehnsüchte, denselben Hunger sowie den Wunsch nach Sättigung und Befriedigung, auch wenn sich die Neugier an der Welt der Erwachsenen anders artikuliert, einer Welt, die für die entwicklungsfreudigen Kinder freier und bedeutsamer erscheint als die Befriedigungen der Frühe. Es ist dann vor allem auch der Hunger nach Kontakt und nach Beziehung. So will man ins Netz, um chatten zu können. Oder in den Worten eines der beiden Jungs von E. Löchel: »Das Interessanteste daran ist, wenn es sozusagen einen Schritt weiter geht [...] Man lernt die Leute ja nicht auf dem Bildschirm kennen, sondern es besteht ja auch immer die Möglichkeit, sag ich mal, wenn sie aus der Region oder so sind, dass man sie auch doch im realen Leben kennen lernt.« (Löchel 2002, S. 15)

Heute suchen und finden viele den Traumpartner im Netz. »Tinder« ist die oberflächlichste Onlineplattform der Welt und ein Riesenerfolg.

Ein paar Klicks, und man kann in der Tinder-App aus einer Handvoll Fotos ein Profil erstellen. Sonst gibt es keine Informationen. Die App weist per Ortungssystem Interessenten einander zu, die sich in örtlicher Nähe zueinander aufhalten. Wer das Profil auf dem Smartphone nach links wischt, lehnt das Profil ab, wer nach rechts zieht, signalisiert Interesse. »Das Bildnis ist bezaubernd schön« – so heißt es in der *Zauberflöte*. Wenn zwei Nutzer das Profil des jeweils anderen nach rechts gezogen haben, ist es ein Match. Jetzt können die beiden miteinander chatten und über audiovisuelle Botschaften Lebensmomente teilen. Was gefällt, wird gespeichert. Nun kann man sich in »real time« verabreden.

Seit dem Start im Jahr 2012 haben sich 30 Millionen Menschen vollständig registriert. Im vergangenen Jahr sind die Nutzerzahlen um 600% gestiegen. Die Nutzer sehen sich pro Tag 1,2 Milliarden potenzielle Partner an, 14.000 pro Sekunde, und täglich kommt es zu 14 Millionen Matchs. Was dann aber passiert, steht auf einem anderen Blatt. Die Managementetage der Firma ist mittlerweile zerstritten. Es gab Klagen wegen sexueller Belästigung, schließlich Kündigungen aufgrund narzisstischer Kränkungen (Werner, K., *SZ*, 7. November 2014, S. 18). Die Wege sind neu, die Ziele sind alt. Auch hier stehen Eros und Thanatos im Wettstreit. So sind die neuen und schnellen Medien auch nichts anderes als die Botschafter einer zeitlosen Sehnsucht nach Nähe und Ungetrenntsein.

Denn nicht weil er ein geselliges Tier ist, kommuniziert der Mensch mit anderen, »sondern weil er ein einsames Tier ist, welches unfähig ist, in Einsamkeit zu leben« (Flusser 2000, S. 10). Als Zoon politikon schafft sich der Mensch Codes aus Symbolen, um sich mit anderen zu verständigen. Der Code stellt das Gesetz: Wer ihn kennt, hat die Macht. Hat man den Code gelernt, vergisst man seine Künstlichkeit und nennt ihn Realität. Realität ist aber »eines der wenigen Worte, die ohne Anführungsstriche nichts bedeuten« (Nabokov 1989/1955, S. 514). Diese Anführungsstriche sind die »Schleier der kodifizierten Welt«, »Schleier aus Kunst und Wissenschaft, Philosophie und Religion«. Die »virtuelle Welt« hat nicht erst mit dem Computer begonnen. Schon in ihren Ursprüngen war die Kommunikation des Menschen virtuell und wird es immer sein, weil das Virtuelle keinen Gegensatzbegriff zur Realität, sondern einen Abstand zum Leib, zum Soma, zur Natur bildet. Von Anfang an war die menschliche Kommunikation ein »Kunstgriff«, ein »Sprung aus der Natur«, um der Abgründigkeit des natürlichen Seins zum Tode einen Sinn zu verleihen und um gegen diese Natur einen geordneten Wall zu bauen, der die Naturkräfte bändigt, d. h. »die Welt dort draußen« abschirmt und ihr erstmals Bedeutung gibt (Flusser 2000, S. 76). Die »virtuelle Welt« der Kommunikation ist ein Befreiungs- und Entfremdungsversuch der Natur, um mit dem Schrecken angesichts der Vergänglichkeit und Hinfälligkeit des Leibes besser fertigzuwerden. Warum also sollten in diese Kommunikationsanstrengungen nicht auch die Möglichkeiten miteinbezogen werden, die der Computer zur Verfügung stellt?

Entsprechend ihrer Unreife ist für die Latenzkinder das Flirten natürlich noch nicht so wichtig wie etwa die Darstellung ihrer Tüchtigkeit und die Bewältigung ihrer verwirrenden Impulse. Sie sind – um die identifikatorischen Namen ihrer Computerspiele zu verwenden – wie »Angry birds« oder »Bad Piggies« und müssen sich an fernen Orten und fernen Zeiten in den Geschwisterkonflikten von »Dragon City« behaupten, indem sie siegreich auf ihren angestrebten Level kommen, wenn sie nicht riskieren wollen, vom Papa in Gestalt von »Darth Vader« als Loser ausgelacht zu werden, bzw. wenn sie den Lohn erlangen wollen, von der Häuptlingsfrau (Mama) des Cyberdorfs geliebt zu werden. Größere, die noch mit ähnlichen Entwicklungsproblemen befasst sind, aber »es wissen wollen«, indem sie ihre Ansprüche und Herausforderungen in der Realität ihres Alltags höher und höher schrauben, suchen den Schritt vom »Play-Screen« in die Wirklichkeit und stellen ihre gefährlichen Heldentaten wie z. B. das Erklimmen von Hochhausbrüstungen oder das Balancieren auf Balkongeländern von Skyscrapern mit ihren Action-Cams in YouTube, Facebook und Instagram aus, denn wo Gefahr ist, »wächst das Rettende auch« (Hölderlin, Patmos) – das Rettende der Anerkennung, wenigstens in ihrer *peer group*.

Ich vermute, dass viele Computerspiele Fenster für Gespenster sind. Es sind Gespenster, die von innen kommen, und die digitalen Kämpfe- und Geschicklichkeitsszenarien sind mehr oder weniger beglückende oder missglückte Versuche, die Angst vor der Triebgewalt einzudämmen, die im solidarischen Miteinander (Brüderlichkeit) nicht gehalten werden kann. Das wird in Zeiten akut, wo Ideale zerbrechen, wo eine zentrale Autorität verloren geht, deren Wertschätzung von Bedeutung ist. Es gibt dann keinen mehr, der sieht, was gut und was schlecht ist. Und erst recht keinen mehr, der in dem, was schlecht ist, die Keime des Guten erkennen und dem Amokläufer ein schützendes Zeichen – das Kainsmal – setzen könnte.

Ich muss eingestehen, dass ich meinen schönen Vortragstitel »Ein Fenster für Gespenster«, der geradezu von Paul Klee sein könnte, von einem Schweizer Künstlerduo namens Lutz & Guggisberg gestohlen habe. Deren Idee, die sich in diesem Titel verbirgt, ist nämlich ein zauberhaftes Beispiel für das, was man als Recontainment einer Gewaltentfesselung verstehen könnte, die im Decontainment (Kobylinska-Dehe 2014) unserer freilich in vielerlei Hinsicht unvollkommenen Kultur (das »Fehlen« des »Herrn«) ihren Eklat findet. Die beschädigte Glasbrüstung vor dem Piano-Renzo-Bau des Paul-Klee-Zentrums in Bern wurde nicht ersetzt, sondern in ihrem Beschädigtsein belassen. Stattdessen wurde eine Stele danebengestellt, die die Inschrift trägt:

»Fenster für Gespenster
Hammerschlag auf Verbundglas
Unbekannter Künstler«

Wer immer der anonyme Hammerschläger war – hier hat er Aufmerksamkeit gefunden und ist aufgenommen worden in die Gemeinschaft all derer, die die Welt verändern wollen. So wird aus einer gewalttätigen Gedankenlosigkeit ein nachträglicher Denkanstoß, ein Denkmal, das dem Passanten einen Moment der Besinnung, der Ruhe und des Lächelns entlockt. Geistreicher kann eine glaubwürdige Autorität kaum wiedererrichtet werden.

Talking

Es ist nun höchste Zeit, noch einige Worte zum Umgang mit den Neuen Medien in der Behandlungssituation mit Kindern, Jugendlichen und Erwachsenen zu sagen. Es ist ja angesichts der elektronischen Kanäle manch Kritisches über die »Preisgabe der selbstverständlich erscheinenden Mittel des traditionellen Settings« (Dettbarn 2013, S. 651) gesagt worden. Mir ist allerdings nicht einleuchtend, warum durch die Neuen Medien eine Erosion der »vertikalen Beziehung« in Richtung einer »Peer-to-Peer-Kommunikation« (ebd., S. 653) befördert werden sollte, solange der Therapeut sich über die Funktion und Bedeutung des analytischen Rahmens und des konkreten Settings, das diesen Rahmen justiert, im Klaren ist.

Weit mehr trägt die digitale Welt der Informationen mit ihrer Hervorbringung immer komplexerer Formen von Akkumulation, Simulation, Animation, Kombination, Akzeleration etc. zur Erweiterung der menschlichen Kommunikation bei und unterliegt mit dieser einer »negentropischen Tendenz« (Flusser 2000, S. 13), die die Entropie des Natürlichen, also die stumpfe Neigung der Natur in Richtung Haufen, Brösel und Asche durchkreuzt. Interessanter ist daher die Frage, wie man von der Macht programmierter Diskurse, die völlig monologisch vonstatten gehen kann, zur Dialogform gelangt, die in ihrem Wesen intensiv, transformativ, transgressiv, integrativ und mutativ ist und die psychotherapeutische Situation durchdringt und auszeichnet.

Denn nur im Dialog mit lebenden Partnern kann das Subjekt die Fähigkeit erlernen, zwischen Totem und Lebendigem zu unterscheiden (Spitz 1963/1972, S. 249–264), und bereits in den ersten Äußerungen der Mutter-Kind-Dyade ist der vollständige Ablauf des Dialogs als »Aussage und Erwiderung, Erörterung, Streitgespräch, Zustimmung, Synthese« (ebd., S. 263) enthalten, der in einem oszillierenden progressiv-regressiven Kontinuum die Symbolbildung anregt und den Prozess »umwandelnder Verinnerlichung« (Kohut 1971/1976, S. 70) in Gang setzt, durch den erst das Subjekt im »vollen Sprechen« (Lacan 1966/1975, S. 71–131) seine Freiheit verwirklichen kann. »Die Teilnahme an einem Diskurs« hingegen ist »eine völlig andere Situation als die an Dialogen« (Flusser 2000, S. 17), weil der Diskurs dazu da ist, Information zu verteilen, während der Dialog im Zeichen des Tausches steht, in dem zwei Objekte etwas Drittes teilen können zum Vorteil aller drei, oder auch eines Austauschs, in dem etwas Drittes, etwas Neues entstehen darf, was es so vorher noch nicht gab. Bion (2006, S. 110) bezeichnete diese Form der Beziehung, die ein Drittes toleriert und leben lässt, als »kommensal« und unterschied sie von parasitären Vorgängen, die im Diskurs verbreiteter sind.

Obwohl grundsätzlich der Diskurs (Informationsverbreitung) und der Dialog (Informationsaustausch) einander implizieren und beide zum intensiven und extensiven Funktionieren der Kommunikation beitragen, kann es natürlich passieren, dass bei der Allgegenwart hervorragender programmatischer Diskurse der Dialog unattraktiver oder gar unnötig erscheinen kann. Überall aber, wo es Entwicklung gibt, spielen der Dialog und seine Spielarten eine wesentliche Rolle. In Frankreich ist es die Conversation (Roussillion 2009, S. 431), in England der Smalltalk, der im Winnicott'schen Kritzelkratzel (Squiggle) seine charmanteste Gestalt gefunden hat. Es ist ein Spiel von Unbewusst zu Unbewusst innerhalb eines haltenden und atmosphärisch entspannten Rahmens, in dem die unbewussten Dimensionen zum Ausdruck kommen können. Es gibt nicht nur im Alltag, sondern auch in einer Psychotherapie eine natürliche Tendenz des Kindes in diese Richtung, sofern sich der »gleichschwebend aufmerksame« Therapeut in seinem metapsychologisch gestützten und geleiteten Verstehen dafür offenhält (vgl. Günter 2003, S. 10–55).

In meiner Praxis spielen bei den Erwachsenen und bei den Jugendlichen – wenn man von Timern/Terminplanern absieht – Smartphones und Tablets in der konkreten Behandlungssituation eine sehr untergeordnete Rolle. Bei den Latenzkindern können die »Gadgets« schon eine größere Bedeutung einnehmen.

Diese Überlegungen lassen erahnen, wie ich mit dem 8-jährigen Max, dem das iPad am Anfang viel wichtiger schien als meine Person (gemäß der Formel: lieber Diskurs als Dialog), einen Weg suchte, der zur Umkehrung der Verhältnisse führte (nämlich Einbettung des Diskurses in den Dialog i. S. v.: »Wir beide sind nämlich viel interessanter als das iPad.«). Man könnte hier auch von einer Art Verführung zur vertiefenden Kommunikation sprechen, wodurch der Gesprächspartner aus seinem monologischen Diskurs in einen Dialog hineingelockt wird, was bei Latenzkindern durchaus zur Herausforderung werden kann. Wird das Sprechen abgewehrt, kann die Beschäftigung mit dem Computer immerhin die Rolle einer intermediären verführerischen Attraktion übernehmen, um das Kind peu à peu für andere Formen des Austauschs zu motivieren. Dieses Bemühen dient dann freilich erst mal weniger dem psychoanalytischen Verstehen als dem suggestiven Intervenieren. In dieser Phase bleibt der Therapeut für das Kind auch nur so lange attraktiv, wie er glaubwürdig erkennen lassen kann, dass er mehr vom Computer versteht als das Kind selbst und dessen Bewunderung nicht verspielt. Man sollte also als Kindertherapeut lieber keine Scheu vor Computern und ihren Möglichkeiten haben und sich stattdessen darum bemühen, dass man sich in diesem Metier nicht weniger auskennt als in den anderen Bereichen des Lebens der Erwachsenen.

Wie kann man sich aber so ein Gelingen der Begegnung vorstellen, in dieser merkwürdigen Affäre zu dritt aus Kind ◇ Therapeut ◇ Computer? Ich denke, das funktioniert ganz ähnlich und gar nicht so anders, als es Anna Freud lange vor der digitalen Ära im Fall eines misstrauischen und ablehnenden 10-jährigen Jungen, der für die Therapie kaum zu gewinnen war, mit viel Witz beschrieben hat:

> Es handelte sich darum, sich in ein Vertrauen einzuschleichen, das auf geradem Weg nicht zu gewinnen war, und sich einem Menschen aufzudrängen, der der Meinung war, sehr gut ohne mich fertig werden zu können. Ich versuchte das nun auf verschiedene Arten. Einmal tat ich durch lange Zeit nichts anderes, als mich seinen Launen anzupassen und seinen Stimmungen auf allen ihren Wegen und Umwegen zu folgen. Kam er in heiterer Verfassung zur Stunde, so war ich auch lustig, war er ernsthaft oder deprimiert, so verhielt ich mich in gleicher Weise. Zog er es vor, eine Stunde statt im Gehen, Sitzen oder Liegen unter dem Tisch zu verbringen, so tat ich, als wäre es das Allergewöhnlichste, hob das Tischtuch auf und sprach so zu ihm hinunter. Kam er mit einem Bindfaden in der Tasche und fing an, mir merkwürdige Knoten und Kunststücke vorzuführen, so zeigte ich, daß ich imstande war, noch viel kunstvollere Knoten und merkwürdige Kunststücke zu machen. Schnitt er Gesichter, so konnte ich noch viel bessere schneiden, und forderte er mich zu Kraftproben heraus, so zeigte ich mich als die unvergleichlich Stärkere. Aber ich folgte ihm auch im Gespräch auf jedes Gebiet, von Seeräubergeschichten und geographischen Kenntnissen zu Markensammlungen und Liebesgeschichten. Mir war auch bei diesen Gesprächen kein Thema zu erwachsen oder zu bedenklich, und eine erzieherische Absicht konnte nicht einmal sein Mißtrauen hinter meinen Mitteilungen vermuten. Ich benahm mich ungefähr so wie ein Kinofilm oder ein Unterhaltungsroman, der keine andere Absicht hat, als seine Zuschauer, Leser an sich zu locken, und der sich zu diesem Zweck auf die Interessen und Bedürfnisse seines Publikums einstellt. Meine erste Absicht war auch tatsächlich keine andere, als mich dem Jungen interessant zu machen. Daß ich gleichzeitig in dieser ersten Periode sehr viel über seine oberflächlichen Interessen und Neigungen erfuhr, war ein kaum mitberechneter, aber sehr willkommener Nebengewinn. (A. Freud 1930, S. 18f.)

Wie sollte das mit Smartphones und Tablets anders sein? Ein Verbieten oder Unterbinden der Computer würde dem Kind wohl kaum Freude machen, denn es käme eher einer Ohnmachtserklärung des Therapeuten gleich. Am Ende muss man mit seinen Einfällen als Therapeut nur eben attraktiver sein als »Angry Birds« oder »Bad Piggies«. Überdies können wir beim gemeinsamen Umgang mit diesen Tools wie Anna Freud ebenfalls mehr über die Ängste erfahren, die die Entwicklung unserer Patienten durcheinanderbringen, hemmen oder stören. Wenn wir uns für alle Botschaften unserer Analysanden und Patienten öffnen, werden wir bald feststellen, dass die elektronischen Medien in der psychotherapeutischen Arbeit mit zunehmendem Vertrauen in den Therapeuten und mit gesteigertem Mitteilungsbedarf an Interesse verlieren und allmählich in den Hintergrund rücken. Abgesehen von den selteneren Fällen, in denen ein suchtartiger Gebrauch als dauerhafter bzw. noch unverstandener Träger einer lebensgeschichtlichen Problematik fungiert und aus spezifischen Gründen als bevorzugte Kommunikationsform dient oder in einer Abwehrfunktion notwendig geworden ist.

Vom Freikämpfen

Max, der 8-jährige Junge, den ich so genannt habe, weil er mindestens so frech wie Max und Moritz sein konnte, ist bei mir seit mehr als zwei Jahren in einer Kinderanalyse, die meiste Zeit vier Mal pro Woche. Mir hatte er lange Zeit Sprechverbot gegeben, wenigstens für das Wichtige. Keinesfalls darf ich Deutungen geben, höchstens ganz kleine, bis zur Unkenntlichkeit verpackte, beim Begrüßen und Verabschieden. Ich will aus seiner eigentlichen Analyse nichts erzählen, nur so viel, dass er eine desolate, von Traumatisierungen durchzogene frühe Kindheit hatte. Ich zeige Ihnen allerdings seine Zeichnung, die die Lehrerin, seinen Vater und seine Großeltern, bei denen Max lebt, in Unruhe versetzte und Max in meine Praxis gebracht hatte. Die Zeichnung erinnert mich an Schuberts Winterreise.

Max hält sich für ein Monster und hat Angst vor seinen Ausbrüchen von Gewalt. Er ist ganz auf das iPad seiner Großmutter abgefahren, das er auch zu den Stunden mitbringen darf. Mit flinken Fingern geht er durch die Programme und Spiele, welche sich mit Inseln befassen, auf denen man bauen kann und auf denen man sich gegen Monster verteidigen muss. Ich sitze daneben und fühle mich ausgeschlossen, als befände ich mich meinerseits auf einer isolierten Insel. Er meint, er komme gut voran. Eine Woche später stellt sich heraus, dass er Großmutters Passwort abgespickt und für über 300 Euro Einkäufe bei iTunes getätigt hat, um die Gegenmonster gegen die Inselmonster mit besseren Waffen auszurüsten. Es gibt einen Krach zu Hause und er muss sich mit seinem Taschengeld beteiligen, aber er macht sich nicht allzu viel daraus. Schlimmer ist es, als das iPad abstürzt.

Was tun? Ich sage: »Wenn der nicht mehr funktioniert, dann machen wir halt selber einen.« Er stutzt für einen Moment, dann findet er die Idee aber gut und fängt Feuer. Er sage mir ungefähr, wie das auszusehen habe, und ich solle es ausführen. Wir nehmen das Material, das zur Hand ist: Pappe, Papier, Schnur, Zellophan und die Werkzeuge, die man so braucht. Langsam findet er Gefallen daran, dass wir etwas *miteinander* machen. Das iPad, das wir uns zusammen ausdenken, findet er gut.

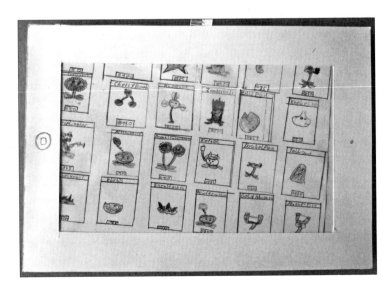

Wichtig ist ihm die Software, das Programm. An der Hardware freut er sich besonders über die elektronischen Verschaltungen. »Die Linien des Lebens sind verschieden, wie Wege sind«, sagte Hölderlin.

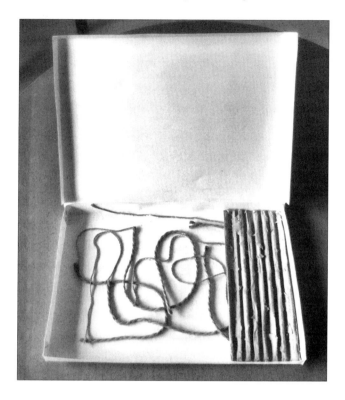

Die Apps zeigen, wie reich sein Phantasieleben ist.

Aus den Apps macht er Spielkarten in der Art von Pokémon, mit denen man gegeneinander kämpfen kann. Er kommt auf die Idee, man könnte das in 3D machen, und ich besorge Knete. Er will, dass jeder sich seine eigenen Monster einfallen lässt. Die Produktion geht sehr schnell vonstatten und die Figuren werden lebendig.

Seine Monsterfiguren sind eigentümlich unbestimmt, mehr aus der Geste bestimmt und viel lebendiger als meine anfänglichen imitatorischen, klischeehaften Drachengestalten. Dabei stelle ich fest, dass es gar nicht leicht ist, unbestimmte Monster herzustellen. Ist es meine Scheu vor dem Ungeformten, den unkontrollierten Konturen?

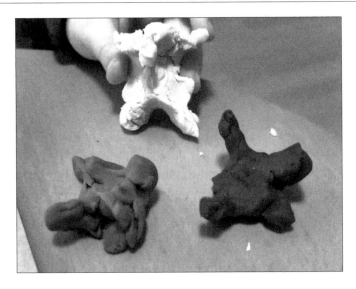

Es wird ernst. Max bestimmt das Schlachtfeld und befiehlt die Aufstellung zur Schlacht. Die Kampfreihen marschieren auf.

Diese Figur hier ist eine besonders üble. Ein tödlicher Kackhaufen.

Der Tod. Max war zu Beginn der Behandlung aus Angst vor dem Schmutz unfähig, sich den Popo abzuputzen. Heute ist das kein Problem mehr.

Auf den Todeshaufen hat sich allerdings ein Gifthaufen gesetzt. Das macht den Todeshaufen immerhin eine Zeitlang bewegungsunfähig.

»Ein Fenster für Gespenster«

Durch feindliche Übernahmen sind aus den Kleinmonstern Großmonster hervorgegangen. Max erklärt mir im nächsten Bild die Schlagkraft und die Besonderheiten der verschiedenen Körperzonen.

Der Kampf der Großmonster. Aus ihnen werden Megamonster. Aus den Megamonstern Gigamonster.

Die Charaktere fallen sehr unterschiedlich aus. Manche verlieren Teile.
Die muss der Lazarettchirurg wieder zusammenfügen.

Nach der Genesung haben wir hier ein prachtvolles Gigamonster:
Es blieb auf der Fensterbank meiner Praxis.

Dort ist es getrocknet und hart geworden, am Ende bröselig zerfallen.
Die Entropie tut ihr Werk. So sieht das heute aus:

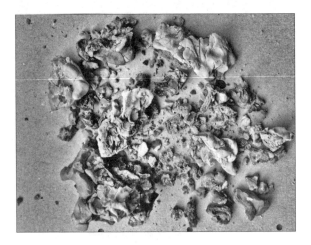

Wir lassen es liegen. Schon mancher hat es bewundert.

Ich habe hier nun über den eigentlichen analytischen Prozess kaum etwas gesagt, aber vieles erahnen Sie zwischen den Zeilen. Mir ist es mit dieser kleinen Vignette darauf angekommen, Ihnen den Weg vom Diskurs zum Dialog anschaulich zu machen. Mit dem Absturz des iPads ist uns eine Chance zugefallen. Es war schön zu erleben, mit welchem Vergnügen Max sie zu nutzen verstand. Unseren spielerischen Dialog, der es mir nicht unmöglich machte, eine Haltung gleichschwebender Aufmerksamkeit zu bewahren, hatte große Ähnlichkeit mit Winnicotts Squiggle-Spiel. Aus den Dingen wurden Un-Dinge, die etwas Träumerisches an sich hatten. Sie hatten den Status von freien Assoziationen. Wie von selbst ergab sich der Smalltalk, der unsere Spielereien und Träumereien begleitete und uns eine Form und einen Weg finden ließ, über vieles auch mit Worten zu sprechen. Sogar über wichtige und auch über peinliche Sachen, die mir Max lange verschwiegen hat, z. B. dass er jede Nacht herumwandert und tagsüber tic-artig mit den Augen zwinkert. Wie in anderen Analysen auch hat der Computer bald keine Rolle mehr gespielt, weder eine störende noch eine nützliche. Max fand die Dinge, die wir zusammen entdeckt und erfunden haben, einfach spannender. Man darf nur nicht zu viel Angst haben, etwas miteinander zu machen.

Literatur

Beier, L. O.; Kilb, A. et al. (1999): *Stanley Kubrick*. Berlin: Bertz.
Die Bibel. Altes und Neues Testament. Einheitsübersetzung. Freiburg: Herder, 1980.
Biermann, I. (2011): Die Zerstörung der Generativität und der drohende Verlust des seelischen Innenraumes als Ausdruck verdrängter und abgespaltener Weiblichkeit. In: Teising, M.; Walker, C. (Hrsg.): *Generativität und Generationenkonflikte*. Arbeitstagung der Deutschen Psychoanalytischen Vereinigung v. 16.–19. November 2011. Frankfurt a. M.: Geber + Reusch.
Bion, W. (2006): *Aufmerksamkeit und Deutung*. Tübingen: edition diskord.
Dettbarn, I. (2013): »… wenn die Grenze zwischen Phantasie und Wirklichkeit verwischt wird …« (Freud). Skype, das unheimliche Dritte, und Psychoanalyse. *Psyche – Z Psychoanal*, 67, S. 649–664.
Döser, J. (2006/2007): Die Seele als digitale Zaubertafel – kulturtheoretische Überlegungen zur Anpassung von Freuds »Tiefenpsychologie« an die digitale Gesellschaft. *Psychoanalyse und ihre Anwendung*. Beiträge zur Diskussion in der Arbeitsgemeinschaft. Psychoanalytische Arbeitsgemeinschaft Köln-Düsseldorf, Heft 11, S. 104–141.

Escoffier, M; Maudet, M. (2014): *Bitte aufmachen!* Frankfurt a. M.: Moritz.

Feuling, M. (1991): »Fort/Da – Psychologik und Computerlogik.« *Fragmente*, Bd. 35/36. I Stimme und Ohr. II. Computer und Psyche. Kassel.

Flusser, V. (2000): *Kommunikologie*. Frankfurt a. M.: Fischer.

Freud, A. (1930): *Vier Vorträge für Lehrer und Eltern. Die Latenzperiode.* GW I. München: Kindler, S. 109ff.

Freud, S. (1912e): *Ratschläge für den Arzt bei der psychoanalytischen Behandlung.* GW VIII, S. 376–387.

Freud, S. (1917a): *Eine Schwierigkeit der Psychoanalyse.* GW XII, S. 3–12.

Freud, S. (1920g): *Jenseits des Lustprinzips.* GW XIII, S. 1–69.

Freud, S. (1925a): *Notiz über den »Wunderblock«.* GW XIV, S. 3–8.

Freud, S. (1930a): *Das Unbehagen in der Kultur.* GW XIV, S. 419–505.

Freud, S. (1950c/1895): *Entwurf einer Psychologie.* GW Nachtragsband, S. 387–477.

Groebner, V. (2014): *Wissenschaftssprache digital: Die Zukunft von gestern.* Konstanz: Konstanz University Press.

Günter, M. (2003): *Psychotherapeutische Erstinterviews mit Kindern.* Stuttgart: Klett-Cotta.

Günter, M. (2011): *Gewalt entsteht im Kopf.* Stuttgart: Klett-Cotta.

Kobylinska-Dehe, E. (2014): Psychoanalyse und Decontainment der Welt. Vortrag auf der DPV-Frühjahrstagung 2014 in Freiburg.

Kohut, H. (1971/1976): *Narzißmus.* Frankfurt a. M.: Suhrkamp.

Lacan, J. (1966/1975): Schriften I. Frankfurt a. M.: Suhrkamp.

Laplanche, J. (1985): *Leben und Tod in der Psychoanalyse.* Frankfurt a. M.: Nexus.

Lewin, B. D. (1982): *Das Hochgefühl.* Frankfurt a. M.: Suhrkamp.

Lipowatz, T. (1986): *Die Verleugnung des Politischen. Die Ethik des Symbolischen bei Jacques Lacan.* Weinheim; Berlin: Quadriga.

Löchel, E. (2002): Zur psychischen Bedeutung »virtueller« Welten – Eine tiefenhermeneutische Untersuchung der Beziehungsmuster jugendlicher Chatter. *Wege zum Menschen*, 54, H. 1, S. 2–20.

McLuhan, M. (1968): *Die magischen Kanäle. Understanding media.* Düsseldorf: Econ.

Nabokov, V. (1989/1955): *Lolita.* Hamburg: Rowohlt.

Perner, A. (1985): Wer hat Angst vor Sigmund Freud? Eine Versuchung über Literatur und Psychoanalyse. Wissenschaftliches Zentrum II der Gesamthochschule Kassel. Forschungsstudie.

Perner, A. (1995): Zum Verhältnis von Ethik und Technik in der Psychoanalyse. In: Verein für psychoanalytische Sozialarbeit Rottenburg und Tübingen (Hrsg.): *Fragen zur Ethik und Technik psychoanalytischer Sozialarbeit.* Tübingen: edition diskord.

Roussillion, R. (2009): Das psychoanalytische Gespräch: eine Couch in Latenz. *Zeitschrift für psychoanalytische Theorie und Praxis*, 24 (4), S. 399–415.

Spitz, R. (1963/1972): Das Leben und der Dialog. *Psyche – Z Psychoanal*, 26, S. 249–264.

Steeger, G. (2014): Sprechen Sie Xerokisch? *Der Freitag*, Nr. 46, 13. November 2014, S. 22.

Strittmatter, K. (2014): Ausgeträumt. *Süddeutsche Zeitung*, 25./26.Oktober 2014, »Gesellschaft«, S. 49.

Türcke, C. (2009): Konzentrierte Zerstreuung. Zur mikroelektronischen Aufmerksamkeitsdefizitkultur. In: Schneider, G.; Eilts, H.-J.; Picht, J. (Hrsg.): *Psychoanalyse, Kultur, Gesellschaft*. Arbeitstagung der Deutschen Psychoanalytischen Vereinigung v. 18.–21. November 2009. Frankfurt a. M.: Geber + Reusch.

Van Loh, J. (2012): Narziss, Ödipus, Ha-Shem oder Von der Talking Cure zur Curing Technology. Anmerkungen zum Verhältnis von Psychoanalyse und neuen Medien. *Psyche – Z Psychoanal*, 66, S. 752–762.

Walker, A. (1999): *Stanley Kubrick Director – a visual analysis*. New York: Norton.

Winnicott, D. W. (1954/1985): Primäre Mütterlichkeit. In: *Von der Kinderheilkunde zur Psychoanalyse*. Frankfurt a. M.: Fischer.

Winnicott, D. W. (1956/1975): Primary Maternal Preoccupation. In: *Through Paediatrics to Psycho-Analysis. The International Psycho-Analytical Library*, 100, S. 1–325.

Martin Feuling
Symbolisch, imaginär, real
Ein Blick auf 30 Jahre Entwicklung der Technik und der sozialen Funktionen des Computers

»Wir folgen exakt denselben Mechanismen wie die Maschine.«
Jacques Lacan 1980, S. 385

In meiner kleinen Vignette zum Tagungsthema will ich darauf aufmerksam machen, wie sehr sich die Technik und die soziale Funktion des Computers in den letzten drei Jahrzehnten verändert haben, und damit auch die Gewichtung und Verschränkung von symbolischen, imaginären und realen Aspekten.

Im Jahr 1983 wurde ich selbst neugieriger Besitzer eines ersten (gebrauchten und gerade noch für mich bezahlbaren) Personal Computers: ein Osborne 1 (erschienen 1981), einer der ersten tragbaren Computer mit dem Betriebssystem CP/M, 5 Zoll Bildschirm, Gewicht 11 kg, 2 Diskettenlaufwerke mit jeweils 85 kByte.

1985 kaufte ich mir dann einen der ersten Atari ST mit graphischer Benutzeroberfläche, mit 720 kByte Diskettenlaufwerk, aber noch ohne Festplatte!

Just in dieser Zeit – von 1985 bis 1987 – war ich im Therapeutischen Heim des Vereins für Psychoanalytische Sozialarbeit in Rottenburg tätig, das seit 1978 psychoanalytisch mit autistischen Jugendlichen arbeitete. 1986 ließ ich die autistisch-psychotischen Jugendlichen einmal drei Tage lang diesem Atari-Computer begegnen, neugierig, was sie damit machen würden. 1990 habe ich diese Episode in einem Aufsatz in der Kassler Zeitschrift *Fragmente* (Feuling 1991) beschrieben.

Theoretische Überlegungen

Meine theoretischen Überlegungen zu diesem Experiment will ich hier nur ganz holzschnittartig skizzieren. Ich eröffne meinen kleinen Exkurs mit einem Zitat von Frances Tustin. Sie schreibt: Das autistische Kind

> lebt in einer Welt, in der taktile, sinnliche Gegensatzpaare wie »hart« und »weich«, »hell« und »dunkel«, »groß« und »klein«, »voll« und »leer«, »lieb« und »böse« usw. so empfunden werden, als bekämpften sie einan-

der. Im nicht-kooperativen Zustand, in dem es eingeschlossen ist, herrscht wilde Rivalität. Das Kind fürchtet, daß eine konkurrierende Empfindung ihr Gegenstück vollständig zerstören wird, etwa, daß »Dunkelheit« das »Licht« auslöschen, daß die »Leere« die »Fülle« vernichten [...] würde. Wenn die »bösen« Empfindungen die »lieben« zunichte machen, fürchtet es selbst, zu einem »Nichts« zu werden – wobei der Verlust des Gefühls, zu existieren, die größte Furcht des autistischen Kindes ist. [...] Nur wenn sich allmählich ein Bereich der Kooperation und Reziprozität entwickelt, können diese entgegengesetzten Pole eine kreative Verbindung eingehen, sich gegenseitig verwandeln und modifizieren, damit andere, subtilere Zustände auftauchen können. (Tustin 1988, S. 61f.; zit. nach Tustin 2005, S. 81f.)

Wenn ich diese Gedanken Tustins stark zuspitze, lassen sie sich mit Jacques Lacans Ausführungen über das Symbolische und seine Aneignung in der Entwicklung verbinden: Die digitalen Gegensatzpaare fort/da, gut/böse, hart/weich sind strukturell äquivalent mit dem 0/1 des Computers. Digitale Gegensatzpaare sind auch die basale Logik des Symbolischen, der Sprache und des Sozialen. Freuds Fort-Da-Spiel – Grundlage des Wiederholungszwangs und des Todestriebs – ist nicht nur ein Spiel und eine beiläufige Episode. Das Fort-Da-Spiel markiert den Eintritt des Subjekts in die Sprache und das Symbolische. Das Symbolische ist digital und es ist seriell. Es bringt eine nicht abreißende Serie des Fort-und-da-und-fort-und-Da, des 0/1 hervor, den Diskurs. Aber das Symbolische ist nicht nur seriell, quasi maschinell-autistisch, sondern es bringt auch eine eminent dialektische Struktur hervor: die Struktur der Anwesenheit einer Abwesenheit. In der Sprache wird das Abwesende anwesend gemacht. Dieser neue Modus einer Anwesenheit der Abwesenheit lässt den ursprünglichen Modus des Anwesenden nicht unverändert.

Wie jede menschliche Realität organisiert sich zwar auch die Welt der Autisten in digitalen Gegensatzpaaren, aber die dialektische Form der Anwesenheit einer Abwesenheit gelingt nicht hinreichend. Dadurch können gut und böse nicht in eine Verbindung miteinander treten, die Tustin als Verhältnis von »Kooperation und Reziprozität« beschrieben hat. Lacan nennt dies ein Wechselspiel von Projektion und Introjektion: Sehr bedrohliche, unlustbesetzte Vorstellungen werden ausgestoßen, ins Außen projiziert, dann aber – indem imaginäre Äquivalenzen zwischen den sehr bedrohlichen und weniger bedrohlichen Vorstellungen gebildet werden – wieder introjiziert. Durch die Vermittlung dieser imaginären

Gleichungen entsteht das Symbolische als ein Universum von vielfältigsten Objekten und Bedeutungen.

Lacan schreibt den Mechanismus der Projektion überwiegend dem Imaginären zu, die Introjektion hingegen dem Symbolischen. Das Imaginäre beruht auf der Struktur des Bildes und des Sehens. Das Bild ist analog, anwesend und zeigt simultan, mit einem Augenblick eine Ganzheit; das Symbolische dagegen beruht auf der Struktur der Sprache, ist digital, anwesend-abwesend und seriell, folglich auch zeitlich.

Auf der Ebene einer gelungenen Verschränkung von Symbolischem und Imaginärem ist das Reale nur ein Rest des Nichtsagbaren und Nichtabbildbaren. Auf der Ebene autistischen Nichtgelingens der Anwesenheit einer Abwesenheit und des Nichtgelingens der Verknüpfung von Symbolischem und Imaginärem sowie der Vervielfältigung der Objekte bleibt das Reale ein endloser Schrecken der ewigen Anwesenheit und der Verleugnung jeder unerträglichen Abwesenheit. Rettung vor dem Schrecken unendlicher Anwesenheit gibt es nur, soweit die potenzielle Abwesenheit und die Endlichkeit gedacht werden können.

Entschuldigen Sie diesen theoretischen Parforceritt. Ich bemühe mich, diese Überlegungen in den Klinischen Sequenzen anschaulicher werden zu lassen.

Im Therapeutischen Heim (1986)

1986 lebten im Therapeutischen Heim sechs Jugendliche. Davon war zum Zeitpunkt meines Computerexperiments ein Jugendlicher in Urlaub, zwei hatten kein Interesse an dem Computer: Victor, ein äußerst ruheloser schizophrener junger Mann, und Clara, eine junge Frau, die sich massiv selbst verletzte und aufgrund einer psychotischen Anorexie mit Sonde ernährt werden musste. Von den drei Interessierten will ich hier nur ihre autistischen Objekte skizzieren, die alle irgendwie maschinelle Aspekte hatten.

Tine, 17 Jahre, saß anfangs stundenlang vor Waschmaschinentrommeln, begeisterte sich später für bestimmte nichtrechte Winkel, die sie überall in der Welt entdeckte, und für Plastik in allen Formen. Auf ein Kind mit Plastikregencape stürzte sie sich vehement, in ihrem Zimmer sammelte sie Plastikgeduldspiele und Plastikfolien. Dazu kamen

»Düsenjäger« aller Art. Sie trug immer ein Fernrohr bei sich und Serien von Polaroidfotos von Kinderkarusselldüsis. Tine interessierte sich auch panisch für Maschinen und Elektromotoren aller Art, z. B. in Gebläsen, Sägen, Kopiergeräten etc.

Bei Christian, 17 Jahre, waren es seine Stereoanlage und Stereotypien von Hitparaden. Er spielte selbst Klavier und hatte eine Klaviermechanik, die er immer wieder auseinandernahm und zusammenbaute. Beim Praktikum in einer Schreinerei stürzte er sich auf die Schalter aller Werkzeugmaschinen: Sie waren ihm das Wesentlichste. Daneben waren Haare von Frauen seine autistischen Objekte, an denen er immer meinte, reißen zu müssen.

Melanie, 13 Jahre, war damals erst kurze Zeit im Heim. Sie hörte vor allem Märchenkassetten, las Märchenbücher und sprach unentwegt selbst wie ein Märchentext.

Erster Tag

Christian und Tine erkennen und benennen sofort den Computer im Büro und fragen, ob sie ihn einmal ausprobieren können. Er zieht sofort eine hohe libidinöse Besetzung auf sich. Nur widerwillig verrichten sie an diesem Tag ihre anderen Aufgaben wie Essen und Schule.

Christian antwortet auf meine Frage, was er denn mit dem Computer machen wolle, sofort: »Schreiben.« Ich lade ihm ein Textprogramm, und er schreibt – wie er es auch auf der mechanischen Schreibmaschine tut – additiv Namen von Klavierfirmen, Jahreszahlen und Hitparaden. Er probiert dann hauptsächlich die Funktion der Returntaste aus, und zwar so, dass er immer einen Textblock von einigen Zeilen, den er gerade geschrieben hat, nach oben aus dem Bildschirm verschwinden lässt. Damit hat er wieder eine unbeschriebene Fläche vor sich, die er erneut beschreibt. Später lässt er das nach oben Verschwundene mittels der Pfeiltasten wieder erscheinen. Die Benutzung der Maus liegt ihm fern. Er möchte unbedingt beim Schreiben alleine sein, probiert einiges aus, alle Tasten. Nachmittags bricht er vorzeitig seine Therapiestunde ab, um zu computern, ich schicke ihn aber wieder zurück; später schreibt er noch einmal. Nach gut einer Stunde beherrscht er die Logik und viele wesentlichen Funktionen des Textprogramms selbstständig. Auf die Idee, dass er das, was er da in den Behälter Computer eingefüttert hat, auch auf Papier ausgedruckt haben möchte, kommt er von alleine nicht und hat auch kein Interesse an dem Ausdruck, den ich ihm mache. Ein Ausdruck hätte wohl sein aufflackerndes Begehren durch die Materialisierung sofort wieder zerstört, es zum Bedürfnis erniedrigt.

Melanie denkt bei Computer sofort ans Rechnen: Ich lade ihr einen Taschenrechner und sie tippt zehn Minuten lang Zahlen hinein, scheint aber letztlich nicht so ganz zufrieden damit. Ich zeige ihr dann »Lausbub«, ein einfaches Spiel, bei dem aus einem Labyrinth alle Blumen abgepflückt werden müssen, bevor man in das nächste Labyrinth gelangt etc. Sie versteht das Spiel sehr schnell in seiner Funktion und spielt es geschickt und ausdauernd.

Tine fragt – sie hat zuvor Melanie bei »Lausbub« beobachtet – sofort nach Spielen und möchte eins nach dem anderen durchprobieren. Sie ist dabei sehr gierig, panisch drängend, kann nicht genug bekommen. Ich weiß nicht mehr genau, was ich ihr alles gezeigt habe; bei »Megaroid« (einem Weltraumballerspiel) fragt sie sofort nach Erscheinen des Bildes: »Und wie feuert man da?« Sie feuert dann und wird dabei ruhiger. Erst in diesem Zusammenhang erfahre ich, dass Tine früher intensive Spielhöllenautomatenbenutzerin war, bis sie Lokalverbot bekam. Tine kann nicht lange dran bleiben, weil zwischen den Schulstunden nur wenig Zeit ist. Deshalb fragt sie auch den ganzen Tag, wie lange der Computer da wäre, wann sie wieder dran könne: »Ich habe Angst, zu kurz zu kommen.«

Nach der Hektik zwischen den Schulstunden am Vormittag sitzen am Nachmittag oft alle im Büro herum, und einer schaut geduldig dem anderen zu, was dieser dem Computer entlockt.

Zweiter Tag

Melanie tippt wieder eine Zeit lang Zahlen und spielt wieder »Lausbub«, schließlich will sie – auf mein Angebot hin – zeichnen: Sie malt mit einem einfachen Malprogramm mit der Maus fein säuberlich ein Haus mit Garten, Gartenzaun und Menschen. Dann radiert sie alles systematisch mit ebensoviel Akribie und großem Ernst wieder aus. Das Ausradieren, das Verschwindenlassen scheint ihr mindestens ebensoviel Befriedigung zu bringen wie das Zeichnen. Dies wird besonders deutlich, als sie danach immer wieder Reihen von Buchstaben im Zeichenprogramm schreibt, nur um sie anschließend mit dem Radiergummi wieder auszulöschen. Drucken interessiert sie nicht.

Christian will weiterhin schreiben. Er erkundet das Programm, besonders die verschiedenen Möglichkeiten des Verdoppelns und des Löschens von Buchstaben, Wörtern und Zeilen. Er will schließlich auch, dass ich ihm das Geschriebene drucke. Er lässt seinen Ausdruck dann allerdings achtlos neben dem Gerät liegen. Abends, beim Ausdruck seines zweiten Textes verlangt er dann aber auch den Ausdruck des ersten und nimmt ihn mit.

Tine darf heute nur zuschauen, weil sie mit ihren Computerwünschen extrem erregt war: Sie sucht auf dem Monitor nach bestimmten Trapezformen und spitzen Winkeln. Als Christian im Textprogramm schreibt, sieht sie sich ganz besonders intensiv das untere Viertel der Zeichentabelle mit den griechischen und hebräischen Buchstaben an. Tine scheint geradezu in den Monitor hineinkriechen zu wollen.

Victor schaut immer wieder vorbei, wie alle im Büro sitzen.

Dritter Tag

Tine hat ihr gestriges Verbot tapfer überstanden. Morgens empfängt sie mich mit den Worten, dass sie »nach der Schule mit dem Computer schaffen wolle. Heute nur Tele-Spiele, morgen dann auch Grafik. Ich finde Computer nämlich wirklich spannend. Ich möchte doch verstehen, wie ein Computer funktioniert, der hat doch auch ein Gehirn, wie die Menschen. Das möchte ich wirklich verstehen.« Sie spielt dann repetitiv eine Reihe Spiele.

Christian und Melanie schreiben wieder bzw. malen und spielen. Nach einiger Zeit – mittlerweile haben auch einige Kollegen ein gewisses zögerliches Interesse gezeigt – mache ich den Fehler, den Betreuern zeigen zu wollen, dass der Computer nicht nur ein unlebendiges technisches Gerät ist, sondern dass man damit auch »kreative Sachen« machen kann; z. B. mit »Printmaster« einen Kalender, einen Speiseplan oder ein großes Banner für eine Geburtstagsfeier. Dabei versuche ich zwar schon, die Jugendlichen einzubeziehen. Aber diese haben an den kreativen Möglichkeiten des Computers kein Interesse: Zwischen der neurotischen Welt der Betreuer und den autistischen Welten der Jugendlichen klafft eine weite Kluft. Sie interessiert daran wohl wirklich nur die gefahrlose Wiederholbarkeit des Fort-Da und die Möglichkeit des Herausholens und Hineintuns. Deshalb haben sie auch eher Interesse an den extrem grob gepixelten Bildern, die in »Printmaster« fest abgespeichert sind und die man dort herausholen kann: Ich vermache also Tine zum Abschied vom Computer einen ausgedruckten »Düsi«, Christian ein Klavier, Melanie einen Briefbogen mit verschiedenen Objekten darauf.

Interpretation

Wie bin ich auf die Idee gekommen, die autistischen Jugendlichen mit einem Computer zu konfrontieren? Aufgrund der starken Reaktionen der Jugendlichen auf alles Maschinelle im klassisch-mechanischen Sinn, wollte ich sehen, was die Jugendlichen mit einer nichtklassischen, mit einer symbolischen Maschine anfangen würden. Zumal sie auch an den klassischen Maschinen immer besonderes Interesse für die Schalter gezeigt hatten. Die Autisten erleben offensichtlich eine Maschine nicht als Werkzeug, sondern sie reduzieren sie auf die basale symbolische Funktion des An/Aus, auf ihre Schalter. Ein Computer ist aber nichts anderes als eine Anhäufung von An/Aus-Schaltern.

Die Autisten mit einem Computer zu konfrontieren, folgte dem Gedanken, dass diese Jugendlichen spontan merken würden, dass ein Computer exakt die Logik ihrer Problemstellung präsentiert, dass sie also anhand des Umgangs mit einem Computer nicht nur ihr Problem deutlich darstellen können, sondern dass ein Computer vielleicht auch die autistische Fixierung durchbrechen, eine weitere Entwicklung einleiten könnte. Und zwar wesentlich deshalb, weil ein Computer nur scheinbar ein autistisch funktionalisierbares Objekt ist, weil er sich tatsächlich der bruchlosen Funktionalisierung widersetzt, eine Eigengesetzlichkeit im Umgang entwickelt, die umgekehrt eine Anpassung des Subjekts an den Computer als an ein »Anderes« erfordert.

Gewiss habe ich den Fehler gemacht, zu frühzeitig die spezifische Gebrauchsweise der Jugendlichen abzuwürgen. Auch deshalb, weil ich – wohl mit Recht – befürchtete, ihre Betreuer könnten sich dabei zu sehr in ihrer (pädagogischen) Ablehnung des Computers überhaupt, besonders aber durch seinen »unkreativen Missbrauch« durch die Autisten bestärkt fühlen. Denn – wie sich gezeigt hat – ist der Computer für die Jugendlichen zuallererst eine Maschine, mit der man gefahrlos und weniger angstauslösend als mit lebendigen Objekten die Alternanz von Abwesenheit und Anwesenheit, von Fort und Da, wiederholen kann.

Wenige Tage vor diesen Ereignissen mit dem Computer bekam das Heim ein Klavier. Auch dieses wurde von den Jugendlichen sehr intensiv auf- und angenommen. Es wurde von Tine und Christian aber hauptsächlich gebraucht, um sein Inneres, seine Mechanik zu untersuchen, und vor allem: um dort hineinzuspucken. In einen Computer kann man nicht hineinspucken. Man kann auch nicht seine Mechanik untersuchen, da auch – oder gerade – den Autisten sofort klar war, dass seine Funktion sich überwiegend ohne mechanische Bewegung, im Unsichtbaren vollzieht. Das Interesse an ihm betrifft etwas anderes: das Herholen und Verschwindenlassen, das Hineintun und das Herausholen, das Produzieren und das Reproduzieren. Kurz: alles, was mit dem Wechselspiel von Fort und Da zu tun hat. Es ist nichts von ihrer sonstigen Taktilität und Sucht nach körperlicher Gegenwärtigkeit zu bemerken.

Entscheidend scheint mir, dass die Jugendlichen spontan die grundlegende Logik des Computers verstehen; sie reagieren, als hätten sie schon immer nach so etwas gesucht; sie begegnen ihm ohne Angst und beherrschen viele seiner Funktionen bereits nach erstaunlich kurzer Zeit. Sie fragen sofort, was man mit dem Computer für verschiedene Dinge machen kann. Sie scheinen also spontan den Computer als universale Maschine zu begreifen, ihn zumindest sofort mit der Frage von Sichtbarem/Unsichtbarem bzw. Anwesenheit und Abwesenheit zu verbinden. Und zugleich mit der Figur von Behälter und Inhalt, nämlich mit den »Schätzen«, die sie in seinem »Inneren« vermuten.

Es ist den Jugendlichen sofort klar, dass der Computer nicht einem einzigen Zweck dient, sondern dass er potenziell alles Mögliche in sich hat. Der Gedanke einer potenziellen Anwesenheit ist etwas, zu dem sie sonst gerade nicht fähig sind. Die Autisten sehen spontan den Computer nicht als Werkzeug für einen Zweck, sondern als Maschine, die andere, mechanische Maschinen re-präsentieren, sie simulieren und ersetzen kann: Schreibmaschine, Spielzeug, Rechenmaschine, Zeichengerät etc.

Die von den Jugendlichen sogleich begriffene Daseinsweise des Computers als Behälter, aus dem die verschiedensten Dinge hervorzulocken sind, zeigt, dass sie ihm den Seinsmodus einer Potenzialität unterstellen können, jenseits seines aktuellen Daseins als eckige Kiste. Sie können ihm den Seinsmodus einer »Anwesenheit der Abwesenheit« unterstellen – was ihnen sonst kaum je gelingt – und dieser Seinsmodus macht es möglich, die Maschine mit Phantasien zu besetzen, sodass sie Ursache eines Begehrens sein kann.

Tine sagte, als sie vom Computer pausieren muss: Sie habe »Sehnsucht« nach ihm. Dieses Wort Tines muss man ernst nehmen: Es zeigt, dass der Computer eine Maschine des Begehrens ist, und nicht eine Maschine zur Befriedigung eines Bedürfnisses.

Der Computer ist für die Jugendlichen aber auch Objekt des Anspruchs auf unendliche Anwesenheit: Sie wollen in den drei Tagen, die der Computer im Heim steht, nicht mehr von ihm ablassen, und ich habe ihnen deshalb immer wieder Pausen, Einschnitte, Abwesenheiten zugemutet, auf dass die »Sehnsucht«, das Begehren und die Phantasie einen Raum haben. Pausen habe ich auch deshalb induziert, weil die Jugendlichen nach kurzer Zeit des Umgangs anfangen, Stereotypien mit dem Computer zu reproduzieren, ihn scheinbar als autistisches Objekt zu gebrauchen. Aber vielleicht hätte ich sie einfach machen lassen sollen …

Die folgenden Sätze habe ich 1990 geschrieben. Es wäre zu diskutieren, inwieweit sie heute noch zutreffen oder ob sie zu modifizieren, mindestens aber neu zu gewichten sind.

> […] der Gebrauch des Computers als autistisches Objekt würde schnell an eine Grenze stoßen: das Umgehen mit dem Computer ist nicht ohne Einlassen auf die Eigenlogik des Computers zu verwirklichen – anders als bei einem Plastikfetzen. Denn es ist klar, daß hinter der scheinbaren Eigenlogik des Computers das Begehren eines Anderen steckt, der die Hardware und die Software entwickelt hat. Dieser Andere ist aber so weit abwesend, daß es möglich ist, mit ihm und seinem Denken, das sich z. B. in der Software materialisiert hat, gefahrloser zu kommunizieren als mit den lebendigen Menschen, die zu sehr anwesend und deshalb bedrohlich sind.
>
> Und das läßt vorstellbar sein, daß der Computer zum Motor einer Entwicklung für die Autisten werden könnte, in welcher die sonst immer »konkretistische« Suche nach dem verlorenen Objekt in Szene gesetzt und beliebig oft wiederholt werden kann, ohne jemals Gefahr zu laufen, es wiederzufinden, befriedigt zu werden. Vielleicht könnte so schlußendlich einmal der endgültige Verlust des verlorenen Objekts gelingen.
>
> Sicherlich hat der Computer eine imaginäre Dimension. Sie zeigt sich immer da, wo ihm etwas Anthropomorphes zugeschrieben wird, z. B. wo er von Tine als »Gehirn« verstanden wird, das sie nun ihrerseits verstehen möchte. Das ist aber Tines introjiziertes pädagogisches Über-Ich und nicht ihr ureigenstes Interesse am Computer. In ihrem tatsächlichen Umgang mit dem Computer zeigt sie, daß sie diese Frage überhaupt nicht interessiert, daß sie überhaupt nichts verstehen, sondern einzig und allein wiederholen will.
>
> Der Computer bringt sicherlich auch die Dialektik von Behälter und Inhalt ins Spiel: das weiß jeder, der sich einmal in die Tiefen des Betriebssystems als eines immateriellen »Mutterleibs« hineingewühlt hat. Es weiß aber auch jeder, daß hinter den Inhalten des Mutterleib-Behälters

Computer ein väterlicher Befruchter (Programmierer) und ein Gesetz, eine strenge Konvention stehen muß, ohne den »nichts drin« bzw. nichts hervorrufbar wäre. Das war auch die Reaktion der Jugendlichen: was ist alles in dem Behälter Computer drin an Spielen, Text-, Rechen- und Grafikprogrammen? Aber auch umgekehrt: Was kann man alles in ihn hineintun und wie bewahrt der Computer als Behälter diese Inhalte und macht sie reproduzierbar, revozierbar?

Das, was man in den Computer hineintun kann, hat einen ganz besonderen und unvergleichlichen Realitätsstatus: zunächst scheint es spurlos zu verschwinden. Das Imaginäre unterstellt gewöhnlich aber, daß es irgendwie enthalten bleiben müsse, denn das tatsächlich mögliche spurlose Verschwinden, der vollkommene Verlust ohne »Erinnerungsspuren« ist eigentlich unvorstellbar. Autisten haben davon wohl eher eine Ahnung als wir Normalneurotiker. Jeder Computer-Anfänger wird mit dieser Tatsache eines real möglichen aber unvorstellbaren spurlosen Verlustes konfrontiert. Und er wird ihn mit Sicherheit auch erleiden, bevor er nicht zwischen Arbeitsspeicher und Massenspeicher unterscheiden kann und Vorrichtungen gegen den Verlust von Daten durch häufiges Speichern und Sicherheitskopien trifft. Zunächst ist er seinem Imaginären – das sagt: nichts kann spurlos verlorengehen – hilflos ausgeliefert. Die Gedanken jedes Computerbenutzers kreisen um diese psychoseähnliche Angst eines unvorstellbaren totalen Verlustes.

Im Computer überschneiden sich Symbolisches und Imaginäres, als realer – d. h. zerlegbarer – Gegenstand jedenfalls spielt er keine Rolle, denn keiner der Jugendlichen hat sich dafür interessiert, welche Teile in seinem Inneren arbeiten und wie sie zusammenwirken. (Feuling 1991, S. 177ff.)

1986 war die Zeit im Verein für Psychoanalytische Sozialarbeit noch nicht reif für die Integration von Computern in die Welt der Betreuer und Bewohner des Heims. Dies wurde erst Anfang der 1990er Jahre möglich: Unsere beiden Wohngruppen und die Ambulanz bekamen je einen Atari ST als komfortables Schreibgerät für die Betreuer. 1996 schafften wir zudem einen ersten PC mit Windows 95 als Büroarbeitsgerät für die Geschäftsführung an. Auch in das Wartezimmer unserer Ambulanz stellten wir einen Atari ST als frei zugänglichen Computer für die Jugendlichen. Wohl gemerkt: Damals gab es noch keine Anbindung an die Außenwelt via Internet. Eine Verbindung mit dem Internet hatten wir erstmals 1999: einen ISDN-Anschluss, mit dem wir Online-Banking per BTX und eine E-Mail-Adresse einrichteten.

Im Wartezimmer (2000)

Im Jahr 2000 schrieb ich einen Aufsatz über die psychoanalytisch-sozialarbeiterische Konstruktion des Wartezimmers unserer Ambulanten Dienste, in dem besagter Atari ST eine wichtige Rolle spielte: Mitte der 1990er Jahre waren unsere Ambulanten Dienste auf zwölf Mitarbeiter und etwa 50 Klienten angewachsen, untergebracht in zwei benachbarten Häusern in der Tübinger Altstadt. In den zwei Häusern gab es damals vier Wartezimmer, eines war besonders wichtig: Es war ein etwa 18m² großer Raum im ersten Stockwerk des Hauses, in dem sich auch die Geschäftsführung des Vereins sowie weitere fünf Zimmer von Kollegen befanden. Dieser Raum war als Wohnküche mit Tisch und einigen Stühlen eingerichtet. In einer Ecke lagen Zeitschriften und Comichefte aus, in einer anderen Ecke stand der Atari-Computer mit Text- und Spielprogrammen.

Ich werde jetzt zwei kurze Fallskizzen vortragen.

Max, geboren 1977, war von früher Kindheit an auffällig durch autistoide Verhaltensweisen. Mit Beginn der Pubertät wurde er für die Regelschule zunehmend untragbar, da er keinerlei Grenzen mehr einhielt. Weder eine Einzelbeschulung in der Klinikschule noch eine zugehende Familienhilfe konnten ihm Halt geben. Zu einer stationären Unterbringung waren die Eltern nicht bereit. Schließlich fuhr Max nur noch mit der Straßenbahn durch die Stadt und telefonierte unentwegt mit allen Menschen, deren Telefonnummern er in seinem Gedächtnis gespeichert hatte – damals gab es noch keine Flatrates.

1993, mit 16 Jahren, kam Max für sechs Jahre zu uns nach Tübingen: An fünf Wochentagen machte er sich früh morgens auf den insgesamt 1½-stündigen Weg mit Straßenbahn und Eisenbahn und fuhr am späten Nachmittag wieder zurück, hielt sich also insgesamt viele Stunden täglich bei uns auf.

In dem für ihn entworfenen Setting hatte Max zunächst Einzelunterricht, später Kleingruppenunterricht in der Klinikschule, dann erste Arbeitsversuche im Haus, anschließend in einer Werkstatt für Behinderte. Außerdem hatte er drei bis vier analytische Einzelstunden pro Woche. Im Wartezimmer verbrachte er Pausenzeiten, und es gab dort ein Mittagessen für ihn, zunehmend gemeinsam mit anderen Jugendlichen. Das Wartezimmer entwickelte sich für Max zu einem verlässlich haltgebenden Ort, in dem er sich auch ohne Einzelbegleitung bergen und an minimale soziale Regeln und Grenzen halten konnte. Zeiten des Alleineseins im Wartezimmer konnte er bewältigen, indem er über längere Zeiten am Computer spielte oder schrieb. Heute arbeitet Max in seiner Heimat- und jetzt auch Arbeitsstadt sehr produktiv in einer Werkstatt für Psychisch Kranke. Er wohnt weiter bei seinen Eltern und hält bis heute telefonisch Kontakt mit uns. Oft spricht er aber immer noch lieber mit unseren Anrufbeantwortern als live.

Michael, geboren 1977, war von früher Kindheit an auffällig durch aggressive Verhaltensweisen und psychotische Ängste. Als es zu Hause nicht mehr ging, folgte eine Serie von stationären Unterbringungen, die alle wegen gefährlichen Übergriffen beendet wurden, meist in Form eines Kippens zwischen Täter- und Opferposition. Mit zehn Jahren kam er für fast zwei Jahre in ein heilpädagogisches Jungenheim, anschließend für ein halbes Jahr in ein geschlossenes Heim für dissoziale Jugendliche. Es folgte eine weitere Wohngruppe in Form einer professionellen Pflegestelle. Michael wurde mit 14 Jahren stationär in die Jugendpsychiatrie aufgenommen. Nach neun Monaten entließ ihn die Jugendpsychiatrie zunächst in das Fremdenzimmer eines Gasthauses. Danach wurde für den gerade eben 15-Jährigen ein Betreutes Jugendwohnen eingerichtet, die ambulanten Einzelstunden in der Jugendpsychiatrie wurden fortgeführt. Nach dem Scheitern dieses Versuchs fand Michael selbst eine Pflegefamilie, die ihn aufnahm. Nach sechs Monaten in zwei Erwachsenenpsychiatrien wurde er an uns vermittelt. Michael kam also ebenfalls 1993, im Alter von 16 Jahren zu uns.

Die Arbeit mit Michael war überaus schwierig. Er hatte immer mindestens vier Betreuer, weil man ihn anders wohl nicht hätte ertragen können. Er brauchte wenig konkrete Unterstützung in lebenspraktischen Dingen, hielt sich jedoch bis zu 20 Stunden pro Woche in unserem Haus auf, meist im Wartezimmer. In Arbeit war er nicht dauerhaft integrierbar, zeitweise zerlegte er Elektrogeräte in Heimarbeit. Inzwischen ist er jedoch weithin bekannt dafür, dass er anderen Menschen bei ihren Hardware- und Softwareproblemen hilft und kaputte Computer repariert.

Michael hatte von früh an Elektrogeräte zerlegt und wieder zusammengebaut. Im Lauf der Jahre wandte er sich Computern zu, zunächst nur der Hardware: Michael kann sich z. B. in ein defektes Mainboard geradezu einfühlen und kleinste Bauteile austauschen. Der Software – dem nicht taktil greifbaren Produkt der unberechenbar-gefährlichen Geistestätigkeit anderer Menschen – näherte er sich vorsichtig an, indem er sich zunächst die Tonabfolge von 0 und 1 Bits einer Windows 95 Betriebssystem-CD als »Musik« anhörte, um das ungreifbar Geistige für sich konkretistisch greifbar zu machen.

Meine Frage ist hier: Wie funktionierte dieses Wartezimmer ohne massive Konflikte und ermöglichte so extrem beziehungsgestörten jungen Menschen soziale Erfahrungen eines relativ friedvollen Miteinanders, die anders kaum denkbar schienen? Und welche Rolle spielte dabei der Computer?

Ich will dies am Beispiel von Max und Michael skizzieren. Anfangs war die Beziehung zwischen den beiden hochgradig aggressiv aufgeladen, da Max Michael zum Freund haben wollte und dessen Nichtwollen ignorierte. Er verfolgte Michael auf Schritt und Tritt im Haus und in der Stadt, bis sich dieser einmal – bezeichnenderweise im Wartezimmer – gegen ihn abgrenzte und eine leere Kaffeekanne nach ihm warf, in Anwesenheit von Betreuern als Zeugen, also eher als Signal denn als Durchbruch. Dies führte in der Folge dazu, dass Max sich respektvoller gegenüber Michaels Grenzen verhielt. In der Folge verbrachten die beiden viele Stunden ohne Konflikte gemeinsam im Wartezimmer, sahen sich gegenseitig beim Computerspielen zu und entwickelten eine Art Privatsprache: Max übernahm in einer sinnentleerten Form viele von Michaels eigenlogischen Wörtern, in denen dieser seine psychotischen Ängste zu bändigen versuchte. Er entleerte sie noch weiter ihres Sinnes, indem er mit rasanter Geschwindigkeit diese Worte in sich reimende »Gedichte« verwandelte, die er dazu noch in Form von Buchstabenkombinationen deutscher Städteautokennzeichen in den Computer schrieb. Diese Gedichte wiederum sicherte Michael für Max auf Disketten und druckte sie für ihn aus. Gemeinsam lasen sie, was Max für Michael schrieb und lachten miteinander.

Für Max und Michael aber auch für alle anderen Klienten und Mitarbeiter war das Wartezimmer ein Ort des Kommens und Gehens, ein Ort zwischen Fort und Da. Vor allem ein Ort ohne pädagogische oder therapeutische Intention etwa in Bezug auf das Erarbeiten von Gruppenfähigkeit.

Der alte Atari ohne Internetanschluss mit Text- und Malprogrammen, mit einfachsten Fort-Da-Spielen wie »Breakout« und »Ballerburg«, basierend auf pixelbasierten Sprites ohne graphische Annäherung an die äußeren, imaginär-bildhaften Realitäten, funktionierte überwiegend als eine symbolische Fort/Da-Maschine, die – wie das Beispiel von Max

Martin Feuling

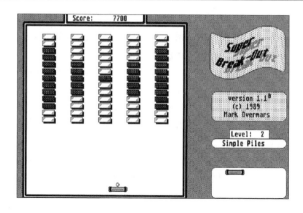

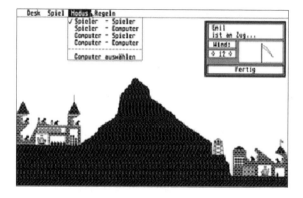

und Michael zeigt – soziale Beziehungen stiftete und ermöglichte, die es sonst nicht gegeben hätte. Es ist bemerkenswert, dass der Wartezimmercomputer nie Objekt eines Streits war, was dann Reglements erzwungen hätte, wer z. B. wann am Computer sein darf. Das regelte sich in bemerkenswerter Form immer von selbst: Wer zuerst dran war, durfte dran bleiben, und die anderen schauten zu. Höfliche Formen der gegenseitigen Hilfe, der sozialen Einfühlung und Rücksicht, indem man dem anderen den Platz am Computer überließ, kamen auf dieser Basis häufig vor.

Im Neubau, in dem seit 2003 unsere Ambulanz arbeitet, haben wir diese Struktur der Wartezimmer nachgebildet, weil sie sich sehr gut bewährt hatte. Auch hier gibt es ein zentrales Wartezimmer mit Küchenecke und einen Jugendlichencomputer, einen Windows-PC mit Internetzugang, aber nur eingeschränkten Spielmöglichkeiten – vor elf Jahren hatte noch nicht jeder Jugendliche einen Internetzugang zu Hause. Anfangs machte dieser Computer Probleme, weil Jugendliche im Internet Seiten aufriefen, die wir in unserem Hause nicht unterstützen wollten. Dieser Computer wurde in den letzten Jahren zunehmend weniger genutzt, schließlich vor einem halben Jahr ganz entfernt.

Seit 2003 hat jeder Kollege in unserer Ambulanz einen Computer mit Internetzugang und Anschluss an den zentralen Datenserver in seinem Sprech-, Spiel- und Arbeitszimmer. Mit vielen Klienten kommen diese Computer auch in Einzelstunden ins Spiel.

Eine aktuelle Fallvignette (2014)

Computer und andere Formen der Neuen Medien spielen in der psychoanalytischen Sozialarbeit eine ähnlich große Rolle wie überall. Aber ich meine, dass diese Rolle je nach psychischem Strukturniveau durchaus unterschiedlich ist. Das will ich jetzt nur noch ganz kurz in einer weiteren Fallvignette eines Jugendlichen mit Asperger-Syndrom skizzieren.

Stephan (geb. 1996) zog sich mit Pubertätsbeginn schleichend aus der Schule zurück, es gab zunehmend Fehltage. Mit zwölf Jahren wurden – wie schon bei seinem zwei Jahre älteren Bruder – ADS und eine Emotionale Störung diagnostiziert. Es gab eine ambulante Verhaltenstherapie und mit 13 Jahren eine viermonatige stationäre Psychotherapie, anschließend die Fortführung der ambulanten Therapie. Mit 15 Jahren wandten sich die Eltern an uns. Über lange Zeit waren zunächst nur Elterngespräche möglich, weil Stephan sich weigerte, Termine für sich selbst wahrzunehmen. Im Lauf des neunten Schuljahrs wurde Stephan kurz vor den Prüfungen von seiner Schule entlassen. In die neue Schule ging er nur sporadisch. Zunehmend wurde für Stephan das Recht, den eigenen Regungen und Empfindungen zu folgen, gewichtiger erlebt als alle sozialen Verpflichtungen. Stephan richtetete sich mit Computer und Internet in einer anderen, für ihn weniger anstrengenden Welt ein, in der er scheinbar unbeschädigt mit anderen »normalen« Jugendlichen in Kontakt und beschäftigt sein kann.

Ein weiterer viermonatiger stationärer Jugendpsychiatrieaufenthalt änderte daran nicht viel; immerhin erreichte Stephan in der Klinikschule den Hauptschulabschluss. Alle Versuche, Stephans Leben in der virtuellen Realität zu begrenzen und ihm einen Zugang zur sozialen Realität, den Übergang ins Berufs- und Erwachsenenleben zu ermöglichen, griffen nicht: Auch lange dauernde, erzwungene computerfreie Phasen hielt Stephan scheinbar ohne Entzugserscheinungen in passivem Rückzug aus. Praktika scheiterten daran, dass er spätestens ab dem zweiten Tag nicht mehr hinging. Auch Stephans Wunsch, für einen neuen Computer Geld zu verdienen, war nicht stärker als seine von ihm aber nicht als solche empfundene Angst, ins Leben hinauszugehen.

Stephan fixierte sich zunehmend in der inneren und auch geäußerten Überzeugung, dass es bei ihm halt so sei, dass es bei ihm mit den Anforderungen der äußeren Realität »nicht funktioniere«. Er lebte im Haus der Eltern in vollkommen parasitärer Form und belastete damit auch extrem die Beziehung der Eltern und das Zusammenleben der Familie – sein Bruder hingegen hatte sich nach schwieriger Jugendzeit beruflich und sozial sehr gut integriert. Weil im Rahmen der Familie keine Entwicklung möglich erschien, weil Stephan jede Wohngruppe massiv ablehnte und es zu befürchten war, dass er dort geltende Regeln wie schon in der Jugendpsychiatrie unterlaufen würde, wurde er in eine eigene Wohnung verpflanzt: zuerst zur Probe für zwei Wochen, kurz nach seinem 18. Geburtstag dauerhaft. Seit sechs Monaten wohnt Stephan also nicht mehr bei seinen Eltern, sondern alleine in einer Wohnung. Mit relativ wenig Unterstützung schafft er es, das zur Selbsterhaltung Notwendigste in der physikalischen und biologischen Außenwelt zu verrichten, um ansonsten ganz in der Internetwelt aufzugehen.

Sechs bis acht Stunden pro Tag spielt er am Computer, meistens online, meistens Ego-Shooter, manchmal auch andere Spielegattungen. Am liebsten spielt er mit einer relativ kleinen und stabilen Gruppe von Netzfreunden, teilweise auch mit leibhaftigen Freunden aus Wohnort und Schule seiner vorpubertären Lebensphase. Stephan kann eloquente Vorträge über die Spielewelt und ihre Genres halten, bei diesem Thema wird er lebendig und gesprächig. Unter der Woche spielt er etwa von 17 bis 24 Uhr: Vorher sind seine Altersgenossen und Spielpartner in Schule oder Ausbildung; danach müssen sie ins Bett, weil sie am nächsten Morgen wieder aufstehen müssen.

Wenn die anderen Schlafen gehen, hat Stephan »Freizeit«; selten spielt er dann noch mit Unbekannten online weiter, häufiger als Single-Player. Irgendwann hat er vom aktiven Spielen genug und sieht passiv fern. Manchmal streamt er einschlägige Serien, meist aber schaut er auf Youtube kommentierte Aufzeichnungen der Spiele an, die er selbst spielt. Selbst Filme über seine Arbeit aufzunehmen und ins Netz zu stellen, ist die einzige Berufsidee, die er seit einiger Zeit hat.

Über all dem findet er dann in den Schlaf – er braucht etwa acht Stunden, mehr nicht.

Sein Arbeitsplatz – der Desktop seines Computers – ist sehr aufgeräumt. Beim Spielen ist er wach, fokussiert, konzentriert und zugleich multitasking-fähig: Parallel spricht er mit seinen Teamfreunden über Team-Speak, durchaus nicht nur über das Spielgeschehen. Außerdem ist er jederzeit schriftlich über Whats-App auf seinem Smartphone erreichbar – alle paar Minuten kommt eine Botschaft, auf die er antwortet. Wenn ich ihm zuschaue, denke ich: Stephan leistet physische, psychische und mentale Arbeit wie ein Manager der mittleren Ebene ...

Wo kann man in dieser Form fast ausschließlich in der Internetwelt leben? Stephan ist bei dem Spiele-, Community- und Erlebnisweltprovider »Steam« eingebunden, bei dem weltweit 100 Millionen Benutzerkonten registriert sind. Dort kann man extrem viele Spiele bargeldlos kaufen, körperlos herunterladen, online spielen und Freunde kennenlernen: Man kann quasi auf Steam sein Leben verbringen. Auch Streamen und Youtube schauen kann man jederzeit, ohne Ende und nach Lust und Laune.

Wer hält diese gigantische Vielfalt an Möglichkeiten für wen vor? Lebt Stephan den Lebensentwurf der Unterhaltungsindustrie?

Ich will jetzt nur noch eine These formulieren: Mit zunehmender technischer und sozialer Entwicklung gibt es ein Überborden des Imaginären über die auch weiterhin wirksamen symbolischen Aspekte des Computers.

– Der Computer als symbolische Maschine ermöglicht soziale Kommunikation. Dies tut er schon in meinen Beispielen von 1986 und 1993, auch ohne Internet. Mit Internet tut er es noch mehr, aber nicht mehr hier, sondern anderswo. Im virtuellen Raum. Ich bin geneigt, das Hier der sozialen Realität als das »Diesseits« zu benennen, das Anderswo und Nirgendwo der virtuellen Realität aber als das »Jenseits«, auch genannt: die Cloud.
– Die Spiele und Foren folgen strengen Regeln, die Stephan im Unterschied zu den Regeln des Diesseits kritiklos annimmt.

Ein Überborden des Imaginären gibt es nicht nur wegen der zunehmenden Bildlastigkeit und wegen der Detailtreue der computergenerierten Bilder oder Filme von Menschen. Die dreidimensionalen, sich realitätsähnlich bewegenden Objekte und die Detailtreue der darauf programmierten Oberflächentexturen, Licht-und Schattenverhältnisse sind faszinierend, weil sie ein Phantasma der omnipotenten Selbsterzeugungsfähigkeit unterstützen.

Ein Überborden des Imaginären entsteht auch, weil man sich in der bei Stephan beschriebenen Art von Internetgebrauch meist nur hinter Pseudonymen und mit gefakten Persönlichkeitsprofilen präsentiert. Man zeigt sich nur, wie man sein will, und nicht, wie man ist (vgl. Salge 2014, S. 251). Die Abstraktion von Zwischenkörperlichkeit und sozialer Zeitlichkeit erzeugt ein ideales Sein, das der Struktur des Imaginären entspricht: Da-Sein, unbegrenzte Anwesenheit, Simultaneität und Ganzheit. Das Internet funktioniert dann wie der Spiegel des Spiegelstadiums: Im Spiegel sehe ich mich da außen, wo ich nicht bin, und ich sehe mich anders, als ich bin: ganz und kompetent.

Ist hier ein Chiasmus, eine überkreuzte Umkehrung von Fort und Da passiert? Wenn er online ist, ist Stephan im Jenseits da und im Diesseits fort. Wenn er offline ist, ist er körperlich zwar im Diesseits da. Tatsächlich schläft er dann aber meist.

Wo ist er dann?

Literatur

Feuling, Martin (1991): Fort/Da – Psycho-Logik und Computer-Logik. Was geschieht, wenn autistisch-psychotische Menschen einem Computer begegnen? *Fragmente*, Schriftenreihe zur Psychoanalyse, Bd. 35/36 I. Stimme und Ohr II. Computer und Psyche, Kassel, Juni 1991.

Feuling, Martin (2000): Im Wartezimmer – Psychoanalytische Sozialarbeit mit schwer beziehungsgestörten jungen Menschen. *Kinderanalyse*, 8. Jg., H. 3, S. 289–308.

Lacan, Jacques (1980): *Das Seminar II (1954/55), Das Ich in der Theorie Freuds und in der Technik der Psychoanalyse.* Olten; Freiburg: Walter.

Salge, Holger (2014): Ich bin online, also bin ich – Die Folgen der Digitalisierung auf die Entwicklung der inneren Objektwelt. *Kinderanalyse*, 22. Jg., H. 3, S. 237–257.

Tustin, Frances (1988): *Autistische Barrieren bei Neurotikern.* Frankfurt a. M.: Nexus. Überarbeiteter Nachdruck 2005. Tübingen: edition diskord.

Sylvia Künstler
»Ich muss mal an den Computer«
Medien als verbindendes
oder vermeidendes Element
in einer sozialtherapeutischen Begleitung

Bei der Vorbereitung dieses Beitrags fiel es mir schwer, den Kern der Bedeutung von Neuen Medien in den sozialtherapeutischen Begleitungen zu erfassen. Mir kamen so viele, äußerst unterschiedliche Aspekte in den Sinn, sodass ich nicht wusste, worauf ich die Komplexität und Vielschichtigkeit dieses Themas fokussieren könnte. Das Folgende ist als ein Herantasten an mögliche Bedeutungen zu verstehen, die die Neuen Medien in unseren Betreuungen haben können. Hierfür werde ich entlang einer intensiven langjährigen Begleitung eines Mädchens beschreiben, wie die Neuen Medien in diesem Betreuungssetting Einzug gehalten haben.

Im Weiteren geht es um folgende Punkte:

1. Welche Bedeutung haben die Neuen Medien in der sozialtherapeutischen Beziehung?
2. Wie kann, wie soll mit dem Einzug der Neuen Medien in den sozialtherapeutischen Betreuungen umgegangen werden?
3. Werden sie dazu benutzt, in der Beziehung etwas zu vermeiden? Oder können sie auch Verbindungen schaffen, als neues Medium in der Beziehung genutzt werden im Sinne einer Öffnung, eines Möglich-Machens von Beziehung, wie es Spiele, Sandkästen, Autofahrten und Spaziergänge auch tun?

Melissa – so möchte ich sie im Folgenden nennen – wurde auf einem anderen Kontinent geboren und lebte dort mit ihrer Mutter und ihrem fünf Jahre jüngeren Bruder. Mit acht Jahren wurde sie nach Deutschland zu ihrem Vater geschickt, der damals mit seiner deutschen Frau hier lebte. Kurze Zeit darauf trennten sich ihr Vater und seine deutsche Frau, und Melissa und ihr Vater lebten ungefähr ein Jahr lang zu zweit. In dieser Zeit wurde es zwischen Melissa und ihrem Vater sehr schwierig. Sie entzog sich seinen gewalthaften und rigiden Erziehungsversuchen vor allem durch Davonlaufen. Mit neun Jahren wurde sie zum ersten Mal spätabends bei McDonalds aufgegriffen. In diesem Alter fiel es noch auf, wenn sie um 23 Uhr alleine unterwegs war, und sie wurde von der Polizei nach Hause gebracht. Dieses Involvieren der Polizei führte zu einer großen Scham bei ihrem Vater, stellte aber auch eine Öffentlichkeit her, aufgrund derer die Jugendhilfe und später auch wir ins Spiel kamen. Nach einer Zeit bei einer Tagespflege kam sie nach Konflikten dort in eine Wohngruppe. Als Melissa in der Wohngruppe lebte, stellte sich die Frage, ob sie wieder zu ihrem Vater zurückkehren könnte, was sie nicht wollte, während ihr Vater darauf bestand. In dieser Situation wurden wir angefragt, den Prozess des Nach-Hause-Gehens zu begleiten und weiterhin mit Melissa und ihrem Vater zu arbeiten.

Kurz nach der Anfrage bei uns kam ihre Mutter für uns überraschend nach Deutschland. Ein paar Jahre später wurde auch ihr Bruder nachgeholt.

Melissa wuchs in einer Familienkultur auf, in der Sprache zwischen Erwachsenen und Kindern vorwiegend dazu diente, den Kindern zu sagen, was richtig und was falsch ist, was sie zu tun und was sie zu unterlassen haben. Bei einem Fehlverhalten der Kinder wurde mit drakonischen Strafen reagiert, die wir teilweise als Folter werten würden. Diesen extremen Erziehungsmethoden begegnete Melissa schon früh durch Verstummen und Weglaufen. Sprache als vermittelndes Element, als Ausdruck innerer Gefühlszustände gab es in ihrer Familie nicht. Dies war nur teilweise ihrer anderen Kultur geschuldet. Sprache wurde fast ausschließlich in den Funktionen »Gebot« und »Verbot« benutzt. Vor allem ihr Vater unterstrich dies durch sehr gewalthafte Erziehungsmethoden. Als dem Vater aufgrund deutscher Gesetze untersagt wurde, seine Tochter zu schlagen und zu demütigen, entstand zu Hause ein Erziehungsvakuum, was aber die Atmosphäre von Kontrolle und Rigidität trotz intensiver Elternarbeit nicht aufzulösen vermochte.

Melissa kam zu mir in die Betreuung, als sie zehn Jahre alt war. Zu ihren sozialtherapeutischen Einzelstunden holte ich sie in den ersten Wochen der Betreuung immer am Bahnhof ab. Nach einer Weile sollte sie diesen Weg alleine bewältigen. Oft saß ich dann da, wartete eine ganze Weile auf sie, bevor ich mich auf den Weg zum Bahnhof machte, um sie zu suchen. Ich fand sie nie. In der Zwischenzeit hatte sie sich in unser Haus geschlichen und saß seelenruhig Comics lesend im Wartezimmer, wenn ich etwas missmutig und verärgert von meiner Suchaktion zurückkehrte. Auf dieses Verschwinden und Wiederauftauchen angesprochen, bekam ich keine Antwort. Wenn eine Situation zu eng wurde – z. B. als sie bei der Bahnpolizei saß und abgeholt werden musste, weil sie mal wieder schwarz gefahren war –, verstummte sie völlig und kommunizierte nur noch anhand kleiner Zettelchen. Sobald ein von ihr provozierter Ärger im Raum stand, reagierte sie mit einer fast vollständigen Sprachlosigkeit, nur durchbrochen durch sehr kurze Botschaften auf Papier.

Mit ihrer Mutter sprach sie nach deren Ankunft in Deutschland anfangs nicht. Sie behauptete steif und fest, nach zwei Jahren in Deutschland ihre Muttersprache, also hier im wahrsten Sinne des Wortes die Sprache ihrer Mutter, vergessen zu haben. Und ihre Mutter konnte noch kein Wort Deutsch. Während ihre Mutter dies als tragisch empfand, es aber letztendlich so hinnahm, erlebte ich es eher als eine ausgeprägte Aggression ihrer Mutter gegenüber, die sie zwei Jahre zuvor alleine in die Fremde geschickt und ihrem Vater mit all seinen gewalthaften Erziehungsmethoden ausgeliefert hatte. Auf den Versuch meinerseits, Melissas Verhalten vor diesem Hintergrund zu lesen, reagierte ihre Mutter mit einem Achselzucken. »Sie hat die Sprache halt vergessen.« Dem Versuch, dem Nichtsprechen Melissas eine andere Bedeutung zu geben als ein reales Vergessen, diesem Verhalten darunterliegende Gefühle wie Enttäuschung und Wut zuzuordnen, begegnete sie mit Unverständnis. Es wurde schnell deutlich, dass hier nicht nur die Fremdsprache als Schwierigkeit auftauchte, sondern dass unser Verständnis eines psychischen Raums, einer Verhaltensweise als Ausdruck eines darunterliegenden Gefühls oder einer Abwehr nicht geteilt wurde.

Ein anderes Mal, inzwischen war Melissa schon etwa 14 Jahre alt, kam sie mit einem »Alten Medium« – einem Buch – vor der Nase in mein Zimmer, legte dieses auch nach Aufforderung nicht weg und hielt es wie ein Schutzschild vor ihr Gesicht. Dieses Mal begann ich, mit Hilfe von Zetteln mit ihr zu »sprechen«, worauf sie nicht einging, jedoch anfing, mit mir Rommé zu spielen, ihr damaliges Lieblingsspiel.

Dieses Nicht-Sprechen-Können von Angesicht zu Angesicht, dieser Rückzug hinter ein Buch oder auch hinter das Spielen, das immerhin ein peripheres Sprechen ermöglichte, begleitete uns sehr lange. Dabei war Melissa kein Kind, das sich nicht gut ausdrücken konnte. Sie hatte die deutsche Sprache in kürzester Zeit (in nur sechs Monaten) erlernt und hatte problemlos eine Gymnasialempfehlung bekommen. Auch war sie sehr phantasievoll und erzählte erfundene Geschichten, die sie später zu Papier brachte. Noch sehr viel später hatte sie sogar begonnen, Germanistik zu studieren. Und doch gab es einen Bereich, der der Sprache nicht zugänglich war. Bei Konflikten oder bei Anforderungen, die sie nicht erfüllen konnte oder wollte, verstummte sie über Jahre weiterhin oder wich der Beziehung aus, indem sie nicht zu ihren Terminen kam.

Melissa fand neue Formen der Kommunikation, als sie den Computer für sich entdeckte.

Eines Tages – etwa im Alter von zwölf Jahren – berichtete sie mir stolz, dass sie jetzt auf Toggo, einer Website für Kinder und Jugendliche sei. Hier konnte man altersgerechte Spiele spielen, aber auch mit anderen Jugendlichen in Kontakt treten. Ich war neugierig und setzte mich mit ihr vor den Computer. Sie zeigte mir diese auch für sie neue Welt, erklärte mir, wie die Anmeldung lief, was ein Gästebuch war, und wie man mit anderen Menschen Kontakt aufnehmen konnte.

Für mich stellte sich schnell die Frage, wie viel dieser neuen Welt in unsere Betreuung Einzug halten durfte. In mir gab es eine Tendenz, mich erst einmal ganz darauf einzulassen, hatte es doch für sie, die sich in den Beziehungen in der Schule zu anderen Gleichaltrigen sehr schwer tat, eine große Bedeutung. Allerdings war sie bald dabei, unsere Zeit miteinander mit dem Computer und mit anderen Menschen zu verbringen. Hierbei entstanden verschiedene Situationen.

Auf der einen Seite nahm sie mich durch dieses neue Medium mit in ihre sozialen Beziehungen, zeigte mir, wie sie diese gestaltete und gab mir dadurch einen Einblick, den ich sonst nicht hatte, da sie mit mir darüber nicht sprechen konnte. Einmal hatte ein Junge ihre Telefonnummer verlegt und bat sie, ihm diese noch einmal zu schicken.

Melissa war erbost darüber, regte sich furchtbar auf, wie er ihre Telefonnummer verlegen konnte und tippte wütend »Arschloch, Arschloch, Arschloch......« in den Computer. Nach ungefähr dem achten Arschloch versuchte ich, vorsichtig mit ihr darüber zu reden, wie so eine Antwort beim Gegenüber ankommen könnte, und dass es sie sehr kränkte, dass der Junge auf ihre Nummer nicht mehr achtgegeben hatte. Ihre Reaktion darauf war, dass sie sieben »Arschlochs« löschte. Von dem Jungen hörte sie daraufhin nichts mehr.

Durch diese Episode hatte sie ein für sie sehr wichtiges Thema in unsere Stunden eingeführt, etwas, das erst Jahre später besprochen werden konnte, das aber bis heute viele ihrer Beziehungsschwierigkeiten prägt: Ihre extreme Kränkbarkeit und ihre sehr starke Reaktion auf erlebte Kränkungen. Sie wird oft als sehr angreifend erlebt, ohne den darunterliegenden Grund – ihre Kränkbarkeit – zu erkennen. Dadurch, dass sie mich in ihre Beziehungsgestaltung mit Gleichaltrigen mitgenommen hatte, konnte ihre Reaktion auf Situationen, in denen sie sehr enttäuscht war, Thema werden.

Es dauerte nicht lange und Melissa bewegte sich in den Chaträumen auf eine sehr vertraute Art und Weise. Da sie zu Hause nicht immer Zugang zu einem Computer hatte, ging sie bald schon zielstrebig nach Ankunft bei mir zum Computer, wo ich dann manchmal daneben saß und mehr und mehr das Gefühl bekam, vollkommen unnötig zu sein. Ich tat mich schwer, ihrer Computernutzung Grenzen zu setzen, da ich dieses Medium tatsächlich auch schon als Brücke erlebt hatte, die es ihr ermöglichte, mir etwas mitzuteilen. Trotzdem fühlte es sich phasenweise »falsch« an. Zu diesen Zeiten erlebte ich ihre Benutzung des Computers als Ausschluss, sie nahm mich nicht mehr mit in ihre sozialen Beziehungen, sondern nutzte ihre Zeit vor dem Computer vorwiegend dazu, sich von mir abzuschotten und in eine mir nicht zugängliche Welt einzutauchen. Als sie wieder einmal zu mir kam, nur um direkt an den Computer zu sitzen, entfuhr mir: »Ich bin doch kein Umsonst-Internet-Café«, was sie kommentarlos hinnahm, aber dennoch den Computer nicht anmachte und sich zu mir an den Tisch setzte.

Ich denke, hier wird deutlich, wie schwer es mir fiel, einen eigenen sinnvollen Standpunkt zur Computernutzung zu finden. Hätte ich bei dem Wunsch ihrerseits, mit mir wieder Rommé zu spielen, auch so reagiert? Hat sie beim Rommespielen mehr von ihren psychischen Themen in die Stunden eingebracht? Hätte eine Beschränkung beider Tätigkeiten zu mehr Sprechenkönnen geführt?

Melissas Beziehung zu den Eltern war sehr konfliktreich, und sie hatte es beibehalten, bei zu großen Konflikten von zu Hause abzuhauen. Es würde zu weit führen, die vielen Stationen ihres Weglaufens aufzuführen. Für unser heutiges Thema ist allerdings von Relevanz, dass sie mit Hilfe von Handy und Computer mit mir in Kontakt bleiben konnte. So konnte ich einschätzen, wie es ihr ging. Sie sagte mir nie, wo sie war, da sie wusste, dass ich die Polizei und ihre Eltern informieren müsste. Als sie wieder einmal abgängig war – ungefähr im Alter von 14 Jahren – sagte sie sehr klar, dass sie nicht zu ihren Eltern zurückkehren würde. Ich wusste, dass sie irgendwo in Stuttgart bei einem jungen Mann untergekrochen war, was aber nicht lange gut ging. Der Kontakt mit ihr ermöglichte mir, mit dem Jugendamt und einem Polizeibeamten zu sprechen und schließlich nach vielem Hin und Her das Einverständnis zu bekommen, dass sie nicht nach Hause gebracht werden würde, sollte sie aufgegriffen werden. Aufgrund ihrer sehr heftigen Art wurde sie als sehr erpresserisch erlebt – »Entweder ihr gebt mir eine Pflegefamilie oder ich bleibe auf der Straße!« Dies verschleierte jedoch die große Not, in der sie steckte. Sie konnte nicht nach Hause zurück, sie litt dort jeden Tag unter den Repressionen ihres sehr rigiden Vaters, der zwar aufgehört hatte, sie zu schlagen, wo aber dennoch eine Atmosphäre der totalen Kontrolle herrschte, der sie immer wieder zu entfliehen suchte. Ein Versuch bei einer Pflegefamilie war fehlgeschlagen, da sie sich auch dort nicht an Regeln hatte halten können. Ihre Form des Umgangs mit dem sehr rigiden Erziehungsstil ihrer Eltern war gewesen, sehr früh sehr selbstständig zu werden.

Während also Melissa irgendwo war, verhandelte ich mit dem Jugendamt und der Polizei, dass sie erst einmal in einer Wohngruppe untergebracht werden würde. Aufgrund dessen, dass sie mich immer wieder anrief, konnte ich ihr dies mitteilen, und sie erklärte sich dazu bereit, zur Polizei zu gehen. Wir besprachen, was sie dort sagen sollte.

»Ich bin jetzt am Bahnhof in Stuttgart. Wo muss ich hin?«

Ich erklärte ihr den Weg zur Bahnhofspolizei.

»Ich stehe jetzt davor. Es ist zu.«

»Gibt es eine Klingel?« Sie suchte. »Ja«.

Ich hörte noch, wie jemand nach ihrem Anliegen fragte, das Summen des Türöffners, sie begann mit einem Polizisten zu sprechen, dann brach der Kontakt ab. Einen Tag später erfuhr ich, dass sie in einer Wohngruppe für Jugendliche mit einem Krisenplatz aufgenommen worden war.

Durch das Halten der Verbindung auch während ihrer realen Abwesenheit ermöglichte sie es, dass ich weiterhin in meiner Funktion als Vermittlerin zwischen ihr und der für sie sehr schwierigen Welt erhalten bleiben konnte.

Mit Hilfe ihres Handys konnte ich sie virtuell-real zur Polizei begleiten, konnte ihr als entferntes Hilfs-Ich zur Verfügung stehen. Die

Verbindung konnte erhalten bleiben, bis sie den Eingang der Polizei gefunden und die Schwelle überschritten hatte.

So konnte es gelingen, dass sie nicht mehr nach Haus geschickt wurde, sondern eine Auszeit in einer Wohngruppe erhielt, um Zeit zu bekommen, die Schwierigkeiten mit ihren Eltern wieder in der direkten Beziehung zu bearbeiten.

Melissa benutzte die Neuen Medien nicht nur in solchen Extremsituationen. Auch wenn normale Einzelstunden stattfinden sollten, regulierte sie oft den Kontakt durch die Benutzung des Handys. Die direkte Begegnung schien ihr manchmal zu nah. Oft telefonierten wir, besprachen wichtige Dinge, ohne das Gegenüber ansehen zu können oder zu müssen. Ich begleitete sie im Alltag, ging mit ihr virtuell bis zur Tür bei Vorstellungsgesprächen, beriet sie beim Kauf ihrer ersten selbstständig gekauften Produkte für weibliche Hygiene, da sie ihre Mutter nicht dazu befragen wollte. Und Gleichaltrige fielen damals als Beraterinnen noch aus.

Später kam der Chatroom als Ort der Einzelstunden dazu. Auch hier war sie mal wieder abgängig, inzwischen 16 Jahre alt. Sie war enttäuscht von mir und der Tatsache, dass sie doch immer wieder zu ihren Eltern hatte zurück müssen. Dieses Mal hielt sie zunächst keinen Kontakt mit mir. Durch die Begleitung Melissas in ihren virtuellen Begegnungsräumen wusste ich, in welchem Chatroom sie war. Ich hatte auch von ihr gelernt, wie sie erste Kontakte im Chatroom aufnahm. Z. B. schaute sie immer nach, wer ihr Gästebuch besucht hatte und nahm dann Kontakt auch zu völlig Fremden auf. Ich erstellte ein Profil von mir und klickte ihr Gästebuch an. Schon einen Tag später schrieb sie mir, hatte aber nicht erkannt, dass es sich um mich handelte, obwohl ich nur die Buchstaben meines Namens umgedreht hatte. Als ich mich sofort zu erkennen gab, brach sie zum Glück den Kontakt nicht ab. Wie auch schon vorher, wusste ich nicht, wo sie war, wusste aber, dass sie noch Geld hatte und ihr nichts passiert war. Wir verabredeten uns regelmäßig im Chatroom, um da unsere Einzelstunden zu halten. Ihre Schwierigkeiten, eine Reflexion über ihre Lebenssituation, aber auch über ihre Verhaltensweisen, über die sie immer wieder im Umgang mit anderen Menschen stolperte, konnten schriftlich und doch im direkten Kontakt mit ihr »besprochen« werden, etwas, das im konkreten Miteinander schwer möglich war. Und auch mir fiel es manchmal leichter, potenziell kränkende Dinge so zu formulieren, dass sie sie nicht verletzten. Hierbei half auch die andere Zeitlichkeit. Während traditionelle Briefe, die auch immer wieder in dieser Begleitung ihren Platz fanden, erst Tage später bei ihren Adressaten ankommen und die Antwort auch wieder recht verzögert zurückkommt, konnte im Chat zwar sofort auf das »Gegenüber« eingegangen werden; und doch ist das Schreiben langsamer als das Sprechen. Wie oben schon ausgeführt, war Melissa ein Mädchen, das im direkten Kontakt zu Menschen – zu Gleichaltrigen, aber auch zu mir – enorme Probleme hatte, ihre Gefühle und die ihr wichtigen Dinge in Worte zu fassen. Sie lief weg, versteckte sich, schrieb als Mädchen in ihrer Stummheit Botschaften auf Zettelchen oder ging erst einmal auf unterschiedlichste Weise ganz aus dem Kontakt. Die reale Entfernung, die zwischen uns lag, wenn wir telefonierten oder uns im Chatroom trafen, ermöglichte es ihr, in Verbindung zu bleiben oder gar eine Verbindung erst herzustellen. Hier konnte sie sich ausdrücken, konnte wichtige Dinge in Worte fassen und eine innere Nähe zulassen.

Sie regulierte die für sie notwendige Distanz anhand verschiedener Elemente: dem Buch vor der Nase, dem Versinken im Computer, dem Nichterscheinen zu ihren Einzelstunden. Hier kam den Neuen Medien sowohl die Funktion zu, mir und unserer Beziehung auszuweichen, wenn es ihr zu eng wurde, als auch mit mir in Verbindung zu bleiben und sogar eine engere Verbindung zu schaffen, als es ihr im direkten Gegenübersitzen möglich gewesen wäre.

Vielen unserer KlientInnen fällt es leichter, sich zu öffnen, wenn eine Situation geschaffen wird, in der es ein gemeinsames Tun gibt, ein Drittes, aber auch das gemeinsame In-Bewegung-Sein hilft oft. So kommen beim gemeinsamen Spaziergehen oder auch beim Autofahren innere Themen zur Sprache, die in anderen Settings vielleicht zu bedrohlich sind. Melissa hat sich die die Neuen Medien in diesem Sinne sehr zunutze gemacht.

Zusammenfassend kann gesagt werden, dass Melissa die Neuen Medien auf sehr kreative Weise nutzte. Hierbei waren verschieden Aspekte identifizierbar:

– Melissa nahm mich mit in ihren sozialen Raum und machte mich zur Zeugin ihrer Beziehungsgestaltung mit Gleichaltrigen.
– Andererseits versuchte sie auch durch den Rückzug vor den Computer mich als Gegenüber auszublenden und einer Beziehung auszuweichen.

- Zu Zeiten, in denen sie »weg« war und ich nicht wusste, wo sie sich aufhielt, konnte sie die Verbindung zu mir halten.
- Melissa regulierte in unserer Beziehung Nähe und Distanz anhand der Medien, ohne den Kontakt ganz abzubrechen.
- Innerhalb ihrer Familie zog sie sich an einen für sie relativ sicheren Ort zurück. Hierbei benutzte sie sowohl »Alte« als auch »Neue« Medien (Bücher, Fernseher, Computer, Handy).
- Und als letztes ermöglichte ihr die etwas langsamere Kommunikation am Computer, Sprache als Reflexionsinstrument zu erobern (im Gegensatz zum SMS-Kurzsprachstil).

So kann insgesamt gesagt werden, dass Melissa im Gegensatz zu einigen unserer Jugendlicher, die große Gefahr laufen, aufgrund exzessiver Computernutzung aus der Welt zu fallen, die Neuen Medien zu nutzen wusste, um sich in dieser Welt besser zurechtzufinden.

Seit ich Melissa nicht mehr betreue, halte ich keine sozialtherapeutischen Einzelstunden mehr im Chatroom ab.

Aber auch Irvin Yalom, der bekannte amerikanische Psychoanalytiker, über den gerade ein Film im Kino anlief, hat sich nach anfänglich großem Widerstreben inzwischen der Welt der Neuen Medien geöffnet, indem er via Skype einzelne analytische Sitzungen abhält. Zum Abschluss möchte ich ihn zitieren:

> Ich war anfangs total dagegen. Ich habe meinen Kollegen vorgeworfen: Wie könnt ihr so etwas machen? Man muss doch die Personen fühlen und vor sich haben. Es gibt auch Kollegen, die therapieren nur per E-Mail […]. Meine Kollegen sagen, manche Patienten öffnen sich dadurch mehr. […]. Ich hasse die Idee, dass es so etwas gibt. Aber ich muss da hinschauen und hinhören. (Irvin Yalom, *SZ*, 2. Oktober 2014)

Reinhold Wolf
Schwerelos im virtuellen Raum
Die Schwerkraft des Körpers im therapeutischen Dialog

Einleitung

Gerade bei den Kindern, Jugendlichen und jungen Erwachsenen, die ihren intensiven oder sogar exzessiven Umgang mit den Neuen Medien zu einem dominanten Thema in den sozialtherapeutischen Einzelstunden machen, indem sie sich in den Stunden konkret mit dem Handy oder Smartphone beschäftigen oder indem sie hochkompetent und selbstbewusst ihre Professionalität in computertechnischen Angelegenheiten einbringen und von ihren Erfolgen in den online verknüpften Spielen erzählen, stoße ich auf ein Phänomen, das mit Fragen der Körperlichkeit zu tun hat.

Mit Körperlichkeit meine ich zum einen all das, was mir das Kind oder der Jugendliche von seiner eigenen Körperlichkeit, seiner körperlich-gesundheitlichen Verfassung und seiner psychischen Besetzung des eigenen Körpers vermittelt; zum anderen das, was sich in der Dynamik der therapeutischen Beziehungssituation auf der Ebene der Körperlichkeit und der körpernahen Affekte inszeniert sowie die Wahrnehmung meiner eigenen Körperlichkeit, meiner Affekte und körperlichen Verfassung in der therapeutischen Situation. Mit Körperlichkeit ist so gesehen natürlich auch der Bereich der unbewussten Kommunikation mit seinen vorsprachlichen und körpernahen Frühformen der Vitalitätsaffekte und der fundamentalen Gefühlskonstellationen im menschlichen Dialog mitgedacht; ein m. E. wesentlicher Beziehungsaspekt, der sich in der therapeutischen Beziehungssituation inszeniert, ohne gleich verstanden werden zu können.

Immer wieder auffallend auf Seiten der Jugendlichen und besonders bei den jungen Erwachsenen ist für mich das Phänomen, dass diese eigentlich in der Blüte ihrer Manneskraft stehenden Adoleszenten einerseits hochkonzentriert, strukturiert und intelligent, agil und scheinbar ohne Ermüdungserscheinungen Stunde um Stunde und z. T. nächtelang am Computer sitzen und in der virtuellen Welt agieren, andererseits aber gegenüber den Realitätsanforderungen der Schule, der Ausbildung und in den dort gefragten sozialen Kompetenzen versagen, psychosomatisch dekompensieren und sich verweigern oder zurückziehen.

Auffallend auf meiner Seite in der therapeutischen Arbeit und in der akuten Beziehungssituation mit diesen jungen Menschen sind z. B. Gefühle einer lähmenden Mattigkeit oder auch Langeweile. Die Beziehung erlebe ich entleert von lebendiger Präsenz und dialogischer Bezogenheit; ein Austausch zwischen zwei in ihrer affektiven und körperlichen Gegenwart aufeinander bezogenen Menschen ist blockiert und kann und »darf« nicht im Realen der Beziehung stattfinden. Dazu kommen auf meiner Seite Gefühle einer Depotenzierung, wenn ich mich durch die endlosen Erzählungen der »Profigamer« und Computerspezialisten überflutet fühle, die diesbezüglich eine absolute Position der Überlegenheit herstellen, mich meine Unterlegenheit und Ahnungslosigkeit spüren lassen und auch kein anderes Bedürfnis an mich richten als das, ihnen einfach nur mein Ohr hinzuhalten.

Der junge Mann, von dem Sie gleich mehr hören werden, machte immer wieder mal die allgemein gehaltene Bemerkung, dass die Psychologen, die sich z. B. Gedanken über die Auswirkung des Computerspiels auf die Aggression der Jugendlichen im wirklichen Leben machten, doch überhaupt keine Ahnung hätten. Er meinte natürlich auch mich damit.

Neben dieser Devitalisierung in der Beziehungssituation erlebe ich auch eine mit aggressiven Affekten aufgeladene Dynamik, die in der therapeutischen Beziehungssituation explosiv zum Ausdruck kommt, wenn es in einer kruden und konkreten Weise um Übermacht und Ohnmacht geht, ohne dass dies in der Beziehung gehalten und verhandelt werden könnte. Der zehnjährige Junge, über den ich später mehr erzählen möchte, geriet immer wieder in heftige aggressive Erregung, wenn er im Tischtennis oder Tipp-Kick-Spiel nicht gegen mich gewinnen konnte; ich meinerseits fühlte mich herausgefordert und provoziert. Der Junge reagierte entweder mit dem wütend herausgeschleuderten Impuls »Ich mach Dich kalt!« oder er zog sich mit seinen Handyspielen völlig zurück und brach den Kontakt zu mir ab.

Diese Phänomene der Körperlichkeit sind natürlich ganz allgemein und insbesondere, wenn es in der Übertragung um psychisch frühe Störungen geht, im Kontext der therapeutischen Arbeit von Relevanz, und verdienen es, gut wahrgenommen und reflektiert zu werden.

Im Zusammenhang unseres speziellen Themas möchte ich auf zwei Punkte hinweisen: Zum einen lässt die hochtechnisierte und sinnlich intensiv wirkende Bilderwelt der heutigen Computerspiele unbewusst die psychische Ebene magisch-omnipotenter Vorstellungen virulent werden und spricht gleichzeitig die Motivation zum Erwerb hoher Kompetenzen in der funktionalen und strategischen Beherrschung der Computertechnik an.

Der Familien- und Kindertherapeut Wolfgang Bergmann, der sich in seinem lesenswerten Buch *Kleine Jungs – große Not* mit den modernen Computerspielen auseinandersetzt, fasst das anschaulich zusammen:

> So vermischt sich der Spieler auf eigenwillige Weise mit einem symbolischen Szenario, in dem zum einen auf assoziativ-unbewusste Weise narzisstische Gefühle (träumerische Omnipotenzen) wachgerufen werden, zum anderen aber auch entlang der Anforderungen auf funktionsgeregelte Weise, also kognitiv und hoch bewusst, agiert werden muss (wobei dieses schnelle Funktionieren wiederum narzisstische Gefühle wachruft). In den erfolgreichsten Spielen sind beide Motivebenen, das Magisch-Traumhafte und das Omnipotent-Handelnde, ineinander verwoben. (Bergmann 2005, S. 76)

Bergmann weist besonders auf die Körperlosigkeit bzw. auf die Auflösung realer Körpergrenzen und magische Verwandlungsfähigkeit der Körperlichkeit in den Bild- und Phantasiewelten der modernen Jugendkultur in Literatur, Film und Computerspielen hin. Er nennt als Beispiele die magische Unverletzlichkeit und fließende Körperlichkeit in der Welt Harry Potters und die unendlich, magisch-omnipotent und willkürlich veränderbare Körperlichkeit der Computerspielheroen wie z. B. bei »Terminator 2«.

Dies verweist auf die inhärente und die uns hier interessierende psychische Spannung im Zusammenhang der technisch gesteuerten virtuellen Bildwelten und der menschlich-realen und objekthaft-materialen Wirklichkeit.

Ich zitiere noch einmal Wolfgang Bergmann:

> Jedes Kind hat ja die ersten realen Begegnungen mit der materiellen Welt als schmerzlich erlebt, widerständig ist die Welt, man stolpert und fällt und weint, man schlägt mit dem Kopf gegen einen Stuhl oder gegen einen Türrahmen, kurzum, die Dinge dieser Welt unterscheiden sich auf

schmerzliche Weise von dem symbiotisch-passiven Wohlgefühl, das das Kleinkind in der Umhüllung durch das Mütterliche erfahren hat. Diese Widerständigkeit der materiellen Wirklichkeit wird in den virtuellen Symbolwelten aufgehoben. Leicht und frei gleitet das Kognitive durch die Bedeutungsstrukturen der Bildwelten. Über weite Strecken scheinen die kleinen Spieler zwischen fantastisch-frühkindlichen Empfindungen und einer hoch entwickelten Funktionsintelligenz hin und her zu changieren, insofern wird die Lust an narzisstischen Gefühlen verbunden mit der Freude an einem uneingeschränkten intelligenten Handeln; das eine potenziert das andere – eben dies macht die Suggestivkraft dieser Spiele aus. (ebd., S. 78)

Zum anderen und in Verbindung zu unserer Arbeit mit den in der Regel frühgestörten und von tiefgreifenden psychischen und sozialen Entwicklungs- und Beziehungsproblemen betroffenen Klienten ist es wichtig darauf hinzuweisen, dass gerade ein gesunder Narzissmus und ein Verhältnis vom Ich zum Du, in dem Triebbedürfnisse und Selbstvorstellungen in Anerkennung des Anderen und in Anerkennung von Realitäten einigermaßen gut integriert sind, eben nicht vorhanden sind, sondern prekäre und grundlegende Schwierigkeiten in Beziehung zum Anderen und zur Realität dominieren.

So schreibt Holger Salge, Psychoanalytiker und Chefarzt der Sonnenberg Klinik Stuttgart, in Bezug auf die Neuen Medien und die adoleszenten Entwicklungsprobleme:

Erst im Zusammentreffen mit individuellen Entwicklungsdefiziten entwickelt sich das Internet zum verführerischen Objekt, zu einer narzisstischen Selbsterweiterung, das bei exzessivem Gebrauch zum massiven Hemmschuh für die persönliche Entwicklung werden kann. Erst durch die Instabilität der (spät-)adoleszenten Lebenssituation, mangelnde Verlässlichkeit der inneren Welt, die schwierige Integration von drängenden Bedürfnissen, quälenden Selbstzweifeln, Entwicklungsanforderungen und Versagensängsten gewinnt die virtuelle Welt für Menschen im Übergang zum Erwachsenenalter einen so hohen Reiz. (Salge 2014, S. 247)

Besonders am Anfang des Lebens und in den ersten Entwicklungsjahren ist bekanntlich die konkret-sinnliche Körperlichkeit der Beziehungserfahrungen mit Mutter und Vater so wichtig für die Formung der libidinösen und der aggressiven Triebimpulse.

Im Zusammenspiel von Befriedigungserlebnis und An- und Abwesenheit des Objekts, in den Identifizierungen mit den Erfahrungen des Containments, im alltäglichen Dialog, in der Bewältigung der Trennungserlebnisse, im Umgang mit den Grenzen und in der Verarbeitung der eigenen, unbewussten destruktiven Phantasien entsteht Symbolisierungsfähigkeit und Wirklichkeit im Sinne einer Differenzierung von Ich und Du und im Sinne der Anerkennung der Realität, die sich außerhalb der eigenen Omnipotenz befindet.

Elfriede Löchel (2013, unveröffentlichtes Manuskript) verweist in ihrem Vortrag »Ödipus online« auf die Untersuchungen von René Spitz (1982) über den Dialog und die entscheidende Wichtigkeit eines lebendigen Objekts aus Fleisch und Blut für die psychische Entwicklung von Vorstellungen über die Lebendigkeit des Gegenübers und den Umgang mit Angst und Aggression.

Auch in der therapeutischen Situation mit der Als-ob-Realität der Dynamik von Übertragung und Gegenübertragung ist in der Auffassung von Elfriede Löchel eben auch die Leibhaftigkeit der dialogischen Situation so wichtig, die in der virtuellen Realität der Computerspiele und Internetbeziehungen fehlt.

Hier ist natürlich auch wieder an die Gedanken von D. W. Winnicott (1971) zu denken, der in seinem Buch *Vom Spiel zur Kreativität* so eindrucksvoll beschreibt, wie beim Kleinkind im Umgang mit den auf das lebendige Objekt gerichteten, unbewussten destruktiven Phantasien und zerstörerischen Impulsen eine psychisch reifere Fähigkeit der Verwendung des Objekts entsteht, das jetzt außerhalb des Bereichs der eigenen omnipotenten Kontrolle angesiedelt ist und die Objektbeziehung unter dem Vorzeichen der Anerkennung von Realität möglich werden lässt.

In den beiden Fallbeispielen, denen ich mich nun zuwenden möchte, ist bei beiden – einem 17-jährigen jungen Mann und einem zehnjährigen Jungen – deutlich, wie schon in diesen frühen, für den Erwerb psychischer Strukturen und Beziehungsfähigkeiten wesentlichen Erfahrungen unglückliche lebensgeschichtliche Konstellationen und Irritationen vorliegen.

Fallbeispiele

Albert

Albert, ein 17-jähriger junger Mann, wohnt in der Wohngruppe des Vereins und kommt zu mir zu einmal wöchentlichen sozialtherapeutischen Einzelstunden.

Er hat eine zurückhaltend-höfliche Art und Weise, mit mir in Kontakt zu treten, wirkt smart und oberflächlich-nett. Er sieht blass aus; man kann sich schnell vorstellen, dass er viel Zeit sitzend vor dem Computer verbringt. So höre ich auch nach kurzer Zeit von Albert, dass er ein »Profigamer« sei; äußerst fachkundig, eloquent und detailliert breitet er sein Computerwissen vor mir aus und vermittelt mir, dass er sich in seinen Onlinespielen gut bei sich, mitten im Leben und am Puls der Zeit fühlt.

Die therapeutischen Einzelstunden, die – im Prinzip verbindlich – zum Setting der Wohngruppe dazu gehören, sind von Albert nicht erwünscht und aus seiner Sicht eigentlich unnötig. Er habe doch keine Probleme, vertritt er immer wieder vehement; sein Ziel ist es, mit Hilfe der Wohngruppe »ganz normal«, so wie er sich selbst empfindet, seinen Schulabschluss zu machen, um dann eine Ausbildung im Bereich Computertechnologie zu beginnen.

Von anderen Menschen fühlt Albert sich schnell völlig unverstanden und fremdbestimmt. Seit seinem Schulalter war er in verschiedenen Einrichtungen der Kinder- und Jugendhilfe untergebracht. Viele Konfliktsituationen mit den Gleichaltrigen oder den erwachsenen Betreuern sind aggressiv eskaliert mit dem Gefühl auf Seiten von Albert, sich gegen die irrationale Böswilligkeit und Machtausübung seines Gegenübers quasi »in Notwehr« wehren zu müssen. In Psychiatrieaufenthalten und wiederholten stationären Krisenintervention wurde Albert diagnostisch eine autistische Problematik bescheinigt, die er als völlig falsch sowie als eine ungerechte Zumutung und Zynismus seitens der Fachleute ihm gegenüber empfindet und zurückweist. Eine relativ produktive Phase in den therapeutischen Einzelstunden ist entstanden, als es zwischen uns möglich wurde, über diese Vergangenheitserfahrungen zu sprechen und die dabei aufkommenden aggressiven Spannungen im Rahmen zu halten. Ein eigentlicher Dialog entwickelt sich dabei nicht. Albert versteht eine therapeutische Unterstützung für sich ganz konkretistisch als eine Hilfeleistung, in welcher der Therapeut z. B. einen Erzieher aufsucht, um anzuordnen, wie der nach Auffassung von Albert mit ihm umgehen sollte.

In der virtuellen Welt des Computers und in der Kommunikation mit seinen Onlinespielpartnern bewegt Albert sich absolut kompetent, wach, präsent und intelligent. Es scheint für ihn kein Problem darzustellen, sich viele Stunden und auch nachts wach und agil am Computer zu betätigen.

Demgegenüber erlebt Albert die Anforderungen in der Schule schnell als anstrengend und überfordernd. Er schwankt zwischen Hoffnung und einer auf den Schulabschluss bezogenen Zielorientiertheit sowie Resignation, Wehleidigkeit und Fehlzeiten in der Schule. Er reagiert mit psychosomatischen Kopf- und Bauchschmerzen, fühlt sich matt und bleibt morgens im Bett liegen.

Ich meinerseits empfinde in den Stunden mit Albert eine lähmende Mattigkeit und eine Devitalisierung, wenn ich mich überflutet und gefangen fühle, zum Fachidioten in meinem Fachgebiet gemacht, wenn er seine Professionalität in der Computerwelt zum dominanten Thema der Stunden macht.

Meine Versuche, genau diese Dynamik im Kontakt zwischen uns anzusprechen und im Festhalten an meiner Perspektive der Zwischenmenschlichkeit und der Haltung eines verstehend-deutenden Umgangs zu »verstehen«, wie oft Albert selbst sich in seinem Leben von übermächtigen Erwachsenen dominiert und fremdbestimmt gefühlt hat, lassen zeitweilig eine Beziehungsatmosphäre entstehen, in der ich meine Authentizität und körperlich-sinnliche Präsenz irgendwie noch retten kann. So können wir uns ein Stück weit auf beiden Ebenen bewegen, einerseits der von Albert selbst als authentisch und lebensnah erlebten virtuellen Welten und andererseits meinen Versuchen, die zwischenmenschlichen Realitäten und die Albert immer wieder überfordernden Realitäten der schulischen und sozialen Anforderungen zu thematisieren.

Bezeichnend für mich in diesem Zusammenhang war, dass Albert sich darauf einlassen konnte, ab und zu Tischtennis zu spielen und in einen realen, körperlich bestimmten Dialog mit mir einzutreten. Als ich nach einigen Versuchen in einer Stunde erlebe, wie Albert körperlich präsent und in konzentrierter Bezogenheit auf das Spiel mit mir in Beziehung steht, bin ich überrascht und beeindruckt, als er plötzlich im Weiterspielen anfängt, wie auf einer abgespaltenen zweiten Beziehungsebene parallel zum Tischtennisspiel ohne Punkt und Komma von seinen aktuellen Computererlebnissen zu erzählen.

Mich beeindruckt diese Szene, weil ich das zum Spiel parallele Sprechen von Albert von einer dringlichen, unbewussten Notwendigkeit motiviert erlebe. Wovor muss Albert sich schützen? Was könnte er verlieren, wenn er sich ganz auf das Spiel mit mir einlassen würde?

Insgesamt blieb das Setting von Alberts therapeutischen Einzelstunden bei mir immer fragil, umkämpft, und in seinen Augen nutzlos und unnötig. Immerhin hat Albert es mit Mühen, aber doch erfolgreich geschafft, seinen Realschulabschluss auf einer regulären Schule zu machen und sich in diesem Sinne völlig normal fühlen zu können. Als ich ihm aus Respekt für diese Leistung meine Anerkennung vermitteln wollte und ihm sagte, wie sehr er in meinen Augen auch eine seelische Integrationsleistung vollbracht habe, fühlte Albert sich wohl wieder einmal völlig missverstanden und als »Problemfall« gesehen. Kalt und abschätzig wies er meine Bekundung von Respekt zurück mit der Bemerkung, hier würde sich wieder einmal zeigen, wie wenig Ahnung die Psychologen hätten, die meinten, sich in der Bedeutung der Computerwelt für das wirkliche Leben auszukennen.

Wenn ich den Begriff der Aggression in seiner ursprünglichen Wortbedeutung des »Aggredere« als das »Ergreifen von Etwas«, »auf etwas Zugehen« verstehe und dies in den psychodynamischen Kontext von Realitätserfahrung und Bewältigung stelle, dann denke ich an das komplexe psychische Geschehen der Objektbeziehung und Objektverwendung, in dem die libidinösen und aggressiven Triebkräfte so bedeutungsvoll sind im Zugang zu den lebendigen und den materialen Objekten der Realität und der Realitätserfahrung.

F. Grant-Johnson, der sich schon 1980 in der Zeitschrift *Psyche* mit dem »Computer und der Technologisierung des Inneren« befasst hat, schreibt:

> Die Faszination der mittels Computer geschaffenen komplexen symbolischen Universen wird darin gesehen, dass in solchen Partituren das Wünschbare dem Erreichbaren gleichgesetzt und das Triebhafte außer Kraft gesetzt wird […] Solche Universen (virtuelle Realitäten) sind deshalb attraktiv, weil sie ein bedeutungsvolles Reich der Erfahrung sozusagen jenseits der Erfahrung anbieten. (Grant-Johnson 1980, S. 790, S. 798)

Albert verleugnet den Aspekt der Aggression in seinen Onlinespielen, indem er z. B. zu dem Spiel »Call of Duty«, in dem es um das möglichst schnelle Erschießen des Gegners geht, bevor man selbst erschossen wird, bemerkt, dieser aggressive Inhalt sei für ihn völlig irrelevant und stelle keinen affektiven Thrill dar; ausschließlich der strategisch-technische Aspekt des Spiels sei für ihn interessant.

Björn

Björn, zehn Jahre alt, hat im Zusammenhang mit einer akuten und hoch brisanten schulischen Problemsituation eine sozialtherapeutische Einzelbetreuung bei mir im Verein begonnen. In der Schule (fünfte Klasse, Hauptschule) ist er kaum noch tragbar wegen sexuell übergriffiger Verhaltensweisen gegenüber Mädchen und impulsiv-aggressivem Verhalten. Björn »macht, was er will«, und zeigt kaum Einsicht, obwohl die Lehrer und die Schulsozialarbeiter sich intensiv um ihn bemühen. Seitens der Schule wird die Aufnahme in einer kinderpsychiatrischen Tagesklinik empfohlen, die ambulante Betreuung im Rahmen der Jugendhilfe soll der genaueren Klärung der Probleme und der Entwicklung längerfristiger Hilfekonzepte dienen.

Björn hat viel Kraft, wirkt »propper« und selbstbewusst. Er ist trendy gekleidet, alles an ihm scheint glatt und makellos. Er trägt gerne ein Käppi mit rotem Stierkopf; wie ein Wahrzeichen seiner eigenen, ungestümen und impulsiven Kraft.

Björn hat immer ein hochwertiges Handy bei sich, auf dem er vor der Stunde Spiele spielt und Musik hört. In der Stunde telefoniert er anfangs gerne mit seiner Mutter und verhandelt mit ihr, ob sie ihn nicht entgegen beiderseitiger Absprache doch nach der Stunde mit dem Auto abholen könnte.

Er steht sichtlich »unter Strom«. Distanzlos und ohne Gefühl für die anfangs fremde Situation nimmt er Besitz von meinem Therapiezimmer. Im Erstkontakt findet er am Tisch keinen für ihn passenden Sessel, wechselt die Sitzplätze und sagt dazu, der Sessel sei schlecht, weil man auf ihm nicht wippen könne; sein Stuhl in der Schule sei schlecht, weil der keine Armlehnen habe. Eine Weile später lässt Björn einen großen Stoffgorilla durch die Luft fliegen, gibt ihm einen Kinnhaken und lässt ihn dann meine Knie umklammern; ich habe das Gefühl, gleich springt Björn mir auf den Schoss und hätte dort seinen eigentlich für ihn besten Platz gefunden.

Björn »weiß« zwar, dass er in der Schule immer wieder gegen Regeln und Absprachen verstößt, aber für die eigentliche extreme Dimension der Probleme hat er kein Bewusstsein und kann nicht anerkennen, dass es seine Probleme sind und er aufgefordert ist, sich zu ändern. Bald nach Beginn der Betreuung sagt er zur schulischen Situation, alles sei gut, die Probleme hätten sich gelegt. Die Verleugnung ermöglicht ihm, ganz in der Position seiner vermeintlichen Omnipotenz zu verharren. »Ich kann alles, wenn ich will« und »Lernen ist langweilig« sind bezeichnende Sätze von Björn.

Zu Hause zeigt Björn nach Aussagen der Eltern schon immer ein mit aggressiver Dranghaftigkeit und Penetranz einhergehendes Beherrschungsverhalten, indem er seine Bedürfnisse einfordert, nicht verzichten und nicht abwarten kann und keine Empathie für die Bedürfnisse des Anderen hat.

In den Stunden will Björn mich beim Tipp-Kick oder Tischtennis unbedingt besiegen, verfälscht und verleugnet die Realitäten des Spielstands und reagiert mit heftiger Aggression – »Ich mach Dich fertig« oder »Ich mach Dich kalt« –, wenn im Spiel seine Unterlegenheit offensichtlich geworden ist.

Auch die Sexualisierungen zeigen sich in der Übertragung. Björn, mir gegenüber sitzend, zieht sein T-Shirt hoch und zeigt den freien Bauch; er grubelt an seinem Bauchnabel und sagt dazu, »das ist schön, ich wärme meinen kalten Bauch«. Er äußert immer wieder Phantasien zu sexuellen Vorgängen oder erzählt sexuelle Witze.

In einer Stunde kommt Björn viel zu früh; er sitzt im Warteraum und spielt auf seinem Handy Spiele. In der Stunde führt er mir das Handyspiel vor: Das Spiel besteht darin, dass Björn Pistolen und Gewehre auswählen kann, die dann auf dem Display erscheinen und einen Schuss abgeben. Man hört einen mechanisch klingenden Knall, einen Schrei, zusätzlich hin und wieder einen Peitschenhieb; keine Szene, keine Handlung, alles abstrakt – kalt, leer.

Auf meine Frage sagt Björn nur, ein böser Boss werde erschossen. Dann fragt er mich, ob ich das Spiel auch einmal spielen möchte und rückt wieder einmal so nah an mich heran, dass ich das Gefühl habe, er möchte gleich auf meinen Schoß klettern.

Ich fühle mich in der Situation ziemlich hilflos, lehne das Angebot von Björn ab und schlage ihm stattdessen vor, zu schauen, was er mit mir und den im Therapiezimmer befindlichen Spielsachen spielen könnte. Björn lässt sich darauf ein und fängt an, eine Szene mit Cowboy-Playmobil-Figuren zu gestalten und diese mit Waffen und Begleithunden auszustatten. Er wünscht mein Mitspiel und es entstehen zwei Reihen bewaffneter Cowboys, die sich gegenüberstehen. Auf meine Frage, ob es Freunde seien, sagt er, nein, sein Cowboy sei der Boss. Ich soll dann die Figuren bis zur nächsten Stunde so hinstellen, dass kein anderes Kind in der Zwischenzeit damit spielen könne. Als Begleitmusik zum Gestalten der Szene schaltet er auf seinem Handy Musik ein mit Songs, bei denen Texte mit Gewalt und sexuellen Inhalten zu hören sind. Am Ende der Stunde erzählt Björn von seinen Lieblingsmusikstücken und sagt, er wolle Schlagzeug spielen lernen; sein Vater spiele Saxophon, seine Mutter Klavier. Er verabschiedet sich von mir mit Kumpelgruß.

Im Nachhinein interessant finde ich, dass im Sprechen von Björn am Ende der Stunde die Vorstellung auftaucht, etwas lernen zu wollen mit Verweis auf seine Eltern, die beide schon etwas gelernt haben. Hat meine abgrenzende Intervention ihm gegenüber mit meiner Weigerung, seinem regressiven Bedürfnis gleichsinnig entgegenzukommen und ihm eine generationelle Differenzierung zuzumuten, vielleicht in der unbewussten Beziehungsdynamik die Konstellation eines ödipalen Dreiecks bestärkt, in der er sich für einen Moment unbewusst wiederfindet? Oder übergeht diese Intervention die regressiv tieferliegende Ebene der gravierenden narzisstischen Störung?

Anders als im ersten Fallbeispiel, in welchem ich mit Albert auf der Beziehungsebene eine Devitalisierung und Entleerung körperlicher Affekte und personaler Präsenz erlebe und Albert als Profigamer mich seine Überlegenheit und meine Ahnungslosigkeit sozusagen im körperlos-abstrakten, affektleeren Beziehungsraum spüren lässt, habe ich bei Björn eher den Eindruck, dass er mit seiner Körperlichkeit und den distanzlos-ungestümen aggressiven Impulsen sowie mit seinen distanzlosen Nähebedürfnissen geradezu »aus allen Nähten platzt« und eine z. T. explosive Nähe herstellt. Seine Körperlichkeit erlebe ich als nicht sozialisiert; die krude Triebhaftigkeit erscheint im Modus des »sofort« und »entweder – oder«. Der eigene Mangel ist nicht integriert, die Empathie ist kaum ausgebildet.

In seinem Gebrauch von Handy und Handyspielen kommt bei Björn m. E. zum Ausdruck, was Grant-Johnson (1980) als die »Gleichsetzung des Wünschbaren mit dem Erreichbaren« und das »Außerkraftsetzen des Triebhaften« formuliert hat. Das Triebhafte ist nicht integriert im Sinne einer Beziehungsdynamik, in der das Spiel zwischen den psychischen Figuren des »subjektiven Objekts« und des »objektiven Objekts«

(Winnicott 1971), der Trieb und der Triebverzicht sowie die Anerkennung des Ich und des Anderen hinreichend im Sinne einer reiferen Fähigkeit der Objektbeziehung und Objektverwendung entwickelt wären.

Resümee

Die Fragen des Umgangs mit neuen Technologien, die Eingang in die alltäglichen Lebenswelten finden, sind ein bekanntes, wiederkehrendes Thema der menschlichen Geschichte.

Auf welche Weise ich mich den neuen Technologien gegenüber positioniere, ob ich sie mir gekonnt aneigne und von ihren neuen Möglichkeiten fasziniert bin oder ob ich ihnen unbeholfen und »altmodisch«, zeitkritisch ablehnend und gelangweilt gegenüberstehe, ist neben den gesellschaftlichen Prägungen, die für das Subjekt historisch zwingend und unausweichlich sind, sicherlich sehr verschieden.

Eine allgemein-historisch sehr spannende Szene zu diesen Fragen der neuen Technologien und der Körperlichkeit habe ich kürzlich in dem Film *Mr. Turner* (2014) über den englischen Vorreiter der impressionistischen Malerei William Turner gesehen. Der Maler William Turner ist in der zweiten Hälfte des 19. Jahrhunderts mit der neuen technischen Erfindung der Kamera konfrontiert und lässt von sich ein Porträtfoto machen.

Er sitzt der Kamera staunend, skeptisch-ablehnend, aber doch auch als Maler des Lichts fasziniert gegenüber. Seinen Neid bringt er zum Ausdruck, als er erfährt, dass sich mit dieser Kamera auch Bilder von den Niagara-Fällen machen lassen; für ihn Inbegriff der Wunder der Natur, die er selbst am liebsten vor Ort malen würde.

Die Kamera produziert ein technisch hergestelltes Abbild. William Turner steht vor seiner Staffelei und schmiert und kratzt und spuckt in die Farben, ein Inbegriff körperlicher Sinnlichkeit und Triebhaftigkeit.

Versuche ich in meiner therapeutischen Arbeit und in den oben beschriebenen Fallbeispielen meine persönliche Unsicherheit, die mich im Umgang mit den Neuen Medien auszeichnet, damit auszugleichen, dass ich im Rückgriff auf die Basiskonzepte der Psychoanalyse und in ihrem relativ vertrauten Fahrwasser meine Sicherheiten finde, die aber der aktuellen Beziehungsdynamik in der therapeutischen Situation vielleicht nicht ganz gerecht werden?

Werden die grundlegenden Konzepte der Psychoanalyse zunehmend altmodisch oder unbrauchbar, weil die heutigen, wesentlich gesellschaftlich-technisch mitgeprägten, psychosozialen Subjektstrukturen andere Grundmuster aufweisen und der Figur des klassisch-neurotischen, »tragischen« Erlebensmodus zunehmend weniger entsprechen?

Zumindest zeigt sich auch in unserer therapeutischen Arbeit die Ungleichzeitigkeit der Generationen der »Digital natives« und der »Digital immigrants« (Holger Salge) sowie die Ungleichzeitigkeit und Unterschiedlichkeit der Lebenswelten, der Vorlieben, Interessen und Einstellungen.

Was wäre gewesen, wenn ich im Umgang mit Albert und Björn ihnen gegenüber weniger die Differenz meines Erlebens akzentuiert hätte und mich mehr in ihrem Fahrwasser bewegt hätte; ich bei dem einen sozusagen »in die Lehre gegangen wäre« und mich über Computerwissen und praktische Anwendungen hätte belehren lassen? Oder ich bei dem Anderen das Pistolenspiel mitgespielt hätte und ihn bildlich verstanden »auf den Schoß genommen« hätte, ohne so sehr die Differenz und Abgrenzung zu betonen?

Wie immer, sollte man m. E. nicht so sehr in Konzepten von »richtig« oder »falsch« denken, sondern eher einen Wert darin sehen, in der therapeutischen Beziehungssituation die Unsicherheiten auf beiden Seiten, die auf Seiten des Kindes und des jungen Erwachsenen sowie auch die Unsicherheit auf Seiten des Therapeuten anzuerkennen und im Schwimmen mit oder gegen den Strom der Zeit das Ziel nicht aus den Augen zu verlieren.

Ich bin überzeugt davon, dass die Grundgedanken der Psychoanalyse nicht altmodisch oder unbrauchbar werden, sofern sie kreativ genutzt und angewendet werden, um das sich in dynamischen Wandlungsprozessen befindliche Verhältnis von »Erster Natur« und »Zweiter Natur« des Menschen immer wieder neu zu verstehen.

Literatur

Bergmann, W. (2005): *Kleine Jungs – große Not*. Weinheim: Beltz.
Grant-Johnson, F. (1980): Der Computer und die Technologisierung des Inneren. *Psyche – Z Psychoanal*, 34, S. 790–811.
Löchel, E. (2013): Ödipus online oder: Was Psychoanalytiker zur Bedeutung digitaler Medien zu sagen haben. Unveröffentlichtes Manuskript.
Salge, H. (2014): Ich bin online, also bin ich. *Kinderanalyse*, Jg. 22, H. 3, S. 237–257.
Spitz, R. (1982): *Vom Dialog*. Stuttgart: Klett.
Winnicott, D. W. (1971): *Vom Spiel zur Kreativität*. Stuttgart: Klett-Cotta.

Michael Laube

Spielen, Zocken, Simulieren
Psychodynamik und Funktion des virtuellen Spielens
anhand einer Falldarstellung
aus der Therapeutisch Ambulanten Familienbetreuung

Die Bildschirme der Neuen Medien scheinen inzwischen ganz selbstverständlich zum menschlichen Alltag zu gehören. Sie bringen vielerlei Annehmlichkeiten mit sich, stehen aber auch im Fokus verschiedener kritischer Betrachtungen. Auch in der therapeutischen Arbeit mit Kindern und Jugendlichen erstreckt sich das Spektrum der Beurteilung von Problemverursachung, Droge einer Sucht, Kontaktverhinderung bis Begleiterscheinung oder Kontaktermöglichung. Wenn auch die Beurteilung des Stellenwerts von Internet, Smartphone und virtuellen Spielen individuell erfolgt, ist ihre allgemeine Präsenz unüberseh- und hörbar als Indiz einer rasanten gesellschaftlichen, industriell-technischen Entwicklung. In der therapeutischen Praxis zeigt sie sich unter anderem in der sichtbaren und für den Besitzer spürbaren Anwesenheit von Mobiltelefonen, wenn diese auch eine Stunde lang in der Hosentasche verbleiben. Oder in der tatsächlichen Anwesenheit von mobilen Nintendo-Spielkonsolen oder im Sprechen über gespielte Spiele und in den Schilderungen von Freizeitgestaltung mithilfe von Spielkonsole und Handy. Vor allem in den ersten Begegnungen kommt den Geräten eine anscheinend schützende und Sicherheit vermittelnde Aufgabe zu.

Welche Rolle die Neuen Medien und ihre Hardware in der Entstehung und im Verlauf einer frühgestörten Entwicklung eines heute zwölfjährigen Jungen spielen, möchte ich im Folgenden beleuchten.

Die Arbeit mit dem Jungen und seiner Familie findet im Rahmen einer therapeutisch ambulanten Familienbetreuung im Auftrag des Jugendamts statt. Diese therapeutische Arbeit ist als aufsuchende Arbeit in der Um- und Mitwelt der Kinder und Familien konzipiert und richtet sich an Familien, die aus dem Behandlungsrahmen herkömmlicher Therapie- und Beratungseinrichtungen herausfallen, da Grundvoraussetzungen für den therapeutischen Prozess fehlen. Wesentlicher Kernpunkt der aufsuchenden Struktur ist der Versuch des Therapeuten, »Bindung zu konstruieren«, und diese bei Familien zu ermöglichen, deren schwere und wiederholte Frustrationserlebnisse die Abwehr einer Bindung oder Beziehungsbildung bedingen.

Ich lernte Jonathan vor zwei Jahren kennen. Er war damals elf Jahre alt. Zu dieser Zeit erhielten er und seine Familie schon seit zwei Jahren Unterstützung durch das Jugendamt in Form einer therapeutisch ambulanten Familienbetreuung. Die Therapeutin hatte aufgrund einer Stagnation in der gemeinsamen Arbeit einen Therapeutenwechsel zu einem Mann hin angeregt. Grund für die Jugendamtsmaßnahme waren »lebenslängliche« Verhaltensauffälligkeiten Jonathans, die in institutionellen Zusammenhängen regelmäßig zu Eskalationen führten. Für die erziehungsberechtigte Mutter und den Stiefvater bestand dadurch immer eine Unsicherheit über die Möglichkeit und den Ort der Beschulung Jonathans. Die Mutter wandte sich an das Jugendamt mit dem Wunsch nach einer stationären Unterbringung. Jonathan wurde 2002 als erstes Kind seiner Eltern geboren. Die Mutter wurde von der Schwangerschaft überrascht, Jonathan war kein Wunschkind. Die Mutter war bei seiner Geburt 18 Jahre alt und musste ihre Lehre als Restaurantfachfrau unterbrechen. Die Schwangerschaft wurde von ihr als belastend erlebt, der Kindesvater war oft nicht zu Hause, sie habe viel geraucht. Die Geburt war schwierig. Die Familie lebte zu dieser Zeit bei der Großmutter mütterlicherseits. Im Alter von zwei Monaten wurde Jonathan stationär im Krankenhaus wegen Keuchhusten und einer Viruserkrankung behandelt. Er hatte als Kind oft Bauchweh, und nach Auskunft der Mutter konnte die Großmutter ihn besser beruhigen als sie selbst. Seine motorische Entwicklung wird anfangs als verzögert eingeschätzt. Laufen konnte Jonathan mit 15 Monaten, die sprachliche Entwicklung verlief normal. Als Jonathan 18 Monate alt war, trennten sich die Eltern. Kontakte zum Vater finden selten und unregelmäßig statt. Der Vater hat nach Auskunft der Mutter selbst eine schwierige Geschichte. Er besuchte die Allgemeine Sonderschule und erlebte verschiedene Schulverweise. Als ihn im Alter von 14 Jahren keine Schule im Land mehr aufnahm, wurde er für ein Jahr, bis zur Beendigung seiner Schulpflicht, ins Ausland geschickt. Er ist vorbestraft wegen Einbrüchen und Körperverletzung. Mit drei Jahren brachte die Mutter Jonathan einen Monat bei einer Tagesmutter unter, die beendete die Betreuung, da Jonathan zu schwierig gewesen sei. Die Mutter lernte damals ihren heutigen Mann kennen und bezog mit ihm und Jonathan eine eigene Wohnung. Mit vier Jahren besuchte Jonathan ganztags den Kindergarten. Seit dieser Zeit besaß er in seinem Zimmer einen Fernseher und Spielmöglichkeiten, z. B. einen Gameboy. Jonathan hatte im Alter von vier Jahren zwei Mittelohrentzündungen, die jeweils durchgebrochen seien, er klagte aber nicht über Schmerzen. Als er fünf Jahre alt war, kam sein erster Halbbruder auf die Welt. Im selben Jahr suchte die Mutter erstmals eine Familienberatungsstelle auf. Grund war Jonathans fehlendes Verständnis von Handlungsfolgen. In diesem Jahr wird bei Jonathan eine Polypenoperation mit Schnitt im Trommelfell durchgeführt, sein Hörvermögen sei normal gewesen. Nach einem Jahr im Kindergarten verlor Jonathan mit fünf Jahren seinen Integrationsplatz und wurde suspendiert. Er hatte mit einer Schere ein anderes Kind attackiert. Ein halbes Jahr später, im Alter von sechs Jahren, erfolgte die erste Vorstellung in einem Institut für Heilpädagogik. Primärer Grund war die bevorstehende Einschulung Jonathans und die Forderung der Schulbehörde an die Mutter, dass Jonathan nur mit einer wirksamen Medikation in die Vorschule eingeschult werde. Es wurde ein sonderpädagogischer Förderbedarf festgestellt. Diagnose: Hyperkinetische Störung des Sozialverhaltens (F.90.1) mit Verhaltens- und Aufmerksamkeitsproblematik. Es wird ein IQ von 115 getestet. Jonathan wird medikamentös eingestellt. Zwischen seinem sechsten und seinem zehnten Lebensjahr verbrachte Jonathan fünf Aufenthalte in diesem Institut. Jedes Mal wird Jonathan medikamentös eingestellt, die Medikamente variieren bis heute zwischen Ritalin, Strattera, Medikinet, Concerta. Im Alter von sechs Jahren wird Jonathan in einer Sonderschule mit wesentlich älteren und schwierigen Kindern eingeschult. Er wird von Beginn an nach einem reduzierten Stundenplan unterrichtet. Er provoziert im Unterricht von Beginn an, zerstört Sachen, ist verbal und körperlich aggressiv. Die Reaktion der Schule besteht in einer weiteren Stundenreduktion. Während seines zweiten stationären Aufenthaltes im Alter von sieben Jahren wird sein zweiter Halbbruder geboren. In der Klinik wird Jonathan als gruppenunfähig und selbstgefährdend beschrieben, einzig mithilfe des Computers und mit verdienten Computerzeiten kann er sich beruhigen. Ein Jahr später erfolgt der dritte Klinikaufenthalt aufgrund schulischer Verweigerung und weiterhin bestehender Impulsdurchbrüche. In der Klinik spielt er am liebsten am Computer. In der Zeit nach diesem Klinikaufenthalt zieht die Familie aufs Land. Jonathan besucht nun das Sonderpädagogische Zentrum in der Nachbargemeinde. Aufgrund schwierigen Verhaltens zu Hause und in der Schule und einer Suspendierung von der Schule im Herbst nach Schulbeginn wird er erneut im heilpädagogischen Institut aufgenommen. Es wurden erneut aggressive Impulsdurchbrüche beschrieben, und Jonathan verweigerte die schulische Mitarbeit. Jonathan erzählt in der Klinik von übermäßigem Medienkonsum zu Hause. Dieser wird mit seinem Konzentrations- und Sozialverhalten in Verbindung gebracht und von Seiten der Klinik wird eine ambulante Familienbetreuung angeregt. Die Mutter, die mit dem Wunsch nach Fremdunterbringung ihres Sohnes zum Jugendamt geht, stimmt der ambulanten Maßnahme zu, als ihr Sohn die stationäre ablehnt. Jonathan ist neun Jahre alt, als die therapeutische Familienbetreuung für die Familie beginnt. Die Therapeutin, die die Arbeit begann, berichtete davon, dass Jonathan und auch seine Halbbrüder die Termine mit ihr immer sehr gern wahrnahmen, eine Zusammenarbeit mit der Mutter oder dem Stiefvater aufgrund von Terminproblemen aber kaum zustande kam. Im darauffolgenden Jahr wird Jonathan erneut im heilpädagogischen Institut aufgenommen. Dieses Mal wird der Aufenthalt jedoch frühzeitig von Seiten des Instituts beendet. Nach zwei Jahren begründet die Therapeutin den Wunsch nach einem Therapeutenwechsel mit einer Stagnation in der Arbeit mit Jonathan. Aufgrund der pubertären und spezifischen Entwicklung Jonathans wurde in Supervisionen die Entscheidung getroffen, dass ein männlicher Therapeut die Arbeit fortführen sollte. Ich stellte bei aller Nachvollziehbarkeit der geschlechtsspezifischen Begründung auch fest, dass Jonathan wiederholt keinen Platz in einer Beziehung halten konnte. Ich lernte Jonathan im Rahmen zweier Übergabetermine kennen, ein weiterer fand mit seiner Mutter und den zwei Brüdern statt. Ich entschied mich für eine zentrale Arbeit mit Jonathan und Elterngespräche und Familientermine, in denen auch die jüngeren Halbbrüder Platz finden sollten. Das Gespräch mit der Mutter stand im Zeichen großer Rücksichtnahme auf sie, jede Form erwünschter Mitarbeit schien in der Vergangenheit zu viel verlangt gewesen zu sein. Jedes Gespräch mit ihr war ein Aufwand. Sie konnte am Ende anklingen lassen, dass der Aufwand vor allem psychisch enorm für sie war. Ich bekam von ihr und meiner Kollegin den Rat mit auf den Weg, die Mutter zu schonen. Meine Arbeit mit Jonathan und seiner Familie begann vor etwa einem Jahr. Die zuständige Sozialarbeiterin des Jugendamts, bei der ich mich vorstellte und Notwendiges besprach, teilte mir am Ende unseres Gesprächs vertrauensvoll mit, dass sie Jonathan einmal erlebt hatte und nun Angst vor ihm habe. Diese Mitteilung hatte große Wirkung auf mich und meinen ersten Termin mit Jonathan allein, löste er doch Phantasien von Zerstörungen durch Jonathan aus. Dieser erste Termin begann, abgesehen von einer Begrüßung, ohne Worte von seiner Seite, schweigendes Einsteigen, sein Nintendo beulte die Hosentasche sichtbar aus. Auf meine Frage, was wir tun sollten, schwieg er – ich hielt es eine Zeit lang aus und schlug ihm schließlich doch vor, Minigolf spielen zu gehen, was wir schon in einem der Übergabetermine mit der ehemaligen Therapeutin getan hatten. Er sagte »Ja« und ich empfand dieses als wertvoll. Jonathan redete während der ersten Termine, die immer auch eine Stunde Autofahrt beinhalteten, wenig, aber von Woche zu Woche mehr. Vor allem erzählte er mir über die Spiele, die er spielte, wenn er zu Hause war. Er spielte hauptsächlich Pokemon, und wenn er vom Spielen redete, nannte er es »Zocken«. Auf meine rituelle Frage, was er am Wochenende gemacht habe, erhalte ich bis heute die immer gleiche Antwort: »Na was wohl – gezockt.« Die Autofahrten stellten sich von Beginn an als wichtige Zeit für mich dar, jeder hat seinen Platz und das Schweigen lässt Jonathan nicht verschwinden, denn wir sitzen im »selben Boot« und schauen beide nach vorn. Auf den Fahrten von seinem Haus auf dem Land in die Stadt, in der er vormals lebte, beantwortete er bereitwillig Fragen nach seinem Vater, der dort lebt und der ihn nun schon lang nicht mehr besucht hat. »Ich weiß nicht mal, ob er noch ein Kind hat …«, sagte Jonathan einmal ungefragt. Er begann schon bald, mir breit grinsend von gewissen YouTube-Filmen zu erzählen und deutete mir zaghaft an, dass er auch schon merkt, dass er ein Mann wird. Dabei machte er andeutende Bögen um die entsprechenden Worte, er ließ mich raten und war ganz begeistert, wenn ich Schamhaare, Achselhaare, Penis nannte. Unsere Termine fanden anfangs immer außerhalb des Hauses statt. Jonathan war von seiner Mutter beauftragt worden, mich nicht ins Haus zu lassen. Es gab einige Tage, an denen es regnete und wir uns eine Bleibe für unsere gemeinsame Zeit suchen mussten. Häufig sprach ich Jonathan auf seine nicht der Witterung entsprechende Kleidung an. Seinen Nintendo oder ein Handy hatte er immer dabei, eine Jacke vergaß er nicht nur einmal. Nach einigen Wochen legte ich der Mutter gegenüber Wert darauf, mit Jonathan auch manchmal in seinem Zuhause sein zu können. Einerseits hatte Jonathan mehrmals den Wunsch geäußert, mir etwas zeigen zu wollen, andererseits erhoffte ich mir mehr

Eindrücke, Informationen und Unterstützung beim Verständnis der inneren Situation des Burschen. Die Mutter stimmte sofort zu und räumte auf. Der erste Termin in Jonathans Wohnung beeindruckte mich sehr. Im Wohnzimmer lagen die Schulsachen der Mutter auf dem Couchtisch verteilt, eine große Couch in einem dafür zu kleinen Zimmer und für meine Begriffe überdimensionierte Unterhaltungselektronik. Ein riesiger Fernseher, Kabel zu Wii und Playstation, Kabel aus den Kästen, Nintendo und Tablet auf dem Sofa, Laptop auf dem Küchentisch, Mobiltelefone an unterschiedlichsten Plätzen.

Die Schulsachen der Mutter nahmen sehr viel Raum ein, haben auch zur Zeit wieder große Bedeutung, denn sie versucht seit zwei Jahren, das Abitur in der Abendschule nachzuholen. »Nachholen, was ich damals nicht gemacht habe«, und sie meinte damit nicht die Zeit um Jonathans Geburt, sondern die davor, als sie eigentlich zur Schule gehen sollte, aber viel mehr Lust auf anderes hatte und die Schule verweigerte. Damals lernte sie auch Jonathans Vater kennen. Die Abendschule fiel ihr schwer, obwohl sie leicht lernen würde. Im Frühjahr dieses Jahres brach sie die Schule ab, weil, so sagte sie, ihr Mann und Jonathan das wollten. Sie hatte mir vorher aber von mehreren ungenügenden Tests und nicht geschriebenen Arbeiten erzählt. Die Feststellung, dass für eine arbeitende Mutter von drei Kindern und Hausfrau die Abendmatura vielleicht etwas zu viel sei, wehrte sie in mehreren Gesprächen sofort ab. Jonathans Mutter arbeitete montags bis freitags vormittags als Putzfrau auf der Intensivstation des Krankenhauses, holte danach die jüngeren Söhne von Schule und Kindergarten ab und ging an zwei Abenden pro Woche zur Abendschule. Dazwischen, so sagte sie, räumte sie die Wohnung auf und putzte. Ihr Mann, Jonathans Stiefvater, den Jonathan »Papa« nennt, arbeitete in der Stadt als Installateur mit einem familienunfreundlichen Chef, kam abends spät nach Hause, hatte oft Bereitschaft, sodass er wenig zu Hause war. Meine Besuche im Haus der Familie ermöglichten zumindest Türgespräche oder manches Mal ein Tischgespräch mit der Mutter, ein ordentlicher Termin, vor allem noch mit ihrem Mann zusammen, ließ sich nur schwer finden. In den wöchentlichen Terminen mit Jonathan gingen wir meist Spielen. Minigolf, Bowling, Billard, Fußball, wir verbrachten Zeit in der Bibliothek oder gingen manches Mal Chinesisch essen. Das chinesische Essen war eine Idee von Jonathan. Sein Hunger war ein Bedürfnis, welches er nach einem Termin erstmalig formulierte, als er in einem Geschäft ein bestimmtes Computerspiel nicht fand. Er blieb im Laden in einer schweigsamen, mimischen und körperlichen Erstarrung stehen und ich, unter Verweis auf Zeit und Aussichtslosigkeit der Erfüllung seines Wunsches, drängte auf die Rückfahrt. Widerwillig kam er in einigem Abstand zu mir mit, zusammengepresste Lippen, starres Gesicht. Ich kaufte zwei Donuts, er verweigerte den seinen. Ich aß einen und legte ihm den anderen auf die Seite im Auto. Während der Fahrt fragte er, ob er ihn essen könne, tat das, schwieg und sah zufrieden aus. Ab diesem Zeitpunkt tauchte der Hunger regelmäßig auf, wenn wir uns trafen, oft aßen wir etwas und das Essen war neben dem Autofahren eine weitere Form der Verbindung zu ihm. Autofahren und Essen waren wie eine frühe Rhythmisierung vor der Sprache, die dazu führte, in die Sprache zu finden. So wurde für mich auch verständlich, dass Jonathan wider Erwarten jedes Mal darauf reagierte, wenn ich ihn zum Verzicht auf das Nintendospielen in unseren gemeinsamen Terminen aufforderte. Das konnte er nach mehr oder weniger langen Diskussionen zunehmend besser. Heute gibt es Zeiten, in denen Jonathan weder Nintendo noch Handy dabei hat, sie auch nicht vermisst, und es gibt Zeiten, in denen er diese Geräte braucht. Dann sitzen wir zusammen und er holt seinen Nintendo heraus und spielt. Wenn ich verlange, dass er ihn ausschaltet, reagiert er lange Zeit gar nicht. Wenn ich beginne, mit ihm über sein Spiel und meinen Wunsch zu reden, schaltet er das Gerät oft nicht aus, sondern hält den Nintendo mit seinen Pokemon offen in der Hand, lässt sich immer mehr auf ein Gespräch ein und schenkte dem Gerät kaum noch Aufmerksamkeit. Dann redet er mit mir über aktuelle Themen, die vor allem Schulthemen sind. Einmal, als es um seine Verweigerung der Mitarbeit im Deutschunterricht ging, sagte er vorwurfsvoll, dass er so hässlich schreibe, so groß und zeigt mit den Fingern die Schriftgröße eines Erstklässlers. Mir kam es vor, dass er mit der Hand am Gerät, auf dem die bunten Pokemonfiguren wartend wirbelten, sich ausreichend sicher fühlte, mir das mitzuteilen, was ihm peinlich war. Die Schule spielt eine wesentliche Rolle in Jonathans Leben und in seiner Symptomatik. Sie ist der Ort für ihn, wo die reale Welterfahrung auf seine virtuelle prallt. Die Wochenendgestaltung der Familie ist hauptsächlich virtuell geprägt, Ausnahmen sind GoKart-Fahrten oder ein Besuch am Badesee, ein eher karges Programm. Es gibt wenig gemeinsame Aktionen Jonathans mit seinen Brüdern, und er hatte in der Vergangenheit keine Freunde. Zocken ist also tatsächlich Wochenendprogramm, manchmal auch gemeinsam, die Eltern gemeinsam, Jonathan mit seinem Stiefvater gemeinsam, die zwei jüngeren Brüder gemeinsam. Es ist deutlich und im Haus für mich sichtbar, würde Jonathan nicht spielen, würde er sich von seiner Familie unterscheiden.

Die Schule hieß für Jonathan von Beginn an Sonderschule mit Integrationskraft aufgrund seiner Verhaltensauffälligkeiten. Als ich ihn kennenlernte, begann er gerade seine »Hauptschulzeit« im Sonderpädagogischen Zentrum, die im Normalfall vier Jahre dauern sollte. Jonathan wurde aufgrund seines Verhaltens nicht nach Hauptschulplan unterrichtet und es ging, wie bei den anderen fünf Schülern in seiner Klasse, um die Gestaltung eines interessanten Unterrichts ohne vordergründige Abschlussziele. Die Verhaltensauffälligkeiten von Jonathan bedeuteten vor allem seine Verweigerung in bestimmten Fächern, vor allem im Deutschunterricht. Diese Verweigerung war nur selten eine stille, sondern bedeutete Provokation von Mitschülern und Blockade des Unterrichts. Meist wurde Jonathan von seinem Unterstützungslehrer aus der Klasse gelotst oder auch getragen, doch manchmal funktionierte auch das nicht, und dann wurde seine Mutter angerufen, die ihn dann abholen musste. Schwierig genug, denn Jonathan stand dann schon regungslos, starrte ins Leere, bewegte sich nicht mehr und die Mutter musste ihn unter den Blicken der Schüler und Lehrer aus der Klasse schieben. Die Lehrer erzählten mir, dass die Mutter häufig auf dem Weg zum Auto ihren Sohn beschimpfte, dass er wie sein Vater sei. In den Gesprächen in der Schule war die Angst der Lehrer und der Schüler vor Jonathan vordergründig, die Eskalationen seiner Schulvergangenheit waren sehr präsent: Er hatte in der früheren Schule mit einem Stein bewaffnet eine Scheibe eingeworfen, behielt den Stein in der Hand und lief über das Schulgelände, er hatte einem seiner Unterstützungslehrer das Geodreieck wütend entgegengehalten mit der Bemerkung »Ich kann dich auch umbringen«. Die Vorstellung dieser Geschehnisse brachte mir wiederholt Szenen aus seinen Spielen in den Sinn, sowie die Lempp'sche Theorie der Nebenrealität und die mit ihr zusammenhängende Unfähigkeit eines Wechsels in die Hauptrealität. Diese brach am Ende dieser Eskalationen durch die Reaktionen der Anderen über Jonathan herein und ließ ihn, meiner Meinung nach erschreckt, erstarren. Ich verstehe diesen Schreck als Ausdruck seiner Angst, dass er und der Andere nun zerstört sind. Die letzte Eskalation kurz vor Weihnachten letzten Jahres führte zu seinem Verweis aus dem Sonderpädagogischen Zentrum.

Michael Laube

Nach einer Störung im Unterricht hatte ihn sein Stützlehrer aus dem Klassenraum ins Direktorinnenzimmer getragen, dort hatte Jonathan ihm einen Tritt zwischen die Beine versetzt. Der später hinzukommenden Klassenlehrerin, die ihn streng ins Eck zwang, schlug er mit der Faust ins Gesicht. Nicht nur die Polizei, auch die Mutter wurde gerufen, die wiederum rief mich, und so wurde ich Zeuge des erstarrten Jungen, der keinen Schritt selbst ging, von seiner Mutter geschoben wurde und der niemanden zu erkennen schien. Im Auto der Mutter und zu Hause berichtete er die Ungerechtigkeiten, die aus seiner Sicht dazu geführt hatten, dass er gewalttätig wurde. Die Mutter und der Stiefvater hatten nun Angst, dass es keine Schule mehr in der Nähe geben könnte, dass sie weit fahren müssten, was zu Problemen mit der jeweiligen Arbeitsstelle führen würde. Ich verstand dies als Angst, in Berührung mit ihrem Sohn Jonathan zu kommen, die Konsequenzen seines Handelns, die Befindlichkeit des Sohnes zu spüren. Jonathan sollte nach dem Jahreswechsel übergangsweise, bis der formelle Teil einer Befreiung von der Unterrichtspflicht geschrieben wäre, in der benachbarten Hauptschule des Orts unterrichtet werden, mit dem dringenden Anliegen einer stationären psychiatrischen Abklärung. Die Direktorin der Schule war, nachdem sie von den Vorfällen gehört hatte, nicht erfreut, hatte aber keine Wahl und war offen für Gespräche mit mir und den Eltern. Jonathan ging also nach dem Jahreswechsel in die erste Klasse einer Hauptschule mit 25 weiteren Jungen und Mädchen. Nicht nur diese Umstellung war neu, er war auch mit Unterrichtsstoff konfrontiert, der sich an einem Lehrplan orientierte und keine Rücksicht auf Schwierigkeiten der Schüler nahm. Und Jonathan machte es gut, holte Schulstoff in kürzester Zeit nach und zeigte sich als mittelmäßiger bis guter Schüler mit Spitzen und Widerständen, die vor allem in Deutsch lagen. Dort verweigerte er weiterhin immer das Schreiben, oft auch die Mitarbeit. Die Mutter äußerte in Schulgesprächen schon öfter lachend: »Ich verstehe es ja, ich habe es auch nicht gemocht.« Aber Jonathans Widerständigkeit hielt sich im Rahmen, sodass er das Schuljahr positiv abschloss und offiziell als Schüler dieser Schule das zweite Schuljahr im Herbst begann. Sehr schnell hatte er Kontakt zu einigen Jungs aus seiner und der Parallelklasse gefunden. Die tauchten in seinen Erzählungen auf, nun sprach er vom Jugendzentrum und der Skaterbahn. Seine Mutter und sein Stiefvater waren ganz beeindruckt, dass Jonathan das Haus verließ und immer pünktlich zurückkam. Zu seinem Geburtstag wünschte er sich einen

Scooter. Dieser bereicherte nun auch unser Stundenrepertoire, wir verbrachten manche Stunde auf dem Skaterplatz, sprachen über die Angst vor dem Hinunterfahren auf der Halfpipe, und er versuchte, diese zu überwinden. Seine Angst war vor allem die, zu stürzen und sich wehzutun. Am liebsten wollte er mit einem Motorradanzug und Helm fahren. In dieser Zeit hatte er keinen Nintendo dabei, sprach wenig über Spiele, mehr über Erlebnisse und wirkte zufrieden. Der Wunsch nach Essen klang jetzt weniger hungergetrieben, vielmehr als Wunsch nach unserem Zusammensein. Manchmal fragte er, ob wir kurz zu ihm nach Hause fahren könnten, da ihm kalt sei und er etwas zum Anziehen bräuchte. Nun bemerkte ich, anfangs erschrocken, dass ich ihm bei der Verabschiedung oder bei schwierigen Themen über den Kopf oder die Schulter strich, und Jonathan beantwortete diese Bewegungen immer mit einem wohlwollenden Gegendruck oder körperlicher Entspannung. Da diese körperliche Nähe in Arbeitssituationen für mich überhaupt nicht selbstverständlich ist, deutete ich diese mit der Wahrnehmung der inneren Leere und Orientierungslosigkeit Jonathans in gewissen sprachlosen Situationen. Trotz dieser beeindruckenden Entwicklung innerhalb dieses Jahres verweigerte er weiterhin Schulstunden, und auch die Angst blieb bestehen. Auch zu Hause blieb meist alles beim Alten, sodass Jonathan noch heute montags übermüdet in die Schule kommt und manchmal in der ersten Stunde einschläft. Das Wochenendprogramm ist noch immer dasselbe, und Jonathan verbringt sein Wochenende überwiegend zockend. In der Schule führte sein seltsames Verhalten den Lehrern gegenüber dazu, dass einige Burschen (mit denen er ambivalente Freundschaftsbeziehungen pflegt) versuchten, Jonathan zum Auffälligwerden zu provozieren. Das gelang, und Jonathan störte den Unterricht, nahm seinen Nintendo mit in die Schule und verbrachte die Deutschstunde nun zockend auf der Toilette. Gespräche mit den Lehrern erreichten ihn nicht. Die Unsicherheit der Lehrer im Umgang mit Jonathan und die Furcht vor der Ungewissheit führten vor drei Wochen zu der Entscheidung, ihn nicht mit auf den in drei Monaten stattfindenden Skikurs zu nehmen. Von Schulausflügen war Jonathan auch in der Vergangenheit meist aus ebendiesen Gründen ausgeschlossen worden. Mein Versuch, Jonathan eine Bewährungszeit zu geben, um zu zeigen, dass er dabei sein will, konnte von den Lehrern nicht angenommen werden. Die Erklärung der zwei Lehrerinnen war für Jonathan wohl nicht verständlich genug, er reagierte am selben Tag noch darauf. Ein kleiner

Anlass führte dazu, dass er im Innenraum des Schulgebäudes im zweiten Stock auf das Geländer kletterte und oben in gefährlicher Höhe stehen blieb. Die Lehrer, in Angst, schickten alle Schüler in die Räume, riefen die Mutter, die Polizei, Feuerwehr, die Rettung. Die drei Über-Ich-Instanzen entschärften die Situation sofort, Jonathan wurde von der Schule beurlaubt und verbrachte den restlichen Tag und eine Nacht in der Kinder- und Jugendpsychiatrie. Ich erfuhr bei meinem nächsten Termin, fünf Tage später davon, die Mutter weinte ob ihres Schrecks noch immer. Jonathan flüchtete mit einem Schuldgefühl beladen aus dieser Situation auf die Skaterbahn. Eine Stunde später saßen wir im Auto, ich hatte vorher noch mit der Direktorin gesprochen, mein Arm um seine Schulter, er ließ sich halten, und ich versuchte zusammenzufassen, was vor fünf Tagen passiert war und wie es weitergehen wird. Er hörte zu, schwieg, sein Kopf lag auf meinem Arm.

Jonathans Lebenslauf bezeugt von Beginn an ein »Fehl am Platz« oder »Nicht richtig Sein« in der Welt. Von seiner Mutter nicht gewollt, von seinem Vater wohl auch nicht, ist in seiner frühen Kindheit nur die Großmutter zu vermuten, die ihm in einer guten Form Beruhigung geben konnte. Die fehlenden Reaktionen einer ausreichend guten Mutter verunmöglichen dem Kind, »seine innigsten Gefühle, die Gewissheit seiner Empfindungen und letztlich die Beständigkeit dessen, was es beglückt oder traurig macht, aus den Reaktionen seiner Mutter zu entziffern« (Bergmann 2007, S. 67). Die daraus resultierende Bindungsschwäche nennt Bergmann als Voraussetzung für eine Symbolisierungsschwäche (Aleximythie). Die Bedeutung des Symbolisierungsvermögens sieht er darin, »das Erlebte festzuhalten und zu einem eigenen Wahrnehmen auszugestalten und dabei die Distanz zu Menschen und Dingen als Bedingung von Individualität zu erfassen« (ebd., S. 70). Dem unsicher gebundenen Jonathan gelingt es nicht, seine Empfindungen und seine Sensibilität mit der Außenwelt in Einklang zu bringen. Michael Günter nannte es in Bezug auf ein Wallenstein-Zitat: »Ihre Gedanken wohnen nicht mehr so leicht beieinander, dass sie eine einigermaßen ungestörte Anpassung an die Lebenswirklichkeit erlauben würden« (Günter 2004, S. 45). Jonathans Biographie, vor allem seine Schulgeschichte, belegt das deutlich. Für das Verständnis der wichtigen Rolle des virtuellen Spielens für Jonathan scheint mir die Tatsache wesentlich, dass er neben den Erfahrungen mit seiner Mutter in der mütterlichen Großmutter vermutlich ansatzweise ein gutes Objekt erlebte, »[…] ein […] Milieu

[...], das gewisse Elemente von Zuverlässigkeit bietet« (Winnicott 1983, S. 242). Durch den Umzug in eine neue Wohnung mit einer neuen väterlichen Bezugsperson ging die Großmutter, das gute Objekt, verloren. Gleichzeitig bekam er einen Fernseher und einen Nintendo in sein Zimmer und begann zu spielen. Dieses Spielen, sein »Zocken«, nimmt bei Jonathan manchmal Suchtcharakter an und begleitet ihn seit frühen Jahren. Ich gehe davon aus, dass diese Sucht eine Suche ist, der zunächst ein Entzug oder Verlust dieses ersten guten Objekts vorausging, und dass das Spielen den Charakter eines Fetischs hat, der behandelt wird, als wäre er das Verlorene.»Der Fetisch ist also in einer eigenartigen Bedeutungsschwebe. Er repräsentiert das Entzogene und deckt es zu, ist gleichermaßen sein Surrogat wie sein Chiffre« (Türcke 2002, S. 247). »Wenn man unruhige Kinder, die keine Sekunde stillsitzen können und ihre Augen nach rechts und links bewegen, suchend und ausweichend, vor einen Computer setzt, wird ihr Blick klar und fixierend, ihre Aktivitäten sind zielgerichtet und geduldig« (Bergmann 2007, S. 54). Das Besondere am virtuellen Spiel ist für diese Kinder und Jugendlichen, dass ein gewünschtes Objekt sofort nach dem Auftauchen des Bedürfnisses verfügbar ist, jedoch damit eine Vielzahl von Möglichkeiten bietet, was zu einer Ungenauigkeit des Wünschens führt.»Dieses Wünschen findet nicht genügend Zeit, um sich zu einem (seiner selbst) bewussten Willen zu verdichten« (Bergmann 2007, S. 54). Findet sich bei Jonathan die Symptomatik des ADHS, so bedeutet diese Erfahrung eines guten Objekts einen Unterschied zum großen Teil der Kinder und Jugendlichen mit dieser Symptomatik. Deren Erregung ist Ausdruck einer Suche nach etwas, das »die Gestalt eines verlorenen Objektes noch gar nicht angenommen hat« (Türcke 2012, S. 103). Doch auch für Jonathan gilt Türckes Feststellung, dass das Aufmerksamkeitsdefizit dieser Kinder und Jugendlichen zuallererst das ist, welches sie selbst erlebt haben. »Die Aufmerksamkeit, die sie nicht zu geben vermögen, ist ihnen zuvor selbst vorenthalten worden« (Türcke 2012, S. 103), und bezieht sich dabei auf die Fähigkeit des Kleinkinds wahrzunehmen, auf was sich die Aufmerksamkeit der Mutter oder primären Bezugsperson richtet oder zwischen welchen Objekten diese oszilliert. Türcke spricht konkret von der Wirkung einer permanenten Fernsehkulisse auf Kinder. Diese haben »alle Chancen, früh und traumatisch zu erleben, wie die Aufmerksamkeit ihrer nächsten Bezugspersonen sich zwischen ihnen und dieser Kulisse verteilt, wie zwischenmenschliche Zuwendung unter den Aufmerksamkeitsansprüchen, die diese Kulisse permanent erhebt, flach und unwirklich wird« (Türcke 2012, S. 103).

In problematischen Situationen, bei Jonathan finden diese meist in der Schule statt, führt die oben genannte Unmöglichkeit der Anpassung der inneren Erlebniswelt an die äußere Lebenswirklichkeit zu den benannten Eskalationen, welche in einem erstarrten Zustand Jonathans, oft auch mit der Präsenz der Polizei enden. Günter beschreibt dazu, dass das Denken in diesen Situationen durch Handeln ersetzt wird, »Handlungen an die Stelle des Hervorbringens von Gedanken und Geschichten träten« (Günter 2004, S. 46). Jedoch verweist er auf den Unterschied der Handlung zum Gedanken oder der Geschichte, die Spielräume lassen würden, während die Handlungen Tatsachen ohne Alternativen schaffen. Winnicott benennt die antisoziale Tendenz von Kindern als Versuch, »ein verloren gegangenes, Halt gebendes und beruhigendes inneres Objekt im realen Außen zu suchen beziehungsweise, genauer gesagt, auf den Plan zu rufen« (ebd., S. 47). Günter führt weiter aus: »Hier sucht das Kind durch die antisozialen Handlungen gewissermaßen die Erfahrung auf, dass sich die Sachen hart im Raume stoßen, weil es die Hoffnung hat, dass das Kind nur auf diese konkrete Weise doch noch bekommen könne, worauf es ein Anrecht hat: liebevolle, anerkennende und Halt gebende Beziehungen« (ebd., S. 47). Der derzeitige Stand der Arbeit mit Jonathan lässt mich zu dem Schluss kommen, dass die Qualitäten in unserer Beziehung, wie Verlässlichkeit, Regelmäßigkeit, Ausdauer, Konfrontation, ihm eine Sicherheit vermitteln, die einer nach Bergmann »autoritativen Gewissheit« entspricht, die »wie ein Versprechen auf das unruhige Selbst wirkt« (Bergmann 2007, S. 70). Diese väterlich/mütterlichen Qualitäten sind ein wichtiger Gegenpol zu den medialen Systemen, die diese Kinder und Jugendliche zu der Überzeugung verführen, das wahre Leben zu sein und dadurch den Eintritt in dieses verhindern. Diese elterliche Führung »schafft einen Raum für Geborgenheit. Die Kinder greifen danach, sie klammern sich daran, sie werfen ihre Nervosität, ihre Unruhe, die Verkrampfungen ihres Körpers und ihrer Psyche ab und wollen gar nicht mehr loslassen« (Bergmann 2007, S. 71). So verstehe ich den therapeutischen Prozess mit Jonathan auch als Ausdruck seiner Hoffnung, doch einen Platz im Anderen und in der Welt zu haben.

Literatur

Bergmann, W. (2007): Ich bin nicht in mir und nicht außer mir. In: Ahrbeck, B. (Hrsg.): *Hyperaktivität*. Stuttgart: Kohlhammer, S. 49–71.

Günter, M. (2004): »Leicht beieinander wohnen die Gedanken, doch hart im Raume stoßen sich die Sachen« (Wallenstein) – Die Quadratur des Kreises in der psychoanalytischen Sozialarbeit: das Unbewusste, der Kühlschrank, das Spiel und die Werkstatt. *Kinderanalyse*, Jg. 14, H. 1, S. 44–62.

Türcke, C. (2002): *Erregte Gesellschaft*. München: Beck, 2010.

Türcke, C. (2012): Nervenzerrüttung als Kulturstiftung. Zur Archäologie und Tragweite des traumatischen Wiederholungszwangs. *Texte*, Jg. 32, H. 3, S. 97–111.

Winnicott, D. W. (1958): *Von der Kinderheilkunde zur Psychoanalyse*. Frankfurt a. M.: Fischer, 1994.

Birgit Wieland

»Die (Internet-)Verbindung ist wieder unterbrochen«

Über das Schaffen und Halten von Verbindungen mit ich-strukturell gestörten Jugendlichen und jungen Erwachsenen im Therapeutischen Heim

Der Umgang mit neuen elektronischen Medien ist ein allgegenwärtiges Thema und doch irgendwie schwer zu fassen. Die Anzahl der vielen verschiedenen Medien, die Schnelligkeit, mit der immer wieder neue Medien, die mehr oder etwas besser können, auf den Markt kommen, macht es schwer, über Medien allgemein zu sprechen.

Der Umgang mit den Neuen Medien ist in jedem Fall aber eine Generationenfrage. Bezogen auf das Therapeutische Heim stellt sich zum einen die Frage, wie die älteren erfahrenen Kollegen mit den in Medienfragen zumeist besser bewanderten jüngeren Kollegen umgehen. Zum anderen ist da natürlich die Frage, wie wir den jungen Heranwachsenden, die mit Medien aufgewachsen sind, begegnen. Etwas allgemeiner formuliert, heißt das: Erstmals in der Geschichte der Menschheit lernen viele Ältere in einem großen, sich rasch verändernden Wissensgebiet von den jüngeren »Digital Natives«. In einer 2014 veröffentlichten Studie heißt es: »Bereits 97 Prozent der Zehn- bis Dreizehnjährigen sind online, mehr als die Hälfte täglich.« (Pantel 2014) Marktforscher bezeichnen das genannte Alter als die »Digitale Volljährigkeit« (ebd.). Die jungen Menschen wachsen mit den Neuen Medien auf, Mediennutzung ist von Kindesbeinen an selbstverständlich in den Alltag integriert. Sie sind also uns, die wir nicht mit Handys und Smartphones spielend aufgewachsen sind, auf diesem Gebiet oft voraus. Die Frage stellt sich weiter im Besonderen, wie wir als psychoanalytische Sozialarbeiter mit einer ich-strukturell gestörten Klientel umgehen, die uns im Bereich der Neuen Medien nicht selten in Kenntnis und Wissen deutlich überlegen ist.

Obwohl ich davon ausgehe, dass die meisten Leser sich den Neuen Medien zugewandt zeigen, meine ich doch behaupten zu können, dass es nach wie vor Hemmungen gibt, sich darauf einzulassen, von jungen

Menschen sich zeigen zu lassen, was und wie sie elektronische Medien nutzen. Oft kann eine Widerständigkeit gegenüber diesen Medien auch als gesellschaftlicher Protest gegen die Geschwindigkeit der sich immer rascher verändernden Medienlandschaft verstanden werden. Doch in diesem Text möchte ich mich weniger auf diesen Aspekt der Widerständigkeit konzentrieren.

Ich frage mich eher: Sind uns Neue Medien manches Mal schlicht suspekt? Ich gebe zu, mich langweilen Computer- oder Handyspiele schnell, obwohl ich gleichzeitig eine gewisse Faszination verstehen kann. Digitale Spiele und die Kommunikation über soziale Netzwerke machen mich zwar neugierig, aber wohl nicht neugierig genug, um dem umfassend auf den Grund gehen oder gar meine freie Zeit damit ausgiebig füllen zu wollen. Es ist manches Mal vielleicht auch eine Langeweile, die sich aus der beobachtenden Zuschauerrolle ergibt. Wenn man nicht im Spiel »drin steckt«, kann man sich schneller davon distanzieren. Manches Mal scheint auch ein Widerstand am Werk zu sein, sich das nicht zeigen zu lassen, »weil das so ein großes komplexes Feld ist« oder weil sich dann vielleicht zeigen könnte, wie wenig ich mich tatsächlich mit Medien auskenne. Dabei sagen die Jugendlichen doch immer wieder, dass das »ganz einfach« ist, und oft sind es ja tatsächlich simple Tastenkombinationen, die zum Ziel führen.

Bezogen auf meine Fragestellung, warum es schwer scheint, sich auf einen solchen Lernprozess einzulassen, hieße das vielleicht wiederum, dass ein Sich-Einlassen auf einen Lernprozess auch gleichzeitig eine Kränkung bedeuten könnte? Unsere uns Anvertrauten »Digital Natives« sind mit den Neuen Medien aufgewachsen, wohingegen die meisten Kolleginnen und Kollegen sich mühsam mehr oder weniger in die digitale Welt eingearbeitet haben oder sich haben einführen lassen. Dennoch ist es sicher für die jungen Menschen im intersubjektiven Kontext immer wieder eine Bereicherung, uns Erwachsenen etwas beizubringen. In diesem Sinne ist es wichtig zu betonen, dass eine Begegnung bzw. Betreuung nicht nur von den uns Anvertrauten, sondern auch von uns selbst eine Veränderung erfordert.

Abgesehen davon, dass wir bestimmte Inhalte der Neuen Medien (wie etwa Gewaltfilme) ablehnen, gibt es vielleicht auch Momente, in denen uns die sich rasant verändernde Medienlandschaft unheimlich vorkommt? Wir ziehen uns resignativ zurück, da wir »sowieso nicht mehr mitkommen«. Wir meinen, wir brauchen diese Medien doch nicht, und manchmal geht das vielleicht dann auch so weit, dass wir meinen, die Jugend braucht sie auch nicht. Erst wenn Medien in allen Generationen »angekommen sind«, scheinen sie auch gesellschaftlich anerkannt zu werden. Während beispielsweise die E-Mail ein unter Erwachsenen inzwischen akzeptiertes Mittel elektronischer Kommunikation geworden ist, ja es sogar schwer vorstellbar ist, wie man freiwillig auf diese Erleichterung im Alltag verzichten kann, bleibt etwa das Chatten oder Computerspiele – also Medien, die gerade junge Menschen gerne nutzen – (noch) eher Gegenstand von Kritik oder gar Ablehnung.

Wie es sich für einen analytischen Text gehört, hat Sigmund Freud auch zu Anfang seinen Platz. Zu Freuds Zeiten gab es zwar keine Smartphones, Tablets oder Computerspiele, jedoch besaß Freud ein zum damaligen Zeitpunkt hochmodernes Telefon. Seine Haushälterin Paula Fichtl schreibt in ihren Erinnerungen *Alltag bei Familie Freud* über den Umgang Freuds mit eben diesem Telefon:

> Auf einem niedrigen Tischchen zwischen Sofa und Fenster steht seit einigen Jahren das Telefon, so weit weg vom Zimmer Sigmund Freuds wie angesichts der Aufteilung der Wohnung nur möglich, denn der Professor hat eine unüberwindliche Abneigung gegen das »technische Gerät«, das damals unter der Nummer A18170 zu erreichen war. Das mögliche Motiv für Freuds Sträuben erklärte sein Sohn Martin einmal so: »Vater, der sich seiner Macht bewußt war, wenn er jemanden ansah, hatte das Gefühl, daß er sie verlor, wenn ihn eine tote Sprechmuschel anstarrte.« (Berthelsen 1989, S. 28)

Auch wenn eine allzu große und deutliche Ablehnung von Neuen Medien schnell etwas verschroben wirken kann, muss ich zugeben, dass Freud auf mich durch diese kleine Anekdote durchaus nicht unsympathisch wirkt. Er hat auch hier einen äußerst wahren Kern genannt, der trotz der seit dem alten Telefon revolutionären Entwicklung in der Medienlandschaft weiterhin Bestand hat: Begegnungen mit Medien und Menschen fühlen sich manches Mal immer auch so an, als ob im Kontakt »etwas dazwischen geschoben wird«. Die Bedeutung des Blicks, der Mimik und der Körpersprache in einer menschlichen Begegnung, die ja im medialen Kontakt häufig fehlen, darf zudem nicht unterschätzt werden.

Außerdem erscheint mir ein weiterer Aspekt im Umgang mit Neuen Medien wichtig: Wir alle scheinen die heutige Lebensweise mit der eigenen früheren Lebensart zu vergleichen. Dabei kommen wir auch immer wieder – mehr oder weniger bewusst – zu dem Schluss, dass die eigene Art und Weise, unsere Kindheit und Jugend gelebt zu haben, doch irgendwie echter, einfacher, natürlicher und so insgesamt von höherem Wert gewesen sei. Die manches Mal geradezu unheimlich schnelle Medienveränderung und Digitalisierung scheint dieses Denken weiter zu verstärken. Holger Salge schreibt hierzu außerdem vom »geleugneten Neid«:

> Gerade die Perspektive der Elterngeneration auf die Neuen Medien ist […] immer von der Gefahr des geleugneten Neides geprägt und von der Gefahr begleitet, sich im Dickicht projektiver Hilflosigkeitsdiagnosen zu verfangen. (Salge 2014, S. 239f.)

Nach diesen einleitenden Worten über Medien komme ich nun zum Umgang mit Neuen Medien im Therapeutischen Heim des Vereins für Psychoanalytische Sozialarbeit. In diesem Heim leben sechs bis acht junge Menschen im Alter zwischen 15 und 22 Jahren. Ich arbeite i. d. R. mit zwei bis drei Kollegen im Tagdienst. Die uns anvertrauten jungen Menschen gehören dem autistischen Formenkreis an und können des Weiteren psychiatrisch als »narzisstisch«, »schwer traumatisiert«, »psychotisch«, »verwahrlost«, »schizophren«, »borderline-strukturiert« und/oder insgesamt als »seelisch behindert oder von einer solchen Behinderung bedroht« bezeichnet werden. Oft haben diese jungen Menschen bereits eine längere Psychiatrie- und/oder Heimkarriere hinter sich, bevor sie zu uns kommen. Im Lauf der letzten Jahre häufen sich die Anfragen, Jugendliche bei uns aufzunehmen, die im hohen Maße Schwierigkeiten haben, ein Leben außerhalb ihres Zimmers und dem dort befindlichen bläulich leuchtenden Bildschirm in adäquater Weise zu führen. Im Grunde genommen gehören diese jungen Menschen zu einer neuen Klientel, was wir ja bereits in der vergangenen Tagung zum Thema machten.[1] Insofern können die Beiträge dieses Tagungsbands auch als Ergänzung bzw. Fortsetzung zu der Frage verstanden werden, wie Neue Medien das Denken und Fühlen strukturell gestörter junger Menschen beeinflussen.

Ich schreibe also über Jugendliche, deren Leben auf dem Bildschirm zum echten Leben geworden ist. Nicht selten spielen dabei umfangreiche Verwahrlosungstendenzen eine große Rolle. Jegliche Versuche,

---
[1] Vgl. Verein für Psychoanalytische Sozialarbeit 2013.

diese jungen Menschen wieder in die reale Welt zurückzuführen, sind gescheitert. Diese Jugendlichen, die oftmals große Ängste vor sozialen Kontakten haben, haben ihre »Nebenrealität« in den immer aufwendiger produzierten und authentischer wirkenden Spielen gefunden. Sie »üben« nicht (mehr) nur in der virtuellen Welt, um sich in der realen Welt zurechtzufinden. Die virtuelle Welt ist für sie ein Synonym für die reale Welt. Nicht selten wird in der virtuellen Welt eine Realität konstruiert, die auf dem Prinzip der absoluten Verfügbarkeit basiert. In dieser virtuellen »Nebenrealität« können Wünsche nach Kontakt, Bedürfnisse und Triebe befriedigt werden und mithilfe von »wisch und weg« kann unangenehmen Frustrationen aus dem Weg gegangen werden. Zumindest ist das manchmal einfacher als in der rauen Wirklichkeit, in der ängstigende und frustrierende Überraschungen an allen Ecken lauern können. Das Surfen wird dann fast ohne Abstriche auch auf das Leben in der Realität angewandt. Dann meine ich zu beobachten, wie sich ein Transfer in die Realität entwickelt, indem plötzlich eine Anspruchlichkeit und manchmal auch Empathielosigkeit zutage treten, die ein reales Gegenüber nicht so toleriert wie eine virtuelle Maschine. Es entwickelt sich ein Teufelskreis: denn vor lauter Frustration über die realen Grenzerfahrungen beim Gegenüber erfolgt ein noch intensiveres Beschäftigen mit den virtuellen Medien. Im virtuellen Raum existiert dann quasi ein Mangel an Mangelerfahrungen, was die Prozesse des Denkens und Fühlens weiter beeinflusst. Die Mischung aus der erwähnten Anspruchlichkeit an das reale Gegenüber (etwa in Form von Sich-bedienen-Lassen), verbunden mit einem größenwahnsinnigen Gefühl der Unabhängigkeit von Anderen, das Vernachlässigen von realen Beziehungserfahrungen, Schule und nicht selten auch Körperhygiene führt in aller Regel dazu, dass die Jugendlichen in der Jugendpsychiatrie landen, wo sie zu lernen beginnen, wie sich realer Alltag anfühlt.

Im Therapeutischen Heim werden demnach immer mehr strukturell gestörte Spätadoleszente betreut, die meist einen Klinikaufenthalt hinter sich haben, jedoch nach wie vor Schwierigkeiten haben, diesen Transfer von der virtuellen Welt nicht eins zu eins auf die reale Welt zu übertragen. Die Grenzen zwischen Realität und Phantasie bzw. virtuellen Welten sind verwischt. Unsere uns Anvertrauten müssen sich dann damit auseinandersetzen, dass ihr Gegenüber anders funktioniert als ihre in diesem Sinne doch besser kontrollierbaren Medien. Wie kann eine solche Betreuung aussehen?

Wir nehmen den Jugendlichen ihre Medien nicht weg, obgleich wir regulierend eingreifen. Im Therapeutischen Heim sind wir der Meinung, dass allzu große Verbote und Vorgaben auch Entwicklungsmöglichkeiten einschränken. Wir versuchen daher, Stück für Stück und mithilfe eines begleitenden unaufdringlichen Hilfs-Ichs die uns Anvertrauten wieder an die Realität heranzuführen. Dies geschieht nicht nur in Bezug auf Medien, sondern ganz allgemein und auch in Anlehnung an Freuds Fort-Da-Spiel, in dem die Jugendlichen das ganz konkrete Sich-Bewegen von einem zum anderen Ort mit uns üben und schließlich möglichst angstfrei verinnerlichen sollen. Das kann natürlich nicht gehen, indem wir elektronische Medien schlicht verbieten, denn sie gehören längst zu unserer Kultur und unserem Alltag. Es passiert vielmehr, indem wir uns auch in die medialen Verwicklungen hineinziehen, verwickeln und berühren lassen.

An dieser Stelle möchte ich an die Vorteile der Neuen Medien, insbesondere für schwer psychisch kranke Menschen, erinnern. Nicht selten können beispielsweise gerade bei strukturell gestörten jungen Menschen Medien ein angstmindernder Begleiter sein. Ein Smartphone etwa, das auf einer Zugfahrt dazu genutzt werden kann, sich in gewisser Weise vor all den ängstigenden Menschen um einen herum zuzumachen, kann in diesem Zusammenhang hilfreich sein. Die sozialen Netzwerke helfen diesen jungen Menschen, nicht völlig zu Einsamkeit verdammt zu sein, obwohl auch hier der Aspekt des digitalen Dazwischen-Schiebens nicht zu niedrig eingeschätzt werden sollte. Wolfgang Frühwald stellt etwa mit Hinweis auf Johannes Dichgans fest: »In einem Gespräch werden nur sieben Prozent an Informationen über Inhalt und Bedeutung der Sprache transportiert. Dagegen 38 Prozent über die Sprachmelodie und 55 Prozent über Mimik und Gestik.« (Frühwald 2010, S. 13)

Der Informations- und Bedeutungsgehalt einer Kurznachricht ist demnach sehr gering. Dies kann gerade für autistische Menschen, die Schwierigkeiten haben, über die konkrete Information hinaus Bedeutungen zu erkennen, von Vorteil sein. Doch es kann insofern auch ein Nachteil sein, dass eben das, was über eine konkrete Nachricht hinaus mitgeteilt wird, fehlt, und so lediglich eine »ausgedünnte Kommunikation« ohne Blicke, Mimik und sonstiger nonverbaler Verständigung erfolgt.

Ein weiterer wichtiger Aspekt ist der, dass in Zeiten, in denen eine Internetflatrate für wenig Geld zu haben ist, wir es aushalten müssen, nicht alles mitzubekommen bzw. gleichzeitig aushalten müssen, dass die Jugendlichen unter Umständen auch sehr persönliche Informationen etwa in sozialen Netzwerken preisgeben. Hier gilt es, in einem wohlwollenden und grenzsetzenden Kontakt mit den Jugendlichen zu sein, um so auch in einem wohlwollenden Sinne auf die Mediennutzung einwirken zu können. Das Aushalten, etwas nicht zu wissen, bekommt in Bezug auf die Neuen Medien eine ganz neue Bedeutung. Bei der Vielzahl der Geräte, die in der heutigen Zeit einem jungen Menschen zur Verfügung stehen, ergibt sich zwangsläufig einmal mehr die Frage, inwieweit wir unseren Jugendlichen Geheimnisse lassen müssen bzw. dürfen.

Die Medien im Therapeutischen Heim sind ein Mittel der beschleunigten Kommunikation, Quelle der Vergnügung, ständige Alltagsbegleitung, Ort verschiedenster Geheimnisse und aber auch öffentliche Zur-Schau-Stellung, Projektionsfläche, autistischer und allgemein seelischer Rückzugsort. Dabei wird in Welten gelebt, gedacht und gespielt, die im Realen vielleicht nie erreicht werden können.

Um diese Gedanken vorstellbarer zu machen, möchte ich Ihnen eine genauere Übersicht der technischen Geräte im Therapeutischen Heim geben. Fast alle unserer Bewohner haben einen Computer oder einen Laptop von zu Hause mitgebracht. Über WLAN können sie mit ihren Geräten nachmittags zu festen Zeiten ins Internet gehen. Bemerkenswert finde ich die Tatsache, dass es Jugendliche gibt, die als medienaffin gelten, weil sie Stunden vor dem PC spielen können, jedoch die Nutzung von einem Handy oder Smartphone weitgehend ablehnen. Die meisten unserer Bewohner haben mindestens ein Smartphone, einer besitzt ein Handy, zwei haben weder ein Mobiltelefon noch ein Smartphone und verweigern die Nutzung eines solchen. Wir stellen den Jugendlichen ein tragbares Telefon zur Verfügung, das sie bei uns abholen können und mit dem sie kostenlos Gespräche mit ihren Angehörigen führen dürfen. Eine Bewohnerin besitzt ein Tablet, mit dem sie Musik hört und Spiele spielt. Jeweils zwei Bewohner haben eine Playstation und eine X-Box, mit denen sie verschiedenste Spiele spielen. Ein großer Fernseher steht im Wohnzimmer, und obwohl die meisten Jugendlichen einen Fernseher in ihrem Zimmer haben, wird der gemeinschaftliche Fernseher täglich genutzt. Es gibt daneben einen Computer für alle, der quasi im Zentrum des Hauses, also im Essbereich zwischen Küche und Wohnzimmer steht. Dieser Computer, auf dem jeder Bewohner einen

Account hat, wird täglich genutzt, obwohl dieser Computer nicht der Schnellste ist und die Internetverbindung immer wieder – warum auch immer – unterbrochen ist.

Nach den einleitenden Worten möchte ich festhalten und betonen: Es gibt nicht *die* Neuen Medien, sondern ganz unterschiedliche neue und alte Medien, die – wie andere Objekte auch – sich psychoanalytisch gesehen in ihrer Bedeutung und Funktion für das einzelne Subjekt teilweise erheblich unterscheiden können. Am Beispiel von zwei Fallvignetten aus dem Therapeutischen Heim möchte ich dies aufzeigen. Im Therapeutischen Heim haben wir in den vergangenen Jahren durchschnittlich immer wieder einen bis zwei Jugendliche gehabt, die sich exzessiv mit Computerspielen beschäftigten. Dabei zeigt sich bei den Anfragen an unsere Einrichtung eine steigende Tendenz an computerspielsüchtigen jungen Menschen. Dennoch habe ich ganz bewusst die beiden Fallvignetten, die ich nun vorstellen werde, so ausgewählt, dass ich *nicht* diese Jugendlichen mit exzessiver Computernutzung vorstellen möchte, sondern zwei junge Menschen, deren Mediennutzung bzw. -verweigerung unscheinbarer und – zumindest vordergründig – als weniger heikel gesehen werden könnte. Statt der lauten Ballerspiele möchte ich mehr die leisen Zwischentöne in Bezug zu Neuen Medien darstellen, die m. E. im Alltag eine große Bedeutung haben. Bei der Vorstellung der beiden Fallvignetten möchte ich zudem hinzufügen, dass insbesondere die Beschreibungen der Gegenübertragungsgefühle auf meiner persönlichen Erfahrung mit diesen Jugendlichen beruhen. Andere KollegInnen haben eine andere Übertragungsbeziehung und daher gestaltet sich deren Beziehung sicher anders.

Marco

Marco ist 16 Jahre alt, als er zu uns ins Therapeutische Heim zieht. Aus den uns vorliegenden Akten wissen wir, dass er aus einer sehr kinderreichen Familie stammt und das, obwohl beide Eltern und damit auch einige der Kinder schwere Erbkrankheiten haben, die einen körperlichen Zerfall mit sich bringen. Doch Marco scheint davon – zumindest bisher – nicht betroffen zu sein, was nicht heißt, dass keine Angst davor existiert. Marco gehört zu den jüngsten Kindern, hat Geschwister, die fast doppelt so alt sind wie er. Nur zu zwei älteren Schwestern hat er sporadisch über Facebook Kontakt. Die Eltern waren nicht nur aufgrund ihres eigenen immer schlechter werdenden Gesundheitszustands früh überfordert mit ihren Kindern. Das Jugendamt ist in der Familie bereits Jahre vor Marcos Geburt helfend eingebunden. Als Marco etwa zehn Jahre alt ist, beschließen die Eltern, Marco fremd unterzubringen, da er – im Gegensatz zu seinem kleinen Bruder, der als Einziger noch bei seinen Eltern wohnt – »nichts zurückgibt«. Er kommt zunächst in ein Internat, bevor er einige Jahre in einer Pflegefamilie untergebracht wird. Von dort aus verbringt er einige Monate stationär in einer Jugendpsychiatrie, wo eine Enkopresis sowie ein Asperger-Autismus diagnostiziert werden. Die Pflegefamilie fühlt sich mit ihm überfordert, sodass er bei uns angefragt wird. Bei uns angekommen, besucht er auf eigenen Wunsch hin eine öffentliche Schule.

Marco ist ein großer, schlanker Jugendlicher mit kurzen Haaren, heller Haut und feinem Bartflaum. Er spricht immer in der gleichen leisen Lautstärke, was eine Kommunikation in einer lauteren Umgebung oder schon außerhalb eines exklusiven Zweierkontakts regelmäßig erschwert. Meist sucht er auch diesen exklusiven Zweierkontakt, insbesondere mit Frauen, und wendet sich rasch ab, wenn ein Dritter dazu kommt. Mir fällt auf, dass dieser Kontakt meist nur zustande kommt, wenn er der Aufsuchende ist. Setze ich mich zu ihm oder bitte ihn gar, etwa in der Küche mitzuhelfen, kann er gegenüber Betreuern von einem Moment auf den anderen verstummen, manchmal sogar über Tage, wobei dann unklar bleibt, warum er plötzlich und so lange nicht mehr spricht.

Wenn er etwas erzählt oder eine Antwort gibt, dann spricht er meist zunächst nur wenige Worte, blickt mich dann immer wieder mit einem durchdringenden Blick direkt an, sodass ich mich dadurch regelmäßig ermuntert, wenn nicht gar verpflichtet fühle, einfühlsam nachzufragen. Tue ich das nicht, wendet er sich gekränkt wirkend ab. Ich spüre bei meinem Nachfragen, wie er mein Nichtwissen genießt, mir weitere kurze Satzhappen vorlegt, bevor es dann oft regelrecht aus ihm heraussprudelt. Auf der Suche nach ihm habe ich nicht selten das Gefühl, er spielt mir etwas vor, um zu beobachten, ja zu genießen, wie ich über sein Verhalten und seine Äußerungen rätsele, wie ich mich abmühe und doch kaum das Gefühl bekomme, ich habe den »echten« Marco vor mir. Es fühlt sich an, als ob sich unter seiner meist cool wirkenden Oberfläche ein zerbrechliches Kind verberge, das intensiv Versteck spielt und dabei doch nicht immer hofft, gefunden zu werden. Er wirkt so irgendwie nicht greifbar und – vermutlich in seiner Wahrnehmung – weniger angreifbar. Ich denke, es schmeichelt wohl seinem Ego, wenn ich ihn nicht verstehe, und ich fühle mich wie in einem Menschenlabor, in dem Marco der Forscher ist, der mein eigenes Verhalten beobachtet, kontrolliert und gleichzeitig sich über mich und andere erhebend freut, sodass ein authentischer Kontakt von ihm ferngehalten wird. Zudem vermittelt er mir stets, dass er autark und unabhängig leben könnte und will. Hierbei haben kindlich wirkende abenteuerliche Größenphantasien eine große Bedeutung, etwa wenn er von Wünschen und Phantasien berichtet, wie er alleine in einer Waldhütte lebt, ein großes Wirtschaftsimperium leitet und weltbewegende Erfindungen macht. Neben diesen abenteuerlichen, autarken Phantasien zeigt er durch seine subtile Bedürftigkeit nach exklusiven einfühlsamen Beziehungsmomenten, was für ein verletzlicher kleiner Bub er ist. Zwischen diesen beiden Polen gibt es wenig, und ich habe das Gefühl, ich müsse in jeder Geste ihm gegenüber beide Pole, zwischen denen eine große Kluft ist, in einer Weise mitbedenken, dass ich ihn in seinem Narzissmus nicht zu sehr kränke. Denn insgesamt wirkt seine Seele wie ein fragiles Gebilde aus vielen Bruchstücken, das allzu leicht zusammenbrechen kann.

Marco berichtet recht bald davon, dass er manches Mal »vergessen hat«, was in den letzten Stunden oder gar Tagen passiert ist. Dabei kommt mir dieses »Vergessen« weniger wie eine Verdrängung vor, sondern eher wie eine Art Stille oder Dunkelheit in seinem seelischen Innenraum. Vermutlich hat in der Vergangenheit seine Psyche so unbewusst etwa Gefühle der Einsamkeit oder des Nicht-aushalten-Könnens verarbeitet.

Marco legt viel Wert auf sein Äußeres. Damit zeigt er seine Zugehörigkeit zu einer bestimmten Jugendkultur. Zu meiner Verblüffung wirkt sein Äußeres, als ob er beinahe täglich seine Zugehörigkeit zu einer anderen Jugendkultur demonstrieren möchte. Auch hier scheint er sich nicht festlegen zu wollen und zu können. Einzige Konstante dabei ist, dass er sich meist mehr oder weniger feminin zeigt. Er schminkt sich immer wieder intensiv und in seinem gesamten Habitus, wenn er etwa lasziv wirkend durch die Nase spricht und seine Finger so bewegt, als ob er lange Fingernägel hätte, tritt diese feminine Haltung mal mehr, mal weniger zutage. Er selbst nennt sein feminines Verhalten nicht ohne Stolz »zickig« oder »tuntig«. Er steht teilweise stundenlang vor dem Spiegel, um neue Schminkkreationen auszuprobieren. Von unserer jungen Praktikantin, zu der er eine geschwisterlich gefärbte Übertragungsbeziehung hat, holt er sich immer wieder Schminktipps und guckt alleine und mit ihr gemeinsam YouTube-Clips über das Schminken an. Durch eine hochfrequente Supervision bleiben wir auch im Team in Verbindung über seine Phantasien, die er mit dieser Kollegin teilt. An dieser Stelle möchte ich in Zeiten der Forderung nach hierarchisch besetzten Teams, die schneller (und damit günstiger, aber m. E. nach *nicht* erfolgreicher) Behandlungen und Betreuungen beziehungsgestörter junger Menschen durchführen sollen, Folgendes betonen: Jede einzelne Übertragungsbeziehung gibt wichtige Einsichten in das Verständnis des Seelenlebens eines Bewohners. Jüngere KollegInnen haben oftmals eine andere Beziehung zu unseren Bewohnern und eben insbesondere, was den Umgang mit Medien betrifft, sind diese nicht selten die ersten Ansprechpartner für die Jugendlichen. Das Prinzip einer Enthierarchisierung im Team, das der berühmte Kinder- und Jugendpsychiater Reinhart Lempp mit erstaunlichem Erfolg in den stationären Behandlungen von psychisch erkrankten Kindern und Jugendlichen einführte, hat demnach gerade im Zuge der Neuen Medien und der damit verbundenen Generationenfrage noch einmal an Bedeutung dazugewonnen. Dieter Koller schreibt bereits 1990 (also lange vor einem wie heute von Medien geprägten Zeitalter) zum Prinzip der Enthierarchisierung im Team in der Behandlung früh gestörter Patienten: »Die qua Hierarchie gegebene Kompetenz versagt leicht bei ›Grundstörungen‹ im Sinne Balints – und vielleicht nicht nur dort.« (Koller 1990, S. 174)

Zurück zu Marco: Obwohl er sich viele Gedanken um sein Äußeres macht, vernachlässigt er seine Körperhygiene. Der Blick der Anderen ist ihm wichtig; Schamgefühle bezüglich unangenehmer Körpergerüche scheint er nicht zu haben. Er vernachlässigt das Duschen; saubere und gebrauchte Kleidung liegt zentimeterhoch gemischt nicht im Schrank, sondern über den gesamten Boden seines Zimmers verteilt. Im Chaos kann er sich und seine verletzte Seite besser verbergen, doch diese blitzt richtiggehend auf, denn er verstreut in diesem Chaos zeitweise auch immer wieder kaputtgeschlagene Teile von Spiegeln, die aufgrund ihrer Schärfe von uns entfernt werden. Er sitzt in diesen Momenten schweigend auf seinem Bett, wirkt entlastet durch unser Eingreifen. Diese kaputtgeschlagenen Spiegel haben eine selbstverletzende psychotische Note und wirken wie Bruchstücke seiner Identität, die er durch die kleinen Teile quasi »zerstückelt« anblickt und nicht zusammenbringt. Zudem befriedigt er durch das ständige Anblicken in kleinen Spiegeln narzisstische Gefühle, die gleichzeitig zwischenmenschliche Kontakte als scheinbar minderwertig degradieren. Obwohl er nicht darüber spricht, scheint es in ihm zu arbeiten, und nach einigen Monaten hört er auf, die kaputtgeschlagenen Spiegel in seiner auf dem Boden liegenden Kleidung zu verteilen.

Die hygienischen Verhältnisse in seinem Chaos zwingen uns zum Handeln und Sprechen mit ihm. Dieser schöne junge Mann und seine vernachlässigte Hygiene – das scheint nicht recht zusammenzupassen; und wir fürchten, dass er sich zutiefst gekränkt zurückziehen wird. Doch etwas Unausgesprochenes hat etwas Kontaktzerstörendes. Als wir ihn dann schließlich darauf ansprechen, ihm auch unsere Hilfe anbieten, z. B. beim Waschen seiner Kleidung, lehnt er dankend und grinsend ab. Schnell räumt er auf und duscht sich, doch er kann den Zustand der kontinuierlichen Ordnung und Hygiene nie dauerhaft halten. Marco vermittelt uns das Gefühl, dass er alles unter Kontrolle hat, wenn er dies nur wolle. Punktuell taucht er so aus dem äußeren und inneren Chaos auf. Es ist die Arbeit des Psychoanalytischen Sozialarbeiters, immer wieder mit ihm über die abgründige hygienische Situation in Kontakt zu kommen, was ihm sprichwörtlich zu stinken scheint. Eine stinkende Wolke, die er wahrscheinlich unter Angst und Anspannung vermehrt produziert, soll sein Gegenüber wohl auf Abstand halten.

Nachdem Sie nun in etwa ein Bild von diesem jungen Mann bekommen haben, möchte ich nun insbesondere auf Marcos Umgang mit Medien kommen. Im Fernsehen und auf YouTube schaut er sich gerne Anime-Filme und Serien an. Neben einer alten Playstation ist für ihn das wichtigste Medium sein Smartphone, das er immer bei sich führt. Im Folgenden möchte ich mich hauptsächlich auf das Smartphone konzentrieren. Er fotografiert damit, spielt unterschiedliche Spiele, guckt sich allerlei unterschiedliche YouTube-Videos an: etwa Musikvideos oder Clips, in denen Ungewöhnliches gezeigt wird, etwa wie am schnellsten eine Melone von der Schale getrennt werden kann oder was für Möglichkeiten es gibt, ein Ei zu trennen. Besonders fasziniert ist er von Videos, in denen Menschen körperliche Verrenkungen machen. Er scheint es zu lieben, mit uns in Kontakt zu treten, indem er uns diese Clips zeigt und genießt dabei zufrieden wirkend den Zustand, in dem wir beim Anblick derartiger Verrenkungen zusammenzucken oder vor Erstaunen den Kopf schütteln.

Im Lauf seiner Zeit bei uns wächst seine Verehrung für die exzentrische Dragqueen Lynn Steininger. Dragqueens sind Männer, die in der Travestie durch Verhalten und Aussehen eine Frau darstellen und die besonders in der Schwulenszene zu finden sind. Durch das schrille, auffallende Aussehen werden Rollenidentitäten von Mann und Frau völlig übertrieben und letztlich ad absurdum geführt. Marco zeigt uns Betreuern schließlich auf seinem Smartphone unzählige Videoclips seines Idols, und es ist anzunehmen, dass er dadurch versucht, uns sein Gefühl der Identitätslosigkeit bzw. -vielfalt, auch auf sexueller Ebene, mitzuteilen. Es stellt sich hier die Frage, ob und wenn ja, wie Marco in einer prämedialen Zeit dies mitgeteilt hätte. Das Ausleben von bruchstückhaften, losen Identitätsgebilden ist in der virtuellen Welt zumindest weniger angstbesetzt als in der realen Welt. Jedoch stellt sich die Frage, ob dieses »Ausleben« Fluch oder Segen ist. Sein Smartphone hat jedenfalls eine ungemein hohe Bedeutung für ihn, und manches Mal denke ich, dass er sich mithilfe dieses Geräts eine Art »Zwischenraum« zwischen innerer und äußerer Realität schafft. Doch was genau bedeutet dies? Er hält das Smartphone meist in der rechten Hand; mal wirkt es regelrecht wie eine narzisstische Verlängerung seiner selbst; geradezu als ob dieses Gerät mit ihm verwachsen wäre. Dann wieder wirkt es wie ein Rettungsanker in langweiligen, aber auch angstmindernd in angespannten (Trennungs-)Situationen. Ich habe das Gefühl, dass sein Smartphone oft auch als ein Ersatz für »echte« menschliche Begegnungen dient. Er unterhält sich mithilfe seines Smartphones in einem seiner unzähligen Facebook-Accounts mit fremden und vertrauten Menschen. Er sagt, er habe alleine so viele Facebook-Accounts, dass er aufgehört habe, diese zu zählen. Über Facebook ist er mit seiner Mutter in Kontakt. Die Mutter, die in seiner gesamten Zeit im Therapeutischen Heim nicht ein einziges Mal angerufen hat, meint einmal, dass Marco »allein mit Facebook noch irgendwie zu fassen ist«. Hier kann sicher von projizierten Gedanken ausgegangen werden, zumal die Mutter meint, dass sie auch mit ihren anderen Kindern, die teilweise im gleichen Ort wohnen, nur noch über Facebook Kontakt hat.

Auch in anderen sozialen Netzwerken ist Marco aktiv. Er sagt, wenn er etwa ein nettes Mädchen im Netz kennenlernte, melde er sich auch unter anderen Namen und Identitäten an. Gerne gibt er sich dann als junge Frau aus. Wie im echten Leben schlüpft er auch in den sozialen Netzwerken in die unterschiedlichsten Identitäten und macht dabei zunehmend den Eindruck, dass seine Identitätsvielfalt außer Kontrolle geraten ist. Und auch in der virtuellen Welt schwingt immer die Frage mit, ob er nun gerade authentisch ist oder ob er nun wieder in eine andere Rolle geschlüpft ist.

Marco zeigt sich nach anderthalb Jahren zunehmend in der Wohngruppe angekommen. Er hat begonnen, mit uns in Kontakt zu treten, indem er nicht mehr nur rätselhaft und mysteriös wirkt. Sein Smartphone dient oft als Bindeglied, um mit uns in Verbindung zu treten; allerdings nicht in der Form, dass er mit uns telefoniert, sondern uns zeigt, was für Filme/Musik er gut findet, kurz: was ihn beschäftigt. Sein Erleben und damit auch seine Gedanken werden differenzierter und er sucht phasenweise viel Kontakt, vor allem zu den Betreuerinnen. Erstmals berichtet er auch offen aus seiner Geschichte. Er erinnert sich etwa auf der gemeinsamen Rückfahrt nach einem der seltenen Besuche bei seinen Eltern, dass seine Schwester ihm erzählt habe, dass sein Vater früher viel mit seinen Kindern unternommen habe, einen kleinen VW-Bus gehabt habe und mit diesem und den Kindern kleine Ausflüge gemacht habe. Er sagt traurig: »So kenne ich meinen Vater nicht. Ich hab meinen Vater und auch meine Mutter immer nur krank erlebt.« Er scheint in diesem Moment zu erkennen, dass ihn die Nichtpräsenz seiner Eltern sowohl geformt als auch beschädigt hat. Die Erinnerung, das Denken über die eigene Geschichte, ist auf dem Weg zur eigenen affektiven Identität bzw. zur inneren Umgestaltung ein wichtiger, wenn doch oft genug auch schmerzhafter Baustein. Antonino Ferro schreibt in diesem Zusammenhang zur Bedeutung der Narration: »Das Bedürfnis, zu erzählen (oder zu erschaffen) wird ein therapeutischer Faktor gegenüber Ängsten aller Art« (Ferro 2012, S. 183).

Einmal, als Marco mal wieder den ganzen Tag nicht spricht und ich mich dann abends in seinem Zimmer erkundige, was ihn beschäftigt, sitzt er schweigend in seinem Sessel; sein Smartphone hält er fest umklammert in der Hand. Er antwortet mir nicht, ich setze mich neben seinen Sessel auf den Boden, um uns herum wieder seine Kleiderberge. Lautlos laufen ihm die Tränen runter, er schweigt aber nach wie vor zu seinem Kummer und hält mir schließlich sein Smartphone hin. Auf dem bläulich leuchtenden Bildschirm ist ein Bild mit einer traurigen Frau zu erkennen, die die Hände schützend vor das Gesicht hält. Dazu ein Text: »Wenn man andere nur nervt, sollte man lieber alleine weinen.« Erst einige Stunden später spricht er über seine Einsamkeit, sagt: »Ich hab auf meinem größten Facebookaccount 178 Freunde, aber keiner schreibt mir. Ich hab nun das Profil gelöscht.« Freunde, die er auf seinem Account gesammelt hat wie Trophäen, entpuppen sich als Menschen, die weit von ihm weg zu sein scheinen. Sein eigenes Profil, mithilfe dessen er sich eine Pseudoidentität, die mit anderen stets verbunden ist, geschaffen hat, hat er fast bis zur Identitätsauflösung verändert und bearbeitet.

Tom

Die Eltern von Tom lernen sich in der Psychiatrie kennen, wo sie sich beide einem stationären Aufenthalt unterziehen. In der kurzen Affäre wird die schizophrene Mutter schwanger, was sie ihrem heroinsüchtigen Partner jedoch verschweigt. Sie bricht den Kontakt zu ihm ab und zieht in eine südostdeutsche Großstadt. Tom wird sie erst viele Jahre später und auf unseren Druck hin sagen, dass sein Vater gar nichts von seiner Existenz weiß. Sie hatte ihren Sohn all die Jahre glauben lassen, dass sein Vater eben nichts von ihm wissen wolle. Tom wohnt die ersten Jahre mit seiner Mutter in einem Mutter-Kind-Heim, bevor er einige Jahre mit ihr alleine zusammen wohnt. Auch in diesem Fall ist das Jugendamt von Geburt an helfend mit eingebunden. Tom ist von früh an auffällig und wird als Asperger-Autist diagnostiziert. Bei Schuleintritt verstummt er für knapp sechs Jahre, teilt sich nur noch schriftlich mit. Aufgrund seiner durchaus vorhandenen Intelligenz besucht er dennoch tageweise eine öffentliche Realschule. Als er wieder spricht, meint er, dass er auch nicht wisse, warum er so lange nichts gesagt habe. Im frühen Jugendalter, vermutlich einhergehend mit einem damit verbundenen Triebschub, eskaliert die Situation zu Hause: Tom will seiner Mutter an die Brust; er entwickelt intensive Zwänge, insbesondere um den Toilettengang herum. Er äußert nicht nur suizidale Phantasien, sondern begeht auch ernsthafte Suizidversuche. Er spricht von Mordphantasien gegenüber seiner Mutter, sperrt diese mehrfach aus der Wohnung aus. Im Nachhinein bezeichnet er diese Zeit als »Bestieninvasion«. Junge, hübsche Frauen, denen er auf der Straße begegnet, bringen seine Phantasien in einer Form in Wallung, dass er sie bis heute als »Bestien« bezeichnet. Tom kommt in ein Kinderheim; zudem folgen stationäre und ambulante Therapien. Einige Jahre lang bleibt er im Kinderheim, bevor er im Alter von 16 Jahren in unserer Wohngruppe angefragt wird. Er lebt insgesamt über vier Jahre bei uns.

Tom ist ein dünner Jugendlicher mit kurzen schwarzen Haaren und feinen Gesichtszügen. Er spricht meist nur in Drei- bis Vierwortsätzen und muss vor jeder Kommunikation lange überlegen, was ich gleich noch etwas plastischer darstellen möchte.

Als er bei uns einzieht, ist er zu unserem Erstaunen der Erste seit vielen Jahren, der weder ein Handy, noch einen Computer oder gar Fernseher mitbringt. Nicht lange nach seinem Einzug zeigt er sich jedoch interessiert, was alles am gemeinschaftlichen Computer geguckt wird, indem er sich in etwas Entfernung zum Computer setzt und anderen Jugendlichen beim Surfen zuschaut. Er selbst bezeichnet sich – nicht ohne ein Grinsen im Gesicht – als »sensationsgeil«. Dabei befürchtet er im hohen Maß die – wenn man so will – »Sensationsgeilheit« der Anderen: Er schützt sich vor den Blicken anderer, ihm fremder Menschen, indem er es strengstens zu vermeiden sucht, nach draußen zu gehen. Damit Menschen aus dem gegenüberliegenden Altersheim nicht auch nur eine Sekunde in sein Zimmer bzw. auf ihn blicken können, verdunkelt er das Zimmer mit Rollos und lässt die Fenster stets geschlossen. Der Gestank in seinem Zimmer ist schließlich unerträglich. Bei diesem Gestank kann es dann nur zwei Möglichkeiten geben: Ich lasse ihn in diesem Mief sitzen, in der Hoffnung, dass ihm selbst dieser Gestank schließlich unerträglich vorkommt, oder aber ich dringe in sein Zimmer ein und reiße ein Fenster auf. Beides empfinde ich als nicht wirklich richtig, doch es gibt nichts dazwischen.

Tom besucht zunächst im geschützten Rahmen eine Außenstelle der Klinikschule ca. 300m von unserem Haus entfernt. Seine Zwangshandlungen und -gedanken sind so massiv, dass er es allzu oft trotz intensiver Begleitung nicht nach draußen bzw. in die Schule schafft. Meist schließt er sich dann auf der Toilette ein. Er sagt, man solle vor der Toilette warten; dann schaffe er es irgendwann heraus. Manchmal verbringt er Stunden auf der Toilette, womit er all seine Mitmenschen zur Verzweiflung treibt.

Er begründet seine Angst, sich in die Welt zu begeben, damit, dass ihn die Angst vor den »Bestien« (also jungen, hübschen Frauen), denen er draußen begegnen könnte, quälen würde und wahrscheinlich auch die Angst, was er mit diesen »Bestien« in seiner Phantasie alles anstellen würde. Diese durchaus auch pervers gefärbten Phantasien müssen massiv eingezwängt und dadurch zusammengehalten werden. Im Alltag unserer Wohngruppe gibt es durchaus auch nette, charmante Begegnungen, gerade mit Frauen. Männer im Team berichten immer wieder, dass sie sich von ihm ignoriert und ausgelöscht fühlen. Die Kontakte mit ihm sind zum einen geprägt von einer durch ständige Zwangsgedanken und -handlungen schier unglaublichen Langsamkeit, zum anderen auch von einer Penetranz, etwa in der Form, dass er vor der Bürotür stehenbleibt, auch lauscht, bis man sich ihm wieder widmet. Er fordert dann penetrant, dass er bei quasi jeder Handlung, wie z. B. beim Fensterschließen, begleitet wird bzw. wir diese Handlung für ihn übernehmen sollen. Natürlich ist eine derartige Begleitung nicht immer möglich. Seine aus dieser Begrenzung sich entwickelte Aggression zeigt er uns dann schließlich auch dadurch, dass er über einen Zeitraum von anderthalb Jahren nicht nur nachts einnässt, sondern auch tagsüber ganz direkt seine Blase etwa auf einen Wäscheberg oder auf den Parkettboden entleert.

Ich möchte zum Zweck der Anschaulichkeit kurz beispielhaft darstellen, wie sich eine alltägliche Begegnung zwischen ihm und mir abspielt.

Da ich weiß, dass Tom immer etwas mehr Zeit für eine Antwort benötigt, bitte ich ihn zum kurzen Gespräch ins Büro. Ich möchte ihm die Möglichkeit bieten, einen Wunsch zu äußern, ob er etwa eine Idee für das Kochen des Abendessens hat. Oder aber ich möchte aufgrund der vielen Beschwerden seiner Mitbewohner meinen Ärger zum Ausdruck bringen und sagen, dass er nicht stundenlang die Toilette belegen kann.

Es dauert einige Minuten, bis er dann auch ins Büro kommt, nicht ohne sofort nach meiner wohlgemeinten Aufforderung ein »oje« oder »hoffentlich ist es nix Schlimmes« hervorzustoßen. Bevor sich Tom setzt, wischt er immer den Stuhl bzw. das darauf liegende Kissen mehrfach ab. Dann setzt er sich, wobei er mit seinem Hintern, der hin und her wippt, festzustellen scheint, ob der Platz sich auch wirklich zum langen Sitzen eignet. Mir kommt er dabei vor wie eine Katze, die zuerst mit ihren Pfoten bzw. Krallen auf der Stelle tritt, bevor sie sich zu einem langen Nickerchen auf eben diesem Platz einrollt. Schließlich scheint sein Hintern irgendwie in den Stuhl »eingerastet«. Anschließend legt er seine Hände akkurat, beinahe symmetrisch auf seine Knie. Die Hände wirken dadurch nicht nur wie ihm nicht zugehörig, sondern auch eher wie mitgebrachte fleischfarbene und irgendwie technische Souvenirs. Er wirkt insgesamt weder traurig noch müde, nur irgendwie angespannt und vor allem abwesend, als ob er sich in einer ganz anderen Welt bewegt. Seine Ausdruckslosigkeit und sein Blick ins Leere irritieren mich. Sein Mund ist halb geöffnet, und er begegnet mir mit einem Blick, der so gar nichts zu erwarten scheint, und zwar weder von sich noch von seinem Gegenüber. Zugleich ist es aber auch unmöglich, ihn in dieser Situation zu ignorieren oder gar zu vergessen. So wie er da sitzt oder auch des Öfteren mit nach vorne gebeugtem Oberkörper in verschiedenen Winkeln des Hauses herumsteht und objektiv gesehen nichts macht, ist er überpräsent und raumgreifend. Ich weiß auch, dass er nicht so abwesend ist, wie man von Außen vielleicht vermutet, denn er scheint vieles, vielleicht ja auch zu viel, sehr fein wahrzunehmen. Denn zu meiner Überraschung berichtet er dann manchmal Wochen später detailliert in wenigen Sätzen von Situationen, in denen ich vermutete, er sei abwesend.

In meinen weiteren Ausführungen möchte ich betonen, wie ich doch immer wieder erstaunt bin, wie er jedes mit Schwung und Elan vorgebrachte Gespräch innerhalb von Sekunden zum Erliegen bringen kann. Auf eine Frage antwortet er nie sofort, sondern lässt Sekunden, manchmal sogar einige Minuten verstreichen, bis er eine Antwort hervorbringt. Ich schwanke dann zwischen Hilflosigkeit, Ungeduld und Ärger, dass er doch mal antworten soll. Stelle ich ihm nochmal die gleiche Frage, etwa in der Hoffnung, er hat meine Frage gar nicht gehört, rutscht er unruhig auf dem Stuhl hin und her, guckt mit seiner unwillkürlich zuckenden Gesichtsmuskulatur blinzelnd und suchend an die Decke, als ob dort oben die Antwort irgendwo versteckt liegen würde. Mahnend hebt er seinen rechten, langen, etwas krummen, filigranen Zeigefinger neben seinen Kopf und sagt an die Decke gerichtet und jede einzelne Silbe betonend: »Moment!« Jetzt heißt es warten, und in dem Moment erscheint mir Tom mächtiger als die Zeit. Es ist, als ob er nicht nur sein Leben anhalten möchte, sondern auch meines. Sein an die Decke gerichteter Blick, der gleichzeitig angestrengt und leer wirkt, bremst alles aus, und die eigene Lust, mit ihm in Kontakt zu treten, kann einem plötzlich völlig sinnentleert und überflüssig vorkommen. Hätte ich doch einfach kurz selbst überlegt, was zum Abendessen gekocht wird, denke ich dann etwa. Ich wehre mich gegen dieses Gefühl der Sinnlosigkeit, indem ich mich dabei ertappe, wie ich auf seine Antwort wartend etwa die Post durchgehe oder andere Bürotätigkeiten erledige. Meine Geschäftigkeit hilft mir, dieses lähmende Gefühl der bleiernen Hoffnungslosigkeit, die er in solchen Momenten verströmen kann, besser zu ertragen. Ich möchte nicht, dass er auch mein Leben anhält und erwische mich etwa dabei, dass ich in großer Schnelligkeit etwas nebenher erledige, als ob ich damit auch ihn wieder schneller bzw. lebendiger machen wollte. Kommt dann zur Erleichterung aller endlich die Antwort, ist es so, als ob dieser eine unter großer Anstrengung gefällte Entscheidung vorausgegangen sei.

Anders bzw. auf eine Art lebendiger gestaltet sich die Situation nur, wenn ich etwas von der aggressiven Gegenübertragung, die Tom in mir auslöst, mitteile bzw. auch wenn er selbst aggressive Regungen vorbringt. Äußere ich etwa meinen Ärger darüber, dass er wieder über Stunden die Toilette belegt hat, sagt er dann doch etwas schneller: »Es ist doch alles o.k., oder? Ich hab' doch alles richtig gemacht?« Ich sage: »Nein, es ist nicht alles o.k. Deine Mitbewohner und ich ärgern sich darüber, dass du über Stunden die Toilette blockierst.« Tom scheint diesen Gedanken, dass er Ärger in jemandem auslöst, nicht auszuhalten. Er besteht darauf, dass ich »traurig« sein könne, jedoch nicht ärgerlich. Und wenn ich weiter bei meiner Meinung bleibe, dann kommt es vor, dass er sich schnell mit der flachen Hand auf den Kopf haut oder mit Blick zur Decke schnell und aufgewühlt sagt, dass er sich nun am liebsten den Kopf herunterreißen würde. An dieser Stelle sind dann stationäre Krisenaufenthalte in der Jugendpsychiatrie nicht weit entfernt. Doch oft beruhigt er sich auch selbst, z. B. indem er nach dem Telefon verlangt und seine Mama anruft. Er sagt, seine Mama würde ihn im Gegensatz zu mir verstehen und ihm versichern, dass »alles o.k. ist« bzw. er nichts falsch gemacht hat. In der Regel kann ich dann auch über diese Äußerung meinen Ärger nicht verstecken und verweigere ihm erst mal das Telefon, was ihn noch mehr dazu veranlasst, zu sagen, dass nur seine Mama ihn versteht. Doch ich möchte, dass er die Auseinandersetzung mit mir erst verdaut, bevor er seiner Mama davon berichtet, und in Toms Fall kann ich den Anruf auch verhindern, indem ich ihm das Telefon verweigere. Bei anderen Jugendlichen, die ganz selbstverständlich bzw. geradezu symbiotisch mit einem mobilen Gerät umgehen, besteht die Gefahr, dass sie unverdaute Konflikte sofort mit einem Elternteil teilen. Das wichtige Aushalten und Nachdenken über etwaige Konflikte kann somit weniger stattfinden.

Es kommt bei Tom vor, dass ich vergessen habe, nach dem Telefon zu verlangen und er dann stundenlang, teilweise die halbe oder ganze

Nacht hindurch, mit seiner Mama telefoniert. Telefonieren bedeutet in seinem Fall, dass Mutter und Sohn sich die meiste Zeit im Bett liegend anschweigen bzw. er seine Mutter in einer Art »Mama-Flatrate« in nebulöser medialer Form um sich hat.

Wir Betreuer schenken Tom zu seinem 18. Geburtstag ein Handy. Vielleicht kann er so eher die Welt angstfreier entdecken, wenn er stets die Möglichkeit hat, in Verbindung zu treten? Halbtags steht nun auch ein Besuch in der Werkstatt für psychisch kranke Menschen an, und ein Handy in der Tasche könnte dazu führen, dass dieser von Angst so gequälte junge Mann durch eine Art »verlängerte Nabelschnur« weniger Ängsten ausgesetzt ist. So ist unsere Überlegung, und wir freuen uns, dass wir selbst in die doch recht seltene Lage kommen, einem jungen Menschen ein inzwischen nicht nur unter Jugendlichen alltägliches Medium näherzubringen. Doch Tom lehnt sein Geschenk zu unserer Verblüffung höflich dankend ab. Er sagt in diesem Zusammenhang auch, er habe »nicht vor, erwachsen werden zu wollen«.

Immerhin wagt er sich nun nach knapp zwei Jahren selbst an den Computer. Er schaut sich dann immer den gleichen Clip auf YouTube an. In diesem Clip geht es um eine echt aussehende Männerpuppe, die in einem Vergnügungspark furzend auf der Toilette sitzt und Witze rund um den Stuhlgang macht. Tom sitzt mit aufgerissenen Augen, den Oberkörper nach vorne gebeugt vor dem gemeinschaftlichen PC und lacht laut, immer mit einer gewissen Verzögerung nach der vulgären Pointe.

Einige Monate später beginnt er, im Netz Videos von der schönen Popsängerin Lena Meyer-Landrut anzuschauen. Schönheit entfacht bei ihm sinnliche, erotische Gefühle, die sich für ihn wie ein Höllenfeuer anfühlen, sprich: die für ihn gefährlich sind. Die Sinnlichkeit reicht tiefer als rationale Begründungen. Daher geschieht das Gucken von Filmen und Bildern dieser Sängerin mit großer Scham und stets darauf achtend, dass dies kein anderer Bewohner und möglichst auch kein Betreuer mitbekommt. Ist er jedoch in der passiven Rolle und blickt mit einigem Abstand den anderen beim Surfen zu, dann kommt es vor, dass er scheinbar ohne Scham – verbotenerweise – Pornofilme mit anschaut. Die Angst, die sein ständiger Begleiter bei aktiven Handlungen ist, scheint sich in seiner extremen Passivität als Voyeur in eine daseinsberechtigte Lust umzuwandeln. Wenn ein anderer Bewohner sexuelle oder aggressive Gefühle offen ausdrückt, guckt sich Tom das in seiner »Sensationsgeilheit« gerne an, da er sich so gut davon abgrenzen kann.

Doch eigene sinnliche Gedanken und Gefühle scheinen ihn heftig zu quälen. Schöne, junge Frauen, denen er draußen begegnet, lösen in ihm einen erigierten Penis oder die Angst davor aus, weshalb er selbst im Hochsommer das Haus nur mit einer weiten, bis unter das Kinn geschlossenen Jacke verlässt. Im Zug seines Abschiedsprozesses bei uns gibt er an, er könne sich diesen Qualen nicht mehr aussetzen. Er halte es weder aus, draußen den »Bestien« zu begegnen noch sich auch nur leisester Kritik in der Werkstatt auszusetzen. Er fragt sich verzweifelt: »Warum bin ich nur auf dieser Welt? Ich hab' doch nicht darum gebeten.« Über einige Monate bis zum Finden einer neuen Einrichtung verweigert er, das Haus zu verlassen. Er geht intensiv Zwängen nach, sodass er tagsüber kaum dazu kommt, etwas zu essen, und von sich aus Begegnungen mit uns Betreuern immer mehr vermeidet. Sämtliche Unterstützungsmöglichkeiten lehnt er ab, notfalls schließt er sich auf der Toilette ein bzw. löst durch seine angespannte und aggressive Art auch mal derartige Ängste bei einer Betreuerin aus, dass wir schließlich seinen Wunsch ernst nehmen, nicht nach draußen gehen zu wollen. Langsam bessert sich dann sein Zustand, er isst wieder regelmäßig und tritt in Kontakt zu uns.

Tom lebt heute in einer Einrichtung für psychisch kranke Erwachsene, ohne Computer. Zu seinem Erstaunen gibt es dort nur ein Telefon mit einer Schnur, weshalb er begonnen hat, mit seinem Handy zu telefonieren. Er sagt, dass es ihm gut gehe.

Zusammenfassend lässt sich sagen: Es gibt nicht den einen Umgang mit den sich ständig verändernden Medien. Wir müssen uns in unterschiedlichen Übertragungsbeziehungen von den jungen Menschen – auch was Medien betrifft – berühren, verändern und überraschen lassen. Gerade ich-strukturell schwer gestörte junge Menschen scheinen schneller einem Sog zu erliegen, sich manchmal geradezu fluchtartig in eine digitalisierte Welt zurückzuziehen. Die dauernde Verfügbarkeit erinnert an mütterliche Aspekte.

Nicht selten ist bei strukturell gestörten Menschen die Mediennutzung partiell extrem – vergleichbar mit einem bruchstückhaften, partiell extremen Denken und Fühlen. Beispielhaft seien hier Tom mit seiner extremen Weigerung und/oder Angst, Medien für sich zu nutzen, und Marco mit seiner extremen suchtartigen Smartphonenutzung genannt. Auffallend bei den beiden vorgestellten jungen Menschen ist auch, dass beide durch das Verströmen ihres Geruchs eine Facette ihres Seelenlebens zeigen, welche (noch) nicht digitalisiert ist. Sie nehmen dadurch Bezug auf eine basale Körperlichkeit.

Mit den Medien kann insgesamt die Angst vor der »bösen Welt da draußen« besser in Schach gehalten und Gefühle wie Macht, Kontrolle und Aggressionen können ungefährdeter ausgelebt werden. Hier gilt es, mit dem jungen Menschen in Kontakt zu kommen, die Medien aktiv in die Begegnung zu holen. Denn Neue Medien gehören längst zu unserem Alltag und sollten demnach auch ihren Platz bei strukturell gestörten jungen Menschen haben. Deshalb kommen wir in unserer Arbeit auch so manches Mal an den Punkt, dass wir den uns Anvertrauten die Neuen Medien schmackhaft machen möchten, wie das bei Tom der Fall war.

In der Arbeit mit jungen Menschen, die sich in solch digitalen Welten bewegen, ist es sicher von Vorteil, wenn sich der eine oder andere Psychoanalytische Sozialarbeiter zumindest etwas in diese Welt hinein zu vertiefen bereit ist. Denn wenn es Kollegen gibt, die – mehr oder weniger – Ahnung von Medien haben, werden diese anders zuhören und reden als die, die sich in diesem Bereich weniger auskennen. Es gibt Jugendliche, die brauchen Zeit, und dann wird der Moment kommen, in dem der uns Anvertraute nicht mehr anders kann und sich auch ohne medialen Schutz, der zwischen den Kontakt geschoben ist, öffnen wird. Im Therapeutischen Heim gibt es einen Jugendlichen, der regelmäßig den Kontakt zu uns Betreuern sucht, wenn die Internetverbindung unterbrochen ist. Dabei bleibt immer unklar, ob dies tatsächlich so ist, oder er aber auf diesem Weg den Kontakt bzw. die Verbindung zu uns sucht. Eine wirkliche Begegnung findet im Sinn von Martin Buber letztlich zwischen einem Ich und Du statt und nicht zwischen einem Ich und einem Medium. Wirkliche Begegnung findet demnach im Funkloch statt bzw. wenn die Internetverbindung unterbrochen ist, sei es aus technischen Gründen oder aber, weil der junge Mensch von selbst aus die wirkliche Begegnung sucht. Nicht selten, wie etwa bei Marco beschrieben, dient das Medium zur Kontaktaufnahme und bleibt auch im Kontakt weiter im Spiel. Es gibt aber insbesondere unter den ich-strukturell gestörten jungen Menschen Jugendliche, die in dieser medialen Schutzhülle gefangen scheinen und scheinbar nicht anders können, als vor einer wahren Begegnung in ein verlockendes angstfreieres Terrain, wie es Neue Medien bieten, zu flüchten. Vordergründig können sich die jungen Menschen damit vielleicht besser fühlen. Die Neuen Medien werden dann quasi zu einem unbewussten »Medikament« gegen die Einsamkeit und gegen depressive oder gar psychotische Ängste. Doch auf Dauer, insbesondere bei einem exzessiven Medienkonsum, gerät die Seele in eine »Schieflage«, vergleichbar falsch zusammengewachsenen Knochenbrüchen. Realität und Phantasie geraten durcheinander, und die Aufgabe von uns Psychoanalytischen Sozialarbeitern muss dann sein, die Realität in Form von »echten« Begegnungen wieder einzuführen, auch wenn dies ein für beide Seiten immer wieder frustrierender und nicht einfacher Weg ist.

Literatur

Berthelsen, Detlef (1989): *Alltag bei Familie Freud. Die Erinnerungen der Paula Fichtl.* München: dtv.

Ferro, Antonino (2012): *Im analytischen Raum. Emotionen, Erzählungen, Transformationen.* Gießen: Psychosozial.

Frühwald, Wolfgang (2010): *Wie viel Sprache brauchen wir?* Berlin: Berlin University Press.

Koller, Dieter (1990): Status oder Kompetenz: eine zusätzliche Konfusion für den psychotischen Patienten. Oder: Enthierarchisierung als therapeutisch wirksames Prinzip bei der Behandlung von frühen Störungen. In: Lempp, R. (Hrsg.): *Die Theorie der Psychosen im Kindes- und Jugendalter.* Bern; Stuttgart; Toronto: Hans Huber, S. 169–176.

Pantel, Nadie (2014): Studie zu Internetnutzung. Mit 10 schon volljährig. http://www.sueddeutsche.de/leben/studie-zu-internetnutzung-mit-zehn-schon-volljaehrig-1.2087221 [01. September 2014]

Salge, Holger (2014): »Ich bin online, also bin ich.« Die Folgen der Digitalisierung auf die Entwicklung der inneren Objektwelt. *Kinderanalyse*, 22 (3), S. 237–257.

Verein für Psychoanalytische Sozialarbeit (Hrsg.) (2013): *Jenseits des Borderline-Syndroms. Grenzfallkinder im Wandel.* Frankfurt a. M.: Brandes & Apsel.

Martina Strauß und Gottfried Maria Barth
»Der Zauberlehrling«
Segen und Fluch der elektronischen Medien
bei einer schweren depressiven Symptomatik.
Aus der Behandlung eines 16-jährigen Jugendlichen

Der 16-jährige Peter, von dem wir berichten, kam von weit her aus einer bayerischen Großstadt in die Spezialsprechstunde für Computersucht. Mutter und Sohn nutzten den Termin in Tübingen für einen gemeinsamen Ausflug mit Übernachtung und waren zuvor beim Gokart-Fahren in der Nachbarstadt. Sie hatten im Internet ausfindig gemacht, dass unsere Klinik Patienten zur Behandlung der Computersucht annehme und sogar stationär aufnehme, und aus diesem Grund die lange Anfahrt in Kauf genommen. Ebenso hatten sie uns wegen der im Internet erwähnten analytischen Orientierung ausgewählt, da die Mutter selbst eine Analyse machte und sie sich für den Sohn eine längere Therapiezeit erhoffte.

Beim Erstkontakt mit Peter alleine (die Mutter war etwas verwundert, dass sie draußen bleiben musste) bekannte er zu Beginn, dass er bereits einmal in der psychiatrischen Klinik seiner Heimatstadt gewesen sei, weil er mit dem Alltag nicht zurechtgekommen sei. Er habe einen gestörten Tag-Nacht-Rhythmus gehabt und habe die Schule nicht mehr besucht. Jetzt sitze er ziemlich viel vor dem Computer. Es erstaunte den Untersucher, dass er dies selbst als Problem ansah, was für einen Jugendlichen ungewöhnlich ist. Er habe die Schule abgebrochen, obwohl er das Schuljahr mit ganz guten Noten bestanden hätte und dadurch einen qualifizierten Hauptschulabschluss mit der Möglichkeit weiteren Schulbesuchs erworben hätte. Er wolle lieber ein Praktikum in einem IT-Betrieb machen, wo man Webseiten programmiere. Fachinformatik und Elektronik machten ihm Spaß. Mit elf Jahren habe er seinen ersten PC zusammengebaut und diesen der Mutter geschenkt. Dieser laufe noch heute. Derzeit verdiene er Geld, indem er einen Root-Server in Frankfurt mitbetreue, den er über einen erwachsenen Freund, dem er helfe, gemietet habe. (Root-Server dienen dazu, dass eingegebene

Internetadressen die dazu gehörenden Computer im Internet finden können. Ursprünglich auf zehn Server in den USA und drei in Europa und Japan beschränkt, versuchen viele alternative Firmen und Non-Profit-Organisationen diese Dominanz aufzulösen.) Am PC arbeite er viel in der Spieleverwaltung und ab und zu spiele er selbst; sowohl Strategiespiele als auch Egoshooter, zusammen mit seinem Clan von etwa 70 Leuten, mit denen er per Teamspeak in Kontakt sei. In den letzten Wochen sei er immer etwa zehn Stunden am Tag online gewesen, also jeden Tag von morgens bis abends. Er gehe weder in die Schule noch treffe er sonst Freunde. Aber seit gestern, als sie hergefahren seien, habe er den Computer gar nicht vermisst. Er wolle, dass er weniger vor dem PC sitze, da das zwar gut, aber zugleich gefährlich sei. Er möchte dazu in stationäre Behandlung kommen. Eine ambulante Behandlung nach dem letzten Klinikaufenthalt habe er abgebrochen, da ihm die U-Bahn zu eng gewesen sei. Er gibt an, schon in zehn Schulen gewesen zu sein. Mit der Mutter sei er zu deren Freund gezogen, gearbeitet habe sie immer in Bayern. Da die Beziehung nicht geklappt habe, seien sie wieder nach München gezogen. Sein Vater sei vor fünf Jahren an seinem Wohnort im Ausland plötzlich an Herzstillstand gestorben, er sei einfach auf der Straße umgefallen. Zuvor habe er auch einige Zeit bei ihm im Ausland gewohnt. Als kleines Kind habe er viel Modelleisenbahn mit dem Papa gespielt, habe sich immer für Technik interessiert. Er sei immer motorbegeistert gewesen, mit zehn Jahren erstmals Motorrad gefahren, mit 14 Jahren zum ersten Mal Gokart.

Die hinzugenommene Mutter berichtete dann aus ihrer Sicht. Peter gehe nicht mehr zur Schule und verbringe seine Tage meist zurückgezogen in seinem Zimmer am Computer und nehme die Mahlzeiten bevorzugt alleine ein. Er wohnte bei seiner Mutter als ihr einziges Kind, der Vater lebte nicht mehr. Sein Vater war deutlich älter gewesen als die Mutter und nach deren Aussagen auch schon mit dem Gesetz in Konflikt gekommen. In seiner frühen Kindheit war Peter primär vom Vater betreut worden, da die Mutter in ihrem Beruf besser verdient hatte als der Vater. Auch die Mutter war bei Peters Geburt schon älter gewesen. Den Kindergarten hatte er erst später als üblich besucht. Mit Schulbeginn habe er über Bauchweh geklagt und sei nicht gerne in die Schule gegangen. Nach der Trennung der Eltern – Peter war sieben Jahre alt – habe sich die schulische Situation zugespitzt. Es wurde eine Legasthenie diagnostiziert, zudem war er unruhig und unkonzentriert, schulängstlich und konnte sich schlecht von seiner Mutter trennen. Wegen der Mutter kam es mehrmals zu Wohnortwechseln und damit verbundenen Schulwechseln. Zwischen den Eltern gab es große Unstimmigkeiten. Der Vater habe sich im Ausland ein Haus umgebaut. Er habe sich öfters nicht an Absprachen gehalten und einmal Peter für mehrere Monate ohne Einverständnis der Mutter mit ins Ausland genommen. Zwischendurch habe der Vater den Kontakt zu Peter auch wieder ganz unterbrochen. Als Peter elf Jahre alt gewesen sei, habe es wieder eine Annäherung zwischen Vater und Sohn gegeben. Doch der Streit zwischen den Eltern blieb heftig, und diverse Male musste die Polizei eingeschaltet werden, damit Peter vom Vater zur Mutter zurückgebracht wurde. In dieser Zeit begann Peter, der Mutter gegenüber handgreiflich zu werden. Es erfolgte eine erste Krisenintervention in einer Kinder- und Jugendpsychiatrie. Dort wurde bei Peter eine depressive Symptomatik deutlich. Im Anschluss kam er in eine Pflegefamilie. Wenig später starb sein Vater plötzlich. Peter kam dann in eine Jugendhilfeeinrichtung. Dort sei die Betreuung nicht gut gewesen und die älteren Jugendlichen hätten keinen guten Einfluss auf Peter gehabt. Mit 13 Jahren habe Peter, der nicht weiter in einer Einrichtung leben wollte, wieder bei der Mutter gewohnt. Es habe viele Konflikte und Handgreiflichkeiten gegeben mit wenig gemeinsamem Familienleben. Mit 15 Jahren verweigerte Peter wieder den Schulbesuch, war zunehmend depressiv und beschäftigte sich immer mehr mit dem Computer. Dies führte zu einem längeren Klinikaufenthalt in einer Kinder- und Jugendpsychiatrie. Die anschließende ambulante Therapie brach Peter schon nach kurzer Zeit ab. Mit 16 Jahren kam es erneut zu einer depressiven Episode mit Suizidgedanken. Als der PC einenhalb Monate kaputt gewesen sei, sei Peter in der Schule sehr gut gewesen.

Die Mutter beschreibt Peter als von klein auf sehr sensibel und sehr aufgeweckt. Er habe viel Aufmerksamkeit gebraucht. Er habe wenige Freunde gehabt, zunächst nur ein Nachbarsmädchen, in der Schule gar keine. In den pädagogischen Einrichtungen sei er oft sehr aktiv gewesen und habe sich sozial engagiert.

Peter ist freundlich zugewandt, fällt durch sehr exakte Angaben auf. Zwischendurch äfft er die Mutter nach, bleibt dabei jedoch freundlich. Er zeigt keine manifesten psychopathologischen Symptome. Körperlich zeigt er eine leichte Adipositas. Im Internetabhängigkeitstest nach Young erreicht er in der Selbsteinschätzung 53 Punkte, die Fremdeinschätzung durch die Mutter ergibt 87 Punkte. (Es sind 20–100 Punkte möglich, ab 50 Punkten gilt es als problematisch, ab 80 Punkten liegt eine Sucht vor.) Von den klassischen sechs Suchtkriterien, die auf Medienabhängigkeit übertragen werden können, sind fünf als erfüllt anzusehen: verminderte Kontrolle der Computernutzung, Entzugserscheinungen, Toleranzentwicklung, Vernachlässigung anderer Tätigkeiten und schädliche Folgen. Damit konnte Peter als computer-/internetabhängig eingestuft werden. In den Skalen des emotionalen Erlebens (SEE) fällt Peter durch eine geringe körperbezogene Symbolisierung von Emotionen sowie durch ein starkes Erleben von Emotionsmangel auf. In der Beurteilung durch die Mutter mittels der Child Behaviour Checklist fällt lediglich ein starker sozialer Rückzug auf, in der Globalbeurteilung eine internalisierende Störung. In der Selbstbeurteilung YSR erreicht er lediglich eine leichte internalisierende Auffälligkeit bei durchweg unauffälligen Subskalen. In den Depressionsfragebogen ADS und DIKJ liegt er nahe beim Mittelwert, in den Skalen zur sozialen Responsivität SRS liegt er am oberen Rand des Normbereichs, in der Marburger Beurteilungsskala zum Asperger-Syndrom liegt der Wert weit unter dem Cut-Off. Damit ergibt sich im psychopathologischen Befund und den Testergebnissen ein weitgehend unauffälliges Ergebnis, das in starkem Kontrast zur Lebensgeschichte und dem Ausstieg aus der sozialen Integration steht. Letztere bewog uns dazu, Peter zur stationären Aufnahme vorzusehen, um seine Computerabhängigkeit zu behandeln.

Es kam nach zwei Monaten Wartezeit zu einer geplanten Aufnahme. Peter berichtete bei der Aufnahme von Suizidgedanken in der Wartezeit, aktuell bestünden diese nicht. Des Weiteren hatte er einen verschobenen Tag-Nacht-Rhythmus. Er leide seit dem zehnten Lebensjahr unter einer Migräne. Weiter gab er an, ab dem Alter von zehn Jahren Alkohol zur Beruhigung konsumiert zu haben. Schnell lebte er sich auf Station ein. In der Jugendlichengruppe zeigte er sich zunächst zurückhaltend und unsicher. Dies änderte sich jedoch bald und Peter begann, die Gruppe zu dominieren. Den Betreuern gegenüber verhielt er sich höflich und angepasst. In der Therapie arbeitete er motiviert, aber nur oberflächlich mit, er zeigte durchgängig eine starke Abwehr bei schwierigen Themen. Es konnte herausgearbeitet werden, dass die diversen Beziehungsabbrüche in seinem Leben viel Wut hinterlassen hatten. Ungewollt wurde dieses Thema in der Therapie dadurch aktualisiert, dass sich diese Beziehungsabbrüche hier durch einen Therapeutenwechsel fortsetzten. Peter überspielte seine Betroffenheit mit Witzen. Damit erwarb er ganz am Anfang Sympathien, im Verlauf weckte er bei den Therapeuten auch Ärger, da er die therapeutische Arbeit dadurch sabotierte.

In der ersten Phase der Behandlung bereitete uns seine Suizidalität große Sorgen. Erst im Nachhinein erfuhren wir, dass Peter Suizidabsichten mit einem daheim vorhandenen Revolver gehabt habe, den er auseinandergebaut und wieder zusammengesetzt habe. In der zweiten Hälfte der Therapie nach dem Therapeutenwechsel versuchte er, den Behandler in technische Themen z. B. über PCs zu verwickeln. Hier fühlte er sich sicher. Wir brauchten einige Zeit, bis wir verstanden, warum er sehr unter Druck kam, wenn ihm kein Ausgang gewährt werden konnte. Wir erfuhren, dass er Geschäfte führte und z. B. Webseiten betreute und unter Druck geriet, weil seine Kunden ihn nicht erreichen konnten. Wir zweifelten zunächst an seinen Computerkenntnissen und hielten ihn eher für einen Angeber. Ein Berufspraktikum in der IT-Abteilung der Klinik brachte ihm aber beste Rückmeldungen und er wurde dort schnell zu einem geschätzten Mitarbeiter. Die Klinikschule bewältigte er ohne große Probleme, da er aber etwas undurchsichtig blieb, waren wir nicht sicher, ob er dies auch ohne stationären Rahmen beibehalten würde. Hinsichtlich seiner Suizidalität und Depressivität stabilisierte er sich und sie war im Rahmen der Behandlung schließlich kein Thema mehr. In der Therapie hatten wir den Eindruck, dass der Klinikrahmen und die Begleitung bzw. das bloße Dasein von Betreuern und Therapeut wichtig für ihn war. Hierdurch konnte er wohl eine innere Stabilität erwerben, auch wenn ihm die verbale oder gestalterische Symbolisierung seelischer Inhalte bis zum Schluss eher fremd blieb.

Peter war in erster Linie durch seine süchtige PC-Nutzung nach mehrfacher Vorbehandlung auffällig geworden, als freundlicher und ansonsten scheinbar eher unauffälliger Jugendlicher wurde er dennoch aufgenommen, und er entpuppte sich als innerlich tief irritierter, und weitgehend haltloser Jugendlicher, hinter dessen Pseudonormalität ein depressiver Abgrund auftauchte, in dem ernsthafte Suizidalität lauerte. So konnten wir seine Besuche zu Hause nur unter besonders guten Absprachen und Vorplanungen zulassen. Wir erkannten zunehmend einen völlig haltlosen Jugendlichen, dem selbst in Anwesenheit anderer Menschen dauernd der Absturz in ein depressives Nichts drohte. Lediglich bei seinen Spezialthemen konnte er lebendiger werden. Seine Technikkompetenz hatte er in einer Art Selbsttherapie entwickelt, mit ihr hatte er sich immer wieder wie Münchhausen an den eigenen Haaren aus dem Sumpf gezogen. Aber wie Münchhausens Lügen ist diese Art der Eigenrettung vom Zusammenbruch bedroht und bildet keine wirkliche Lösung. Immerhin erreichte er durch seine exzessive Computernutzung und die damit verbundene Verweigerung seiner psychosozialen Entwicklung, dass er ein wirkliches Hilfsangebot bekam, das weniger symptom- als entwicklungsorientiert war. In diesem Rahmen konnte er eine Grundlage an stabilen Beziehungen erfahren, die er bisher noch nicht erwerben konnte. Innerhalb des Elternstreits wirkte er wie ein Spielball, der von Ort zu Ort gekickt wurde, und mehr als Mittel benutzt wurde denn als Zweck. Der Traum des Vaters vom Paradies im Ausland, der Freund der Mutter, der Beruf der Mutter, später dann Kliniken und Jugendhilfeeinrichtungen – er hatte sich permanent einer Fremdsteuerung zu unterwerfen, aus der ihm oft nicht ersichtlich wurde, dass es um ihn selbst ging. Nirgends erwuchs eine dauerhafte stabile Beziehung, die er zu einer stabilen inneren Objektwelt assimilieren konnte. Die konstante Beziehung zu seiner Mutter konnte nicht reifen, da im Elternstreit die Triangulierung nicht ermöglicht wurde. So verblieb er in einer Pseudopartnerschaft zu seiner Mutter, eine hochambivalente Beziehung, die keine Trennung ermöglichte und gleichzeitig Gewaltausbrüche beinhaltete. Dieses fatale Gefüge wurde schließlich durch den realen Tod des Vaters zementiert.

Es ist ein ungemein kreativer Akt von Peter gewesen, sich über seine Technikkompetenz seinen Vater wieder neu zu erschaffen. Der Vater hatte ihn in der Vorliebe zu Technischem begleitet, jetzt wurde die intensive Computernutzung zu einem Dritten, der ihm einen Ausstieg aus der Verschmelzung mit der Mutter ermöglichte. Peter hatten sich zwei Möglichkeiten zum Ausstieg aus der Dyade ergeben: die exzessiv genutzte Computerwelt oder der Suizid. Ganz konkret lagen beide Wege in seinem Zimmer offen vor ihm, und er wählte die kreative Variante. Allerdings wird diese Variante heute in der Regel nur in der *peergroup* geachtet, in der »Erwachsenenwelt« wird sie in der Regel als entwicklungsbehindernd und behandlungsbedürftig angesehen, was sie ja durchaus auch ist. Aber wirkliche Entwicklungsprozesse können nur dann gefördert werden, wenn die intrapsychische Funktion dieser gewählten Wege erkannt und geachtet wird. Peters Entwicklungsstillstand war nur äußerlich dem Computer geschuldet und lag in Wirklichkeit in seiner gesamten familiären Konstellation begründet. Trotz äußerlich leidlich angepasster Entwicklung und Erwerb einer Fähigkeit zu freundlicher Kooperation blieb in der dyadischen Falle eine tiefe Depression zurück, die sich äußerlich nur in einer gewissen Einschränkung des Antriebs auf Computerthemen sowie einer rigiden unterschwellig aggressiven Beziehungsgestaltung äußerte. Diese autistoide Entwicklung bot ihm eine Art Schutzraum, in dem er sein Inneres schützend abkapselte, aber auch unerreichbar für helfende Beziehungsangebote wurde. Lediglich wiederum über das Technikthema Computer konnte er sich in neue helfende Beziehungen begeben, eine neue väterliche Umgebung, die ihn in seinen Technikinteressen ernst nahm und zugleich Anleitung bot. Eine entscheidende Wendung in der Therapie ergab sich schließlich in der offiziellen Achtung seiner Medienkompetenz durch unsere Klinik, indem er zusätzlich zu seiner wieder aufgenommenen Beschulung und der Bewältigung des Schulabschlusses seine Fähigkeiten im IT-Praktikum beweisen durfte und von dem betreuenden Fachmann hohe Anerkennung erfuhr. Ähnlich wie Hermann Hesse in seiner Tübinger Ausbildungsstelle die entscheidende Stabilisierung (nicht Heilung!) seiner tiefen depressiven Entwicklung erfahren konnte, gelang dies Peter über seine Arbeit im geschützten Klinikrahmen. Die entscheidenden Anteile waren hierbei nicht therapeutische Techniken, nicht eine erreichte Symbolisierungsfähigkeit, sondern grundlegender eine echte wertschätzende Beziehung, die ohne Misstrauen angenommen und zu einem stabilen Selbstwert assimiliert werden konnte.

Die Entlassung aus der Klinik machte uns zunächst Sorgen, da nicht abzuschätzen war, ob das Erreichte sich wirklich als stabil genug erweisen würde und nach Hause mitgenommen werden konnte. Schon in der Therapie hatte sich gezeigt, dass Peter weiterhin auch eine äußerliche Distanz zur Mutter benötigte, zu der unter diesen Bedingungen eine gute Beziehung aufrechterhalten werden konnte. Er hatte, soweit es ging, die gemeinsamen Elterngespräche gekürzt und auf ein Mindestmaß beschränkt. Für die nach seinem Wunsch eingeleitete stationäre Jugendhilfemaßnahme wählte er deshalb die Tübinger Umgebung und nicht seine bayerische Heimat. Aus der Wohngruppe heraus besuchte er weiter die Klinikschule und machte seinen Schulabschluss. Dadurch blieben ihm auch nach der Entlassung weitere informelle Kontakte zur Klinik und auf diesem Weg eine wohlwollende Begleitung seiner weiteren gelingenden sozialen Integration durch diese väterliche Instanz.

Philipp Sallwey und Frank Sitter
»Be smart with your phone«
Erfahrungen und Umgang mit Mobiltelefonen
im Alltag einer Therapeutischen Wohngruppe

Einleitung

Smartphones sind bei uns im Therapeutischen Heim mittlerweile unter den Bewohnern zu einem beinahe unersetzlichen Alltagsobjekt geworden. Sie sind wesentlicher Bestandteil des sozialen Dazugehörens und der Teilhabe an der Gemeinschaft sowohl innerhalb als auch außerhalb der Wohngruppe geworden. Aber wie kommen diese Kinder und Jugendlichen mit psychischen Auffälligkeiten und Schwierigkeiten mit den scheinbar nahezu »unendlichen« Möglichkeiten der technischen Funktionen und speziell in der Beziehungs- und Kommunikationsaufnahme klar? Daraus resultiert die Frage, wie wir die von uns zu betreuenden Kinder und Jugendlichen im Umgang damit angemessen begleiten und anleiten können, ohne in eine zu kontrollierende, verfolgende oder vertrauensschwächende Position zu geraten. Wir versuchen im Therapeutischen Heim, so individuell wie möglich eine Handhabung mit dem Kind und Jugendlichen im Umgang mit Smartphones zu erarbeiten. Dies ist unter anderem abhängig vom Alter und der psychischen Reife und Entwicklung des Kindes. Dabei gilt es, die Kinder und Jugendlichen zunächst bei der Nutzung des Smartphones zu schützen und zu begleiten. Je nach Erfahrungen können Stück für Stück Freiheiten zugestanden werden, damit sie einen selbstverantwortlichen Umgang lernen können. Beispielhaft dafür ist der momentan streng reglementierte Umgang mit dem Smartphone eines 13-jährigen Mädchens, welches in ihrer vorherigen Einrichtung große Schwierigkeiten diesbezüglich hatte. Sie schickte wohl unangemessene Bilder von sich an fremde Männer und wollte diese treffen. Hier zeigt sich auch, dass unsere Bewohner oft schon intellektuell und emotional damit überfordert sind, überhaupt angemessen Kontakte aufzunehmen oder diese aufrechtzuhalten. Die Illusion einer Freundschaft, ohne ein im direkten Kontakt leibhaftiges

Gegenüber wahrnehmen zu müssen, wirkt da zunächst reizvoll und interessant. Das lebenswichtige Bedürfnis, angenommen zu sein, als Teil einer Gemeinschaft scheint damit erfüllt.

Kai

Geboren wurde Kai 1996 in einer schwäbischen Kleinstadt. Im Alter von 15 Jahren kam er 2012 zu uns in die Therapeutische Wohngruppe in Rottenburg. Mittlerweile ist er 18 Jahre alt und wird in naher Zukunft die Wohngruppe verlassen. Er verbrachte ein Jahr in der Kinder- und Jugendpsychiatrie, bevor er zu uns kam. Innerhalb dieses Jahres wuchs Kai körperlich enorm. Die Diagnose der psychiatrischen Klinik lautete: zwanghaft, mit starken depressiven Episoden und akuter schizophrenieformer psychotischer Störung. Neben vielen Schwierigkeiten, welche in der Diagnose Ausdruck fanden, sprach die Klinik u. a. auch von sexualisiertem Verhalten. Auffallend und sehr alltagsrelevant waren seine vielen Zwänge und seine schwere Denkstörung. So sprang er zu Beginn seiner Zeit bei uns einem Fußball hinterher, den er selbst in den Neckar gekickt hatte. Der Umstand, dass es Winter war und er allen sonst damit verbundenen Gefahren zum Trotz seinem Impuls folgte, zeigte uns, dass wir Kai gut begleiten mussten. Der depressive Anteil seiner Schwierigkeiten zeigt sich vor allen Dingen in der Schwierigkeit, aus dem Bett zu kommen. Daraus resultierte auch eine Verschiebung im Tag-Nacht-Rhythmus. Charakteristisch für Kais manische Abwehr ist seine maßlose Selbstüberschätzung. Sternekoch, Profifußballer oder später Rockstar sind seine Vorstellungen einer Zukunft. Mit zunehmender Beziehung zu den Betreuern im Heim betrauert er das Fehlen von Freundschaften sowie sein Nicht-sprechen-Können mit seinen Eltern während der Kindheit. Seine Pathologie zeigt sich auch im Umgang mit seinem Smartphone. Kurz vor seinem letzten Krisenaufenthalt gab Kai nach viel Zureden sein Handy über Nacht im Büro ab, da er sonst nicht schlafen konnte. Er hatte nächtelang auf WhatsApp geschrieben und konnte nicht mehr schlafen. Kai setzt sich im Moment sehr stark mit seiner Sexualität und den damit verbundenen Wünschen und Vorstellungen auseinander. Mit Mädchen selbst hat er noch kaum Erfahrungen machen können. Das Medium Internet bietet sich für ihn als eine Möglichkeit der Kontaktaufnahme und Versuch, eine Freundin im Netz zu finden, an.

Kai kam mit der aus allen Zusammenhängen herausfallenden Frage zu seinem Betreuer, warum das Mädchen so unfreundlich sei? Woraufhin Kai auf Nachfragen, was er denn meine, folgenden Chat präsentierte:

(Beispiel einer Chatkommunikation, sinngemäß wiedergegeben)
K: Hallo, ich finde dein Bild schön.
Mädchen: Danke. Aber wer bist Du?
K: Deine Frisur ist toll!
Mädchen: Woher kenn ich Dich?
K: Ich finde Dich hübsch!
Mädchen: Toll, aber wer bist Du????
K: Ich mag Dich.
K: Ich finde Dich schön.
K: Warum antwortest Du nicht mehr?
Mädchen: Wer bist Du???
K: Ich liebe Dich, ich möchte Dich treffen.
Mädchen: He Du Arsch, ich habe einen Freund und will von Dir nichts wissen!

Immer wieder findet Kai neue »Freundinnen« in den Netzwerken. Kai kommt aber auch immer wieder mit Fragen zu seinen Betreuern, welche dann für einen Moment Hilfestellungen geben können. Die konkretistisch empfundene Liste der Freunde bei Facebook unterstützt natürlich Kais manische Abwehr in unguter Art. Das Sprechen über Beziehungen wird aber auch so erst möglich, da der Chat an sich als etwas Drittes den nötigen Abstand herstellt. Große Sorge bereitet es uns dennoch, da die Gefahr, durch einen Chat in reale Schwierigkeiten zu kommen, doch recht groß ist.

Schluss

Letztendlich wurde in Bezug auf Kais Fall klar, dass eine Begleitung im Umgang mit den Medien nicht durchweg einfach und klar herzustellen ist. Wir haben mit Kindern und Jugendlichen zu tun, welche mit ihren Störungsbildern und Problemen so individuell sind, dass es keine einheitliche Regelung für eine positive Entwicklung gibt. Schließlich geht es ja darum, den Kindern und Jugendlichen Erfahrungen zu ermöglichen, in denen sie mit »Realitäten« umgehen müssen. Trotz großer Zweifel und Bedenken im Umgang mit Smartphones braucht es wohl eine schützende und gleichzeitig wohlwollende Haltung von den Mitarbeitern sozialer Einrichtungen. Ressourcen und Chancen für Kinder und Jugendliche mit psychischen Schwierigkeiten wahrzunehmen, ist ein wesentlicher Teil in unserer Arbeit. Technisch haben uns die sogenannten »Digital Natives« oft Wissen und Kompetenz voraus. Wir sehen auch dieses als Herausforderung für unsere therapeutische und pädagogische Arbeit.

Rike Fuchs und Johanna Bohle
Milena –
»I am the princess of fucking everything«

Die stationäre Jugendhilfeeinrichtung, aus der wir die Arbeit mit einer Jugendlichen vorstellen, ist eine relativ kleine Einrichtung mit zehn Plätzen. Seit geraumer Zeit sind die weiblichen Jugendlichen in der Überzahl, das Geschlechterverhältnis ist 7:3. In Bezug auf die Nutzung der Neuen Medien gibt es bei den männlichen und den weiblichen Jugendlichen erhebliche Unterschiede. Während – nach unserer Erfahrung – für die männlichen Jugendlichen das Spielen an der Spielekonsole und am Computer große Bedeutung hat, konzentriert sich die Nutzung der Neuen digitalen Medien bei den weiblichen Jugendlichen auf ihren Umgang mit dem Handy/Smartphone.

Männlichen Jugendlichen, denen es nicht gelingt, in ihrer realen Umgebung soziale Beziehungen aufzunehmen und zu pflegen, vor allem auch Kontakt zu Mädchen, oder bei denen sonstige Gründe, etwa das Ausweichen vor Anforderungen, zu einem weitgehenden Rückzug führen, bieten Computerspiel und Internetsurfen die Möglichkeit, im virtuellen Raum auszuleben, was ihnen in ihrer realen Lebenssituation versagt ist. Unter diesen Bedingungen kann es dann zu einem vom Jugendlichen selbst nicht mehr begrenzbaren Spielverhalten kommen. In unserer Jugendhilfeeinrichtung gibt es keine allgemeine Regel für den zeitlichen Umfang, den die Jugendlichen vor ihrer Konsole oder dem Computer verbringen dürfen. Aber es gibt den übergeordneten Grundsatz, dass jeder Jugendliche einer außerhäuslichen Aktivität nachgehen muss, sei es der Besuch der Schule, die Wahrnehmung der Ausbildung oder einer darauf vorbereitenden Maßnahme. Das beinhaltet schon eine Begrenzung der Mediennutzung, denn es wird selbstverständlich darauf geachtet, dass das »Verschwinden« in virtuellen Welten nicht das schulische Lernen und die Ausbildungsaktivitäten gefährdet. Die pädagogischen Interventionen sind dabei auf den einzelnen Jugendlichen »zugeschnitten«, d. h., es werden dem Jugendlichen zwar Begrenzungen abverlangt, es wird aber auch gewürdigt, was die Mediennutzung für ihn bedeutet und was er an besonderen Fähigkeiten dabei erworben hat. Vor allem geht es aber oft darum, die Anforderungen, vor denen der Jugendliche mithilfe des Medienkonsums ausweicht, mit ihm zu bearbeiten.

Ein bisher nicht lösbares Problem besteht aus Sicht unserer Einrichtung darin, dass Jugendliche, die gefährdet sind, ihren extensiven Medienkonsum nicht selbst kontrollieren zu können, bei der Verselbstständigung, d. h. nach dem Umzug aus der Wohngruppe in eine eigene Wohnung, sich uneingeschränkt in eine mediale Spielewelt zurückziehen können.

Das Handy ist zum nicht mehr wegzudenkenden Begleiter geworden. Alle Jugendlichen der Wohngruppe haben ein Handy/Smartphone und sollen es dabei haben, wenn sie außer Haus sind, damit wir sie erreichen können und sie uns auch. Einige Mädchen nutzen ihr Smartphone intensiv, um ständig mit Gleichaltrigen in Kontakt zu sein und Nachrichten auszutauschen oder auch »Informationen« über das Netz zu verbreiten. Auf diesem Weg werden auch Konflikte unter den Jugendlichen der Wohngruppe, darunter auch diffamierende Unterstellungen etwa aufgrund von Eifersucht einer Jugendlichen auf eine Mitbewohnerin, aus der Wohngruppe hinausgetragen und erreichen so einen größeren Bekanntenkreis. Solches Verhalten nehmen wir zum Anlass für Konfliktgespräche, in denen wir den Jugendlichen zu vermitteln versuchen, dass jeder von ihnen Anspruch darauf hat, respektvoll und rücksichtsvoll behandelt zu werden und die Privatsphäre geschützt sein muss.

Generell scheint die Hemmschwelle, dem Smartphone Dinge anzuvertrauen, die die Jugendlichen den Erwachsenen (Betreuern) gegenüber zunächst nicht direkt sagen könnten oder zeigen würden, sehr niedrig zu sein. Hier hat das Netz die Funktion, dass über die Veröffentlichung im Netz, indirekt auch die Betreuerin/der Betreuer angesprochen ist und sie/er die Botschaft aufgreifen kann. Das spielt bei der Jugendlichen, die wir hier vorstellen, eine nicht unerhebliche Rolle.

Wo die niedrige Hemmschwelle bei den Mädchen der Wohngruppe dazu führt, dass sie sehr freizügig Informationen und Bilder von sich ins Netz stellen, um männliche Netznutzer für sich zu interessieren, gehen wir davon aus, dass wir mit präventiver Aufklärung – so notwendig die ist – nur wenig verhindern können. Wir sind darauf angewiesen, dass die Jugendlichen uns wenigstens soweit vertrauen und uns ins Vertrauen ziehen, dass wir Hinweise von ihnen bekommen, wenn sie dabei sind, zweifelhafte Kontakte zu verfolgen. Das ist sowohl abhängig vom Gesamtklima der Wohngruppe, in dem die Jugendlichen sich nicht beschämt oder sonstwie in die Enge getrieben fühlen, wenn herauskommt, dass sie sich in Schwierigkeiten gebracht haben, als auch von der Beziehung, die die Bezugsbetreuerin zu der betreffenden Jugendlichen hat.

In der folgenden Fallgeschichte spielten die Möglichkeiten der Kommunikation mit dem Smartphone auf vielen Ebenen eine große Rolle. Das Smartphone war eine undurchtrennbare Verbindung des Mädchens zu der Mutter mit der positiven Seite, dass es dem Mädchen den Aufenthalt in der Wohngruppe und damit eine langsame Ablösung von der Mutter überhaupt ermöglicht hat, und der problematischen Seite, dass die Mutter diese Verbindung für ihr Agieren in die Wohngruppe hinein nutzen konnte. Darüber hinaus war der Zugang, den ich (R. F.) als Betreuerin über den Handykontakt und in die Netzprofile der Jugendlichen erhalten habe, hilfreich, um mit der verschlossenen und in sich zurückgezogenen Jugendlichen immer im Kontakt zu bleiben und ihr über schwierige Situationen hinwegzuhelfen. Die vielfältigen Aspekte der Smartphonenutzung in der Arbeit mit der Jugendlichen versuchen wir, in dem Fallbericht darzustellen.

Zur Vorgeschichte

Milena und ihre alleinerziehende Mutter kommen aus einem Land der ehemaligen Sowjetunion. Milena ist dort geboren und war noch klein, als ihre Mutter einen Deutschen kennenlernte. Der Mann, Manfred, nahm sie mit nach Deutschland. Milena war zu der Zeit drei Jahre alt. In Deutschland lebten sie eine Zeitlang als Familie zusammen. Als Milena sechs Jahre alt war, trennte sich die Mutter von Manfred und zog mit ihrer Tochter in eine nahe gelegene Großstadt. In den folgenden Jahren war die Mutter viel unterwegs und geriet in die Drogenszene. Das hatte zur Folge, dass sie sich nicht mehr genügend um Milena kümmern konnte. Milena muss sehr belastenden und auch traumatisierenden Situationen mit ihrer drogenabhängigen Mutter ausgesetzt gewesen sein. Es kam zu einer anonymen Anzeige beim Jugendamt. Daraufhin machte ein Mitarbeiter des Jugendamts einen Hausbesuch, bei dem es lediglich darum ging, dass Milena kaum die Schule besuchte. Der Mutter wurde die Auflage erteilt, für einen regelmäßigen Schulbesuch zu sorgen. Das hat nicht viel geholfen.

Das Verhältnis zwischen Mutter und Tochter ist dadurch bestimmt, dass die beiden keinen Rückhalt mehr in dem Land haben, aus dem sie nach Deutschland eingewandert sind. Milena besitzt ein Foto ihres leiblichen Vaters, das ist alles. Der Mutter ist es auch nicht gelungen, hier Wurzeln zu schlagen. Die kurze Zeit des Familienlebens hat nicht gehalten. Milena und ihre Mutter, dieses unbeheimatete Mutter-Tochter-Paar, hat nur sich; beide sind darauf angewiesen, aneinander Halt zu finden. Milena trägt zusätzlich noch die Last, darauf aufzupassen, dass der Mutter nichts passiert. Auch wenn man der Mutter mit gutem Grund vorwerfen kann, dass sie ihre Tochter vernachlässigt, ist das kein Indikator für den Stellenwert, den Milena für ihre Mutter hat: Milena ist ihr Ein und Alles, sie ist ihre Prinzessin, gehört zur ihr – während alles sonst der Mutter entgleitet. Der Platz, an den die Mutter Milena gestellt hat, scheint ihre Entwicklung in einer Weise eingeengt zu haben, dass sie zum einen in einer kleinkindhaften Bindung an die Mutter fixiert geblieben ist, und zum anderen in starkem Maß einen narzisstischen Rückzug ausgebildet hat, durch den sie auf einen engen Horizont von Interessen und Erfahrungen beschränkt geblieben ist.

Einen Schwerpunkt unserer Arbeit mit Milena haben wir deshalb darin gesehen, Schritte einer Ablösung aus der engen Bindung an die Mutter zu ermöglichen, ihre Unzugänglichkeit zu überwinden und sie aus dem »Kokon« ihrer narzisstischen Selbstgenügsamkeit herauszulocken.

Zu den Mitteln, mit denen die Mutter sich immer wieder durchzuschlagen versucht, gehört, dass sie ihre Tochter – wie sie es auch mit anderen Menschen macht – für Ihre Interessen einspannt. Andererseits schafft sie es aber nicht, zuverlässig für sie da zu sein. Als Milena zwölf Jahre alt war, hat das problematische Verhalten der Mutter dazu geführt, dass das Jugendamt zum zweiten Mal intervenierte. Die Situation war folgende: Die Mutter wurde bei einer Autofahrt, bei der sie ohne gültigen Führerschein und unter Drogeneinfluss am Steuer saß, von der Polizei angehalten. In der Hoffnung, dass sie mit einer Notlüge davonkommen würde, sagte sie den Polizisten, sie müsse dringend ihre Tochter abholen. Damit erschien den Ordnungshütern das Fahren unter Drogeneinfluss umso unverantwortlicher, und sie informierten das Jugendamt. Da dem Amt bereits bekannt war, dass die Tochter nur unregelmäßig die

Schule besucht, wurde Milena sofort in Obhut genommen und kam – als vorübergehende Maßnahme – in eine Pflegefamilie. Die Mutter erhielt die Auflage, dass sie sich zuerst einer stationären Drogentherapie unterziehen müsse, bevor ihre Tochter zu ihr zurückkommen könne. Die Auflage hat die Mutter nicht erfüllt. Um nachzuweisen, dass sie in der Zwischenzeit ihr Drogenproblem bewältigt habe, sollte sie einige Monate später einen Drogentest machen. Dem hat sie sich entzogen. Daraufhin hat das Jugendamt entschieden, Milena dauerhaft in einer Wohngruppe unterzubringen. Die Mutter hat dem zugestimmt. Für sie war diese Lösung annehmbar, weil sie damit nicht mehr unter dem Druck stand, in eine stationäre Drogentherapie gehen zu müssen, sondern eine ambulante Behandlung wahrnehmen konnte – währenddessen würde ihre Tochter gut versorgt sein. Die Mutter ist seither in einem ambulanten Methadonprogramm.

Aufnahme in die Wohngruppe und die ersten zwei Jahre

Milena war gerade 13 Jahre alt geworden, als sie sich in der Jugendwohngruppe vorgestellt hat und bald darauf direkt von der Pflegefamilie in die Wohngruppe umgezogen ist.

Ich (R. F.) hatte – auf der Suche nach einem Praktikumsplatz – von dieser Einrichtung erfahren, und weil mir die Arbeit interessant erschien, habe ich mich dort beworben. Im Gegenzug wurde ich auch ausdrücklich zur Mitarbeit eingeladen. Da ich Russisch spreche und die Kultur kenne, haben der Leiter und das Team es als Chance gesehen, mich für die Arbeit mit Milena zu gewinnen. Bereits nach drei Wochen wurde entschieden, dass ich mit einer niedrigen Wochenstundenzahl dauerhaft im Team mitarbeiten und zusammen mit einer weiteren Betreuerin, Frau Bohle, für Milena zuständig sein sollte. Ich bin seither ihre Bezugsbetreuerin und hatte viel Gelegenheit, mit ihr zu zweit, aber auch in der Gruppe zusammen zu sein. Ich habe anstehende Termine mit ihr wahrgenommen und Freizeitaktivitäten mit ihr unternommen.

In der Regel spricht die Mutter mit ihrer Tochter Russisch. Es stellte sich dabei schnell heraus, dass sie die russische Sprache benutzt, um mit Milena Vereinbarungen zu treffen, die sonst niemand in der Umgebung mitbekommen soll. Die Mutter versucht so, an der Wohngruppe vorbei zu agieren. Ich kam dadurch in eine schwierige Lage. Denn einerseits wollte ich das Vertrauen von Milena und ihrer Mutter gewinnen – und später nicht verlieren –, und andererseits konnte ich die Mutter nicht gewähren lassen, sondern war dafür verantwortlich, dass das, was sie in Bezug auf die Wohngruppe und in Bezug auf Milenas Leben in der WG mit ihrer Tochter verabredet, auch transparent ist. Es ging der Mutter nicht um einzelne Regeln, die offen verhandelbar gewesen wären, sondern sie versuchte, die Arbeit der Einrichtung zu unterlaufen, um ihre Tochter weiterhin unter ihrem Einfluss zu halten. Dabei spielte das Handy eine große Rolle. Die Mutter hat nie Zeit, sie ist immer unterwegs und abgehetzt. Milena weiß zumeist nicht, wo ihre Mutter sich aufhält, aber die beiden sind durch das Handy in einem immerwährenden Kontakt – sie sind wie durch eine Nabelschnur miteinander verbunden. So kann die Mutter versuchen, ihre Vorstellungen in Bezug auf ihre Tochter durchzusetzen und mich dafür einzuspannen. Ich habe ihr immer wieder unmissverständlich gesagt, dass ich das, was sie mir anvertraut, soweit es die Wohngruppe betrifft, ohne Ausnahme an das Team weitergebe. Trotzdem versucht die Mutter bis heute, mich als Verbündete gegen das Team und gegen Regeln und Absprachen auf ihre Seite zu ziehen, mich zur Komplizin zu machen. Ihre Haltung dabei ist: »Lass uns eine Ausnahme machen. Es muss ja niemand davon erfahren.«

Milena ist ein schönes Mädchen und präsentiert sich auch gerne so. Allerdings zeigt sie sich wenig freundlich. Fremden Menschen, insbesondere Neuankömmlingen in der Gruppe, die sie noch nicht kennt, begegnet sie grundsätzlich ablehnend; sie wirkt dabei arrogant. Das war in der ersten Zeit auch mir gegenüber der Fall. Erst nach und nach ist Milena offener geworden und hat sich mir anvertraut, meist aber nur, wenn ich mit ihr alleine war oder mit ihr zusammen etwas unternommen habe.

Nach außen hin hat Milena sich von Anfang so gegeben, als sei ihr alles egal. Diese Abwehr schien notwendig zu sein, um ihre große Sehnsucht nach der Mutter zu verbergen und die Angst abzuwehren, von der Mutter im Stich gelassen zu werden oder aber selbst nicht zur Stelle zu sein, wenn die Mutter sie braucht. Nur mit dieser Fassade von Gleichmut schien es ihr zu gelingen, die alltäglichen Anforderungen zu bewältigen. Sie konnte diese Haltung »ist mir doch egal« aber nicht mehr aufrechterhalten, wenn sie wieder einmal vergeblich auf ihre Mutter gewartet hatte. Die Mutter hat oft die Ankündigung, Milena zu besuchen oder sie in der Stadt zu treffen, abgesagt und zwar meist kurzfristig. Durch den Handykontakt ist die Mutter für ihre Tochter (und die Tochter für ihre Mutter) zwar immer medial erreichbar, aber nie wirklich greifbar. Darunter hat Milena sehr gelitten. In der ersten Zeit hat sie nur mich sehen lassen, wie ihr zumute ist, und mir ihren Kummer anvertraut. Später, als sie sich in der Wohngruppe bereits mehr zu Hause fühlte, ist sie vor aller Augen in Tränen ausgebrochen, wenn wieder ein vereinbartes Treffen mit der Mutter geplatzt war. Sie zeigte sehr offen ihre Verzweiflung und brauchte es, dass wir sie umsorgten und sie uns erzählen konnte, wie sehr sie ihre Mutter vermisst.

Um zu erreichen, dass die Treffen mit der Mutter zuverlässiger werden und Milena mehr Sicherheit gewinnt, ist ihr das Team der Wohngruppe sehr weit entgegengekommen. Wir sind davon ausgegangen, dass das erforderlich ist, damit ein Prozess der Ablösung aus der sehr engen Bindung an die Mutter überhaupt in Gang kommen kann. So ist der Besuch der Mutter in der Wohngruppe in jeder Hinsicht unterstützt worden. Als die Mutter Sozialstunden abzuleisten hatte, boten wir ihr an, dass sie diese mit Arbeiten im Haus der WG ableisten kann. Weiter durfte Milena ihre Ratte Stella mit in die Einrichtung bringen. Sie hat das Interesse an der Ratte, die sie sich so sehr gewünscht hatte, allerdings bald wieder verloren und Stella bei der Mutter gegen eine kleine Hündin eingetauscht. Auch das ist ihr erlaubt worden: Sie durfte den Hund in der Einrichtung haben, vorausgesetzt, dass sie sich ausreichend um ihn kümmert. Das hat anfangs gut funktioniert, aber bald wurde ihr die Versorgung der Hündin zu viel, sodass sie sie der Mutter zurückgeben musste. Damit war die Sache aber nicht erledigt. Die Mutter ließ den Hund immer mal wieder in der Einrichtung, weil sie sonst nicht wusste, wohin mit dem Tier, hat die Betreuer im Haus dabei aber meistens umgangen. Milena hat ihren Kummer darüber, dass sie ihren Hund nicht behalten konnte, ins Netz gestellt: Sie ist in einen nahegelegenen Schuppen am Waldrand gegangen und hat von sich und dem Hund ein Bild gemacht und dazu geschrieben: »Allein ist man eh besser dran.« Indem sie das Netz als Kummerkasten benutzt, kann sie das Alleinsein ausleben und weiß zugleich, dass »andere« sehen, wie es ihr geht.

Milena hat einen bestimmten Teil der altersgemäßen Aufgaben relativ problemlos erledigt. So ist sie morgens aufgestanden und von sich aus regelmäßig zur Schule gegangen. Es kommt nur ausnahmsweise vor, dass sie verschläft. Ihre Schulleistungen waren anfangs katastrophal. Sie hat einen ganz und gar unaufgeweckten Eindruck gemacht. In ganz einfachen Dingen kannte sie sich nicht aus und wusste auch nicht, wie sie sich helfen könnte. Durch den Nachhilfeunterricht sind ihre Schulleistungen besser geworden, das Lernen ist aber weiterhin mühsam für sie. Sie hat glücklicherweise eine sehr verständnisvolle Klassenlehrerin, die ihr das Leben in der Schule erträglich macht, und an der Milena hängt. Ein besonderes Interesse für die Schule und damit zusammenhängende Wünsche für ihre Zukunft hat sie in den ersten zwei Jahren nicht gezeigt.

Milena hat in vielen Bereichen die Tendenz, sich zurückzuziehen. An Schultagen kommt sie nach Hause und verschwindet in ihrem Zimmer, um den größten Teil des Nachmittags zu schlafen. Das erscheint als Ausdruck eines sehr weitgehenden Bedürfnisses nach Regression.

Für Gruppenaktivitäten im Haus oder auswärts ist sie nur schwer zu gewinnen. Sie selbst möchte in der Regel gar nicht teilnehmen. Wir Betreuer versuchen, mit Milena darüber zu sprechen, dass die Unternehmungen selbstverständlich Spaß machen sollen, dass sie darüber hinaus aber den Sinn haben, das Gruppenleben zu bereichern. Auch wenn wir uns große Mühe geben, Milena trotz ihrer Unlust zu motivieren und genau mit ihr besprechen, wie und wann es losgehen soll, verschläft sie oder braucht so lange fürs Ankleiden, Schminken etc., dass sie oft noch nicht fertig ist, wenn wir starten.

Es ist offensichtlich, dass sie sich auf die Herausforderungen einer Gruppensituation nur schwer einlassen kann. Denn wenn ich ihr Unternehmungen zu zweit vorschlage, ist sie leicht zu gewinnen und schneller ausgehebereit. Bei Gruppenaktivitäten scheint es sie zu kränken, dass sie sich mit Teilnehmern abgeben soll, die sie als nicht ebenbürtig ansieht. Milena ist außerdem sehr eifersüchtig, wenn eine der anderen Jugendlichen die Zuwendung eines für sie wichtigen Betreuers / einer für sie wichtigen Betreuerin erhält. Von mir fordert sie ausdrücklich, dass ich für sie da bin, und will mich nicht mit anderen teilen. Und schließlich liegt ein Hindernis für die Teilnahme an Gruppenaktivitäten darin, dass Milena kaum Interessen hat, an die angeknüpft werden kann. Sportliche Aktivitäten, die ihr im ersten Anlauf attraktiv erschienen, hat sie nach kurzer Zeit wieder aufgegeben. So ist es auch mit dem Handball gewesen. Anfangs gefiel ihr das Handballspielen gut, aber bald ist sie nicht mehr hingegangen und sagte als Begründung, die Leute dort »sind mir zu doof«.

Ebenso wenig wie an Gruppenunternehmungen beteiligt sie sich von sich aus an Aufgaben, zu denen wir die Jugendlichen im Haus heranziehen. Milena ist da ganz Prinzessin. Der jeweilige Betreuer muss sich sehr um sie bemühen und sie mehrmals eindringlich bitten, bevor sie sich herablässt. Dann allerdings macht sie ihre Sache gut und erledigt die ihr übertragene Aufgabe gewissenhaft.

Milena verbringt viel Zeit auf ihrem Zimmer. Sie ist – wenn sie nicht schläft – damit beschäftigt, sich selbst zurechtzumachen; sie hält aber auch ihr Zimmer sehr gut in Ordnung. Als sie aus einem anfänglich kleinen in ein größeres Zimmer umziehen konnte, habe ich mit ihr die Wände gestrichen. Dabei haben wir viel Spaß gehabt. Da wir beide im Streichen unerfahren waren, entstand anstelle von gleichmäßig gestrichenen Wänden an einer Wand ein Farbgebilde, in dem wir beide ein gelungenes Gemälde sahen. Milena gefiel es sehr, und sie hat es bis heute nicht verändert. Ein solches lebhaftes Interesse an einer Aktion, dessen Produkt für sie weiterhin wichtig geblieben ist, haben wir bei ihr nur ausnahmsweise gesehen. Unser »Wandgemälde« scheint doch eine Bedeutung jenseits einer nur flüchtigen narzisstischen Besetzung gewonnen zu haben.

Wir haben uns bemüht, mögliche Interessen, die über eine enge Selbstbezogenheit hinausgehen, bei ihr zu wecken und zu fördern. Da sie sehr gerne Fotos mit dem Handy von sich macht – tatsächlich sind es unfassbar viele Selfies, die sie von sich macht – und die sie anderen auch zeigt, haben wir ihr bei einer Gelegenheit, die sich geboten hat, die Möglichkeit gegeben, ein professionelles Fotoshooting zu machen (sie war zu der Zeit etwas mehr als zwei Jahre in der Wohngruppe). Nach dem Fotoshooting sollte eine Sedcard erstellt werden, mit der sie sich als Model hätte bewerben können. Milena war vor Aufregung »ganz aus dem Häuschen« und hat es überall erzählt. An dem Tag, als es soweit war, war ihr dann aber schon das Frühaufstehen zu viel und es gefiel ihr gar nicht, dass sie fremde Personen an sich arbeiten lassen musste. Sie machte zwar alles mit und befolgte auch die Anweisungen des Fotografen. Aber ihre Begeisterung war verflogen, mit den Fotos war sie unzufrieden. Sie wollte aber auch keinen neuen Termin und neue Fotos machen. Sie hatte jedes weitere Interesse verloren. Nur bei WhatsApp hat sie ihren Frust noch abgeladen mit dem Satz: »Das Leben als Model ist ganz schön anstrengend.«

Bei allem Rückzug und ihrer schroffen und unfreundlichen Haltung Menschen gegenüber, die ihr nicht vertraut sind, ist Milena keine

Einzelgängerin. Sie hat in gewisser Weise Freundinnen, an denen sie festhält. So hat sie in der Wohngruppe ein freundschaftliches Verhältnis zu zwei Mädchen. Die Beziehung ist nicht immer ungetrübt. Milena hat ein allgemein gut nachvollziehbares Verständnis von Gerechtigkeit bzw. berechtigten Erwartungen. Wenn die Freundinnen diese Erwartungen nicht erfüllen, wendet sie sich von ihnen ab, bricht aber die Freundschaft nicht wirklich ab. Sie ist eine treue Seele. In der Schule hat Milena keine dauerhaften Freunde/Freundinnen. Sie pflegt Kontakte zu Mitschülern nur, soweit diese für sie von Nutzen sind. Im zweiten Sommer konnten Milena und eine weitere Jugendliche der Wohngruppe mit einer Jugendgruppe nach Südfrankreich reisen. Die Ferien haben ihr gefallen, aber sie ist auch da keine bleibenden Freundschaften eingegangen.

Während Milena im Alltag eher für sich bleibt oder den Tag an der Seite einer Betreuerin verbringt, ist sie – solange sie noch keinen Freund hatte – an den Wochenenden gerne mit anderen jungen Mädchen in die Disco gegangen. Es ist dabei auch schon vorgekommen, dass die Mutter den Besuch einer Diskothek gedeckt hat, für die Milena noch zu jung war, und in der die Mädchen gegen jede Erlaubnis bis zum frühen Morgen geblieben sind. Seit sie einen Freund hat, richtet sie sich bezüglich der Discos, die infrage kommen, und der Einhaltung der erlaubten Zeit für den Discobesuch nach ihm.

Ihr Verhalten gegenüber Jungen war am Anfang sehr exaltiert und im Netz teilweise unverantwortlich. Sie bot sich über Plattformen wie Facebook mit aufreizenden Fotos an. Ein Problem sah sie darin nicht. Wir haben versucht, ihren Umgang mit dem Smartphone – wie bei anderen Jugendlichen auch – zu regeln und mit ihr besprochen, welchen Risiken sie sich dabei aussetzt. Bei Milena ist es relativ einfach, ihre Aktivitäten im Netz zu überblicken und rechtzeitig zu intervenieren. Sie scheint es geradezu darauf anzulegen, dass ich auf das, was sie sie im Netz tut, aufmerksam werde. So hat sie, nachdem sie über mein Handy in ihr Facebook-Profil gegangen ist, es nicht wieder abgemeldet, sodass ich Zugang zu dem hatte, was sie dort kommuniziert. Auf dem Umweg über das Netz lässt sie mich Dinge wissen oder vertraut sie mir Dinge an, über die sie nicht direkt sprechen kann. Sie ist dann froh, dass ich Bescheid weiß, ohne dass sie mir etwas erklären muss. So war es, als es in Bezug auf ihre ersten Beziehungen mit Jungen Schwierigkeiten gab. Sie holte uns über die Nachrichten, die sie ins Netz gestellt hat, zu Hilfe.

Mit 14 Jahren hat Milena sich zum ersten Mal in einen attraktiven Jungen vom Gymnasium verliebt, der aber nicht ernsthaft an ihr interessiert war und sie nach kurzer Zeit stehengelassen hat. Das hat sie sehr gekränkt; sie hat sich aber nicht zurückgezogen, sondern ihren Kummer bei mir abgeladen. Kurze Zeit später – sie war inzwischen 15 – hatte sie ihren ersten richtigen Freund, Ben. Auch er besucht ein Gymnasium und kommt aus einem gut situierten Elternhaus. Es hat Milena sehr viel bedeutet, dass sie in seiner Familie aufgenommen worden ist. Sie erzählte mir, dass sie dort ihre »Ersatzfamilie« gefunden habe. Die Beziehung zu Ben hat ihren Wunsch, eine Familienzugehörigkeit zu haben, geweckt und genährt. Die Verbindung hat aber kein Jahr gedauert. Der junge Mann war sehr eifersüchtig und bedrängte Milena damit auf unschöne Weise. Die Verwicklungen, die daraus entstanden, an denen sie selbst allerdings auch ihren Anteil hatte, setzen ihr sehr zu. Letztlich wehrte sie sich und nahm dazu die Hilfe von uns Betreuerinnen in Anspruch. Auch hat sie sich in ihrem Schmerz über die Trennung von uns trösten lassen. Inzwischen hat Milena einen neuen Freund – ebenfalls ein gut integrierter Gymnasiast, der familiären Rückhalt hat. Auch wenn Milena ihm in vielem folgt, hat sie zugleich ihre eigenen Vorstellungen und versucht, diese in der Beziehung durchzusetzen.

Anders als ihre anfänglich unbedachte Freizügigkeit im Netz gibt Milena nun auf sich acht. Sie hat sich in der Beziehung mit Ben lange Zeit Gedanken gemacht, dass erst eine Vertrauensbasis entstanden sein müsse, auf die sie sich verlassen kann, bevor sie mit ihm schläft. Mit der Beziehung zu den Freunden hat sie auch ihre Präsenz in sozialen Netzwerken geändert. Ihre Auftritte dort haben nichts Verfängliches mehr und sie gibt mir bereitwillig die Erlaubnis, ihr Profil im Netz anzusehen.

Das dritte Jahr in der Wohngruppe

Es ist etwas in Bewegung gekommen bei Milena, was sicher mit den Beziehungen zu den beiden Jungen, Ben und dem gegenwärtigen Freund, zusammenhängt, aber selbstverständlich auch darauf zurückzuführen ist, dass sie von der Unterstützung, die sie für ihre Entwicklung in der Wohngruppe erhalten hat, profitieren konnte.

Wenig verändert hat sich allerdings die problematische Situation der Mutter und die Art, wie sie mit ihrer Tochter umgeht. Sie ist nach wie vor unzuverlässig bei vereinbarten Treffen, und Milena kann es nur schwer verkraften, wenn ihre Mutter sie im Stich lässt. Andererseits hat Milena durch ihre Beziehungen zu den männlichen Freunden in gewisser Hinsicht eine »Alternative« zur Mutter, sodass sie den Wunsch der Mutter, ihre Tochter zu sehen, auch schon mal ausschlägt. Das darf aber nicht darüber hinwegtäuschen, dass Milena weiterhin gefährdet ist durch die Verpflichtung, ihrer Mutter die Treue zu halten. Das gilt insbesondere dann, wenn diese – was immer wieder passiert – sich in größere Schwierigkeiten bringt. So konnte die Mutter nicht mehr in ihrer eigenen Wohnung leben, weil ihr der Strom abgeschaltet worden war. Sie wollte ihre Tochter aber trotzdem unbedingt über Nacht bei sich haben. Dazu hätte die Mutter dem Leiter unserer Einrichtung sagen müssen, wo sie mit Milena übernachtet. Das wollte sie nicht, und so konnte der Übernachtungsbesuch nicht erlaubt werden. Milena hat darauf mit einer Selbstverletzung reagiert. Sie hat in ihrem Zimmer aus Wut in den Spiegel geboxt und sich dabei die Hand verletzt. Das ist ein deutliches Alarmzeichen.

Wir glauben, dass Milena sich nicht ohne eine Psychotherapie aus der Verstrickung mit ihrer Mutter befreien kann. Seit sie in der Wohngruppe ist, versuchen wir, sie dazu zu bewegen, die Möglichkeit einer Therapie wahrzunehmen. Wir haben sie zu einer Vorstellung in der KJP gebracht und auch erreicht, dass sie bei einer Therapeutin zu einem Erstgespräch war. Es ist bei diesem Erstgespräch geblieben, zu einer Therapie ist Milena bisher noch nicht bereit.

Milena zeigt deutlich, dass sie einerseits ihren eigenen Weg gehen möchte und andererseits von der Besorgnis um ihre Mutter getrieben ist. So will sie von mir wissen, ob ich (nach dem Ärger, den ihre Mutter mit der Übernachtungsfrage gemacht hat) ihrer Mutter noch freundlich gesonnen bin und auf gute Weise mit ihr spreche. In Bezug auf den neuen Freund hält Milena es so, dass sie an Wochenenden – wenn möglich – zuerst ihre Mutter besucht / sich mit ihr trifft und dann zu ihrem Freund geht, bei dem sie auch übernachtet. Die Mutter hat Milenas jetzigen Freund kennengelernt, aber bisher keinen Kontakt zu seiner Familie. Neuerdings kann man bei WhatsApp ein gemeinsames Bild von Milena und ihrer Mutter sehen. Beide lächeln und sind hübsch zurechtgemacht. Dieses Bild steht an der Stelle, wo vor einiger Zeit noch das gemeinsame Foto von der Mutter mit deren Partner stand – der russische Spruch, den die Mutter ihrem Freund gewidmet hat und den Milena nicht lesen kann, ist nicht gelöscht. Es ist zu vermuten, dass Milena ihre Mutter überredet hat, das Foto von ihnen beiden ins Netz zu stellen, um aller Welt das Bild ihrer Zusammengehörigkeit zu zeigen, während Milena zugleich beginnt, etwas Eigenes haben zu wollen.

Im Verlauf des Sommers, in dem ihr 16. Geburtstag näher gerückt ist, haben sich Veränderungen in der Beziehung von Milena zu mir gezeigt. Ich trug zu der Zeit eine Uhr mit einem goldfarbenen Armband, die Milena sehr gefiel und die sie sich von mir gewünscht hat. Mir selbst gefiel die gleiche Uhr mit einem silberfarbenen Armband besser als der Goldlook. Deshalb habe ich die Uhr mit dem silbernen Armband als mein persönliches Geschenk für Milena zum Geburtstag gekauft und die gleiche Uhr auch für mich selbst. Ich war mir nicht sicher, ob ich mit meiner Entscheidung für das schlichtere silberne Armband Milena nicht doch enttäuschen würde. Denn sie ist es gewohnt, von ihrer Mutter immer wieder auffälligen Modeschmuck geschenkt zu bekommen. Tatsächlich hat Milena mein Geschenk angenommen und sich darüber gefreut, dass sie nun eine Uhr hat, wie ich sie auch trage. Dass es ihr so wichtig ist, etwas zu haben, worin sie mir gleicht, habe ich nicht erwartet.

Die Mutter wollte ihrer Tochter zum 16. Geburtstag ein Tattoo schenken. Milena hat mir anvertraut, dass sie das Wort »Hoffnung« auf ihren Innenarm tätowieren lassen möchte. Ich sprach daraufhin mit Milena darüber, dass ich sie noch für zu jung halte, und riet ihr zu warten, bis sie 18 und volljährig sei, dann würde sie kein Einverständnis eines Erwachsenen mehr brauchen, sondern könnte selbstständig entscheiden. Und sie wisse dann auch besser, was sie wirklich wolle. Milena tat meinen Einspruch erst ab: Ich solle mich nicht so anstellen wegen der zwei Jahre. Sie verriet mir, dass sie und ihre Mutter sich schon angemeldet und eine Anzahlung geleistet hatten. Ich kenne die hiesige Szene. Sie haben sich bei einem Tattookünstler mit zweifelhaftem Ruf angemeldet, der schon wegen einer verantwortungslosen Arbeit angezeigt worden ist. Ich sagte Milena, was ich weiß.

Darauf Milena: »Wenn ich sage, das ist OK [d. h. wenn ich Dir zugestehe, dass Du Recht hast mit dem ...; R. F.], was Du mir sagst und ich mache das dann trotzdem, dann kannst Du doch auch nichts machen!«

Ich antworte: »Ich möchte nicht, dass Du dorthin gehst und dass Du es jetzt schon machen lässt.«

Milena: »Wenn es sein muss, dann hole ich das Geld eben wieder.«

Ich war doch überrascht, dass meine Sorge um sie dazu geführt hat, dass sie das Geld wirklich zurückgeholt und die Tätowierung verschoben hat. Sie hat zwei Tage gebraucht, bis sie es mir per Handy mitgeteilt hat. Es scheint, dass sie durch eine Identifizierung mit dem, was wir Betreuerinnen – vor allem wohl ich – vertreten und wertschätzen, mehr Spielraum für eine Orientierung und Entscheidungen im eigenen Interesse gewinnt. Kurze Zeit später wollte sie ein Piercing haben. Sie weiß, dass ich dazu die gleiche Meinung vertrete wie zum Tattoo. Trotzdem wollte sie, dass ich ihr die Erlaubnis dazu unterschreibe. Ich sagte ihr, dass ich gar nicht berechtigt sei zu unterschreiben, sondern ihre Mutter das Sorgerecht habe und für die Unterschrift zuständig sei. Sie hat das Piercing machen lassen und mich ausdrücklich darüber informiert: »Ich wollte dir sagen, dass ich es gemacht habe.« Es klang wie ein Geständnis mit der Erwartung, dass ich es nachträglich akzeptiere, sie zumindest nicht verurteile.

Drei Tage vor ihrem 16. Geburtstag gab es Zeugnisse. Sie hat mir, während ich in Urlaub war, ein Foto ihres Zeugnisses auf mein Handy geschickt mit der jubelnden Nachricht »… und ich habe es auf die Realschule geschafft – bist du stolz auf mich? – y e e h« (es folgen zwei Herzen.

Ihre Noten sind gut genug für den Realschulzweig. Ihre Freude und Hochstimmung über den Schulerfolg halten aber doch nicht lange an. Es scheint, dass es ihr noch immer schwerfällt, an ihren Schulerfolg zu glauben und darin eine Zukunft zu sehen. Und dennoch gibt es Anzeichen, dass sie die Schulangelegenheit nicht durch das Agieren ihrer Mutter kontaminieren lassen will. Es stand eine Besprechung in der Schule an und Milena hat mich gebeten, ob ich das nicht übernehmen könnte. Als ich ihr geantwortet habe, dass ihre Mutter zuständig sei, hat sie das entschieden abgewehrt: Auf keinen Fall würde sie zulassen, dass ihre Mutter da hingeht. Da ich den Termin nicht wahrnehmen konnte, ist sie selbst hingegangen und hat die Angelegenheit allein geregelt.

Milena ist insgesamt »wacher« geworden. Zu unserem Erstaunen hat sie ihren regelmäßigen Nachmittagsschlaf eingestellt. Das ist nicht unter der Hand passiert, sondern sie hat es uns mitgeteilt und auch gesagt, dass es nicht ganz leicht für sie sei.

Der Spruch, mit dem wir die Fallgeschichte überschrieben haben *»I am the princess of fucking everything«* stammt nicht von Milena selbst, aber sie hat ihn bei einem gemeinsamen Einkaufsbummel auf einem T-Shirt entdeckt und sich sofort begeistert darin wiedergefunden. Über ihren Anspruch, einen Prinzessinnenstatus einzunehmen, schmunzelt sie inzwischen, aber verlieren will sie ihn doch nicht.

Rike Fuchs und Johanna Bohle

Zum Schluss

Milena muss immer noch die Erste sein, und wenn eine andere Jugendliche etwas hat, was mehr Glanz und höheren Status verleiht, ist Milena extrem eifersüchtig. Als die Jugendliche Serra ein Smartphone der neuesten Generation bekommen hatte, bedrängte Milena ihre Mutter so lange, bis die bereit war, ihr das teure Smartphone irgendwie zu besorgen. Milena kann schlecht mit Geld umgehen und hat ihr jetziges Handy noch nicht einmal abbezahlt. Da die Mutter selbst finanziell in der Klemme ist und auch keinen Ratenkauf mehr tätigen kann, hat sie mich gebeten, für sie den Ratenkauf abzuschließen. Ich habe, auch gestützt durch die Diskussion auf dem Workshop der in diesem Band dokumentierten Tagung, Milena ganz entschieden gesagt, dass ich das nicht übernehme und sie kein neues Handy bekommt. Mein bündiges »Nein« hatte überraschende Folgen, möglicherweise auch eine strukturierende Wirkung. Denn es hat das anspruchliche Drängeln gestoppt. Milena hat meinen Einspruch ruhig hingenommen und ist nicht mehr darauf zurückgekommen.

Sie macht weiterhin unglaublich viele Selfies. Wenn es gut läuft mit ihrem Freund, stellt sie ein Bild ins Netz, das sie beide als eng verbundenes Paar in verliebter Pose zeigt. Und sie schreibt dazu, wie verliebt sie sei und was der Freund ihr bedeute. Es ist das, was Verliebte sich zu allen Zeiten gesagt haben, nur dass es hier öffentlich im Netz erscheint. Wenn es Auseinandersetzungen gibt, nimmt sie das Foto von ihnen beiden heraus und stellt eines von sich allein hinein. Ein solcher Austausch der Selfies ist ein untrügliches Zeichen dafür, dass es »Stress« in der Beziehung gegeben hat. Darüber hinaus ist Milena ständig dabei, ihr Foto im Netz auszuwechseln und neue Bilder von sich zu präsentieren. Es hat den Anschein, als würde sie auf die Weise immer wieder neu erproben, wer sie ist, ohne sich schon festlegen zu müssen.

Milena nutzt das Netz, um einen Platz zu haben, an dem sie alles, was sie bewegt, deponieren kann. Das ist ein erster Schritt etwas auszudrücken, der dann zum Gespräch führt, wenn wir ihre Mitteilungen verstehen und darauf eingehen.

Autorinnen und Autoren

Barth, Gottfried Maria, Jg. 1958, Dr. med., M. A., Oberarzt der Abteilung für Psychiatrie und Psychotherapie im Kindes- und Jugendalter der Universitätsklinik Tübingen.
Anschrift: Osianderstr. 14-16, D-72076 Tübingen

Bohle, Johanna, Diplomsozialarbeiterin. Pseudonym der Mitarbeiterin der Jugendwohngruppe, aus der die Fallgeschichte stammt.

Döser, Johannes, Dr. med. Facharzt für Psychosomatik Psychotherapie sowie Kinder- und Jugendpsychiatrie; Psychoanalytiker (DPV/IPV) in freier Praxis in Essen-Werden; Lehranalytiker, Supervisor und Dozent in der psychoanalytischen Arbeitsgemeinschaft Köln-Düsseldorf, Balint-Gruppenleiter (DBG).
Anschrift: Unterer Pustenberg 14, D-45239 Essen
E-Mail: doeser@t-online.de

Gätjen-Rund, Anna, Dipl.-Psych. Psychoanalytikerin für Kinder, Jugendliche und Erwachsene; freie Praxis in Berlin; Mitglied der DPV/IPA sowie der VAKJP und Supervisorin und Dozentin am Karl-Abraham Institut Berlin und am Edith-Jacobson-Institut Berlin.
E-Mail: fagaetjen@t-online.de

Gerspach, Manfred, Jg. 1951, Dr. phil., bis 2014 Professor für Behinderten- und Heilpädagogik am Fachbereich Gesellschaftswissenschaften und Soziale Arbeit der Hochschule Darmstadt.
Anschrift: Weilbrunnstr. 22, D-60435 Frankfurt

Feuling, Martin, Jg. 1952, Psychoanalytischer Sozialarbeiter, Mitarbeiter der Ambulanten Dienste des Vereins für Psychoanalytische Sozialarbeit e. V.
Anschrift: Hechingerstr. 53, D-72072 Tübingen

Fuchs, Rike, Studentin der Sozialarbeit. Pseudonym der Mitarbeiterin der Jugendwohngruppe, aus der die Fallgeschichte stammt.

Koller, Dieter, Jg. 1951, Arzt für Psychiatrie, Kinder- und Jugendpsychiatrie, Psychotherapie; freiberuflich seit 1992 tätig als Supervisor und

Fachberater, berufsbegleitend engagiert in verschiedenen Projekten der Kulturarbeit als Texter und Musiker.
Anschrift: Kirchgasse 9, D-72070 Tübingen
E-Mail: dieterkoller@web.de

Knellessen, Olaf, Jg. 1951, Dr. phil., Psychoanalytiker in eigener Praxis, Teilnehmer am Psychoanalytischen Seminar Zürich (PSZ), www.knellessen.ch.
Anschrift: Oberdorfstr. 13, CH-8001 Zürich
E-Mail: olaf@knellessen.ch

Künstler, Sylvia, Jg. 1966, Psychoanalytische Sozialarbeiterin, Mitarbeiterin der Ambulanten Dienste und des Arbeitsprojekts des Vereins für Psychoanalytische Sozialarbeit e. V.
Anschrift: Hechingerstr. 53, D-72072 Tübingen

Laube, Michael, Jg. 1969, Psychoanalytiker i. A. u. S. in privater Praxis und für TAF Salzburg, Therapeutisch Ambulante Familienbetreuung.
Anschrift: Bergstraße 12, A-5020 Salzburg

Sallwey, Philipp, Jg. 1975, Psychoanalytischer Sozialarbeiter. Mitarbeiter des Therapeutischen Heims für Kinder und Jugendliche des Vereins für Psychoanalytische Sozialarbeit e. V. Rottenburg und Tübingen.
Anschrift: Hagenwörtstr. 65, D-72108 Rottenburg

Sitter, Frank, Jg. 1980, Psychoanalytischer Sozialarbeiter. Mitarbeiter des Therapeutischen Heims für Kinder und Jugendliche des Vereins für Psychoanalytische Sozialarbeit e. V. Rottenburg und Tübingen.
Anschrift: Hagenwörtstr. 65, D-72108 Rottenburg

Strauß, Martina, Jg. 1966, Dr. biol. hum., Psychologin, Abteilung Psychiatrie und Psychotherapie im Kindes- und Jugendalter der Universitätsklinik Tübingen
Anschrift: Osianderstr. 14-16, D-72076 Tübingen

Wieland, Birgit, Jg. 1979, Dipl.-Päd., Psychoanalytische Sozialarbeiterin. Mitarbeiterin des Therapeutischen Heims für Jugendliche und junge Erwachsene des Vereins für Psychoanalytische Sozialarbeit e. V. Rottenburg und Tübingen; Analytische Kinder- und Jugendlichen-Psychotherapeutin.
Anschrift: Niedernauerstr. 11, D-72108 Rottenburg

Wolf, Reinhold, Jg. 1951, Dipl.-Psych., Psychoanalytischer Sozialarbeiter, Mitarbeiter der Ambulanten Dienste des Vereins für Psychoanalytische Sozialarbeit e.V; Analytischer Kinder- und Jugendlichen-Psychotherapeut.
Anschrift: Hechingerstr. 53, D-72072 Tübingen

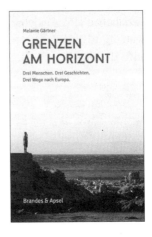

Beatrice Bourcier

Mein Sommer mit den Flüchtlingen

Der bewegende Bericht einer freiwilligen Flüchtlingshelferin

176 S., Frz. Br., € 14,90
ISBN 978-3-95558-164-0

Für Bourcier wird in diesem heißen Sommer aus Neugier Betroffenheit. Ihre Betroffenheit führt zum Handeln, zu aufrichtigem Mitgefühl und tiefer Verbundenheit. Sie engagiert sich im Helferkreis einer typischen Erstaufnahmeeinrichtung. Und schreibt ihr Erleben auf. So gibt sie den Helferinnen und Helfern im Land eine Stimme. Und den Flüchtlingen die Gelegenheit, ihre Geschichte zu erzählen.

Melanie Gärtner

Grenzen am Horizont

Drei Menschen.
Drei Geschichten.
Drei Wege nach Europa.

172 S., Frz. Br., € 19,90
ISBN 978-3-95558-148-0

Drei junge Männer aus Afrika und Indien machen sich auf den gefährlichen Weg nach Europa. Die Autorin begleitet sie in ihrem Alltag in Ceuta und begibt sich in deren Heimat. Sie begegnet ihren Familien, taucht ein in ihre Lebenswelt und beschreibt, warum sie dort keine Zukunft sahen.

Unseren Psychoanalysekatalog erhalten Sie kostenlos:
Brandes & Apsel Verlag • Scheidswaldstr. 22 • 60385 Frankfurt am Main
info@brandes-apsel.de • www.brandes-apsel-verlag.de
Fordern Sie unseren Newsletter kostenlos an: newsletter@brandes-apsel.de

Brandes & Apsel

Claudia Burkhardt-Mußmann (Hrsg.)

Räume, die Halt geben

Psychoanalytische Frühprävention mit Migrantinnen und ihren Kleinkindern

Mit einem Vorwort von Marianne Leuzinger-Bohleber

208 S., Pb. Großoktav, € 19,90
ISBN 978-3-95558-112-1

Räume, die Halt geben stellt die Erfahrungen zugewanderter Mütter vor. Sie haben die Möglichkeit, ihre meist traumatischen Flucht- und Migrationserfahrungen in Gruppen aufzuarbeiten. Gleichzeitig werden ihre psychosoziale Entwicklung und die ihrer Babys bis zum Kindergartenalter professionell begleitet.

Brigitte Hargasser

Unbegleitete minderjährige Flüchtlinge

Sequentielle Traumatisierungsprozesse und die Aufgaben der Jugendhilfe

2. Aufl., 268 S., Pb., € 24,90
ISBN 978-3-95558-072-8

»**Die Autorin gelangt** zu dem Schluss, dass es für eine gelingende sozialpädagogische Arbeit mit UMF einer Verknüpfung pädagogischer, psychologischer und sozialpolitischer Dimensionen bedarf.« *(Soziale Arbeit)*

Brandes & Apsel

Frank Dammasch
Martin Teising (Hrsg.)

Das modernisierte Kind

2. Aufl., 216 S., Pb., € 19,90
ISBN 978-3-86099-902-8

Das Buch leuchtet prägnant die Möglichkeiten und Grenzen kindlicher Entwicklung in der globalisierten Moderne des 21. Jahrhunderts aus. Betrachtet werden die Auswirkungen von sozialen Beschleunigungsprozessen, Bildungsoptimierungsversuchen und neuen Medien auf die psychosoziale Entwicklung von Kindern und Jugendlichen.

»Die klaren Standpunkte habe ich im gesamten Buch anregend gefunden. (...) hat mich schon lange nicht mehr ein Buch über die gesellschaftlichen Veränderungen und ihre Folgen so bewegt und zu kreativen Assoziationen verleitet wie dieses. Es ist nicht nur allen Psychoanalytikern, sondern auch Pädagogen, Kinderärzten und Kinder- und Jugendpsychiatern zu empfehlen.« (H. Hopf, Psyche)

Götz Eisenberg

Zwischen Amok und Alzheimer

Zur Sozialpsychologie
des entfesselten Kapitalismus

2. Aufl., 292 S., Pb. Großoktav
€ 24,90, ISBN 978-3-95558-108-4

»**Was Eisenberg sieht**, sehen die einen nicht und andere nicht mehr: Die Verrohung im Umgang mit hilflosen Alten und Schwächeren; die ›rabiate Vergleichgültigung‹; der ›Handywahnsinn‹; die Rücksichtslosigkeit und die ›lackierten Kampfhunde‹ im Straßenverkehr (...) Und dass inzwischen Kontakte Bindungen ersetzen.« (W. Storz, WOZ – Die Wochenzeitung)

»Ein wichtiges, anregendes Buch, das dazu beiträgt, Orientierungspunkte und Perspektiven in einer zerrissenen, von Ambivalenzen und Konflikten gekennzeichneten Gegenwart aufzuzeigen.«
(J. Frerichs, nachdenkseiten.de)